TÖDLICHE BEDROHUNG USA

Karl Richter

Tödliche Bedrohung USA

Waffen und Szenarien der globalen Herrschaft

H

HOHENRAIN – TÜBINGEN

Die Deutsche Bibliothek - CIP-Einheitsaufnahme

Richter, Karl :
Tödliche Bedrohung USA : Waffen und Szenarien der globalen Herrschaft / Karl Richter.-
Tübingen ; Zürich ; Paris :
Hohenrain-Verl., 2004
ISBN 3-89180-071-1

ISBN 3-89180-071-1

Gedruckt in Deutschland

Inhaltsverzeichnis

Vorwort

Das Terrorregime

Im März 2003 griffen die Streitkräfte der USA und Großbritanniens den Irak an. Nach wenigen Wochen war der Feldzug beendet und das Regime SADDAM Husseins beseitigt. Die Ölquellen befinden sich jetzt unter amerikanischer Kontrolle, im Land selbst herrscht Chaos. Begonnen wurde der Krieg wegen der angeblichen irakischen Massenvernichtungswaffen. Sie wurden bis heute nicht gefunden, und vieles spricht dafür, daß es sie auch nicht gab. Dank des stellvertretenden amerikanischen Verteidigungsministers Paul WOLFOWITZ weiß die Öffentlichkeit inzwischen, daß es sich dabei nur um einen »bürokratischen Vorwand« handelte, der zum Losschlagen gebraucht wurde. Die einzigen Massenvernichtungswaffen, die es im Irak gab, hatten die USA in den achtziger Jahren selbst geliefert.

Schon ein paar Monate vorher, im Februar 2003, wußte der ehemalige NATO-Oberbefehlshaber Wesley CLARK, daß der Irak-Krieg nur der Anfang sein würde. CLARK in einem Interview mit der *Welt am Sonntag*: »Ich glaube, daß Syrien das nächste Ziel sein wird. Schon innerhalb von zwölf Monaten.« Danach sei der Iran an der Reihe. »Der kommt nach Syrien.«[1] Nicht die Buchstäblichkeit, sondern die Unverfrorenheit ist bei diesen Ankündigungen das Entscheidende.

Tatsächlich werden ranghohe Vertreter der anglo-amerikanischen Allianz nicht müde, die Welt auf weitere Präventivschläge der USA vorzubereiten. Zum Beispiel Richard PERLE, bis März 2003 Vorsitzender des Defence Policy Board, eines einflußreichen Beratergremiums des amerikanischen Verteidigungsministers. Er sprach sich wiederholt für einen Angriff gegen Nordkorea aus.[2] Noch während des Feldzuges im Irak kündigte auch der britische Verteidigungsminister HOON an, daß es weitere Präventivkriege gegen »potentiell gefährliche Staaten« geben werde.[3] Sein Regierungschef Tony BLAIR ergänzte wenige Wochen später, es

[1] »Syrien wird das nächste Ziel sein«, in: *Welt am Sonntag*, 9. 2. 2003.

[2] »US-Präventivschlag gegen Nordkorea ist möglich«, http://www.20min.ch/news/ausland/story/1771844

[3] »Hoon: Künftig mehr Präventivkriege«, in: *Süddeutsche Zeitung*, 9. 4. 2003.

dürfe weltweit nur einen »einzelnen Pol der Macht« geben, die USA.[4]

Deren Präsident hatte der Staatengemeinschaft schon unmittelbar nach den Anschlägen am 11. September 2001 die Pistole auf die Brust gesetzt: »Die Vereinigten Staaten werden keinen Unterschied machen zwischen den Terroristen, die diese Anschläge begangen haben, und den Staaten, die ihnen Unterschlupf gewähren.«[5] Vize-Verteidigungsminister WOLFOWITZ sekundierte zwei Tage später: »Ich denke, wir müssen auch darüber nachdenken, (...) wie wir Staaten eliminieren, die den Terrorismus unterstützen.«[6] Im Januar 2002 benutzte BUSH dann in seiner Rede an die Nation erstmals das Wort von der ›Achse des Bösen‹ – Irak, Iran, Nordkorea –, gegen die präventiv vorgegangen werden müsse. Der Ausdruck stammt aus der Feder des kanadisch-jüdischen Publizisten David FRUM, ehedem Redenschreiber des Präsidenten.

›Prävention‹ ist das große Wort in der Nationalen Sicherheitsdoktrin der USA für das 21. Jahrhundert. Sie wurde von BUSH erstmals im Juni 2002 an der Militärakademie von West Point formuliert. BUSH wörtlich: »Unsere Sicherheit wird von allen Amerikanern (...) Entschlossenheit verlangen, zur Verteidigung unserer Freiheit und unseres Lebens auch Präventivschläge zu führen.«[7] Seit September 2002 ist die neue Doktrin offiziell. Sie wird der Welt eine unruhige Ära bescheren.

Präventivkriege sind in der Geschichte nichts Neues. Der Angreifer nimmt in der Regel für sich in Anspruch, der tatsächlichen oder vermeintlichen Bedrohung durch seinen Gegner zuvorkommen zu müssen. Mit dieser Begründung rechtfertigte etwa der Chef des Oberkommandos der Wehrmacht, Generalfeldmarschall KEITEL, die deutschen Angriffe im Westen, gegen Dänemark und Norwegen sowie auf dem Balkan. Genutzt hat KEITEL diese Argumentation nichts, er wurde in Nürnberg gehenkt. Zuvor hatten die Alliierten im Londoner Viermächteabkommen vom 8. August 1945 das Statut für den Internationalen Militärgerichtshof festgelegt und dabei drei neue Straftatbestände formuliert: Verschwörung gegen den Frieden, Verbrechen gegen den Frieden, Verbrechen gegen die Humanität. Seither verbietet das

---

4 »Blair: Frankreichs Vorstellungen sind gefährlich«, in: *FAZ*, 29. 4. 2003.

5 Zit. nach: Stefan FRÖHLICH, »Hegemonialer Internationalismus«, in: *FAZ*, 10. 4. 2003.

6 Zit. nach: ebd.

7 Zit. nach: ebd.

internationale Recht Angriffskriege. Das Grundgesetz für die Bundesrepublik Deutschland stellt bereits die Planung unter Strafe.

Amerika ist derzeit dabei, die Epoche der Zurückhaltung zu beenden. Unversehens stehen die Nürnberger ›Kriegsverbrecher‹ vergleichsweise harmlos da, denn demonstrativ und von niemandem gehindert, tun die USA am Beginn des 21. Jahrhunderts genau das, wofür andere 1946 hingerichtet wurden. Verschwörung gegen den Frieden: siehe oben. Ostentativ kündigen die Vereinigten Staaten seit einigen Jahren alle internationalen Verträge, die ihre Aufrüstung mit atomaren, biologischen und chemischen Massenvernichtungswaffen behindern könnten. Und die Drohung mit dem nuklearen Knüppel kann nur dazu führen, daß jeder, der noch die Möglichkeit dazu hat, atomar nachrüstet.

Verbrechen gegen die Humanität? Der Blick nach Guantánamo genügt, wo seit dem Afghanistan-Krieg Hunderte angeblicher ›Terroristen‹ ohne Verfahren und unter menschenunwürdigen Bedingungen festgehalten werden. Washington verweigert ihnen den Kriegsgefangenen-Status, der das US-Militär zur Einhaltung bestimmter Menschenrechtsstandards verpflichten würde. Außerdem ist die Army, in deren Gewahrsam sich die rund 600 Häftlinge (Stand: Sommer 2003) befinden, Kläger, Richter und Henker in einem, und ein lagereigener Hinrichtungstrakt existiert ebenfalls. Ungeniert wird in amerikanischen Feuilletons inzwischen über die Einführung der Folter im ›Krieg gegen den Terror‹ diskutiert.

Amerika dreht durch. Amerika mutiert vor den Augen der Welt zum Friedenshemmnis, zum Monster. »Die USA besitzen Massenvernichtungswaffen«, schreibt der österreichische Grünen-Politiker Peter PILZ, »und drohen, sie einzusetzen. Sie unterstützen terroristische Organisationen. Sie haben mit Gewalt Regierungen im Ausland gestürzt. Sie geben politische Morde in Auftrag. Sie erfüllen alle Kriterien eines ›Schurkenstaates‹. Wenn es eine Achse des Bösen gibt, dann scheint sie mitten durch Washington zu gehen.«[8] Nichts Geringeres steht zur Entscheidung als die Frage um Krieg oder Frieden, Faustrecht oder Völkerrecht. Ins Visier Amerikas geraten ist mit dem ›alten‹ Europa seine Wertewelt, sein Rechtskosmos: das System des Nationalstaates, die Idee der souveränen Nation. Europa inthronisierte sie nach Jahrhunderten schmerzvoller Erfahrungen im Westfälischen Frieden, der

---

[8] Peter PILZ, *Mit Gott gegen alle. Amerikas Kampf um die Weltherrschaft*, Stuttgart–München 2003, S. 225.

Die USA auf dem Weg zur globalen Zumutung. Innenpolitisch mutiert die westliche Führungsmacht zu einem halbtotalitären Überwachungsstaat, außenpolitisch zur Bedrohung für den Rest der Welt. Unten: *Test eines Bunkerbrechers zur Bekämpfung unterirdischer Ziele;* oben: *Al-Quaida-Verdächtige im US-Stützpunkt Guantánamo.*

1648 den Dreißigjährigen Krieg beendete. Damit ist jetzt Schluß. Die USA, die größte Militärmacht auf dem Globus, können sich jederzeit bedroht und zum Gegenschlag berechtigt sehen, zum präventiven natürlich. Nationale Souveränität wird zur Vokabel aus der Fossiliensammlung. Künftig heißt es: zuerst schießen, dann fragen. Die Welt fällt hinter die Linie von 1648 zurück. Für das, was jetzt kommt, gibt es längst ein Wort: das Gesetz des Dschungels.

Eine mehr als einseitige Veranstaltung. Denn das Recht zum Erstschlag unter Pulverisierung der nationalen Souveränität werden sich nur diejenigen herausnehmen, die ohnehin schon die Stärkeren sind: neben den USA also vor allem Israel. Für alle anderen gilt, daß sie sich ans Völkerrecht zu halten haben, abrüsten und ihre Waffen möglichst schon abgegeben haben, wenn Uncle Sam anklopft. Wer das Recht auf Verteidigung für sich beansprucht, macht sich verdächtig. Der Weg zum ›Schurkenstaat‹ ist kurz – und kürzer noch vom Schurkenstaat zu den Tarnkappenbombern. Die *FAZ* drückt es diplomatischer aus: »Nach den Maßgaben des Strategiepapiers reicht Amerika (...) künftig schon der Verdacht, daß ein anderes Land (oder dort befindliche Terroristen) einen Angriff planen, um selbst militärisch vorzugehen – ›auch wenn Unsicherheit über Ort und Zeit des Angriffs besteht‹. Selbst wenn man das Untergrundwesen des Terrorismus in Rechnung stellt, werden mit solch niedrig angesetzten Schwellen gefährliche Präzedenzfälle geschaffen, nicht zuletzt für andere Groß- und Kleinmächte.«[9]

An der Tatsache, daß die ›Nationale Sicherheitsstrategie der Vereinigten Staaten‹ eine handfeste Bedrohung für den internationalen Frieden ist, ändert das übliche rhetorische Beiwerk nichts. Wie seit WILSONS ›Vierzehn Punkten‹ präsentieren sich die USA als beispielloses Erfolgsmodell auf der Grundlage von »Freiheit, Demokratie und freiem Unternehmertum«. Wenn die Welt ein besserer Ort für alle ihre Bewohner werden solle, heißt es in dem Papier vom 20. September 2002 unumwunden, müsse sie diesem Prinzip folgen, denn die »Prinzipien von Freiheit und Gerechtigkeit sind für alle und überall richtig«.[10] Einmischung als Staatsräson, und das mit den Mitteln einer bis an die Zähne bewaffneten ›Hypermacht‹. Wer eins und eins zusammenzählen kann, wie der britische Historiker Eric HOBSBAWM, kommt um die Feststellung nicht herum, daß die USA die Weltherrschaft wollen. HOBSBAWM in einem *Spiegel*-Interview:

»Atomwaffen offensiv gegen andere Nuklearmächte oder sogar gegen Länder, die keine Atomwaffen besitzen, einzusetzen, betrachte ich als amoralisch und vollkommen inakzeptabel. Nur eine Macht, die nach absoluter globaler Vorherrschaft strebt, kann das überhaupt in Erwägung ziehen.«[11]

Amerika zieht dies nicht nur in Erwägung, sondern hat für die Entwicklung einer neuen Generation von Atomwaffen im Verteidigungshaushalt 2004 die Summe von 15,5 Millionen US-Dollar eingeplant. Seit es den sowjetischen Widerpart nicht mehr

---

[9] Nikolas BUSSE, »Die Bush-Doktrin«, in: *FAZ*, 26. 9. 2002.

[10] Zit. nach: Matthias RÜB, »Freiheit und Gerechtigkeit für alle«, in: *FAZ*, 23. 9. 2002.

[11] »›Die USA wollen die Weltherrschaft‹«, in: *Der Spiegel*, Nr. 12/2002, S. 144.

gibt, hindert kein Vertrag die Bush-Clique mehr am Verbotenen. Denn seit zehn Jahren sind Forschung und Entwicklung kleinerer Atomwaffen eigentlich verboten. Genau sie sind der Eckstein in Amerikas künftiger Strategie der globalen Erpressung: Tausende sogenannter ›Mini-Nukes‹ mit etwa einem Drittel der Sprengkraft der Hiroshima-Bombe, speziell dafür ausgelegt, »chemische und bakteriologische Waffen zu zerstören, die in tiefgelegenen Bunkern gelagert sind«, aber auch unterirdische Kommandozentralen.[12]

Natürlich ist richtig, was Kritiker einwenden: daß sich die neuen Bomben auch als Gefechtsfeldwaffen verwenden lassen, den Atomkrieg wieder führbar und so alle Bemühungen zur nuklearen Abrüstung zunichte machen. Offiziell sollen zwischen 1700 und 2200 ›Mini-Nukes‹ einsatzfähig gehalten werden. Die Wahrheit liegt jedoch um das Sieben- bis Neunfache höher. Denn nicht eingerechnet sind in der offiziösen Statistik Sondervorräte an Sprengköpfen, die entweder speziellen Zugriffsvorschriften unterliegen, auf besondere Waffengattungen verteilt werden sollen oder im Konfliktfall erst montiert werden müssen. So kommt bereits für die nächsten zehn Jahre ein tatsächlicher Bestand an nuklearen Gefechtsköpfen weit jenseits der 10 000 zusammen.[13] »Wir befinden uns auf dem Weg nach Armageddon«, warnte der UN-Vizegeneralsekretär für Abrüstung, Jayantha Dhanapala, mit Blick auf die US-Pläne.[14]

Der Mann wird wissen, wovon er spricht. Denn 1998 fand der amerikanische Publizist L. Douglas Keeney in einer Außenstelle der National Archives in Maryland das jahrzehntelang unter Verschluß gehaltene »Emergency Plans Book«, eine interne Studie des US-Verteidigungsministeriums vom Jahre 1958, in der die Auswirkungen eines sowjetischen Atomangriffs auf die Vereinigten Staaten und die verbleibenden Mobilisierungsmöglichkeiten der USA untersucht wurden. Kopien des Textes gingen an die obersten juristischen und militärischen Instanzen, an den Direktor der National Security Agency (NSA), den Generalstabschef und die Befehlshaber der Teilstreitkräfte. 1999 stand das Dokument pikanterweise bereits wieder unter Geheimhaltung.

---

[12] Wolfgang Koydl, »Bombe im Pentagon-Etat«, in: *Süddeutsche Zeitung*, 22. 5. 2003; »USA planen Atomwaffe für unterirdische Ziele«, in: *Süddeutsche Zeitung*, 17. 4. 2003.

[13] http://www.nrdc.org/nuclear/restraint.asp

[14] Zit. nach: »US-Senat billigt Projekt ›Mini-Atomwaffen‹«, in: *Junge Freiheit*, 30. 5. 2003.

Je nach Szenario ging die Studie von Verlusten in der US-Bevölkerung zwischen 25 und 50 Millionen Menschen aus. Sie nahm an, daß die Kontrolle der Regierung zumindest zeitweise zusammenbrechen und in den betroffenen Regionen Chaos und Anarchie ausbrechen würden. »Viele der höchsten Regierungsmitglieder sind ums Leben gekommen. Allerdings funktioniert das Büro des Präsidenten. (...) In vielen Gebieten einschließlich einiger der größten Städte, wo die Zahl der Verletzten die der unverletzten Überlebenden übersteigt, ist das soziale Gewebe aus der Zeit vor dem Angriff zerrissen. In diesen Regionen herrscht Durcheinander, und die üblichen Kontrollen sowie Richtungen [sic] existieren nicht mehr. Die außerordentlichen Bedingungen herrschen vor allem in der Umgebung der am meisten zerstörten und verseuchten Gebiete.«[15]

Jahrzehntelang war das »Emergency Plans Book« Bestandteil des Arkanwissens jeder amerikanischen Regierung. 1958, im tiefsten Kalten Krieg ausgearbeitet, folgte es der Logik der ›Massiven Vergeltung‹ und der ›wechselseitig gesicherten Zerstörung‹ (Mutual Assured Destruction, MAD), die im Falle eines Atomkrieges auch der gegnerischen Seite die sichere Vernichtung in Aussicht stellte. Nicht alle US-Präsidenten wollten sich ihr übrigens beugen. Als im Januar 1981 der frischgewählte Ronald REAGAN sein Briefing zur Amtseinführung erhielt und von den Militärs über seine Rolle im atomaren Ernstfall belehrt wurde,

Kreuzzügler George W. BUSH: der ›Kampf gegen den Terror‹ als Programm der Welthegemonie oder als ›Strategie des Verrückten‹?

[15] L. Douglas KEENEY u. Stephen I. SCHWARTZ, Der Jüngste Tag. Das offizielle Atomkrieg-Szenario der US-Regierung. Mit einem Vorwort von Thomas KIELINGER, Sankt Augustin 2002, S. 82 ff.

rebellierte er geradezu gegen die Logik des ›Emergency Plans Book‹: »Wie bitte? Als Antwort bleibt mir nur, die andere Seite zur Vergeltung ebenfalls in Schutt und Asche zu legen?«[16] Will man BUSH jun. und seine Mit-Kreuzzügler beim Wort nehmen, sind ihnen solche Zweifel fremd.

Muß man die amerikanische Bedrohung, die Ankündigung globaler Einmischung, weltweiter atomarer Präventivschläge ernst nehmen? Der französische Soziologe und Demograph Emmanuel TODD wagt in seinem Bestseller *Weltmacht USA. Ein Nachruf* die Hypothese, die Massenmord-Rhetorik der BUSH-Regierung sei lediglich Drohkulisse: »Die Regierung in Washington wendet damit eine klassische strategische Denkfigur an (...): die ›Strategie des Verrückten‹, nach der man potentiellen Gegnern möglichst unberechenbar erscheinen sollte, weil sie das noch stärker einschüchtere.«[17]

Ganz unplausibel ist diese Hypothese nicht, denn noch ein weiteres Land betreibt seit Jahren die gleiche apokalyptische Einschüchterungsrhetorik: Israel. Der an der Hebrew University in Jerusalem lehrende Militärhistoriker Martin VAN CREFELD zitierte in einem Interview den früheren israelischen Verteidigungsminister Moshe DAYAN mit dem Ausspruch: »Israel muß wie ein tollwütiger Hund sein, zu gefährlich, als daß ihn jemand belästigt.« CREVELD selbst merkt dazu an: »Wir haben die Möglichkeit, die Welt mit uns ins Verderben zu reißen. Und ich kann Ihnen versichern, daß das geschehen wird, bevor Israel untergeht. (...) Wir besitzen Hunderte von atomaren Sprengköpfen und Raketen und können sie auf Ziele in jeder Richtung schießen, vielleicht sogar nach Rom. Die meisten europäischen Hauptstädte sind Ziele für unsere Luftwaffe. Wir können alle europäischen Hauptstädte zerstören.«[18]

Hier wie dort das gleiche aberwitzige Vokabular. Alles nur Drohgebärde? Mehreres spricht dagegen. Zum einen haben die Vereinigten Staaten immer wieder unter Beweis gestellt, daß Massenmord am Gegner für sie ein gangbarer Weg ist. Skrupel kannte Amerika schon bei der Ausmerzung der Indianer nicht, im Bombenkrieg gegen Deutschland und Japan auch nicht, in Korea und Vietnam auch nicht. Amerika ist das Land der Skrupellosigkeit schlechthin, einerlei, ob es darum ging, die eigene

---

[16] Ebd., S. 6.

[17] Emmanuel TODD, *Weltmacht USA. Ein Nachruf*, München [5]2003, S. 14.

[18] Zitate nach: *Inter-Info. Internationaler Hintergrundinformationsdienst für Politik, Wirtschaft und Wehrwesen*, Nr. 295, Juni 2003.

Öffentlichkeit kriegsreif zu manipulieren oder die Bevölkerung – wie in den fünfziger und sechziger Jahren geschehen – als Versuchskaninchen für verbrecherische Freilandversuche zu mißbrauchen.[19] Der Geheimdienstexperte James BAMFORD stieß bei Recherchen auf geheime Pläne des US-Generalstabs aus den sechziger Jahren, die darauf hinausliefen, den Kubanern den Abschuß einer amerikanischen Passagiermaschine in die Schuhe zu schieben, um so einen Vorwand zum Losschlagen gegen Kuba zu erhalten.[20] Im Laufe der Jahrzehnte schlugen die Generalstäbler ihren Präsidenten des öfteren solche Operationen vor. (Nicht nur in den USA wollen deshalb die Vermutungen nicht mehr verstummen, auch der 11. September sei nicht das Werk von ›Terroristen‹. Hierzulande griff u.a. der WDR das Thema in einer Dokumentation auf,[21] und im Juni 2003 fand an der Berliner FU sogar ein hochkarätiges Symposion über den ›inszenierten Terrorismus‹ statt. Doch das ist nicht Thema dieses Buches).

Zum anderen: Der Hegemonismus, die Militarisierung der amerikanischen Außenpolitik ist kein Werk der BUSH-Regierung, und eine Folge des 11. September ist sie schon zweimal nicht. Seit mehr als einem Jahrzehnt beschäftigen sich namhafte Vordenker wie Zbigniew BRZEZINSKI, Henry KISSINGER und Samuel HUNTINGTON, aber auch eine ganze Reihe von ›think tanks‹ und halboffiziösen Seilschaften mit der Formulierung einer hegemonialen Doktrin für die USA nach dem Ende der Blockkonfrontation. Besondere Stoßkraft gewinnen diese Stimmen dort, wo sie sich auf das weitverzweigte Netz jener ›Neokonservativen‹ (*neocons*) stützen können, die seit den Anfängen der BUSH-Administration das Weiße Haus zu ihrer Domäne gemacht haben, tatsächlich aber einen jahrzehntelangen Marsch durch die Institutionen hinter sich haben. Viele Wortführer des derzeitigen ›imperialen‹ Kurses rückten bereits während der Amtszeit Ronald REAGANS (1981–1989) erstmals in die Nähe der Macht und konnten seither bei den Republikanern eine politisch-ideologische Monopolstellung etablieren. Köpfe wie Paul WOLFOWITZ, Richard PERLE, Dick CHENEY und John POINDEXTER gehören hierher. Ihr vorrangiges Einflußgebiet

---

[19] Siehe dazu ausführlich: Mansur KHAN, *Die geheime Geschichte der amerikanischen Kriege. Verschwörung und Krieg in der US-Außenpolitik*, Tübingen ²2001, S. 470 ff.

[20] James BAMFORD, *NSA. Die Anatomie des mächtigsten Geheimdienstes der Welt*, München 2001, S. 91 ff.

[21] »Aktenzeichen 11.9. ungelöst. Lügen und Wahrheiten zum 11. September 2001«, WDR, 20. 6. 2003, 23.00 Uhr.

wurde die Außen- und Verteidigungspolitik. Die meisten führenden ›Neocons‹ haben nie in der Armee gedient, was das ungenierte militärische Herumzündeln dieser Kreise allerdings nur zum Teil erklärt.

Den anderen Teil der Erklärung liefert der jüdisch-trotzkistische Hintergrund der nunmehrigen Neokonservativen. Er ist wenig bekannt, macht aber sowohl den explosiven Messianismus als auch die Israel-Fixierung der amerikanischen Außenpolitik unter BUSH JUN. plausibel. Die britische New Labour-Zeitschrift *New Statesman* schrieb dazu im Frühjahr 2003:

»Die meisten neokonservativen Verteidigungsintellektuellen haben ihre Wurzeln auf der Linken, nicht auf der Rechten. (...) Sie sind das Produkt einer weitgehend jüdisch-amerikanischen trotzkistischen Bewegung der 1930er und 1940er, die sich zwischen den 1950er und 1970er Jahren in einen anti-kommunistischen Liberalismus verwandelte und schließlich in eine Art militaristische und imperialistische Rechte, wie sie in der amerikanischen Kultur und politischen Geschichte noch nie dagewesen ist.«[22]

Spätestens Anfang der neunziger Jahre, als der sowjetische Machtblock implodierte, sah sich die Bewegung auf der Zielgeraden. Sofort begannen ihre Vordenker mit der Formulierung neuer Ziele, neuer Strategien, neuer Szenarien. In dieser Zeit liegen die Wurzeln der jüngsten Präventivschlagdoktrin. Die Grundzüge stellte Paul WOLFOWITZ 1992 in den vom Pentagon herausgegebenen *Richtlinien zur amerikanischen Verteidigungspolitik* (»Defense Planning Guidance«) vor. Dort heißt es:

»Unser Hauptziel ist die Verhinderung des (Wieder-)Aufstiegs eines neuen Rivalen (durch Sicherung der eigenen militärisch-technologischen Überlegenheit). Dies ist die Grundprämisse der neuen regionalen Verteidigungsstrategie und verlangt jede Anstrengung, feindliche Mächte an der Kontrolle einer Region und ihrer Ressourcen sowie damit verbundenen globalen Machtambitionen zu hindern.«[23] Im Konfliktfall sollten die USA zu Präventivschlägen mit nuklearen, biologischen und chemischen Waffen bereit sein.

Das folgende Jahrzehnt war das Jahrzehnt der tausend Strategiepapiere. Kaum eines der renommierten Politik-Institute, keiner

---

[22] Hier zit. nach: Catherine OWERMAN, »Der lange Marsch zur Macht«, in: *Junge Freiheit*, 17. 4. 2003.

[23] Zit. nach: Stefan FRÖHLICH, aaO.

der vielen Debattierzirkel im Vorfeld der Macht, der nicht mit neuen Anregungen, Szenarien, Doktrinen an die Öffentlichkeit getreten wäre. Weil der Appetit auch in diesen Kreisen beim Essen kommt und das Machtvakuum nach dem Abtreten der Sowjetunion eher größer als kleiner wurde, überboten sich Köpfe und Konzepte mit immer weiterreichenden Forderungen.

1997 war mit dem *Project for the New American Century (Projekt für das neue amerikanische Jahrhundert)* ein neuer Meilenstein erreicht. Der Aufruf war von zahlreichen Verfechtern des neuen amerikanischen Hegemonismus unterzeichnet und legte den Amerikanern nahe, ihre »einzigartige Rolle« zur Bewahrung und Ausweitung einer internationalen Ordnung zu akzeptieren, »die unserer Sicherheit, unserem Wohlstand und unseren Prinzipien dient«. Auch müßten die Verteidigungsausgaben bedeutsam erhöht werden, »wenn wir unserer globalen Verantwortung gerecht werden und unsere Streitkräfte für die Zukunft modernisieren wollen«.[24]

Noch waren Wolfowitz, Rumsfeld und Konsorten nicht am Ziel. Denn Präsident war Bill Clinton, dem die ›Neocons‹ regelmäßig

Neokonservative Richard Perle (rechts unten), Paul Wolfowitz, Donald Rumsfeld (mit Präsident Bush): Drahtzieher mit trotzkistisch-jüdischem Hintergrund. Der 11. September 2001 lieferte nur den Vorwand für den permanenten Krieg gegen das ›Böse‹.

[24] Ebd.

vorwarfen, zu wenig für die nationale Sicherheit zu tun und sich nicht genügend für eine Neuordnung des Nahen Ostens zu engagieren. Das ist nur zum Teil richtig. Denn schon unter CLINTON wurden wichtige Weichen in Richtung globale US-Hegemonie gestellt. So war es CLINTON, der den amerikanischen Nachrichtendiensten mit der verstärkten Ausspähung ›befreundeter‹ Länder und ihrer Wirtschaften neue strategische Ziele anwies. Auch der Historiker Eric HOBSBAWM sieht bereits die CLINTON-Administration voll im Sog der neuen geostrategischen Schule, die hinter den Kulissen auf ihre Stunde wartete: »CLINTONS Auftreten gegenüber Lateinamerika war genauso imperialistisch wie das jetzige Auftreten von George W. BUSH gegenüber der gesamten Welt.«[25]

Seitdem George W. BUSH unter abenteuerlichen Umständen den Sprung ins Weiße Haus schaffte – bezeichnenderweise waren die ›Neocons‹ zunächst nicht seine Freunde, weil sie ihn für zu schwach hielten –, sind alle Beißhemmungen verschwunden. Der 11. September lieferte nur noch den Vorwand. Endlich können alle zufrieden sein, die sich im Gefolge des jüngeren BUSH die Schalthebel der Supermacht USA aneigneten: die texanische Ölindustrie, die Rüstungslobby, die Israel-Lobby und die neokonservativ-fundamentalistischen Überzeugungstäter. Die Rüstungskosten gingen schlagartig in die Höhe, die Ölindustrie bekam – bislang – zwei ›strategische‹ Kriege um neue Ressourcen und künftige Pipelines, und die Überzeugungstäter können sich auf eine Ära des permanenten Krieges gegen das ›Böse‹ freuen. »Ihr außenpolitisches Konzept markiert eine revolutionäre Wende, weg von der Realpolitik nach Art eines Henry KISSINGER. Es geht nicht mehr bloß um Rohstoffe oder geostrategische Interessen, sondern um ideologische Ziele. (...) Mit dem Sturz SADDAM Husseins ist ein Etappenziel erreicht; der Krieg ist jetzt nicht vorbei, sondern hat gerade erst angefangen.«[26]

Wenn die neue amerikanische Bedrohung ein Gutes hat, dann ist es ihre schnörkellose Ehrlichkeit. Mit Ausnahme des Präsidenten, der sich seit seiner Ausnüchterung als Werkzeug Gottes sieht, redet niemand mehr um den heißen Brei herum. Seit Washington auch dem Internationalen Kriegsverbrechertribunal (ICC) in Den Haag eine volltönende Absage erteilt hat, bemüht niemand mehr Wertehülsen wie die ›Menschenrechte‹, wo es

[25] »›Die USA wollen die Weltherrschaft‹«, aaO. S. 144.

[26] Catherine OWERMAN, aaO.

doch um nichts anderes als um amerikanische Interessen geht. Paul WOLFOWITZ, der die angeblichen irakischen ›Massenvernichtungswaffen‹ so entwaffnend ehrlich als »bürokratischen Vorwand« für den längst beschlossenen Krieg enttarnte, war seinen Regierungskollegen nur in puncto Chuzpe die berühmte Nasenlänge voraus. Aber die wahren Ziele verhehlt inzwischen keiner von ihnen mehr.

Inzwischen ist heraus, was Sache ist. ›Hegemonie‹ ist ein unschönes, ein kaltes Wort. ›American Empire‹ klingt besser: die Vision eines weltumspannenden amerikanischen Reiches, das sich nicht mehr rechtfertigen, das nicht mehr diskutieren muß. Das Ganze ist mehr als eine Idee der Filmindustrie, die für George Dabbljuh die martialischen Auftritte auf malerischen Flugzeugträgern inszeniert, vorher die Lichtverhältnisse abklärt, den Teleprompter einfliegt.[27] Amerika meint es ernst. Vor aller Welt diskutieren seine Intellektuellen plötzlich über das ›American Empire‹, so wie sie vorher über die Einführung der Folter debattiert haben. »Eineinhalb Jahre nach dem 11. September ist die öffentliche Meinung in den USA so weit. Einer nach dem anderen beginnt, sich zum Imperium zu bekennen.«[28]

Schon wird der Tonfall imperialer. Amerika, das neue säkulare Weltreich der ›Guten‹, das »künftige Himmlische Jerusalem«,[29] dekretiert, droht, schlägt zurück. Im Frühjahr 2002 formulierte Stephen Peter ROSEN, Gründungsmitglied des erwähnten »Project for the New American Century« und Direktor des neokonservativen Olin Institute for Strategic Studies an der Harvard-University, die neue imperiale Weltsicht der USA in einem Grundsatzbeitrag für das *Harvard-Magazine*, den spätere Historiker womöglich einmal als Schlüsselquelle zur Geschichte des frühen 21. Jahrhunderts betrachten werden. ROSEN schreibt:

»Die Vereinigten Staaten haben keinen Rivalen. Militärisch beherrschen wir die Welt. Unsere Militärausgaben übertreffen jene der nächsten sechs oder sieben Mächte zusammengenommen, und wir haben ein Monopol in vielen fortgeschrittenen oder nicht so modernen Militärtechnologien. Wir, und nur wir, formen und führen Militärbündnisse in den Krieg. Wir nutzen unsere militärische Vormachtstellung, um uns in die inneren Angelegenhei-

---

[27] Marc HUJER, »Choreographie made in Hollywood«, in: *Süddeutsche Zeitung*, 3. 6. 2003.

[28] Peter PILZ, aaO., S. 75.

[29] »Krieg aus Nächstenliebe«, in: *Der Spiegel*, Nr. 8/2003.

ten anderer Länder einzumischen, weil deren Einwohner einander umbringen, diese Länder Feinden der Vereinigten Staaten Zuflucht bieten oder atomare oder biologische Waffen entwickeln.

Eine politische Einheit, die eine überwältigende militärische Überlegenheit besitzt und diese benutzt, um die inneren Verhältnisse anderer Staaten zu beeinflussen, wird ›Empire‹ genannt. Da es den Vereinigten Staaten nicht darum geht, nationales Hoheitsgebiet unter die eigene Herrschaft zu bringen oder die Bürger des Empire außerhalb der USA zu regieren, sind wir gewiß ein indirektes Empire, aber dennoch ein Empire. Wenn dies zutrifft, dann ist unser Ziel nicht der Sieg über einen Rivalen, sondern die Aufrechterhaltung unserer imperialen Stellung und der imperialen Ordnung.

Die Planung imperialer Kriege unterscheidet sich von der Planung konventioneller internationaler Kriege. Im Verhältnis zur Sowjetunion mußte Krieg vermieden werden (...). Imperiale Kriege zur Wiederherstellung der Ordnung unterliegen solcher Einschränkung nicht. Die eigene Kraft kann und sollte aus psychologischen Gründen mit äußerster Härte und so schnell wie möglich eingesetzt werden, um zu demonstrieren, daß bestraft wird, wer das Empire herausfordert. (...)

Schließlich konzentriert sich imperiale Strategie darauf zu verhindern, daß mächtige Feinde heraufwachsen, die das Empire bedrohen: wenn nötig, durch Krieg, wenn möglich durch imperiale Assimilierung.«[30]

Nein, dieser Text stammt nicht aus dem zweiten nachchristlichen Jahrhundert, als römische Legionen in Britannien, in Numidien, den Wäldern Noricums und am Euphrat standen. ROSENS Vision umschreibt reale amerikanische Ambitionen am Beginn des 21. Jahrhunderts. Sie sind real bis in die Einzelheiten hinein. Beispiel ›imperiale Assimilierung‹: Wie das aussieht, führt eine unabhängige Studie aus, die erst dieser Tage *die über die Militärbasen ausgeübte kulturelle Dominanz der USA weltweit* untersuchte. In weltweit 93 Ländern fungieren die Militärstützpunkte der USA demnach als Transmissionsriemen der Amerikanisierung. US-Trends werden in den Basen zielgerichtet und ›gefiltert‹, ehe ihnen die einheimische Bevölkerung ausgesetzt wird. »Das Netzwerk US-amerikanischer Militärstützpunkte

[30] »›...bestraft wird, wer das Empire herausfordert‹«, in: *Neues Deutschland*, 1./2. 2. 2003.

stellt einen global-nebulösen Nicht-Ort dar, der ständig seine Koordinaten abhängig vom ökonomischen und politischen Klima wechselt.«[31] Eine virtuelle Besatzung gleichsam - nichtsdestotrotz eine Besatzung.

Auch andere Parameter des ›American Empire‹ stimmen bereits. Die Verlegung und Stationierung der amerikanischen Luftstreitkräfte wird künftig einem Prinzip ständiger weltweiter Rotation der Einsatzstaffeln folgen. Das Imperium wird jederzeit in der Lage sein, innerhalb kürzester Zeit überall auf dem Planeten mit vernichtenden Luftschlägen auf unstatthafte Herausforderungen zu reagieren (dazu siehe Teil 1 dieses Buches). Auch ist seit 2002 die gesamte Weltkarte in Zuständigkeitsbereiche neugegründeter amerikanischer Regionalkommandos unterteilt. Es gibt keinen Punkt der Erde mehr, der nicht amerikanischer Militärplanung unterliegt. Eine der bisherigen Kernzonen der NATO, der Befehlsbereich Atlantik, wurde vom bisherigen internationalen Oberkommando auf ein Regionalkommando herabgestuft. Der Sicherheitsexperte Lothar Rühl mutmaßt, daß der atlantische Raum über kurz oder lang dem Zentralkommando in Virginia zugeschlagen und damit »faktisch renationalisiert« wird. Europa wird dem *Unified Command Plan* zufolge für »alle außereuropäischen Militäraktionen der USA als logistische Drehscheibe zwischen Afrika, Vorderasien mit dem Mittleren Osten und der asiatischen Kontinentalmasse mit dem Indischen Ozean dienen können«.[32] Vor allem aber werden künftig keine amerikanischen Truppen mehr unter fremdem Oberbefehl oder ausländischer Rechtsprechung stehen. Für die USA bedeutet diese Neuaufteilung der Welt unter militärisch-logistischen Gesichtspunkten ein weiteres Plus an nationaler Handlungsfreiheit. Für die Alliierten - einschließlich des NATO-Bündnisses - bleibt der Vasallenstatus.

»Tut uns leid, aber Gallien erteilt Rom keine Befehle«, schnauzte Ralph Peters, Publizist und US-Offizier a.D., in der *FAZ* das ›alte Europa‹ an. Der Umgangston wird rüder, seit Uncle Sam die Katze aus dem Sack läßt. Und als wäre es etwas Neues, eröffnet er Germany, Frankreich und anderen Schurkenstaaten in spe, Amerika habe jetzt genug von den alten Spielregeln: »Wir werden eure (...) verrotteten Regeln für das internationale System

[31] Krystian Woznicki, »Zeitweilige Okkupation«, http://www01.heise.de/tp/deutsch/inhalt/co/14998/1.html

[32] Lothar Rühl, »Amerikas Streben nach strategischer Autonomie«, in: *Neue Zürcher Zeitung*, 18. 2. 2002.

nicht länger hinnehmen, sondern unsere eigenen Regeln schaffen. Ihr werdet nicht viele unserer neuen Regeln mögen.«[33] Als ob das jemals anders gewesen wäre. Der Rest der Welt war nur zu geduldig, zu bequem, zu korrupt, es wahrhaben zu wollen. Er ließ es geschehen, daß das amerikanische Propfreis aufschoß, in einer wirren Mischung aus puritanischem Eiferertum und Gangstermentalität, und sich zum Krebsgeschwür des Industriezeitalters auswuchs. Es beerbte England an Perfidie, aber ohne den Charme der überlegenen Zivilisation. Es wurde zum Parasiten des Planeten, an seinen Ressourcen, Rohstoffen, Zukunftsmöglichkeiten. Auch ohne Atomwaffen ist Amerika eine Zumutung globalen Zuschnitts.

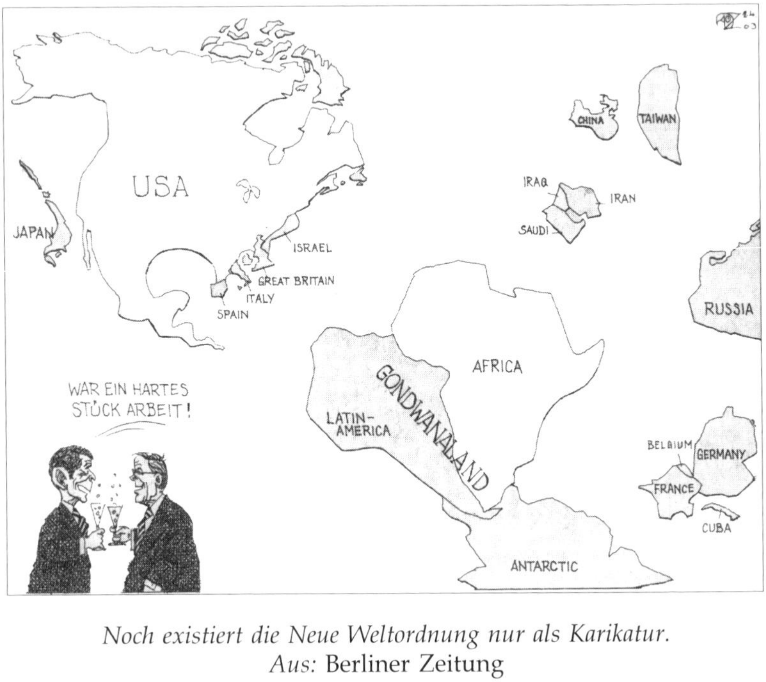

Noch existiert die Neue Weltordnung nur als Karikatur.
Aus: Berliner Zeitung

Anti-Amerikanismus? Dafür ist es höchste Zeit. Warum der Vorwurf desselben bundesdeutsche Politiker und Meinungsmacher noch immer zusammenzucken läßt, ist beim besten Willen nicht nachvollziehbar. Das gleiche gilt für den gehirnfernen Dauerkotau vor dem ›großartigen amerikanischen Volk‹ und seinen Pseudo-Errungenschaften wie ELVIS, MCDONALD'S, MADONNA und

[33] Ralph PETERS, »Hitler war wenigstens ehrlich«, in: *FAZ*, 15. 5. 2003.

Donald Rumsfeld. Aber an irgendwem muß es ja liegen, wenn in diesem Land immer wieder die größten Nieten an den gefährlichsten Knöpfen herumspielen dürfen. Da sich Amerika selbst als Demokratie sieht, trägt dafür wohl der Souverän Verantwortung, das großartige amerikanische Volk mit seinen Rekordzahlen an Analphabeten, Kriminellen und Schießwütigen. Nein, man muß Amerika nicht mögen.

Die Irren jenseits des Atlantiks haben ihre Strategie immer auf den Zustand der übrigen Welt abgestimmt. Sie lieferten, wofür es Märkte gab, und das im Überfluß: Bomben, Hamburger, corned beef, Rock'n Roll, die Sexwelle, Aids, ein kretinistisches Menschenbild (›Demokratie‹). Und unter dem Strich machten sie immer Gewinn. Jetzt, wo keiner mehr übrig ist, den Widerpart zu spielen, fällt nur die Maske. Weltpolitik mit vorgehaltenem Revolver. Das ›American Empire‹ verheißt dem Globus Krebs im Endstadium.

Das wird nicht lange gutgehen, aus Gründen, über die noch zu sprechen sein wird. Vorderhand aber und bis auf weiteres hat es die Welt mit einem gemeingefährlichen Regime zu tun, das zu allem fähig ist und sich in den nächsten Jahrzehnten ein historisch beispielloses Instrumentarium der Gewaltanwendung zulegen wird. Davon soll in diesem Buch die Rede sein.

München, im Herbst 2003

Krieg im 21. Jahrhundert – was er sein wird und was nicht

Im Jahre 1993 veröffentlichten die Zukunftsforscher Alvin und Heidi TOFFLER ihr Buch *War and Anti-War. Survival at the Dawn of the 21st Century*. Das Werk wurde in den Vereinigten Staaten rasch zu einem Kultbuch, denn es formulierte auf griffige Weise einige markante Trends der näheren Zukunft. Die deutsche Übersetzung erschien 1994 unter dem Titel *Überleben im 21. Jahrhundert*.

Ein Gutteil des Buches beschäftigt sich mit militärischen Szenarien und mit der Frage, wie sich die großen technologischen Errungenschaften der neunziger Jahre und des beginnenden 21. Jahrhunderts – Miniaturisierung, Digitalisierung, elektronische Vernetzung – auf die zukünftige Art der Kriegführung auswirken werden. In diesem Zusammenhang stellen die TOFFLERS nicht nur eine Reihe mehr oder weniger futuristischer Entwicklungen zur Diskussion, mit denen sich die Streitkräfte der Welt in den nächsten Jahrzehnten konfrontiert sehen werden – Robotersoldaten zum Beispiel, Telepathie-Waffen, neuartigen Kampfsystemen im Weltraum, Netzwerk-Attacken –, sondern sie zeichnen auch das Bild einer militärisch-technologischen Evolution, die mit mehreren grundverschiedenen Entwicklungsstandards rechnet. Die TOFFLERS prägten dafür den Begriff der ›Welle‹. Demnach gab es in der Geschichte der Menschheit Kriege bzw. Gesellschaften der Ersten, Zweiten und Dritten Welle; dabei habe jeder Status mit den vorherrschenden Produktionsmethoden und dem Stand der technischen Entwicklung in Korrelation gestanden.

Während die Kriege der Ersten Welle im wesentlichen von agrarisch geprägten Feudalgesellschaften geführt wurden, waren die Kriege der Zweiten Welle ein Ergebnis der industriellen Revolution. »Sie veränderte die Art und Weise, wie Millionen von Menschen ihren Lebensunterhalt verdienten. Und auch diesmal fanden die Veränderungen auf dem Gebiet der Wertschöpfung und Arbeit im Krieg ihren Niederschlag. War die Massenproduktion das zentrale Prinzip der Industriegesellschaft, so wurde die Massenvernichtung das zentrale Prinzip der Kriegführung im Industriezeitalter. Sie kennzeichnet die Kriege der Zweiten Welle.«[34]

---

[34] Alvin u. Heidi TOFFLER, *Überleben im 21. Jahrhundert*, Stuttgart 1994, S. 59.

Ende der siebziger Jahre, während sich in Europa die hochgerüsteten Militärblöcke von Ost und West auf Schußweite gegenüberstanden, bekam die Doktrin der sicheren gegenseitigen Vernichtung (Mutual Assured Destruction, MAD) Risse. Vereinzelt kamen Planern und Strategieexperten, vor allem amerikanischen, Zweifel am Sinn der Doktrin. Nicht etwa aus Menschenfreundlichkeit - aller Voraussicht nach hätte sich ein militärischer Konflikt zwischen Ost und West auf deutschem Boden abgespielt, was ziemlich sicher zur völligen Verwüstung der beiden deutschen Teilstaaten und benachbarter Regionen in Mitteleuropa geführt hätte. Doch das war nicht der Grund, warum in militärischen Fachgremien plötzlich über Alternativen zu den gängigen Strategiekonzepten nachgedacht wurde. Der tatsächliche Grund war, daß Wettrüsten und Blockkonfrontation schlichtweg in eine Sackgasse geführt hatten. Krieg drohte - ob mit konventionellen oder atomaren Mitteln - unführbar zu werden. Wenn die einzige Antwort des Westens auf die Bedrohung durch die Panzermassen des Ostens entweder konventionelle Hochrüstung oder atomare Vergeltung war, dann war das Spiel der Kräfte an einem toten Punkt angelangt. Alternativen waren gefragt.

Überlegungen dieser Art waren die Initialzündung zur Dritten Welle. Sie fanden zusätzliche Nahrung durch die digitale Revolution, den Siegeszug des Computers. Die Dinge kamen wieder ins Rollen. Allerdings steckte die Bewegung noch in den Kinderschuhen, als die Ost-West-Konfrontation durch das Ende des Sowjetblocks 1989/91 ohnehin gegenstandslos wurde (man muß sich freilich von der Vorstellung lösen, daß es dazu von selbst kam. Der Sowjetblock hatte seine Schuldigkeit getan und wurde als Drohkulisse nicht mehr gebraucht, weshalb irgendwann in den achtziger Jahren seine Abwicklung beschlossen wurde; mit den romantischen Bildern von der Maueröffnung und vergleichbaren Ereignissen im übrigen Ostblock hat dies wenig zu tun).

Noch etwas beflügelte die Vordenker der NATO: der israelische Sieg bei Kuneitra im Jom-Kippur-Krieg 1973. Dort war es weit unterlegenen israelischen Panzerkräften gelungen, durch geschickte und überraschende Schwerpunktbildung die syrischen Angriffskeile in die Zange zu nehmen und aufzureiben. Innerhalb weniger Tage im Oktober 1973 hatte der Krieg dadurch einen völlig anderen Verlauf genommen. Zur Überraschung der ganzen Welt vernichteten die Israelis innerhalb von vier Tagen 1300 Panzer der Syrer, darunter das modernste Material, das die Sowjetunion je einer fremden Armee geliefert hatte, und stießen im Gegenangriff tief nach Syrien vor. Als die Vereinten Nationen einen Waffenstillstand vermittelten, standen sie kurz vor Damaskus.

Die Analytiker des Pentagon zogen aus dem israelischen Sieg zwei wichtige Folgerungen. Die erste lautete, »daß die ›Ausgangsrelationen‹ für das Ergebnis einer Schlacht nicht entscheidend sind. ›Es kommt nicht darauf an, wer zahlenmäßig unter- oder überlegen ist, wer angreift und wer verteidigt.‹ Anders ausgedrückt: Den Syrern hatten ihre tiefgestaffelten Reserven überhaupt nichts genützt. Die zweite unmißverständliche Lehre lautete: Wer die Initiative ergreift, wird gewinnen, ›gleichgültig, ob er zahlenmäßig unter- oder überlegen ist, ob er angreift oder verteidigt‹. Die Israelis hatten gezeigt, daß sogar eine kleine Armee, die strategisch in die Defensive geraten ist, noch die Initiative ergreifen kann.«[35]

Zu Recht weisen A. und H. TOFFLER darauf hin, daß diese Gedanken „an sich nicht neu" waren. Die israelischen Panzeroffiziere waren unter anderem an ROMMELS Wüstenfeldzügen geschult, und Beispiele für die Verwandlung einer drohenden Niederlage in einen grandiosen Sieg durch Initiative und Überraschung hatte die Kriegsgeschichte immer wieder geliefert. FRIEDRICH DER GROSSE und NAPOLEON waren Meister darin. Die Plausibilität sprach zwar im 18. und 19. Jahrhundert ebenso gegen den Erfolg solcher Manöver wie zu allen anderen Zeiten. Für die Analytiker des Pentagon ging es aber darum, gerade diesen Punkt in ein operables strategisches Konzept zu fassen. Es war genau das, was die NATO als Antwort auf die übermächtige konventionelle Bedrohung des Ostens suchte.

Das Ergebnis war das sogenannte ›AirLand Battle‹-Konzept. Bei bundesdeutschen Friedensbewegten sorgte insbesondere der damit verbundene Begriff der ›Vorwärtsverteidigung‹ für Unruhe. Denn die Theoretiker der neuen Strategie, etwa der Leiter des Ausbildungs- und Doktrinkommandos (TRADOC) der US-Army, Donn STARRY (ab 1977), forderten mit Blick auf die israelischen Erfahrungen zu Recht eine ›Vertiefung‹ des Gefechtsfeldes. Es könne nicht länger angehen, argumentierten sie, sich auf die Abwehr der östlichen Panzerkeile unmittelbar an der Front in Deutschland zu verlassen; diese Rechnung könne allein aufgrund der zahlenmäßigen Überlegenheit der Warschauer Pakt-Armeen nicht aufgehen. Erfolgversprechender sei es, auch die

[35] Ebd., S. 75.

nachfolgenden Angriffsstaffeln des Gegners (follow-on-forces) anzugreifen, solange sie sich noch in der Zuführung befänden.

Der ehemalige Bundeswehr-Generalinspekteur und derzeitige Vorsitzende des NATO-Militärausschusses, Harald KUJAT,

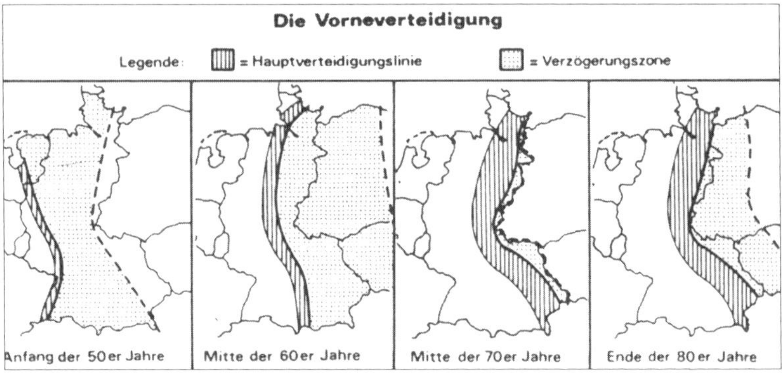

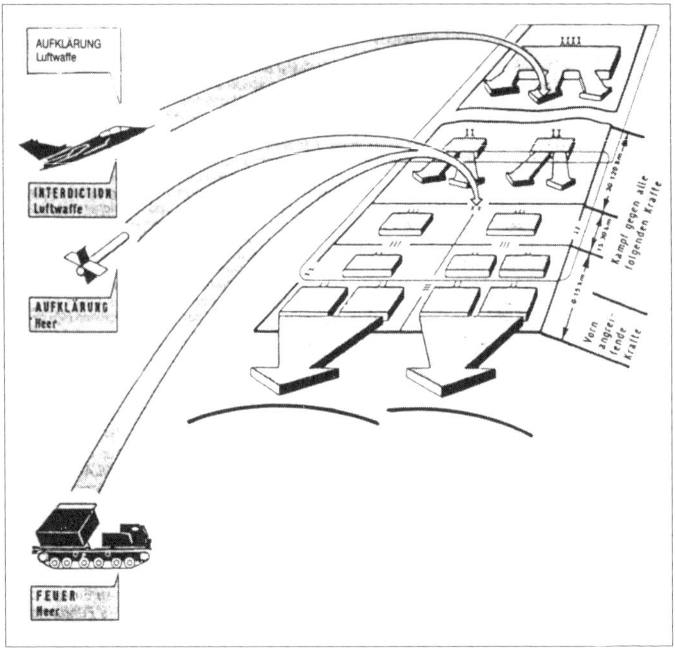

Von der Vorneverteidigung zum FOFA-Konzept (»Follow-on-Forces Attack«). Während in den fünfziger Jahren noch damit gerechnet werden mußte, daß die Streitkräfte des Warschauer Paktes bei einem Angriff nach Westen bis weit auf NATO-Territorium vorstoßen würden, sah die ›Vorwärtsverteidigung‹ im Rahmen des ›Air Land Battle‹-Konzepts auch Schläge gegen die nachfolgenden Kräfte des Angreifers vor. Überlegungen dieser Art standen an der Wiege des ›Krieges der Dritten Welle‹.

schrieb dazu Ende der achtziger Jahre in einer offiziösen Darstellung: »Das FOFA [Follow-on-Forces Attack]-Operationskonzept versucht, die strategischen Folgekräfte zu treffen, bevor sie den Angriff aufnehmen. Auf diese Weise wird das Gefechtsfeld in die Tiefe des gegnerischen Raumes ausgedehnt und der Schutz des eigenen Landes erhöht. (...) Es kann nicht der Sinn der Verteidigung sein, das Territorium des Angreifers von den Folgen seines Angriffs auszusparen, ihm Sanktuarien zuzubilligen, von denen aus er unbehelligt seinen Angriff unterstützt und nährt, während seine eigenen Angriffstruppen Westeuropa zerstören.«[36]

Dafür benötigte die NATO neue, moderne und weitreichende Waffensysteme. Noch in den siebziger Jahren wurden die ersten Anforderungsprofile formuliert, etwa für den M1-›Abrams‹-Panzer, den ›Apache‹-Kampfhubschrauber, das Raketenabwehrsystem ›Patriot‹, den Mehrfachraketenwerfer MLRS, das luftgestützte Radarsystem J-STARS und das taktische Raketensystem ATACMS. Die meisten dieser Systeme werden – in modifizierten, nachgerüsteten Varianten – noch immer produziert.

Zentrales Moment des neuen Verteidigungskonzepts war außerdem die Ausstattung der westlichen Streitkräfte mit atomar bestückten Mittelstreckenraketen. Sie sollten die ›Lücke‹ in der westlichen Abschreckung schließen, die durch die hoffnungslose konventionelle Unterlegenheit der NATO in Mitteleuropa entstanden war. Zugleich waren auch sie durch ihre Reichweite in der Lage, Ziele weit im Hinterland des Gegners anzugreifen, etwa Bereitstellungsräume, Feldflugplätze, Kommandozentralen. Auch diese neue Generation von Raketen – in der Hauptsache handelte es sich um Cruise Missiles, die inzwischen auch mit konventionellen Sprengköpfen bestückt werden und noch immer die Hauptwaffe bei allfälligen ›chirurgischen‹ Schlägen der NATO darstellen – folgte bereits dem Anforderungsprofil ›intelligenter‹ und präziser Kampfsysteme, die für die neue Strategie der ›Flexiblen Reaktion‹ (flexible response) gebraucht wurden.

Allerdings setzte ihr Vorhandensein auf dem mutmaßlichen Kriegsschauplatz in Mitteleuropa die Schwelle für den Ersteinsatz atomarer Waffen herunter. Zudem wurde durch die nukleare Mittelstreckenkomponente in Europa das atomare Risiko der Europäer von demjenigen der USA abgekoppelt; ein Einsatz von

[36] Harald KUJAT, »NATO-Strategie im Übergang«, in: Hartmut BÜHL (Hg.), *Strategiediskussion. NATO-Strategie im Wandel – alternative Sicherheitskonzepte – strategische Defensive*, Herford–Bonn 1987, S. 125.

Atomwaffen in Europa mußte jetzt nicht mehr zwangsläufig zum großen nuklearen Schlagabtausch zwischen den Supermächten führen. »Ein Angriff auf die USA oder ein Überspringen eines europäischen Krieges auf Nordamerika war unwahrscheinlicher geworden. Dafür war die Bedrohung Europas gewachsen. Dies war eine deutliche Umverteilung der sicherheitspolitischen Risiken von Amerika nach Europa.«[37]

Erstmals offiziell vorgestellt wurde die neue Verteidigungsdoktrin im März 1981 als TRADOC-Papier Nr. 525-5, Titel: *Air-Land Battle and Corps 86*. Ein Jahr später wurde daraus eine reguläre Dienstvorschrift der US-Army, das Field Manual (FM) 100-5 (Operations). Spätere Fassungen brachten weitere Veränderungen. So wurde Ende der achtziger Jahre noch einmal ein markanter Akzent gesetzt und der Schlag gegen die gegnerischen Angriffsstaffeln jetzt bereits für einen Zeitpunkt gefordert, noch ehe sich diese überhaupt formieren könnten. Am 1. August 1991 wurde diese Version zur offiziellen Doktrin. Die nächste Überarbeitung erschien bereits im Juni 1993 und spiegelte die Erfahrungen des zweiten Golfkrieges wider. Weitere Aspekte hatten sich als wichtig und zentral erwiesen: etwa die Rolle einer verbesserten Aufklärung und Kommunikation und damit verbunden die Möglichkeit einer ›Ausführungskontrolle in Echtzeit‹. Der Faktor Zeit wurde immer wichtiger. Gleichzeitig verlagerte sich der militärische Entscheidungsprozeß in der Befehlshierarchie zusehends von oben nach unten: Der Truppenführer wurde flexibler, selbständiger in seiner Entscheidung.

In der Fassung vom Jahre 1993 fand sich ein gewichtiger Passus: »Die Erfahrungen der jüngsten Zeit haben uns einen Vorgeschmack auf neue Methoden der Kriegführung gegeben. Mit ihnen endete die Kriegführung des Industriezeitalters und begann die Kriegführung des Informationszeitalters.«[38] Donn Starry und seine Mitarbeiter hatten diese Erkenntnis lange zuvor vorweggenommen. 1982 meinte Starry: »Die Armee ist sehr schwer zu verändern. Schließlich ist sie eine Institution der (...) Zweiten Welle. Sie ist eine Fabrik. Man hat sich immer vorgestellt, daß die Industrie in ihren Fabriken Waffen und noch einmal Waffen herstellt, während die Armee Männer in eine Art Ausbildungs-

[37] Christian Tuschhoff, »Strategiepoker: Massive Vergeltung – flexible Antwort«, in: Michael Salewksi (Hg.), *Das Zeitalter der Bombe. Die Geschichte der atomaren Bedrohung von Hiroshima bis heute*, München 1995, S. 177.

[38] Zit. nach: Alvin u. Heidi Toffler, aaO., S. 84.

Idealtypische Darstellung des Krieges der ›Dritten Welle‹: Die großen Trümpfe heißen Echtzeit-Information und digitalisierte Entscheidungsfindung. Voraussetzung dafür sind lückenlose Überwachung auf dem Gefechtsfeld und aus dem Weltraum sowie schnellstmögliche Datenübermittlung an die im Einsatz befindlichen Kampfsysteme.

fabrik schickt. Dann bringt die Armee die Männer und die Waffen zusammen, und wir gewinnen Kriege. Der ganze Ansatz ist typisch für die Zweite Welle. Er muß der Welt der Dritten Welle angepaßt werden.«[39]

Die ›Welt der Dritten Welle‹ sehen A. und H. Toffler in erster Linie durch einen radikal veränderten Produktions- und Wertschöpfungsprozeß gekennzeichnet. Dabei ist die allgemeine Richtung der Entwicklung klar: weg von großen, standardisierten Einheiten und zentralen Entscheidungsprozessen, hin zu kleineren, dezentralen und flexibleren Einheiten. ›Wissen‹, d. h. Information, tritt als entscheidender Produktionsfaktor an die Stelle bisheriger Rohstoffe, die teuer und begrenzt sind. Dieser Substitutionsprozeß gründet in der revolutionären Entwicklung der Computertechnologie seit den siebziger Jahren. Sie hat in allen Bereichen des Wirtschaftslebens ungeahnte Möglichkeiten der Individualisierung, Flexibilisierung und Verschlankung eröffnet. Ständige Innovation wird zum ›Muß‹. Gleichzeitig werden die Unternehmen immer kleiner, sind einem ständigen Diversifizierungs- und Spezialisierungsprozeß unterworfen.

[39] Zit. nach: ebd., S. 79.

Analoge Entwicklungen sind im militärischen Bereich zu beobachten. Die Kampfsysteme werden dank leistungsfähigerer Rechner immer effizienter. Gleichzeitig genügen immer weniger, um gleiche oder bessere Leistungen zu erzielen. »Der Tag ist nicht mehr fern«, schrieben A. und H. Toffler 1993, »an dem eine kapitalintensive Brigade der Dritten Welle, die nur aus 4000 bis 5000 Mann besteht, dasselbe zu leisten imstande ist, wozu in der Vergangenheit eine ganze Division erforderlich war. Ebenso werden kleine Bodeneinheiten mit der entsprechenden Bewaffnung wahrscheinlich die gleiche Leistung erbringen können wie heute eine ganze Brigade.«[40]

Doch dazu sind besser qualifizierte und besser ausgebildete Soldaten als diejenigen der zweiten Welle erforderlich. Der Trend geht auch in den Streitkräften zum Spezialisten, der eigenständiger und souveräner entscheidet als der Truppenführer in früheren Kriegen. Hinzu kommt, daß ihm ein immer größeres Spektrum von Waffen zur Verfügung steht, bis hin zu einer Fülle nichttödlicher Kampfmittel, die eine abgestufte Palette unterschiedlichster Reaktionsmöglichkeiten bietet – was nicht zwangsläufig bedeutet, daß die Kriege der ›Dritten Welle‹ weniger Menschenverluste verursachen als bisherige konventionelle Kriege. Die Verluste werden nur heimtückischer, versteckter als bisher.

Zwar ist es richtig, daß ein präzise gesteuerter Marschflugkörper, auf einen Rüstungsbetrieb abgefeuert, weniger zivile Verluste verursacht als die Ausschaltung einer vergleichbaren Einrichtung im Zweiten Weltkrieg, wozu es in der Regel ausufernder Flächenbombardements bedurfte. Aber die Effizienz – größere Durchschlagskraft, bessere Treffgenauigkeit – hat ihren Preis. Durch den Einsatz uranhaltiger Panzerabwehrmunition wurden sowohl im Irak 1991 und 2003 als auch auf dem Balkan ganze Landstriche radioaktiv verseucht. Hier zeigt sich die Kehrseite immer weiter optimierter Waffensysteme: Die Folgeschäden werden zunehmend, wenn auch im verborgenen, der gegnerischen Zivilbevölkerung aufgelastet, eine Entwicklung, die sich auch an einer Reihe weiterer besonders ›fortschrittlicher‹ Waffensysteme beobachten läßt.

Daß es gleichzeitig auch den besonders verhängnisvollen Trend gibt, die Grenzen zwischen gegnerischem Militär und ›gegnerischer‹ Zivilbevölkerung zu verwischen und damit eine ethisch-juristische Entwicklung zu annullieren, für die Europa

---

[40] Ebd., S. 115.

mindestens dreihundert Jahre brauchte, paßt ins Bild. Diese Tendenz ist freilich keine Ausgeburt der ›Dritten Welle‹, sondern eine der besonders fragwürdigen Begleiterscheinungen des demokratischen Zeitalters schlechthin. Schon vor dem Zweiten Weltkrieg wurde der Luftkrieg in der zeitgenössischen Strategiediskussion als das »ultimative technologische Pendant der Demokratisierung«[41] gedeutet. Denn der technisierte Luftkrieg mit seinen Flächenbombardements und seiner gnadenlosen Ökonomisierung der Vernichtung bedeutete lediglich die konsequente Fortsetzung des egalitären Konzepts der ›levée en masse‹ (Massenaufgebot), dem die Französische Revolution zum Durchbruch verholfen hatte: Kriegsgegner waren nicht länger nur die Armeen, sondern die Völker in ihrer Gesamtheit. Auch wenn es bis in den Zweiten Weltkrieg hinein Versuche gab, den Krieg von den Zivilbevölkerungen - auch des Gegners - möglichst fernzuhalten, war die große Tendenz des Kriegführens im Massenzeitalter damit vorgezeichnet: Sie lief auf die Vernichtung der gegnerischen Bevölkerungssubstanz hinaus. Der Luftkrieg trieb diese Logik nur noch auf die Spitze.

Die Minimalisierung der Opferzahlen im Zeitalter präzisionsgesteuerter Waffen ist eine Legende. Die Einwohner Bagdads (Bild: Aufnahme von den US-Luftangriffen im März 2003) merkten davon wenig. Krieg tendiert unter demokratischen Vorzeichen prinzipiell zur Vernichtung des Gegners.

[41] Armin ADAM, »Demokratie der Opfer«, in: *FAZ*, 5. 2. 2003.

Der Wandel von den Produktions- und Kriegsmethoden der ›Zweiten Welle‹ zu denen der dritten stellt in dieser Beziehung keineswegs einen Paradigmenwechsel dar. Kriegführen im Zeitalter der Dritten Welle bedeutet mitnichten eine Humanisierung militärischer Konflikte, denn an den ›demokratischen‹ Vorzeichen der Epoche hat sich nichts geändert. Deshalb ist die Behauptung, die Zahl der zivilen Opfer gehe in der Ära des High-Tech-Krieges zwangsläufig zurück und tendenziell gegen Null, reine Kosmetik. Dies gilt nur dort, wo sich die gesteckten politischen und militärischen Ziele auch ohne größere Behelligungen der gegnerischen Zivilbevölkerung erreichen lassen. Ist dies nicht der Fall, ist die Zivilbevölkerung im 21. Jahrhundert nicht weniger gefährdet als 1943 oder 1963.

Mit Blick auf die amerikanische Luftkriegführung in Afghanistan nach dem 11. September 2001 stellt der US-Politologe Marc Herold deshalb zu Recht fest: »Die Realität ist die: Der Wert eines afghanischen Zivilisten aus der Sicht der amerikanischen Militärs ist gleich Null! Es ist egal, ob ein afghanischer Zivilist lebt oder stirbt. Wenn er im Weg steht, ist es, als wäre das Schußfeld dennoch frei.«[42] Man kann es noch pointierter formulieren: Wenn die neuen, ›intelligenten‹ und unheimlich präzisen Waffen der Dritten Welle Politikern in die Hände fallen, die mit ihnen die Domestizierung ganzer Weltregionen anstreben, dann ergeben sich daraus geradezu apokalyptische Perspektiven. Das demokratische Paradigma des Massenzeitalters ist ja nach wie vor gültig. Die Aussichten, die sich angesichts fortgeschrittener Vernichtungstechnologien von hier aus bieten, sind bestürzend. Nicht zuletzt von ihnen wird im folgenden zu sprechen sein.

Im Buch des Ehepaars Toffler wird auch einer brisanten Schnittstelle zwischen den Epochen Rechnung getragen. Es ist schließlich keineswegs ausgemacht, daß sich der Übergang von den industriell geprägten Gesellschaften der Zweiten Welle zu den Informationsgesellschaften der Dritten Welle überall auf dem Globus auch nur annähernd gleichzeitig vollzieht. Es läßt sich mit guten Gründen annehmen, daß dies gar nicht im Interesse der fortgeschrittenen Gesellschaften und ihrer tonangebenden Cliquen liegt, schon allein aus machtpolitischen Gründen. Denn wer über die fortgeschrittenen technologischen Mittel zur Herstellung hochleistungsfähiger Produkte verfügt, kann damit natürlich auch leistungsfähige und höchst gefährliche Waffensysteme

[42] »Der Wert eines Zivilisten ist Null«, in: *Junge Freiheit*, 13. 12. 2002.

produzieren, und zwar nicht in erster Linie jene ›Massenvernichtungswaffen‹, um die es ständig in der öffentlichen Diskussion geht (also atomare, biologische und chemische Waffen), sondern ungleich perfidere und technische anspruchsvolle Kampfsysteme, die ebenso wie die ›klassischen‹ Massenvernichtungswaffen imstande wären, ein gewisses Gleichgewicht des Schreckens herzustellen.

Da dies nicht im Sinne der derzeit fortgeschrittensten Macht auf dem Globus, der Vereinigten Staaten von Amerika, ist, unternehmen diese weltweite Anstrengungen, damit bestimmte Spitzentechnologien gar nicht erst Verbreitung finden. Die bekannten Dauerquerelen um das iranische Atomprogramm sind nur ein Beispiel von vielen, ein anderes ist der Streit um das europäische Satelliten-Navigationssystem ›Galileo‹. An der Technologiefront kämpfen die USA und einige ihrer nächsten Verbündeten mit ausgesprochen harten Bandagen: Die Mittel reichen von gezielter Industriespionage in großem Umfang (Stichwort: Echelon) über die Torpedierung unerwünschter technologischer Zusammenarbeit bis hin zur klassischen Sabotage. Die Bombardierung der irakischen Reaktoranlage Osirak bei Bagdad durch israelische Kampfflugzeuge im Jahre 1981 bietet dafür ein klassisch gewordenes Beispiel.

Also: Der fortschreitende Übergang zur ›Dritten Welle‹, zur Informationsgesellschaft in Teilen der Ersten Welt bietet keineswegs die Gewähr dafür, daß es sich dabei um einen ›natürlichen‹ globalen Trend handelt. Im Gegenteil, gewichtige Gründe sprechen dafür, daß es als Konkurrenten empfundenen Mächten möglichst schwer gemacht werden muß, diesen Übergang zu bewerkstelligen. Der neue Welt-Krieg gegen die zukünftigen Konkurrenten der Vereinigten Staaten hat längst begonnen. Ganz oben auf der Liste stehen Rußland und China. Während ersteres seit dem Zusammenbruch der UdSSR mit einem Kordon NATO-gefügiger Satrapenstaaten eingekreist wurde, kommen gegen China andere Methoden zum Einsatz, die auf das innere Gefüge der chinesischen Aufbruchsgesellschaft abzielen: eine zur Massenbewegung hochfinanzierte Sekte, deren Führer unangreifbar in den USA sitzt, eine Seuche - SARS –, die die chinesische Wirtschaft einige Monate lang empfindlich in Mitleidenschaft zog, Präzendenzfall künftiger Seuchenkriege.[43]

[43] Avram Kokhaviv, *SARS. Eine Waffe im Krieg gegen Asien*, http://www.kokhavivpublications.com/2003/newcatch/avram_kokhaviv/20030401_125.html

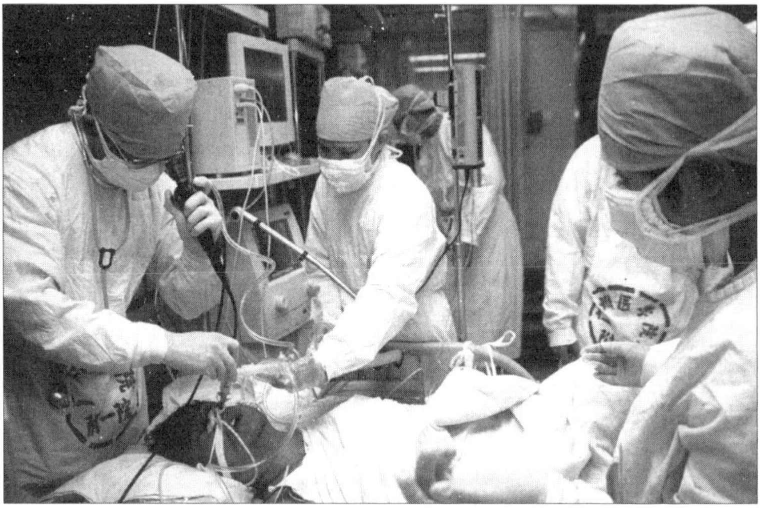

Tödliche Waffen im Krieg des 21. Jahrhunderts: Die Lungenseuche SARS (Bild: Klinik in Peking) gab einen Vorgeschmack auf neue, heimtückische Mittel der globalen Auseinandersetzung.

Und so stellt sich die Welt am Beginn des 21. Jahrhunderts dar: eine Erste Welt, in der der Übergang von der Zweiten zur Dritten Welle, von fordistischer Massen- und Standardproduktion zu intelligenter, flexibler, dezentralisierter Produktion gelungen oder im Gange ist; ihre Armeen spiegeln diesen Wandel in je und je unterschiedlichem Maße wider – am stärksten die Streitkräfte der USA, mit zum Teil erheblicher Verzögerung diejenigen der meisten NATO-Verbündeten. Gleichzeitig sind in zahlreichen Ländern noch immer die Parameter der Zweiten Welle gültig. Dies ist zum Beispiel dort der Fall, wo eine eigene regionale Industrietradition nicht existiert und der Bedarf an Infrastruktur- und Bedarfsgütern durch Importe gedeckt wird, also etwa in den meisten arabischen und afrikanischen Ländern. Da die nicht vorhandene industrielle Infrastruktur in diesen Fällen kein Warnsystem für den fälligen Wandel lieferte, blieben die Streitkräfte dieser Länder meist auf dem Stand der Zweiten Welle stehen. Ein Musterbeispiel dafür bot der Irak, der bis zum Golfkrieg 1991 aufgrund seiner massiven konventionellen Rüstung einen ernst zu nehmenden Gegner nach den Standards der Zweiten Welle abgab. Allerdings hatten die US-Streitkräfte zu diesem Zeitpunkt bereits wesentliche Prinzipien des Krieges der Dritten Welle in die Praxis umgesetzt, zum Beispiel, was die

Verwendung ›intelligenter‹ Waffen und die Führung des sogenannten ›Informationskrieges‹ angeht. Das Ergebnis ist bekannt.

Selbst die Erste Welle gehört noch nicht gänzlich der Vergangenheit an. Noch immer existieren in entlegenen Winkeln der Erde weltvergessene Eingeborenen-Gesellschaften, die ihre Konflikte wie eh und je nach den Maximen und Ritualen der bäuerlichen Gesellschaft austragen.

Die Ungleichzeitigkeit der industriellen und militärischen Standards, einerseits von den Inhabern der globalen Spitzenplätze verursacht und gewollt, ist es andererseits, die bewaffnete Konflikte am Beginn des dritten Jahrtausends so unkalkulierbar macht. Die dazu passende Worthülse, die seit einigen Jahren die Feuilletons, aber auch die Strategeme der Militärplaner vernebelt, lautet: ›asymmetrische Bedrohung‹. Kaum daß die Panzermassen des Warschauer Paktes verschwunden sind, gibt es einen neuen Feind: unsichtbare Terrornetze, Selbstmordattentäter, hochgefährliche Hacker in den Datennetzen. Gemeint sind – aus westlich-amerikanischer Sicht – alle diejenigen, die selbst für die hochgezüchteten, intelligenten Kriegsmaschinen der Ersten Welt noch eine Bedrohung darstellen, weil sie sich der technisch-materiellen Auseinandersetzung mit ihnen aus guten Gründen versagen.

Die verlogene Formel von der besonderen ›Heimtücke‹ der ›asymmetrischen‹ Gegner macht die Runde. Sie ist deshalb so verlogen, weil die völlig irrationale militärische Überlegenheit des Westens, insbesondere der Vereinigten Staaten, potentiellen Gegnern nicht den Hauch einer Chance beläßt. Wer den Konflikt mit dem Westen sucht – und dafür gibt es nachvollziehbare Gründe –, ist gezwungen, andere Felder der Auseinandersetzung als das militärische zu suchen: Der Terror gegen Zivilisten ist eines davon, ein anderes die Bedrohung hochsensibler Infrastruktureinrichtungen wie Börsenzentren oder Kommunikationseinrichtungen.

Im übrigen ist es nicht so, daß der Terror gegen die offenen Gesellschaften des Westens, gegen ›Wehrlose‹ und ›Unschuldige‹, wie es gewöhnlich heißt, von islamistischen Selbstmordattentätern erfunden worden wäre. Seit den britischen Konzentrationslagern im Burenkrieg, der Hungerblockade gegen Deutschland nach dem Ersten Weltkrieg gehört der Terror gegen die gegnerische Zivilbevölkerung zum gewohnten Repertoire westlicher Kriegführung. Die Spur der Massenvernichtung zieht sich über Hiroshima und Nagasaki zu den Flächenbombardements im

Korea- und Vietnam-Krieg, und wer es unbedingt so sehen will, für den ist auch die Globalisierung im Zeichen eines entfesselten Raubtierkapitalismus nichts anderes als ein Krieg Amerikas gegen den Rest der Welt. Aus Sicht der Betroffenen, die meist ohnedies schon zu den Habenichtsen auf diesem Planeten zählen, bleiben nur ›asymmetrische‹ Nadelstiche gegen einen hochgerüsteten Moloch, dem anders nicht beizukommen ist. ›Asymmetrisch‹ ist bei alledem nicht die Bedrohung durch einen anonymen, angeblich weltweiten Terror; sondern ›asymmetrisch‹ ist in erster Linie die exorbitante militärisch-technologische Überlegenheit des Westens gegenüber allen konkurrierenden Machtblöcken. »Der Hyperterrorismus ist ein Produkt der Globalisierung. (...) Stoßen Terroristen in einem Staat auf Schwierigkeiten, dann handeln sie genauso wie General Motors, Nike oder Pepsi: Sie suchen sich einen günstigeren Standort. So wendet sich das westliche System des freien Handels und der freien Zirkulation gegen sich selbst.«[44]

Alain DE BENOIST hebt drei Schlüsselmerkmale der neuen ›asymmetrischen‹ Konflikte des 21. Jahrhunderts hervor:

»Diese Asymmetrie (...) zwischen schwerfälligen Strukturen und fließender, situativer Logik durchzieht sämtliche Dimensionen des Krieges. Asymmetrische Akteure: auf der einen Seite die Staaten, auf der anderen transnationale Gruppen. Asymmetrische Ziele: Die Terroristen wissen, wo sie ihre Opponenten empfindlich treffen können; jene wissen nicht, wo sie zurückschlagen sollen. Asymmetrie der Mittel: Am 11. September wurden innerhalb weniger Minuten Kriegsschiffe, Atombomben, F-16 und cruise missiles überflüssig, angesichts einiger Dutzend Fanatiker, die mit Taschenmessern und Eßbestecken bewaffnet waren. Die Anschläge von New York und Washington wurden mit geradezu lächerlichen Mitteln durchgeführt und verursachten direkt oder indirekt einen Schaden, der auf über 60 Milliarden Dollar geschätzt wird. (...) Die wichtigste dieser Asymmetrien aber ist eine psychologische: Ein immenser Graben trennt Menschen, für die es vieles gibt, das schlimmer ist als der Tod, von einer Welt, in der das einzelne Menschenleben als das allerhöchste Gut gilt. Während die einen an die Rente denken, denken die anderen ans Paradies.«[45]

---

[44] Alain de BENOIST, *Die Wurzeln des Hasses. Ein Essay zu den Ursachen des globalen Terrorismus*, Berlin 2002, S. 22.

[45] Ebd., S. 24 f.

Vieles spricht dafür, daß die Initiative zumindest vorübergehend auf den Gegner übergegangen ist, eine fatale Dialektik, gegen die auch die Raffinessen der Dritten Welle, ihrer Produktionsmethoden, ihrer Informationsstandards und ihrer Waffensysteme keine Versicherung bieten. Afghanistan - Irak, zwei Länder, die nach dem 11. September 2001 obenhin unter amerikanische Kontrolle gerieten (und weitere werden folgen): Der Ball ist dennoch in der gegnerischen Hälfte, darüber können auch militärische Siege, die bestenfalls halbe sind, nicht hinwegtäuschen. Denn die genannten Länder sind nicht einmal physisch besetzt und zudem Welten von einer dauerhaften Friedenslösung entfernt. Unversehens finden sich die westlichen Truppenkontingente in der klassischen Position aller Besatzer wieder: ständig bedroht und immer in Gefahr, aus dem Hinterhalt angegriffen zu werden. Auch ultramoderne Nachtsichtgeräte und Kampfhubschrauber ändern daran nichts.

Dieses Muster der konkreten militärischen Konfrontation erinnert an bekannte historische Vorläufersituationen. Jeder Partisanenkrieg der Vergangenheit war im Grunde ein ›asymmetrischer‹ Krieg, der sich die Verletzlichkeit der Besatzungsmacht und das Überraschungsmoment zunutze machte. Neu ist lediglich, daß die Besatzungsmächte der Zukunft mit effizienteren technischen Mitteln als jemals zuvor in der Geschichte ausgestattet sein werden, mit ›intelligenten‹ Waffen der Repression, der Überwachung, des Aufspürens. Angesichts hochmoderner Infrarot-Satellitenkameras werden sich die Untergrundbewegungen des 21. Jahrhunderts womöglich nicht mehr auf den Schutz des Dschungels verlassen können, wie dies noch im Vietnam-Krieg der Fall war. Allerdings führten die Entlaubungsangriffe der US-Luftwaffe schon dort nicht zum gewünschten Erfolg. »ORWELL lag (...) vermutlich falsch mit seiner Annahme, eine entsprechende technische Ausrüstung könne jeden ›low intensity conflict‹ völlig unterdrücken und somit eine dauerhafte totalitäre Diktatur errichten. (...) Der Krieg wird langwierig, blutig und grauenvoll sein.«[46]

Am grundsätzlichen Paradigma ›asymmetrischer‹ Kriegführung wird sich mithin auch in Zukunft wenig ändern: hier die drückende Überlegenheit einer Supermacht, dort die Nadelstichtaktik eines Gegners, dem zur Verteidigung nur die eigene Findigkeit bleibt. Es ist die gleiche Konstellation wie schon wäh-

[46] Martin VAN CREVELD, *Die Zukunft des Krieges*, München [2]2001, S. 308 ff.

rend der französischen Besetzung Spaniens unter Napoleon, wie im Partisanenkrieg der Sowjets gegen die Wehrmacht, wie in den Konflikten, die nach 1945 zur Dekolonialisierung in Asien und Afrika führten. Zu Recht weisen Militärhistoriker wie Martin van Creveld darauf hin, daß auch die »Kriege zur Beseitigung des Kolonialismus (...) von seiten der aufständischen Bevölkerung her ›Kriege des armen Mannes‹ [waren], in denen die Kampfkraft von der Waffenwirkung her überlegener, hoch technisierter Kolonialarmeen durch entsprechende Kampfweisen und die Verwendung primitiver, aber effektiver, noch dazu finanziell erschwinglicher Waffen unterlaufen wurde. Bereits diese Kriege waren durch eine ›Asymmetrie der Kräfte‹ gekennzeichnet.«[47] Noch die erfolglose israelische Intervention im Libanon (1982ff.) und der gleichfalls erfolglose Tschetschenienkrieg der Russen gehört in diese Kategorie.

Mit der Frontstellung ›Besatzer contra Partisan‹ ist auch die Wiederbelebung des alten moralischen Dilemmas verbunden: Das Recht ist prinzipiell auf der Seite des Unterdrückten. Der Partisan verteidigt die eigene Heimat, während der Besatzer Exponent eines fremden Machtwillens ist (Carl Schmitt hat dem Partisanen deshalb ein ›tellurisches‹, d.h. territorial gebundenes Moment attestiert, im Gegensatz zu den frei flottierenden, im Extremfall global einsetzbaren Machtmitteln des Aggressors). Der Aggressor mag ein Land, eine Bevölkerung zwar physisch vernichten können, ist aber moralisch immer der Unterlegene, eben weil Aggressor. Das mag belanglos erscheinen, wenn es entweder keine Überlebenden mehr gibt, die vom Unrecht des Aggressors Zeugnis ablegen könnten (so geschehen im Fall der nordamerikanischen Indianer), oder wenn die Überlebenden so gründlich umerzogen werden, daß sie ihre Niederlage am Ende als ›Befreiung‹ betrachten (so geschehen in Deutschland 1945ff.). In allen anderen Fällen aber wachsen mit den Jahren der Haß und neue Generationen von Widerstandskämpfern (das palästinensische Beispiel).

Der Besatzer, in der Regel die technisch überlegene Seite, hat aber in Zukunft wie von jeher nicht nur die Moral gegen sich, sondern auch die Entgrenztheit eines Verteidigungswillens, der häufig mit dem Rücken zur Wand steht. Not kennt bekanntlich kein Gebot. Verteidiger, die um das blanke Überleben kämpfen, brauchen keine Rücksichten mehr zu nehmen. Der Existenzkampf

---

[47] Klaus Hammel, »Martin van Creveld«, in: *Sezession*, Nr. 1/2003, S. 7.

»kann ein Volk zu großer Tapferkeit und Entschlossenheit anspornen, weit stärker als ein Krieg, in dem lediglich bestimmte Ziele ›erreicht‹, eine Politik ›durchgesetzt‹ oder die Interessen ›ausgedehnt‹ bzw. ›verteidigt‹ werden sollen. Er kann das Volk gar zu Opfern anspornen, die jedes vorstellbare Maß in normalen Zeiten übersteigen. Das geht so weit, daß selbst Kosten-Nutzen-Rechnungen auf den Kopf gestellt werden und jedes zusätzliche Opfer den ›Nutzen‹ nur noch erhöht.«[48] Gegen solche moralischen Reserven helfen, wenn überhaupt, nur Psychowaffen, die aus Unruhestiftern ruhiggestellte Kollaboranten machen. Auch sie gehören im Krieg der Dritten Welle zum Arsenal der verfügbaren Mittel; auch von ihnen wird in diesem Buch zu sprechen sein.

Theoretiker wie VAN CREVELD machen auf eine weitere Tendenz im Szenario künftiger Kriege aufmerksam. Sie weisen nicht nur darauf hin, daß die Konfrontation regulärer staatlicher Streitkräfte in Zukunft eher die Ausnahme sein wird; sondern auch, daß die Fähigkeit zu und die Anwendung von bewaffneter Gewalt künftig überhaupt eine Domäne nichtstaatlicher, privater Dienstlei-

Palästinensische Jugendliche im Kampf gegen israelische Panzer: Die ›asymmetrische‹ Kriegführung im 21. Jahrhundert bringt es mit sich, daß sich künftig häufiger hochtechnisierte Besatzer und Widerständler gegenüberstehen werden, denen nur die Taktik schmerzhafter Nadelstiche bleibt. Damit tritt auch der Partisan wieder in seine Rechte, dem zur Verteidigung der Heimat nur das ›asymmetrische‹ Mittel des jederzeit möglichen Überraschungsangriffs bleibt.

[48] Martin VAN CREVELD, aaO., S. 216.

ster werden könnte. Diese Tendenz werde dadurch gefördert, daß die Institution des souveränen Staates, der in der Neuzeit einziger legitimer Träger bewaffneter Macht war, zunehmend delegitimiert werde: durch die Entwicklung des internationalen Rechts, das wachsende Gewicht internationaler Institutionen, die steigende Bereitschaft der ›internationalen Gemeinschaft‹ zur Intervention in die Binnenbelange souveräner Staaten. (Man muß jedoch zwei gewichtige Einschränkungen machen: Erstens ist diese Entwicklung kein Naturgesetz, sondern beruht auf der jahrzehntelangen Wirksamkeit bestimmter Hintergrundkräfte wie etwa dem Council on Foreign Relations, der Bilderberger-Konferenz und anderen. Und zweitens gibt es zwei Länder, die sich diesem Trend zur Entmachtung des Nationalstaates mit großem Erfolg widersetzen: die USA und Israel).

Tatsächlich scheint auch die Tendenz zur Auslagerung der organisierten Gewaltanwendung aus dem staatlichen Machtmonopol ein Auswuchs der bunten, vielfältigen und hochdifferenzierten Welt der Dritten Welle mit ihren Exzessen von Deregulierung und Liberalisierung zu sein. Die Erwartung ist nicht übertrieben, daß das Zeitalter der Privatisierung die Rückkehr nichtstaatlicher Söldnerorganisationen erleben wird, die die Anwendung bewaffneter Gewalt als Dienstleistung betreiben; eine Erscheinung, die sich schon in den Jahrhunderten des ausgehenden Mittelalters und der frühen Neuzeit als unkalkulierbar und für jeden Auftraggeber als Spiel mit dem Feuer erwies. Allerdings konnten die damaligen Condottieri im schlimmsten Fall Feldschlangen und Arkebusen zum Einsatz bringen, während den Sicherheits-Dienstleistern des 21. Jahrhunderts weltweite Datenerfassungssysteme, Frequenzwaffen, Satelliten und wiederverwendbare Trägersysteme zu Gebote stehen könnten, von vergleichsweise harmlosen konventionellen Söldnertruppen nicht zu sprechen. An die Stelle des kriegführenden Staates werden Organisationen treten, »die je nach ihrer Zweckorientierung von internationalen Wirtschaftskonzernen und Syndikaten zum Betrieb technischer Systeme über internationale Bündnisorganisationen bis zu ›Dienstleistungsbetrieben‹ reichen können, die einschließlich militärischer Gewalt und Kräften für die innere Sicherheit wirklich alle ›Leistungen‹ zur Verfügung stellen.«[49]

Die Befürworter dieser Entwicklung, die ohnehin an der Entwaffnung des souveränen Staates arbeiten, werden mit der Kosten-

[49] Klaus HAMMEL, aaO., S. 7.

einsparung argumentieren, die mit der Privatisierung der Dienstleistung ›Sicherheit‹ verbunden ist. Und weil bisher noch auf jedem Markt die Monopolbildung Gesetz war, dürfte es auch im Sicherheitssektor zu privaten und hochgefährlichen internationalen Gewalt-Anbietern kommen. Was den Telekommunikations- und Postunternehmen recht ist, wird den Sicherheits-Dienstleistern nur billig sein.

Auch diese Entwicklung ist in den USA, dem führenden Land der Dritten Welle, bereits relativ weit vorangeschritten, wenngleich der souveräne Staat aus den genannten Gründen hier seine Rechte vermutlich länger geltend machen wird als in anderen Ländern. Aber selbst in den Vereinigten Staaten sind die Grenzen zwischen staatlichem und privatem Gewaltmonopol fließend geworden. Zwar folgte die Sicherheitspolitik der USA bisher immer dem Grundsatz, private Anbieter riskanter Leistungen oder Technologien ›einzukaufen‹, ehe sie ins Ausland abwandern oder sich potentiellen Gegnern anbieten können. Ganze Bataillone ehemaliger Hacker arbeiten inzwischen für amerikanische Sicherheitsdienste oder High-Tech-Unternehmen im Sold der Army. Aber immer gelingt die freundliche Umarmung nicht. Zum Beispiel, weil die fraglichen Unternehmen längst ›global players‹ sind, die über mehr als ein Standbein als nur das amerikanische verfügen. Oder weil im Aufsichtsrat ›doppelt-loyale‹ Spitzenbeamte der US-Regierung sitzen, denen die eigene Firma mindestens ebenso wichtig ist wie das Wohl der Vereinigten Staaten. Solche Konstellationen – über einen exemplarischen Fall wird im Kapitel »Die neuen Gehilfen des Großen Bruders« zu sprechen sein – werden in der schönen privatisierten Welt des 21. Jahrhunderts keine Seltenheit sein.

Die Eigendynamik militärisch-industrieller Planungsprozesse wird ein immer größeres Problem darstellen, weil für die beteiligten Unternehmen immer größere Summen auf dem Spiel stehen und andererseits der Planungsvorlauf bis zur Frontreife neuer Systeme inzwischen nicht mehr Jahre, sondern Jahrzehnte beträgt. Zum Vergleich: Bis 1930 dauerte die Waffenentwicklung bis zum Einsatz etwa fünf Jahre. Zwischen 1930 und 1950 verlängerte sich dieser Zeitraum auf etwa zehn Jahre. Mittlerweile muß bei technologisch anspruchsvolleren Rüstungsprojekten von einem Vorlauf von bis zu fünfzig Jahren ausgegangen werden, und gleichzeitig verlängern sich die Nutzungszeiten ebenfalls auf bis zu einem halben Jahrhundert. Diese Langfristigkeit schließt zwei brisante Tatsachen in sich: zum einen, daß die Möglichkeiten gewählter politischer Repräsentanten wie zum Beispiel des US-Präsidenten, auf wichtige Rüstungsvorhaben Einfluß zu nehmen, mehr als beschränkt sind; die strategischen Entscheidungen werden von anderen Planungsgremien getroffen (und sind durch Regierungsorgane mit begrenzter Amtszeit vermutlich auch nicht zu revidieren, was den sogenannten ›demokratischen Prozeß‹ ad absurdum führt).

Zum anderen entwickeln langfristige und kostenintensive Rüstungsprojekte auch dahingehend Eigendynamik, daß sie zur Legitimierung der riesigen Kosten selbst erst jene Szenarien erzeugen, die die ungeheuren Ausgaben rechtfertigen. Hier liegt das eigentlich Gefährliche der Grauzone zwischen Weißem Haus und Rüstungslobby: Hier gibt es keinerlei öffentliche Kontrolle, keinerlei Transparenz, und niemand außer den Beteiligten kann sagen, ob ein aktuelles Bedrohungsszenario tatsächlich existiert oder nicht eher im Oval Office ausgeheckt wurde, um die Rüstungsindustrie zu streicheln, einer der wenigen Sektoren, in denen die USA noch führend sind. »Militärische Forschung«, schreibt Kurt W. Stiele, »erfolgt in der globalisierten Welt in zunehmendem Maße mit privatwirtschaftlichen Zielen. (...) Privatwirtschaftlich entwickelte Kriegsszenarien lassen wegen des erforderlichen zeitlichen Vorlaufs – Rüstungsplanung, Sachinvestitionen für die Herstellung von Kriegsgerät usw. – von mehr als einer Generation die Ansätze jeglicher Friedenspolitik ins Leere laufen und scheitern, wenn gleichzeitig Organisationen wie die UNO der Operationsführung und Kontrolle privatwirtschaftlicher Kreise unterliegen.«[50]

Gerade das amerikanische Beispiel zeigt, wie sehr sich in Zukunft verschiedenste Ebenen der militärischen Machtprojektion überlagern und durchdringen werden: staatliches Gewaltmonopol und privatisierte Gewaltanwendung; höchste Professionalität auf der einen, mitunter verzweifelter Dilettantismus auf der Seite der Gegner; Kriegführen mit relativ geringem Kräfteeinsatz (›low intensity conflict‹, LIC) bei gleichzeitiger Fähigkeit zum großen Schlagabtausch unter Einsatz nuklearer Waffen; ›Krieg der Netze‹ bei gleichzeitiger Fortdauer bisheriger konventioneller Axiome. Alles in allem: eine neue Unübersichtlichkeit, Folge

[50] Kurt W. Stiele, »Waffensysteme und Kriegsmethoden im 21. Jahrhundert. Technische Entwicklungen für künftige Auseinandersetzungen«, in: Alain de Benoist (Hg.), *Die Welt nach dem 11. September. Der globale Terrorismus als Herausforderung des Westens,* Tübingen 2002, S. 199.

der großen Ausdifferenzierung, die im Zuge des Übergangs zur Dritten Welle von der Welt Besitz ergriffen hat. Wer im 21. Jahrhundert auf die militärische Karte setzt, muß auf alles vorbereitet sein: auf Stammeskrieger, Terror-Netzwerke, konventionelle Streitkräfte, Atomwaffen, Angriffe aus dem Internet - und natürlich auf Mischformen aus alledem. Er tut gut daran, die ganze Palette des militärischen und halb-militärischen Instrumentariums in seinen Arsenalen vorrätig zu halten, und von allem nicht zu wenig.

Allzu viele Mitbewerber im Spiel um die Macht werden sich das nicht leisten können. Im Gegenteil, das Gros der Bewerber - einschließlich der Europäer - wird sich mit eher symbolischen Filetstückchen eines fortgeschrittenen militärischen Apparates begnügen und viele Aufgabenfelder im Krieg der Zukunft unberücksichtigt lassen müssen. Die technologische Lücke zwischen den USA und Europa ist schon jetzt so gut wie unüberbrückbar. Sie wird sich in Zukunft eher noch vergrößern. Denn Rüstung ist teuer, und intelligente, zeitgemäße Rüstung noch ungleich mehr. »Staatsmänner aus König Eduards Zeiten«, schreibt Paul KENNEDY in seiner Studie über *Aufstieg und Fall der großen Mächte,* »die darüber entsetzt waren, daß 1914 ein Schlachtschiff 2,5 Millionen Pfund kostete, wären erschüttert, wenn sie erführen, daß heute [1987] der Ersatz einer Fregatte die britische Admiralität 120 Millionen Pfund und mehr kostet. Amerikanische Parlamentarier, die in den späten 30er Jahren bereitwillig Gelder für Tausende von B-17-Bombern zur Verfügung gestellt hatten, zucken heute verständlicherweise bei der Schätzung des Pentagons, daß nur 100 der neuen B-1-Bomber über 200 Milliarden kosten werden, zusammen.«[51]

Weitere Vergleichszahlen zur Explosion der Rüstungskosten: Bomber kosteten Ende der achtziger Jahre 200mal, Jäger 100mal und mehr so viel wie im Zweiten Weltkrieg. Flugzeugträger sind 20mal, Kampfpanzer 15mal so teuer wie im Zweiten Weltkrieg. Ein U-Boot der Gato-Klasse kostete im Zweiten Weltkrieg 5500 Dollar pro Tonne - ›peanuts‹ im Vergleich zu heute 1,6 Millionen Dollar pro Tonne für ein U-Boot der ›Trident‹-Klasse. Verschiedentlich meldeten sich Experten mit der nicht ganz ernst gemeinten Prognose zu Wort, »im Jahre 2020 werde das gesamte

---

[51] Paul KENNEDY, *Aufstieg und Fall der großen Mächte. Ökonomischer Wandel und militärischer Konflikt von 1500 bis 2000*, Frankfurt/Main 1994, S. 654.

[52] Ebd., S. 655.

Budget des Pentagon von einem Flugzeug verschlungen werden«.[52]

Doch das war in den achtziger Jahren, noch gab es die Blockkonfrontation. Beide Supermächte gaben etwa gleich viel für die

Teuer, aber unentbehrlich für die globale Machtprojektion: Flugzeugträger (im Bild die ›USS Belleau Wood‹). An der Wende vom 20. zum 21. Jahrhundert sind Flugzeugträger 20mal so teuer wie im Zweiten Weltkrieg.

Rüstung aus, nämlich jährlich mehr als 250 Milliarden Dollar. Die Tatsache, daß die Rüstungsausgaben der USA nach dem Ende der Sowjetunion nicht zurückgefahren wurden, verwundert nur auf den ersten Blick. Auf den zweiten wird deutlich, daß die Washingtoner Machtelite die Gelegenheit beim Schopf ergriff und durchstartete. Der 11. September 2001 gab dafür nur den Vorwand ab. Seither beglückt die Bush-Regierung die US-Rüstungsindustrie mit immer neuen Riesenaufträgen, von denen die meisten auf langjährige Laufzeiten angelegt sind. Bereits im Juni 2002 schätzen Fachleute die Rüstungs- und Sicherheitsausgaben der Regierung seit den Anschlägen auf stattliche 200 Milliarden Dollar.[53]

Kein Einzelfall. Auf bis zu 500 Milliarden Dollar wird etwa die Produktion von rund 6000 Stück des ultramodernen ›Joint Strike Fighter‹ X-35 B bei LockheedMartin veranschlagt, mit denen die Luftflotten der USA und verbündeter Länder nach und nach bestückt werden sollen. Die Maschinen sollen bis weit in die erste Jahrhunderthälfte in Dienst bleiben. Der Auftrag dazu wurde im Oktober 2001 vergeben. Der Chef von LockheedMar-

[53] *Inter-Info*, Nr. 283, Juni 2002.

tin, Vance COFFMAN, sieht Perspektiven »für die nächsten 30 bis 40 Jahre«.[54]

Und kein Ende der Ausgaben. Im Januar 2002 sah der Entwurf des US-Militärhaushalts für das Jahr 2003 die Rekordsumme von 379 Milliarden Dollar vor, der größte Anstieg des Wehretats seit Ronald REAGAN und ein Plus von 14 Prozent innerhalb eines Jahres. Aber das war vor dem jüngsten Irak-Krieg, der neue Beschaffungslücken aufzeigte. Die nächsten Kriege der USA sollen mit ›präemptiven‹ Atomschlägen eröffnet werden, doch die Sprengköpfe dafür müssen erst produziert werden: Sie schlagen mit 15,5 Millionen Dollar zu Buche, ein relativ bescheidener Posten. Dafür sprengte der Militäretat für das Jahr 2004 jedes Maß: 400,5 Milliarden Dollar.[55]

Die USA sind augenscheinlich die einzige Militärmacht der Welt, die das Dilemma des Kriegführens im 21. Jahrhundert nicht wahrhaben will: daß man sich von den hyperteuren Waffen, die die Rüstungsindustrie gegenwärtig anbietet, immer nur die Filetstückchen anschaffen kann, und auch diese nur in begrenzter Stückzahl. Stimmt nicht, heißt es aus dem Pentagon. Die USA sind gewillt, ›full spectrum dominance‹ zu praktizieren, also Überlegenheit auf der ganzen Breite des technologischen Spektrums. George W. BUSH hat seit Beginn seiner Präsidentschaft daran keine Zweifel gelassen. Bei der Unterzeichnung des Verteidigungshaushalts für 2002 beharrte er darauf, den US-Streitkräften müßten »alle Ressourcen, alle Werkzeuge, alle Waffen und alle Vorteile« zur Bekämpfung des ›Terrors‹ gegeben werden.[56] Zwei Wochen später noch einmal derselbe Text: »Was auch immer nötig ist, was immer es kostet, diese geduldige, entschlossene Nation wird den ersten Krieg des 21. Jahrhunderts gewinnen.«[57] Kein Zweifel, BUSH meint, was er sagt, und er ist bereit, auf dem Weg zur amerikanischen Hegemonie auch verheerende finanzielle Folgen der großzügigen Ausgabenpolitik in Kauf zu nehmen: Für 2002 sagten Haushaltsexperten den größten Einbruch der öffentlichen Finanzen seit 1952 voraus.

Die Welt muß die Militarisierung der amerikanischen Außenpolitik ernst nehmen. Die explosionsartige Steigerung der US-

---

[54] Andreas LAUTZ, »Pentagon beglückt Rüstungsfirma«, in: *tageszeitung*, 29. 10. 2001.

[55] Wolfgang KOYDL, »Bombe im Pentagon-Etat«, aaO.

[56] »Pentagon erhält noch mehr Geld«, in: *taz*, 12./13. 1. 2002.

[57] Marc HUJER, »Bush fordert 48 Milliarden Dollar zusätzlich für das Militär«, in: *Süddeutsche Zeitung*, 25. 1. 2002.

Verteidigungsausgaben ist weniger eine militärische als vielmehr eine politische Investition in die Zukunft. Das rechtfertigt auch vorübergehende Löcher im Haushalt, die, so das Kalkül, durch den Ertrag des neuen Kriegskurses mehr als wieder gestopft werden. Eine klare geopolitische Aussage sieht etwa der Berliner Politikwissenschaftler Lutz UNTERSEHER im Rüstungsschub der BUSH-Administration. Die einzelnen Etatpositionen ließen sogar einen ausdrücklichen Zielwechsel erkennen: Nicht mehr die Seeherrschaft, sondern die Kontrolle über die eurasische Landmasse solle Washingtons ›Welthegemonie‹ sichern – eine Maxime, die vor hundert Jahren bereits der Geopolitiker MACKINDER aufstellte.[58]

Auch der französische Soziologe Emmanuel TODD sieht in der auftrumpfenden Hochrüstung der USA ein politisches Signal – nicht nur an die potentiellen Gegner, sondern ebenso an die Adresse der Verbündeten: der letzte Trumpf der USA in einer Welt, in der das relative Gewicht Amerikas ständig abnimmt (eine Beobachtung, in der TODD mit Paul KENNEDY übereinstimmt). Vereinfacht ausgedrückt: Die militärische Drohkulisse ist die letzte Versicherung dafür, daß die Verbündeten bei der Stange bleiben und der Dollar stabil bleibt. Nur so kann gewährleistet werden, daß der ständige Kapitalzufluß anhält, auf den die USA angewiesen sind, um ihren Lebensstandard aufrechtzuerhalten. Natürlich ist der praktische Nebeneffekt der amerikanischen Hyperrüstung, daß Washington damit je nach Bedarf überall auf dem Globus intervenieren kann, wo dies erforderlich scheint und beispielsweise Bodenschätze requiriert werden müssen. Außerdem läßt sich mit der Anzettelung kleiner, ohne viel Aufwand gewinnbarer Kriege ständig die eigene Unverzichtbarkeit als Weltpolizist unter Beweis stellen (auch wenn sich die USA in Wirklichkeit immer mehr als globaler Unsicherheitsfaktor entlarven). TODD: »Die unsinnigen Spannungen, welche die USA zu Nordkorea, Kuba und zum Irak – Relikten der Vergangenheit – unbeirrbar aufrechterhalten, zeigen alle Anzeichen der Irrationalität. (...) Dieses Gebaren, das der Welt keinen Fortschritt bringt und die Verbündeten verärgert, hat gleichwohl einen Sinn. Die Konflikte, die militärisch ein Null-Risiko darstellen, ermöglichen es nämlich den Vereinigten Staaten, überall auf der Welt ›präsent‹ zu sein. Sie erhalten die Illusion eines instabilen und ge-

[58] »US-Rüstungsetat folgt Maximen Mackinders«, in: *Junge Freiheit*, 1. 11. 2002.

fährdeten Planeten aufrecht, auf dem die USA Ordnung schaffen müssen.«[59]

Mag auch der imperiale Zuschnitt der amerikanischen Außenpolitik eine ›Illusion‹ sein, die Aufrüstung der USA unter Bush ist es mitnichten. Sie ist Realität. Sie mag vielleicht nicht hinreichen, um alle weltpolitischen Vorstellungen der Washingtoner Insider-Clique von einem ›neuen amerikanischen Jahrhundert‹ zu verwirklichen, aber sie stellt einen beeindruckenden militärischen Apparat dar, der schon jetzt konkurrenzlos und für viele Länder eine tödliche Bedrohung ist.

Von den explodierenden Rüstungsausgaben im Land der unbegrenzten Möglichkeiten war bereits die Rede. Finanziell liegen heute nicht nur Welten, sondern Milchstraßen zwischen den USA und ihren NATO-Verbündeten. Den 400,5 Milliarden US-Dollar des amerikanischen Wehretats für 2004 stehen 140 Milliarden Dollar aller anderen NATO-Staaten zusammen gegenüber. Jedes für sich, schrumpfen die einzelnen Länder vollends auf Zwergenformat: Großbritannien mit 34,0, Frankreich mit 25,3, Deutschland mit 21,0, Italien mit 15,5 Milliarden.

Die über viele Jahre hinweg auseinanderdriftenden Militärausgaben dies- und jenseits des Atlantiks haben dazu geführt, daß sowohl der quantitative als auch der technologische Vorsprung der USA heute praktisch uneinholbar ist. Nicht nur aus politischen Gründen wird die militärische Zusammenarbeit Amerikas mit den meisten NATO-Verbündeten immer schwieriger. Die technologische Lücke ist einfach zu groß. Mit Blick auf den Krieg in Afghanistan erklärte der US-Senator John McCain, man habe die Europäer »ehrlich gesagt« nicht brauchen können. Das sehen diese nicht anders. »Bestimmte Dinge können die Europäer einfach nicht«, sagt Joachim Rohde, Rüstungsexperte bei der Stiftung Wissenschaft und Politik in Berlin. Er nennt ein Beispiel: »Während die Amerikaner aus größerer Entfernung angreifen und so ihre Soldaten nicht gefährden, müssen Tornado-Piloten mitten aufs Ziel gehen.«[60] Groß seien die technologischen Unterschiede vor allem beim Lufttransport, der sogenannten ›intelligenten‹ Munition und den Kommunikationsmitteln.

Auch der ehemalige Generalinspekteur der Bundeswehr und Ex-Vorsitzende des NATO-Militärausschusses Klaus Naumann

---

[59] Emmanuel Todd, aaO., S. 168 f.

[60] Zitate nach: Frank Nienhuysen, »Militärische Kontinentaldrift«, in: *Süddeutsche Zeitung*, 9./10. 2. 2003.

Die technologische und quantitative Überlegenheit der US-Militärmaschine zeigt sich an vielen Details. Im Bild: digitalisierte Nachschublogistik der US Army in Kuwait.

bemängelt die technologische Kluft innerhalb des Bündnisses. Er berichtet von der Erprobung neuer Waffenplattformen bei der US-Army:

»Irgendwo auf einem Truppenübungsplatz fährt ein unbemanntes, ferngesteuertes Fahrzeug mit ungefähr 25 Stundenkilometern. In mehr als 20 Kilometer Höhe kreisen zwei unbemannte, global einsatzfähige Aufklärungsflugzeuge vom Typ Global Hawk. Sie stellen mit ihren Radargeräten die Koordinaten des Fahrzeugs mit einer Genauigkeit von weniger als einem Meter fest, übermitteln sie an ein Hunderte von Kilometern entferntes Kampfflugzeug. Während des Fluges in das Zielgebiet werden die jeweils aktuellen Zieldaten direkt aus den ferngelenkten Flugzeugen in den Gefechtskopf der zur Bekämpfung vorgesehenen Abstandswaffe eingegeben. Die Waffe wird aus etwa einhundert Kilometer Entfernung ausgelöst. Sie durchschlägt mit ihrem Gefechtskopf (...) das fahrende Ziel und zerstört es. (...) Denkt man in Europa Gleiches, und wäre man heute zu einem ähnlichen Versuch fähig? Man denkt schon in diese Richtung, aber man plant nicht dafür, und zu einem solchen Versuch ist niemand in Europa fähig. (...) Ein Aufklärungsergebnis direkt in den Gefechtskopf einer Abstandswaffe zu überspielen (...), das ist für das Europa des Jahres 2002 etliche Nummern zu groß.«[61]

[61] Klaus NAUMANN, »Europas doppelte Lücke«, in: *FAZ*, 11. 3. 2002.

Wer wissen will, warum die USA heute über die schlagkräftigste Armee der Welt verfügen, braucht nach den Gründen dafür nicht unbedingt die Experten zu befragen. Manchmal tut es auch ein Kinobesuch. Aufschlußreich ist zum Beispiel der 2002 in Deutschland angelaufene Streifen *Black Hawk down* (Regie: Ridley SCOTT), der den Einsatz amerikanischer Rangers in Somalia 1993 schildert. Der mit Unterstützung der Army gedrehte Film ist derart authentisch, daß er amerikanischen Rekruten zu Ausbildungszwecken vorgeführt wird. Es sind viele kleine Details, in denen sich die Überlegenheit des US-Militärs zeigt: Professionalität im Einsatz, effiziente Führung vom fliegenden Gefechtsstand im Hubschrauber aus, ausreichend vorhandenes und technisch hervorragendes Material bis hin zu Staubschutzbrillen und Knieschonern als Bestandteil der Ausrüstung. Soldaten der Bundeswehr können davon nur träumen.

Seither sind weitere Fortschritte erzielt worden. Ein einzelner amerikanischer Infanterist des Jahres 2003 verfügt über die gleiche Kampfstärke wie ein ganzer Zug (30 Mann) in manchen Situationen des Golfkrieges 1991. Diese Kampfwertsteigerung verdankt sich einer Reihe exklusiver und kostspieliger Verbesserungen: In einen archaisch anmutenden Aufsatz auf dem Gefechtshelm sind Laserdetektoren zur Zielaufklärung und zur Entfernungsmessung, Nachtsicht- und Funkgerät integriert. Ständige Sprechverbindung zur Gruppe und zu Vorgesetzten gehört mittlerweile zur Standardausrüstung.

Früher kamen die Kommandos durch Zuruf, und ein Nachtsichtgerät hatte allenfalls der Zugführer. Zur Routineausstattung gehört auch eine verbesserte Panzerweste gegen Schuß- und Splitterwirkung, die um 15 Prozent leichter ist als das Vorgängermodell (zum Vergleich: Bei der Bundeswehr gehört die Splitterschutzweste noch keineswegs zur Standardausstattung. Sie steht nur für Soldaten im Auslandseinsatz und KSK-Einheiten zur Verfügung). Schließlich das Sturmgewehr M 16/M 4: Es besitzt einen integrierten Laser-Entfernungsmesser, einen digitalen Kompaß und ein Wärmesuchbild mit einer Reichweite bis zu 1000 Metern. Alles in allem trägt der amerikanische Infanterist des Jahres 2003 Ausrüstung im Wert von rund 20 000 US-Dollar am Mann.

Diese Investition zahlt sich aus, denn sie bringt der amerikanischen Seite erhebliche Vorteile nicht erst dank einer haushoch überlegenen Luftwaffe oder im Duell schwerer, mit viel Elektronik vollgestopfter Kampfpanzer, sondern bereits am Boden, auf der ›Primärebene‹ des Infanteriegefechts. Der deutsche Militärattaché in Washington, Peter GOEBEL, bestätigt:

»Die neue Ausrüstung erhöht Kampfkraft und Gefechtswert dieser Soldaten je nach Lage, Auftrag und Einsatzraum um das Drei- bis Zehnfache. Durch höhere und präzisere eigene Feuerkraft, durch sofort abrufbare Feuerunterstützung von Artillerie, Hubschrauber und Luftwaffe, durch ein besseres Lagebild und die sich daraus ergebende schnellere Reaktionsfähigkeit und durch den verbesserten eigenen Schutz kann künftig eine Infanteriegruppe von sieben bis zehn Mann in mancher Lage so viel leisten wie bisher eine hundert Mann starke Infanteriekompanie.«[62]

Der Soldat der Zukunft trägt viel Technik am Leib. Oben: *Bundeswehrsoldat der Krisenreaktionskräfte (KSK).* Unten: *Ausstattungskonzepte für den Infanteristen des 21. Jahrhunderts aus Großbritannien (1., 3. und ganz rechts), Deutschland (2. und 7.) und Frankreich (5. und 6.).*

[62] F. WECKBACH-MARA, »So zieht der US-Soldat in den Krieg«, in: *Welt am Sonntag,* 26. 1. 2003.

Während des Irak-Krieges im Frühjahr 2003 gingen Berechnungen davon aus, daß bis zu 250 000 US-Infanteristen mit modernster Ausstattung an den Feind gebracht werden könnten. Auch diese Zahl veranschaulicht die kaum noch überbrückbare Kluft zwischen den amerikanischen Streitkräften und denen der Europäer. Denn bei der Bundeswehr beispielsweise setzt der Generationswechsel bei der Ausstattung zaghaft ab 2004 ein, wenn die ersten 1600 Soldaten, vor allem die der Division ›Spezielle Operationen‹, eine der amerikanischen vergleichbare High-Tech-Ausrüstung zum Stückpreis von 46 200 Euro erhalten.[63]

Doch zur gleichen Zeit haben US-Forscher längst die Kampfbekleidung der nächsten Generation vor Augen. Einen 50 Millionen Dollar schweren Auftrag zog das Massachusetts Institute of Technology (MIT) unlängst für die Entwicklung einer künftigen Uniform an Land, die ihren Träger mit Hilfe von in den Stoff eingewebten Nanoteilchen ganz oder teilweise unsichtbar machen soll. Mehr noch: Das Material ist dynamisch und soll auch plötzlich auftretende Verformungen, zum Beispiel durch Schußtreffer, ausgleichen können. Außerdem überwacht ein Ganzkörper-Sensorensystem permanent alle physiologischen Prozesse des Kämpfers und meldet beispielsweise zu hohen Blutdruck und leichte Verwundungen.[64] Nach dem gleichen Prinzip soll auch eine neue Panzerarmierung funktionieren, an der am New Jersey Institute of Technology geforscht wird. Auch sie soll in der

[63] Ebd.

[64] Nach: Thomas Jüngling, »Nano-Kleidung macht unsichtbar«, in: *Welt am Sonntag*, 7. 4. 2002.

Lage sein, Korrosionen oder Schäden am Gerät zu melden, möglichst selbst zu beheben und gleichzeitig die Farbe des Fahrzeugs an die Umgebung anzupassen.[65]

Die ehrgeizige Vorgabe aus dem Pentagon, wonach die amerikanische Seite auf allen Ebenen der militärischen Auseinandersetzung deutlich überlegen sein muß, wird in den nächsten Jahrzehnten Milliardensummen verschlingen. Kompliziert wird die Aufgabenstellung durch das unübersichtliche Bild dessen, worauf sich die US-Streitkräfte einstellen sollen. Von der Diversifizierung der Kriegführung im 21. Jahrhundert war bereits die Rede. Im Zweifelsfall müssen die amerikanischen Streitkräfte dafür gerüstet sein, auf sämtlichen Ebenen Überlegenheit zu demonstrieren, auf dem konventionellen Schlachtfeld ebenso wie auf zahlreichen nicht-konventionellen. Vieles spricht dafür, daß dort die Kriege einer nicht mehr allzu fernen Zukunft entschieden werden, mit Waffen, die heute noch Science Fiction sind, deren Frontreife in den Planungslabors der Rüstungsschmieden aber unaufhaltsam näherrückt. Es handelt sich um die ultimativen militärischen Mittel einer Supermacht, die die Weltherrschaft will.

Am überlegensten sind diejenigen Waffen, die nur ein einziges Mal eingesetzt werden müssen, um dem Gegner seine Chancenlosigkeit vor Augen zu führen. Die Atombombe war eine solche Waffe. Amerika war die einzige Macht, die sie bislang zum Einsatz brachte. Das wird bei den Zukunftswaffen des 21. Jahrhunderts nicht anders sein. Die amerikanische Führung wird nicht zögern, sich ihrer zu bedienen, und dies um so eher, je unterlegener der Gegner ohnehin schon ist. Niemals haben die Vereinigten Staaten die Konfrontation mit einem gleichstarken Gegner gesucht.

Es gibt Kampfsysteme und technische Neuerungen, die das Gesicht des Krieges revolutioniert haben. Viele davon waren relativ unscheinbar und längst nicht so plakativ wie das preußische Zündnadelgewehr, das die Schlacht von Königgrätz entschieden hat. Das 3 cm-Kurzwellenradar der Alliierten im Zweiten Weltkrieg gehört in diese Kategorie, die Einführung der Fließbandproduktion von Kampfflugzeugen, ebenso der IBM-Lochkartensortierer, mit dessen Hilfe es 1944 möglich war, einen kompletten amerikanischen Feldflugplatz inklusive Papierkörbe an jeden alliierten Kriegsschauplatz zu liefern.[66] Es ist in

[65] »Panzerwagen als Chamäleon«, in: *Focus*, Nr. 46/2002.

[66] Nach: Volker Biek, *Der Deutsche Weg. Unser nationaler Aufbruch ins 21. Jahrhundert*, Berg/Starnberger See 1999, S. 480, 486 u. 488.

Modernisierung mit Fragezeichen: das europäische Rüstungsprojekt ›Eurofighter‹ DA 6 ist gegenüber amerikanischen Modellen veraltet, wenn es den Dienstbetrieb bei der Truppe aufnimmt.

der Rüstung wie in der Wirtschaft: Es gibt ›Wertschöpfungsketten‹, bei denen das Endprodukt 20 000mal so wertvoll ist wie das Ausgangsprodukt und entsprechende Erträge bringt. Dies ist beispielsweise bei Satellitensystemen der Fall, während in der Eisen- und Stahlverarbeitung ›Wertschöpfungszuschläge‹ von 5, beim Werkzeugmaschinenbau von 40 und selbst bei der Fertigung von Luxusautomobilen gerade einmal von 25 erzielt werden.[67]

Mit diesem Vergleich läßt sich – *cum grano salis* – auch der Wert, das Maß an Überlegenheit beschreiben, das technische Neuerungen auf dem Schlachtfeld erzielen, etwa die Einführung eines neuen Panzers oder eines Sturmgewehrs mit Nachtsichtgerät. Dieser ›Überlegenheitszuschlag‹ mag für ein neues Infanteriegewehr bei 5 liegen, bei der ›Panzerhaubitze 2000‹, mit der die Bundeswehr gegenwärtig ausgestattet wird, bei 25 und beim ›Eurofighter‹, der gegenüber amerikanischen Modellen veraltet ist, wenn er den Dienstbetrieb aufnimmt, bei 70 bis 80. Mit anderen Worten: Alle genannten Kampfsysteme sind vergleichsweise harmlose Spielzeuge, die den konventionellen Krieg relativ bruchlos fortschreiben, bereichert um jede Menge Elektronik, raschere Schußfolgen, höhere Drehzahlen.

[67] Nach: ebd., S. 690.

Doch darum geht es in den folgenden Kapiteln nicht. Es ist zu zeigen, daß in künftigen Konflikten mit neuartigen Überlegenheitswaffen zu rechnen sein wird, die das Erscheinungsbild des Krieges, wenn nicht des Globus überhaupt verändern werden. Um in der Sprache der Wertschöpfung zu bleiben: Kampfsysteme, technische Systeme, deren Überlegenheitszuschlag jenseits der 5000 liegt, vielleicht bei 100 000. Aber wie läßt sich der Überlegenheitsfaktor einer Waffe beziffern, die es vielleicht nur ein einziges Mal auf dem Planeten gibt und die zur Konfliktbereinigung nur ein einziges Mal feuern muß? Wie hoch ist der Überlegenheitsfaktor eines technischen Systems, das in der Lage sein wird, das Wetter, den Tag-/Nacht-Rhythmus ganzer Regionen, die Ozonschicht zu militärischen Zwecken zu manipulieren? Und wie hoch ist der Faktor ›Überraschung‹ zu veranschlagen bei einem Gerät, von dessen Existenz und Wirkungsweise der Gegner nichts ahnt, weil er sich im tiefsten Frieden wähnt, während er in Wirklichkeit längst als Feind behandelt wird? Die Nationale Sicherheitsstrategie der Bush-Regierung macht solche Szenarien mehr als plausibel. Die Waffen dafür existieren entweder bereits oder werden mit Hochdruck entwickelt.

Mit anderen Worten: Nur am Rande wird es im folgenden um künftige Generationen von Panzern, neue Infanteriewaffen, schwimmende Einsatzbasen der Navy, ultraschnelle Torpedos oder ähnliches gehen. So sehr derartige Systeme im Einzelfall die Überlegenheit der amerikanischen Seite vergrößern, so sehr handelt es sich dabei doch in den meisten Fällen um evolutionäre Fortentwicklungen auf der Basis bereits vorhandener oder ›klassischer‹ Systeme. Auch ein russischer Hyperkavitationstorpedo ist in erster Linie ein Torpedo, wenn auch auf Grund einer speziellen Technologie ungleich schneller als alle bisher bekannten. Kriegführen im 21. Jahrhundert wird aber mehr sein als die üblichen Wettläufe im Sinne des ›Schneller, höher, weiter‹. Neue, zusätzliche Facetten kommen ins Bild, die den Krieg künftig nicht nur vielgestaltiger, unübersichtlicher, beunruhigender machen werden als in der überschaubaren Vergangenheit der letzten Jahrhunderte. Auch die Grenzen, die dem Krieg zumindest in den vorgeblich ›zivilisierten‹ Ländern unter Schmerzen und schlimmen Erfahrungen gezogen werden konnten, werden aller Voraussicht nach wieder fallen: vor allem die Grenzen zwischen Kombattant und Nicht-Kombattant und die zwischen Krieg und Nicht-Krieg.

Beides liegt einerseits in der Natur künftiger Konflikte, andererseits in der Eigendynamik der Strategien und der Kampfsysteme begründet. In der Natur künftiger Konflikte, weil der klassische, große Krieg zum Aussterben verurteilt scheint. Die spektakulären Gegenbeispiele werden immer seltener. Der Irak-Krieg des Jahres 2003 war keines, weil die asymmetrische Überlegenheit der Anglo-Amerikaner dem Unternehmen ebenfalls eher das Gepräge einer schwerbewaffneten Polizeiaktion als eines regulären Kräftemessens zwischen ungefähr gleich starken Gegnern verlieh. »Der Rückgang gewaltsamer zwischenstaatlicher Auseinandersetzungen ist ein Phänomen, das schon seit den sechziger Jahren besteht, auch wenn es gelegentlich zu aufsehenerregenden Ausnahmen wie etwa dem Golf-Krieg [1991] kam. (...) Das bedeutet im Umkehrschluß, daß heute fast alle gewaltsamen Konflikte Bürgerkriege sind.«[68]

Bürgerkriege haben nicht nur die Tendenz, besonders grausam zu sein, sie lassen sich erfahrungsgemäß auch nur schwer wieder eindämmen. Auch dort, wo die Intensität der Kampfhandlungen abnimmt, herrscht meist bestensfalls ein ›kalter Frieden‹, der die Spannungen unter der Oberfläche aufrechterhält. Die Beispiele dafür reichen vom Kosovo über den Kurden- und Palästinenserkonflikt bis Afghanistan. Besonders widerwärtig werden Bürgerkriege dadurch, daß es sich bei den Konfliktparteien meist um Zivilisten oder paramilitärische Verbände handelt, denen die Zurückhaltung regulärer Truppen fehlt. Hinzu kommt, daß Bürgerkriege oft im Zeichen religiöser oder ideologischer Auseinandersetzungen geführt werden, was den rationalen Umgang der Kriegsparteien miteinander zusätzlich erschwert. Unnötige Grausamkeiten sind die Folge, weil der Gegner in solchen Konflikten nicht nur besiegt, sondern möglichst gleich vernichtet werden soll. Daß ausgerechnet die USA auf dem besten Wege sind, sich zu einer fundamentalistischen Kriegsmacht mit den üblichen missionarischen Allüren zu mausern, trägt nicht eben zur Entspannung der Weltlage bei.

Vom anderen treibenden Faktor künftiger Konflikte wurde bereits gesprochen: von planerischen und technischen Sachzwängen, die dauerhafte Friedenslösungen gar nicht erst in Betracht kommen lassen. Es stimmt nachdenklich, daß Visionäre wie George ORWELL, der polnische Science-Fiction-Autor Stanislaw LEM und Ernst JÜNGER schon vor Jahrzehnten darin übereinstimmten, daß die politische Weltkarte der Zukunft von einer Art globaler Dauerkrise gekennzeichnet sein würde, die den zeitlichen und örtli-

[68] Nikolas BUSSE, »Der klassische Krieg stirbt aus«, in: *FAZ*, 27. 12. 2000.

chen Geltungsbereich eines ›echten‹ Friedens immer mehr schrumpfen läßt. Zielstrebig haben Vordenker wie Samuel HUNTINGTON in den letzten zehn Jahren den globalen Un-Frieden auch für die nördliche Hemisphäre herbeigeschrieben und den Popanz einer imaginären Bedrohung aufgebaut. Der fragwürdige Erfolg ist, daß sich auch der Westen nunmehr im ständigen Ausnahmezustand befindet. Gleich nach dem 11. September 2001 ließ US-Präsident BUSH die Welt wissen, daß der ›Krieg gegen den Terror‹ lange, vielleicht Jahrzehnte dauern würde. Dabei wird der Feind immer diffuser, immer unkonkreter: genau das, was das Weiße Haus braucht, um die Alliierten bei der Stange und die übrige Welt in Atem zu halten.

Um diese Art von Krieg führen zu können, einen permanenten Welt-Bürgerkrieg, ist das bewährte Instrumentarium militärischer Machtprojektion nicht mehr hilfreich. Gegen die globale Bedrohung helfen nur globale Waffen, Systeme, die die gewohnten Parameter der Wirksamkeit - Schnelligkeit, Reichweite, Treffsicherheit usw. - nicht nur fortschreiben, sondern um qualitativ neue Komponenten bereichern. So mutiert die Luftwaffe vor unseren Augen zur Weltraumwaffe, das Flugzeug zum bewaffneten Atmosphärengleiter, der Kommandostand zur Schnittstelle zwischen Mensch und Maschine, der Krieg zum virtuellen Schlagabtausch in Echtzeit. Gleichzeitig verändert sich die gewohnte Umwelt zum latent Bedrohlichen: etwa, wenn Insekten keine Insekten mehr sind, sondern Mikroroboter, wenn das Wetter zur Waffe in der Hand des Gegners und das Radioprogramm mit bewußtseinsverändernden Frequenzen angereichert wird. Die Grenzen zwischen Krieg und Nicht-Krieg schwinden. Frieden und Sicherheit werden der Vergangenheit angehören, wenn Amerika mit dem Ernst macht, was es vorhat. Darum geht es im folgenden.

Erster Teil

Der Krieg der großen Distanz

»Die Physik hat eine magische Stufe erreicht. Ihre Vorweisungen sind stärker als alle anderen und effizient. Unser Erstaunen darüber gleicht dem von Eingeborenen, vor deren Augen ein Streichholz entzündet wird.«

Ernst JÜNGER

❖

»Die Air Force wurde einer strategischen Perspektive angepaßt, die die Fähigkeiten globaler Reichweite und globaler Machtprojektion mit den Erfordernissen globalen Engagements verbindet. Sie ist eine Streitmacht, die bestens auf die Bedürfnisse einer Luft- und Raumfahrtnation zugeschnitten ist. Sie ist eine globale Streitmacht.«

Grundsatzerklärung der ›US Air Force Association‹ vom 15. 9. 1997, http://www.afa.org/magazine/nov1997/1197edit.asp

Neuartige Kampfsysteme an der Schwelle zwischen Luft- und Weltraum revolutionieren den Luftkrieg im 21. Jahrhundert. Wird die Weltraumwaffe zum Entscheidungsfaktor im Kampf um die globale Macht?

Der strategische Luftkrieg – eine angloamerikanische Erfindung

Es gibt den klassischen Satz: Panzer erobern, aber sie besetzen nicht. Das läßt sich abgewandelt auch vom Kampfflugzeug sagen. Aber das Flugzeug erobert nicht einmal, es bekämpft nur aus der Luft: Erdziele wie gegnerische Fahrzeugkolonnen, Fabriken, Kommandostände, Infrastruktureinrichtungen, Brücken. Flugzeuge können heute mit Vernichtungspotentialen bestückt werden, die die Auslöschung ganzer Bevölkerungen erlauben. Dazu muß das Terrain des Gegners nicht mehr erobert werden wie in früheren Kriegen. Militärs sprechen heute vernebelnd von ›Machtprojektion‹. Macht wird projiziert, wenn feindliche Truppenansammlungen vernichtet, das industrielle Potential des Gegners geschädigt wird. Dazu muß man sein Land nicht mehr erobern. Der wirkungsvolle Einsatz von Luftstreitkräften genügt vollauf.

Die USA sind das klassische Land der Luftherrschaft. Das war nicht immer so, in der Tendenz jedoch früh angelegt. Amerikanische Luftkriegsstrategen erkannten früh den Wert des Flugzeugs und sein Potential zur weiträumigen Projektion militärischer Macht. Konsequenter als andere machten sie sich die Perspektive des italienischen Luftkriegstheoretikers Giulio Douhet zu eigen, der die (im buchstäblichen Sinne) veränderte Sicht erstmals in ein militärisches Dogma faßte. Douhet bezeichnete die Erdoberfläche als »Küste des Luftmeeres«, womit sich für die noch junge Luftwaffe mehr als nur die optische Wahrnehmung verschob.[69] Eine radikal neue Achse der Kampfführung trat ins Bild: die Vertikale. Zugleich traf sich die Grenzenlosigkeit des neuen Kampfraumes, der Luft, mit der jahrhundertealten Seefahrermentalität der Angelsachsen. Die ›Freiheit der Meere‹, eine Schlüsselkategorie angelsächsischer Identitätsbildung seit dem 16. Jahrhundert, erfuhr in der Freiheit der Lüfte ihre kongeniale Erweiterung.

Als der Zweite Weltkrieg ausbrach, verfügte weder Deutschland noch England über eine einsatzfähige strategische Bomberwaffe mit geeigneten Maschinen, von Frankreich gar nicht zu reden. Von den 17 Squadrons schwerer Bomber, die der briti-

---

[69] Armin Adam, aaO.

schen Royal Air Force 1939 zur Verfügung standen, waren nur sechs einigermaßen brauchbar, und zwar diejenigen, die mit den neuen ›Wellington‹-Bombern ausgestattet waren. Da man sich allzu lange auf leichte Zweisitzer-Maschinen konzentriert hatte, fehlte es außerdem an geschultem Personal.[70] Erst während des Krieges kam es zur Entwicklung moderner Viermot-Bomber wie des ›Avro Lancaster‹ B3 und der ›Short Stirling‹ MK I.

Der deutschen Seite gelang es während des ganzen Krieges nicht, einen leistungsfähigen Fernbomber zur Frontreife zu entwickeln und in Dienst zu stellen. Darin ist auch eine Spätfolge der durch das Versailler Diktat auferlegten Beschränkungen zu sehen, die sich auf den zivilen Flugzeugbau und die Entwicklung leistungsfähiger Motoren auswirkten. Realistischerweise wandte sich die Luftwaffenführung 1936 wieder von den Planungen für ein viermotoriges Bomberprojekt ab, nachdem Douhets Konzept des strategischen Luftkrieges zwei Jahre vorher aufgegriffen und zwei viermotorige Bombertypen in Auftrag gegeben worden waren (Dornier Do 19 und Junkers Ju 89). 1937 wurde die Entwicklung des sogenannten ›Ural-Bombers‹ endgültig abgebrochen, weil der Aufbau einer strategischen Bomberflotte die Kapazitäten der deutschen Luftfahrtindustrie schlechtweg überfordert hätte.[71]

Der strategische Bombenkrieg spielte von da an bis in den Krieg hinein in den Planungen der Luftwaffe keine Rolle, der Krieg gegen die Zivilbevölkerung der gegnerischen Städte erst recht nicht. »Man schuf dementsprechend eine Luftwaffe, die (...) zielgenauere Typen wie den Sturzkampfbomber Junkers 87, aber auch für die Gefechtsfeldabriegelung und die Bodenbekämpfung der gegnerischen Luftwaffe geeigneten Schnellbomber Heinkel 111, Dornier 17, Dornier 217, Junkers 88 beschaffte.«[72] Die deutsche Bomberwaffe blieb den ganzen Krieg hindurch Torso. Ihre Unzulänglichkeit wird durch nichts krasser unterstrichen als durch die Tatsache, daß die einzigen schweren Bomber, die auf deutscher Seite zum Einsatz kamen, bis 1943 umgerüstete Verkehrsflugzeuge vom Typ Focke-Wulf FW 200 (›Condor‹) waren. Erst in jenem Jahr tauchte mit der viermotorigen Heinkel He 177 der erste schwere deutsche Bomber in größeren Stückzahlen am

[70] Nach: Liddell Hart, *Geschichte des Zweiten Weltkrieges*. Ungekürzte Sonderausgabe in einem Band, Wiesbaden [6]1985, S. 735.

[71] Nach: Walter Post, *Die Ursachen des Zweiten Weltkrieges. Ein Grundriß der internationalen Politik von Versailles bis Pearl Harbor*, Tübingen 2003, S. 154.

Himmel auf, doch da war die Luftüberlegenheit bereits an die Alliierten übergegangen. Und als die ersten wirklich modernen Bomber - dann bereits mit Strahlantrieb - in die Erprobungsphase kamen, war es endgültig zu spät.

Anders lagen die Dinge in den USA. Die spätere B-17, die ›Fliegende Festung‹, wurde bereits in den dreißiger Jahren entwickelt. Damit stand der US-Luftwaffe vom Kriegseintritt der Vereinigten Staaten im Jahre 1941 an ein strategischer Fernbomber zur Verfügung, dessen Existenz sich auf dem europäischen Kriegsschauplatz schon von 1942 an in verheerenden Angriffen bemerkbar machte. Der erste größere Angriff der 8. US-Luftflotte in Europa galt übrigens der französischen Stadt Rouen im August 1942.

Der strategische Luftkrieg ist eine angelsächsische Erfindung. In England war die Royal Air Force im letzten Jahr des Ersten Weltkrieges, im April 1918, als eigenständige Waffengattung geschaffen worden. Am 1. Juli war der organisatorische Zusammenschluß der insgesamt fünf Squadrons des Royal Flying Corps (RFC) zur neuen RAF abgeschlossen. Wenig bekannt ist, daß ihr von der ersten Stunde an eine eigene Doktrin in die Wiege gelegt wurde, die unabhängig von DOUHETS Überlegungen entstand und ihn in ihrer Konsequenz teilweise noch übertraf, indem sie ausdrücklich den totalen Luftkrieg gegen städtische Zentren des

Der strategische Luftkrieg ist eine angelsächsische Erfindung. Einer seiner frühen Theoretiker war der Chef des britischen Luftwaffenstabes, Hugh TRENCHARD (hier bei der Besichtigung von Rekruten im Jahre 1924).

Gegners forderte. Die Aufgabe der RAF sollte darin bestehen, die »gegnerischen Nachschublinien zu verstümmeln [crippling of sources of supply] und den Zusammenbruch der deutschen Armee und der Regierung in Deutschland« herbeizuführen. Dokumentiert ist diese Aufgabenstellung in einer offiziösen Darstellung der RAF vom Jahre 1939.[73] Die britischen Luftstreitkräfte sollten auf 60 Squadrons aufgestockt werden und den Luftkrieg von Frankreich und Ungarn her auf ganz Deutschland ausdehnen.

Noch im Herbst 1918 wurden die ersten Bomberverbände aufgestellt mit dem Zweck, Angriffe gegen deutsche Städte zu fliegen. Insbesondere Berlin sollte bombardiert und damit die Moral von Bevölkerung und Regierung ausgehöhlt werden. »Dabei ist zu bedenken, daß damals der Gaskrieg zur normalen Kriegführung gehörte.«[74] Es war pikanterweise Winston CHURCHILL, der in seiner Eigenschaft als Munitionsminister Angriffe gegen die Zivilbevölkerung ablehnte. Am 21. Oktober 1917 hatte er geschrieben:

»Es ist unwahrscheinlich, daß irgendein Terrorangriff aus der Luft gegen die Zivilbevölkerung die Regierung irgendeiner großen Nation zur Kapitulation zwingen könnte (...). Deshalb sollte unsere Luft-Offensive streng auf Stützpunkte und Verbindungen gerichtet sein, auf denen die militärische Kampfkraft beruht.«[75]

Ein Jahr später war der Krieg zu Ende und brachte so beide Seiten um die Chance, ihre Theorie in der Praxis zu erproben. Aber die Möglichkeiten der neuen Waffe lagen allzu klar auf der Hand. Die RAF bekam in den neuerworbenen Mandatsgebieten im Nahen und Mittleren Osten reichlich Gelegenheit, den totalen Krieg aus der Luft zu testen, und CHURCHILL, seit 1919 Kriegsminister, besann sich beizeiten eines Schlechteren. Er sah im Einsatz von Bomben und Giftgas aus der Luft jetzt das geeignete Mittel, unbotmäßige Aufständische zur Raison zu bringen – dies im übrigen gegen den Widerstand militärischer Kreise. »Diejenigen, die nicht klar denken«, wies CHURCHILL mit knappen Worten zurecht: »Ich verstehe den Widerstand gegen den Einsatz von Gas nicht. Ich bin sehr dafür, Giftgas gegen unzivilisierte Stäm-

---

[72] Philipp EGERT, »Strategie der Vernichtung von Wirtschaft und Moral«, in: *Junge Freiheit*, 13. 12. 2002.

[73] Colston SHEPHERD, *The Airforce of To-Day*, London–Glasgow 1939.

[74] Philipp EGERT, aaO.

[75] Zit. nach: Anton ZISCHKA, *War es ein Wunder? Zwei Jahrzehnte deutschen Wiederaufstiegs*, Hamburg 1966, S. 28 f.

me einzusetzen.« Das eingesetzte Gas müsse nicht tödlich sein, sondern solle lediglich »große Schmerzen hervorrufen und einen umfassenden Terror verbreiten«.[76]

So geschah es, und mehr als 60 Jahre vor SADDAM Hussein wurden demzufolge 1919/20 schon einmal kurdische Dörfer mit Giftgas angegriffen: durch englische Flugzeuge. Die Briten setzten ihre Einsätze bis 1924 fort. Im übrigen profilierte sich damals nicht nur CHURCHILL, sondern auch ein weiterer Protagonist des Terrorkrieges aus der Luft als Scharfmacher: Arthur HARRIS, nachmals ›Bomber-Harris‹ im Luftkrieg gegen Deutschland, damals Kommandeur der 45. Squadron der Royal Air Force. Er empfahl 1924 bündig, »eine 250- oder 500 Pfund-Bombe in jedes Dorf zu werfen, das aus der Reihe tanzt«. Allgemeiner, aber nicht weniger zynisch formulierte er im selben Jahr einige Schlußfolgerungen aus der britischen Luftkriegsstrategie:

»Der Araber und der Kurde hatten angefangen zu glauben, wenn er ein bißchen Lärm ertragen konnte, könnte er es ertragen, bombardiert zu werden, und immer noch diskutieren. Sie wissen nun, was echtes Bombardieren heißt, in Verlusten und Schäden; sie wissen nun, daß innerhalb 45 Minuten ein ganzes Dorf faktisch ausgelöscht und ein Drittel der Einwohner getötet oder verletzt werden können von vier oder fünf Maschinen, die ihnen kein richtiges Angriffsziel, keine Chance auf eine Ehre als Krieger und keine Chance zur Flucht lassen.«[77]

Wer in solchen Worten die Terrordoktrin des späteren Bombenkrieges gegen Deutschland vorgezeichnet sieht, liegt richtig. CHURCHILL und HARRIS waren sich darin mindestens die nächsten zwanzig Jahre einig. Und was CHURCHILL angeht, so war dieser noch im Augenblick des Sieges, im Mai 1945, bereit, sogleich eine Luftoffensive mit Atombomben gegen die Sowjetunion zu beginnen, mit unvorstellbaren Verlusten.[78] So oder so: Die Proteste, die der Völkerbund in den dreißiger Jahren wegen der italienischen Gasangriffe in Abessinien anstimmen sollte, waren heuchlerisch und geradezu anachronistisch. Die Briten hatten den Luftterror zu diesem Zeitpunkt bereits seit mindestens 15 Jahren systematisiert.

---

[76] Zit. nach: Julius WILM, »Die erste ›Befreiung‹«, in: *junge Welt*, 17. 7. 2003.

[77] Ebd.

[78] Mitgeteilt bei: Franz UHLE-WETTLER, »Die vergebliche Suche nach dem Frieden«, in: Alain DE BENOIST (Hg.), *Die Welt nach dem 11. September. Der globale Terrorismus als Herausforderung des Westens*, Tübingen 2002, S. 141.

Auch im zitierten offiziösen Werk von 1939 lesen sich die frühen britischen Luftkriegserfahrungen ziemlich schnörkellos. Es heißt dort: »Die Stämme (...) machten sich sehr schnell klar, daß Widerspenstigkeit unmittelbare Vergeltung zur Folge hat und daß sie kein Mittel hätten, zurückzuschlagen, daß aber keine Absicht bestand, Luftmacht in rauher Weise gegen sie einzusetzen, vorausgesetzt, sie gehorchten ihrer Vernunft.«[79] Eine Maxime, die ein Dreivierteljahrhundert später immer noch ohne Abstriche gültig ist, denn nichts anderes als die hier geschilderten Einsätze gegen aufständische Einheimische flogen die Alliierten im Jahre 2003 in Afghanistan und im Irak. Es war nur konsequent, daß sich die Siegermächte von 1918 bereits bei den Abrüstungsverhandlungen zwischen 1923 und 1933 vehement gegen den Abschluß einer ›Luftkriegsordnung‹ sperrten, die die Wirkung der neuen Waffe auf die Zivilbevölkerung möglichst gering halten sollte.

Die Militärs planten schon weiter. Die Vorstellung, künftige Kriege ließen sich allein aus der Luft gewinnen, ergriff von den Köpfen Besitz - vor allem bei den Westmächten. Die Gemetzel in den Schützengräben sollten sich nicht wiederholen, und mit dem Bomber stand augenscheinlich das Mittel zur Verfügung, die aseptische Vision Realität werden zu lassen: die Luftwaffe als perfektionierte Artillerie - weittragend, zerstörerisch, außerhalb der Reichweite feindlicher Gegenwehr. Die Positionen wichen nur in Detailfragen voneinander ab: Sollten die Zentren des Gegners, die Städte, direkt angegriffen werden, um seine Moral zu untergraben, oder sollten sich die Angriffe gegen seine Industrie richten?

Der Chef des britischen Luftwaffenstabes, Hugh TRENCHARD, widmete sich in den zehn Jahren zwischen 1919 und 1929, in denen er diesen Posten innehatte, ausgiebig der Formulierung einer Theorie des strategischen Luftkrieges. 1928 schrieb er: »Streitkräfte anzugreifen bedeutet, den Gegner an seiner stärksten Stelle anzugreifen. Andererseits läßt sich mit einem Angriff auf die Quellen, die diese Streitkräfte versorgen, eine unendlich größere Wirkung erzielen. (...) Durch einen Angriff auf die gegnerischen Fabriken (...) läßt sich die Produktion in wesentlich größerem Maße verringern.«[80] Es war im Endeffekt eine akade-

[79] Zit. nach: Philipp EGERT, aaO.

[80] Hier wiedergegeben nach: Jörg FRIEDRICH, *Der Brand. Deutschland im Bombenkrieg 1940–1945*, München [6]2002, S. 68.

mische Frage, denn die Rüstungszentren des Gegners lagen in der Regel dort, wo sich die Arbeitskräfte konzentrierten, in den Städten. Letztlich war alles, wie sich bald herausstellen sollte, von militärischer Bedeutung. TRENCHARD selbst war konsequent genug, dies zu erkennen. Als potentielle Luftwaffenziele definierte er deshalb »alle Objekte, die wirksam zur Zerstörung der gegnerischen Mittel des Angriffs beitragen und seine Entschlossenheit zum Kampf verringern«.[81]

TRENCHARDS rechte Hand war Brigadegeneral P.R.C. GROVES, im Luftwaffenstab zuständig für die Leitung der Flugoperationen. Um diese Zeit hatte sich auch CHURCHILL längst umstimmen lassen. Nachdem er sich mit dem Physiker und Rüstungsexperten LINDEMANN, dem späteren Lord CHERWELL, ausgiebig über Probleme des Luftkrieges auseinandergesetzt hatte, verfocht er schon Mitte der zwanziger Jahre die Idee flächendeckender Zerstörungen. Im September 1924 schrieb der spätere Premierminister nicht ohne Weitblick: »Man müßte eine Bombe erfinden, nicht größer als eine Orange, welche eine ganze Stadt, ohne Schonung der Kirchen, Wohnhäuser und Museen, in die Luft sprengen könnte (...).«[82]

Auch in den USA machten sich vorausschauende Luftwaffenplaner die Idee des strategischen Luftkrieges zu eigen. Treibender Kopf war Brigadegeneral William MITCHELL. Aber ihre Zeit kam erst in den dreißiger Jahren, als mit Präsident ROOSEVELT eine neue Ära imperialer Expansion für die USA begann. Die künftigen Gegner lagen alle in Übersee. ROOSEVELT ließ vom Beginn seiner Amtszeit an keinen Zweifel daran, daß er an einer transozeanischen Koexistenz mit den autoritären Regimen in Europa und Asien nicht interessiert war. Auch in den USA wurde deshalb seit den dreißiger Jahren an den großen raumgreifenden Waffensystemen des sich abzeichnenden Weltkrieges gefeilt: dem Flugzeugträger und dem schweren Bomber.

Ihre kombinierte Kampfkraft - Reichweite und Zerstörungskraft - entfaltete sich erstmals während des Pazifikkrieges, als im April 1942 16 zweimotorige B 25 ›Mitchell‹-Bomber vom Flugzeugträger ›Hornet‹ aus Tokio und andere japanische Städte angriffen, über eine Entfernung von 1000 Kilometern hinweg.

Der Erfolg war durchschlagend und übertraf alle Erwartungen. Die Luftabwehr der Japaner wurde völlig überrascht. In Tokio, Kobe, Yokohama und Nagoya wurden Öllager, Fabrikan-

---

81 Ebd.

82 Anton ZISCHKA, aaO., S. 29.

Kombination zweier Waffensysteme mit großer Reichweite: Bomber vom Typ B-25 ›Mitchell‹ auf dem Deck des Flugzeugträgers ›Hornet‹ vor dem Angriff auf Tokio und andere japanische Städte im April 1942.

lagen und Militäreinrichtungen mit Brandbomben belegt, und die meist aus Holz gebauten Häuser der umliegenden Viertel brannten wie Zunder. Ein Meilenstein der Luftkriegsgeschichte, weil der Angriff schwerbeladener Bomber von einem Flugzeugträger aus schlaglichtartig das strategische Potential der beiden Waffengattungen offenbarte.

Ironie der Geschichte: Der Angriff auf die japanische Hauptstadt war als reine Vergeltungsaktion gedacht, um die Moral der Heimat zu heben. Pearl Harbor lag erst wenige Monate zurück. Als General H. H. Arnold, Befehlshaber der U.S.A.A.F., Präsident Roosevelt den Plan für einen Luftangriff auf Tokio vorlegte, war dieser sofort Feuer und Flamme. Weder der Präsident noch seine Generale dachten zunächst an die strategischen Auswirkungen des Coups. Dabei überwogen sie die psychologischen bei weitem: Die Japaner mußten fortan Teile ihrer Luftwaffe zur ständigen Verteidigung des Mutterlandes zur Verfügung halten, und sie sahen sich gezwungen, die Midway-Inseln anzugreifen sowie durch weit ausgreifende Operationen im Südpazifik Australien von Amerika zu isolieren. Der Gezeitenwechsel des Krieges kündigte sich auch in Fernost an.

Variationen der Vernichtung: Deutschland – Korea – Vietnam

Nachdem die Furie des Städtekrieges einmal losgelassen war, ließen sich Vergeltung und Terror gegen die Zivilbevölkerung auf der einen, taktische und strategische Ziele auf der anderen Seite immer schwerer voneinander trennen. Die Illusion des Präzisionsangriffes gegen militärisch wichtige Anlagen war bereits in der Anfangsphase des Krieges an der technischen Unmöglichkeit zerstoben. Hinzu kam der erklärte Vernichtungswille, der sich auf britischer Seite schon in den ersten Kriegsjahren in einer Mischung aus statistischem Irrsinn und persönlicher Pathologie der Verantwortlichen äußerte. Bereits im Juni 1940 phantasierte CHURCHILL von einem »gewaltigen Feuer in seinem eigenen Hinterhof«, das HITLER zum Rückzug zwingen werde. Und: »Wir werden Deutschland zu einer Wüste machen, ja, zu einer Wüste.«[83] Ein Jahr später, im Juli 1941, erhielt das Bomber Command eine Direktive, in der es angewiesen wurde, »die Moral der Zivilbevölkerung insgesamt zu zerstören sowie die der Industriearbeiter im besonderen.«

Das ›moral bombing‹ war geboren, eine britische Erfindung. Die Statistiker sekundierten. Im September 1941 legte die Air Force CHURCHILL ein Programm vor, das auf präzisen Berechnungen des Stabes beruhte und dem zufolge mit 4000 Bombern und einem Abwurf von monatlich 60 000 Bomben, dem Zehnfachen des Bisherigen, 43 deutsche Städte mit je über 100 000 Einwohnern zerstört werden könnten. »Darin wohnten fünfzehn Millionen Zivilisten. Dadurch sei Deutschland binnen sechs Monaten in die Knie zu zwingen, allein durch ›Auslöschung des Widerstandswillens der Deutschen‹.«[84]

Die Rechnung ging nicht auf, und der Bombenkrieg währte noch dreieinhalb Jahre. Zu Recht bezeichnet J. FRIEDRICH die alliierten Luftstreitkräfte, die auf dem europäischen Kriegsschauplatz »1 440 000mal einen Bomber und 2 680 000mal einen Begleitjäger in die Luft« brachten, als »größten Militärgigant[en] aller Zeiten«.[85] 1,8 Millionen Menschen waren 1944/45 auf alliierter Seite im oder mit dem Luftkrieg beschäftigt. Bei den Briten fraß

[83] Zit. nach: Jörg FRIEDRICH, aaO., S. 75.

[84] Ebd., S. 83.

[85] Ebd., S. 28 f.

die Luftwaffe knapp die Hälfte aller Kriegskosten, bei den Amerikanern 35 Prozent.

Und noch mehr Zahlen. Bertolt BRECHT klebte im September 1943 ein Luftbild vom zerstörten Hamburg ohne jeden Kommentar in sein *Arbeitsjournal.* Auf der folgenden Seite findet sich, datiert auf den 7. September 1943, ein weiterer unkommentierter Zeitungsausschnitt, der eine Meldung der Nachrichtenagentur AP wiedergibt. In ihr wird der amerikanische Finanzminister Henry MORGENTHAU auf einer Versammlung in Detroit zitiert: »Wir wollen die Stadt Berlin von der Landkarte wegbombardieren.« MORGENTHAU schätzte, »daß das wahrscheinlich sechsmal so viel kosten würde wie seinerzeit die Vernichtung Hamburgs.

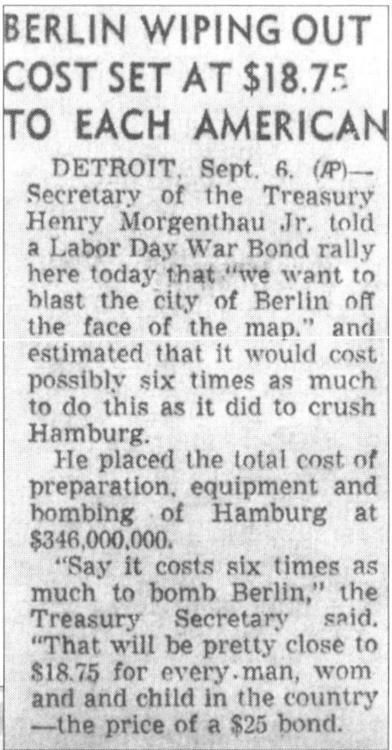
BERLIN WIPING OUT COST SET AT $18.75 TO EACH AMERICAN

DETROIT, Sept. 6. (AP)—Secretary of the Treasury Henry Morgenthau Jr. told a Labor Day War Bond rally here today that "we want to blast the city of Berlin off the face of the map," and estimated that it would cost possibly six times as much to do this as it did to crush Hamburg.

He placed the total cost of preparation, equipment and bombing of Hamburg at $346,000,000.

"Say it costs six times as much to bomb Berlin," the Treasury Secretary said. "That will be pretty close to $18.75 for every man, wom and and child in the country —the price of a $25 bond.

Bombenkrieg als Kosten-Nutzen-Rechnung: Der amerikanische Finanzminister Henry MORGENTHAU *rechnete im September 1943 vor, es würde 18,75 Dollar pro Amerikaner kosten, »Berlin von der Landkarte wegzubombardieren«.* Unten: *›Fliegende Festungen‹ beim Bombenabwurf über Deutschland. Die B-17 war das Rückgrat des amerikanischen Luftkrieges über Europa.*

Er nannte als Gesamtkosten für Vorbereitung, Ausrüstung und Bombardierung Hamburgs 346 000 000 Dollar. ›Sagen wir, es kostet sechsmal soviel, um Berlin zu bombardieren‹, sagte der Finanzminister. ›Das wird auf etwa 18,75 Dollar pro Person hinauslaufen, für jeden Mann, jede Frau und jedes Kind – der Preis für eine 25 Dollar-Anleihe.‹«[86]

Die USA wurden noch in der Schlußphase des Krieges zur Luftstreitmacht schlechthin. Die alliierte Luftüberlegenheit im Westen war konkurrenzlos und kam nur dann nicht zum Tragen, wenn das Wetter nicht mitspielte. Dann hatten, wie die Anfangserfolge der Wehrmacht in der Ardennenoffensive zeigten, selbst die Unterlegenen plötzlich wieder eine Chance.

Doch die Maschinen wurden besser und wetterunabhängiger, ihre Reichweiten immer größer, ihre Leistungsfähigkeit ebenfalls – das alles nicht zuletzt erbeuteter deutscher Technologie wegen, die die Siegermächte sogleich für sich nutzten. Durch die beiden Atombombenabwürfe auf Japan wurde praktisch bereits der Zweite Weltkrieg aus der Luft entschieden. Und wäre es nach CHURCHILL gegangen, wäre es dank des ›asymmetrischen‹ technologischen Vorsprungs der westlichen Alliierten gleich weitergegangen. Im Mai 1945, während in vielen Hauptstädten noch die Menschen in den Straßen tanzten, trug sich der Noch-Premier bereits mit Überlegungen, die Sowjetunion aus der Luft auszuradieren. Der Chef des britischen Empire-Generalstabes, Field Marshal Lord ALANBROOKE, vertraute am 24. Mai 1945 seinem Tagebuch an:

»Heute abend ging ich sorgfältig den Bericht der Planer über die Möglichkeiten durch, die wir gegen die Russen haben. (...) Der Gedanke ist natürlich phantastisch und eine Aussicht auf Erfolg unmöglich.« Aber CHURCHILL läßt nicht locker. Im Juli notiert ALANBROOKE: »Er [CHURCHILL] sah sich bereits in der Lage, alle russischen Industrie- und Bevölkerungszentren austilgen zu können. (...) Sofort hatte er sich als den alleinigen Besitzer dieser Atombomben vorgestellt, der sie abwerfen könnte, wo er wollte.«[87]

Der Einsatz von Atombomben blieb auch während des Korea- und des Vietnam-Krieges immer als Option im Gespräch. Allerdings befanden sich nun auch die Sowjets längst in ihrem

[86] »Ausradieren zum günstigsten Preis«, in: *FAZ*, 29. 1. 2003.

[87] A. BRYANT (Hg.), *Sieg im Westen. Aus den Kriegstagebüchern des Feldmarschalls Lord Alanbrooke, Chef des Empire-Generalstabes*, Düsseldorf 1960, S. 467f. u. 476

Besitz, und das ›Gleichgewicht des Schreckens‹ hatte sich eingestellt. So blieb es bei den Vernichtungsangriffen gegen Japan. Die Luftstreitkräfte dagegen verblieben als tragende Säule amerikanischer Überlegenheit. Auch während des Vietnam-Krieges war das Rückgrat der US-Streitkräfte die Air Force, nicht das Heer, mag Hollywood auch mit Dutzenden Streifen à la *Platoon* das Gegenteil weismachen wollen. Und immer, wie schon seit den Anfängen der Luftkriegführung, gingen Terror und militärischer Nutzen seither Hand in Hand.

»An Berlin, Tokio, Hiroshima und zahllosen anderen Städten der beiden ›Achsenmächte‹«, bemerkt die Publizistin Jessica ROHRER, »exekutierten die angloamerikanischen Bombengeschwader, worauf sich seitdem der Weltmachtanspruch Washingtons stützt: die Fähigkeit, jeden potentiellen Feind mit Luftterror zu überziehen und ›auszulöschen‹ (...). Von Dresden, Darmstadt, Würzburg, Nürnberg, Potsdam, Bremen, Hamburg oder Berlin, die im strategischen Luftkrieg des Bomber Command der Royal Air Force und der 8. US-Air Force untergingen, läßt sich die Spur der Verwüstung über Pjöngjang (1952) und Hanoi (ab 1965) bis nach Bagdad (1991) und Belgrad (1999) verfolgen.«[88]

Spätestens der Vietnam-Krieg machte es deutlich: Auch in ihrer Luftkriegführung sind die USA eine maßlose Nation. Zur Eskalation mag zweierlei beigetragen haben: zum einen die nur allmählich durchsickernde Einsicht, daß sich der Krieg nicht aus der Luft gewinnen ließ, trotz immer infernalischerer Bombardements und Zerstörungen; zum anderen der pure Vergeltungswahn angesichts des Widerstandes der Vietnamesen, den es eigentlich gar nicht geben durfte. Amerikaner, die weder den Feuersturm noch den nationalen Überlebenskampf jemals am eigenen Leib erlebt haben, reagieren ausgesprochen unsouverän, wenn ihnen Widerstand geleistet wird. Sie neigen dann nicht nur zu Kurzschlußreaktionen, sondern, was schlimmer ist, zum Massenmord.

Auch an Verbündeten. Zwischen 1965 und 1967 warfen amerikanische Flugzeuge über eine Million Tonnen Bomben auf das Gebiet ihres südvietnamesischen Verbündeten (zum Vergleich: Im Februar 1945 fielen auf Dresden 2659 Tonnen Bomben). Im

---

[88] Jessica ROHRER, »Aus heiterem Himmel. Durch Luftmacht zur Weltmacht: der Aufstieg der USA im 20. Jahrhundert«, in: Dieter STEIN (Hg.), *Die Tragödie des Westens. Beiträge und Interviews nach dem 11. September*, Berlin 2001, S. 35.

Napalmbomber über Vietnam (1962). Allein zwischen 1965 und 1967 warfen US-Flugzeuge über eine Million Tonnen Bomben über Südvietnam ab.

Januar 1967 ließ US-General WESTMORELAND ein nur zwanzig Kilometer von der Hauptstadt Saigon entferntes Gebiet dem Erdboden gleichmachen, in der Hoffnung, dabei auch das Befehlszentrum der Nordvietnamesen zu treffen. Zuerst wurde die Bevölkerung evakuiert, dann legten B-52-Bomber großflächige Bombenteppiche über das Gebiet. Dann kamen 30 000 Soldaten, durchkämmten das Terrain und schossen auf alles, was sich noch bewegte. Es folgten Planierraupen, die die Reste der zerstörten Dörfer systematisch einebneten. Schließlich wurden Entlaubungsmittel und dioxinhaltige Pflanzengifte ausgebracht, um sicherzustellen, daß sich bis auf weiteres kein menschliches Leben mehr in dieser Zone des Todes würde halten können.[89]

Selbst Amerikaner begannen damals am Sinn ihres Krieges in Asien zu zweifeln. Als der Journalist Neil SHEEHAN im Januar 1966 einen kommandierenden Generalmajor fragte, was er nach Abschluß tagelanger verlustreicher Kämpfe zu tun beabsichtige, antwortete dieser, er werde seine Truppen abziehen. SHEEHAN: »Ich war über diese Antwort erstaunt. Ich wäre niemals auf den Gedanken gekommen, daß ein amerikanischer General so viele Soldaten opfern und solche Zerstörungen anrichten würde, um

[89] Nach: Marc FREY, *Geschichte des Vietnamkriegs. Die Tragödie in Asien und das Ende des amerikanischen Traums*, München 1998, S. 132 f.

dann einfach wieder wegzugehen.«[90] Den Gegnern der USA erging es in Vietnam kaum schlimmer als den Alliierten. Sie wurden zur Zielscheibe einer entfesselten Vernichtungsmaschinerie, die das Zerstörungspotential, aber zugleich die Grenzen des Luftkrieges aufzeigte. Zahlen: 1965 flogen US-Kampfflugzeuge 25 000 Einsätze, ein Jahr später 79 000, und 1967 waren es bereits 108 000 Einsätze. Auch die abgeworfene Bomben-Tonnage vervielfachte sich. Sie stieg von 63000 Tonnen im Jahr 1965 auf 136 000 Tonnen (1966) und 226 000 Tonnen (1967). Alles in allem warfen die Amerikaner während des vierjährigen Luftkrieges gegen Nordvietnam 2,8 Millionen Tonnen Bomben ab, doppelt soviel wie im Zweiten Weltkrieg auf Deutschland.[91]

Die Erfolge waren vergleichsweise bescheiden, die eigenen Verluste - verglichen mit den Zahlen der jüngsten amerikanischen Luftabenteuer im Irak (1991 ff.), über Jugoslawien (1999) und Afghanistan (2001ff.) - erheblich. Zudem blieb der politische Nutzeffekt aus. Zwar verfügte die Weltmacht USA auf dem Höhepunkt ihrer globalen Macht über ein Waffenarsenal, das hinreichend war, ganze Landstriche in Mondlandschaften zu verwandeln. Eine einzige vierstrahlige B-52 war imstande, mit einer Bombenlast von 30 Tonnen ein Gebiet von 800 Metern Breite und 4,5 Kilometern Länge völlig umzupflügen. Napalm- und Splitterbomben führten zu furchtbaren Verlusten unter der Zivilbevölkerung. Aber es gelang den USA nicht, den Gegner, ein rückständiges Agrarland, an den Verhandlungstisch zu bomben. Im Gegenteil, der Luftterror der mächtigsten Militärmaschine der Welt schweißte das Land zusammen, trieb den Kommunisten Heerscharen neuer Freiwilliger zu. 1967 mußte US-Verteidigungsminister McNamara einräumen:

»Das Bild der größten Supermacht der Welt, die wöchentlich 1000 Zivilisten tötet oder schwer verwundet, um ein kleines, zurückgebliebenes Land zum Einlenken zu zwingen für ein höchst umstrittenes Ziel, ist kein schönes.«

Am Ende blieb für die Amerikaner eine ernüchternde Kosten-Nutzen-Rechnung. 1968 ließ sich den von McNamara angeordneten Effizienzanalysen entnehmen, daß die USA 9,6 Dollar aufwenden mußten, um Nordvietnam Schaden in Höhe von einem

[90] Neil Sheehan, *Die Große Lüge. John Paul Vann und Amerika in Vietnam*, Wien–München 1992, S. 584.

[91] Nach: Christian Zentner, *Die Kriege der Nachkriegszeit. Eine illustrierte Geschichte militärischer Konflikte seit 1945*, München 1969, S. 515.

Dollar zuzufügen. Außerdem gingen die militärisch relevanten Ziele für die rollenden Lufteinsätze beizeiten aus. Dagegen verloren die Amerikaner wegen der besser werdenden Luftabwehr der Nordvietnamesen bis 1968 950 Flugzeuge im Wert von über sechs Milliarden Dollar.[92] 600 Piloten waren gefallen oder in Gefangenschaft geraten. Das war nicht nur volkswirtschaftlich ein harter Brocken (Pilotenausbildung ist teuer), sondern auch propagandistisch: Denn die abgeschossenen Piloten, die überlebten, gerieten in kommunistische Gefangenschaft und ließen sich als Geiseln verwenden. Und in der Heimat wuchs der Protest der Kriegsgegner. Vietnam war kein Ruhmesblatt in der Geschichte der amerikanischen Luftkriege.

Irak 1991 – Jugoslawien 1999: Kollateralschäden inbegriffen

Zeitsprung. Ein Ruhmesblatt waren auch jene 110 000 Kampfeinsätze nicht, die alliierte Maschinen an den 43 Tagen des zweiten Golfkrieges (1991) flogen. Ein Ruhmesblatt schon deshalb nicht, weil rund 113 000 zivile Tote,[93] auf die der jordanische Rote Halbmond die Zahl der Opfer schätzte, nun einmal kein Ruhmesblatt sind. Ein Ruhmesblatt auch deshalb nicht, weil auch dieser Luftkrieg der Amerikaner von der ersten Stunde an und vorsätzlich nicht nur gegen militärische Ziele geführt wurde. Schon vier Monate vor Kriegsbeginn, am 16. September 1990, hatte der Oberkommandierende der US-Luftwaffe, General Michael Dugan, ausdrücklich die Zerstörung ziviler Infrastruktureinrichtungen sowie irakischer Kulturgüter angekündigt und dies unverhohlen mit der Absicht der Demoralisierung der gegnerischen Zivilbevölkerung begründet:

»Weitere Ziele schließen die irakische Energieversorgung, Straßen, Eisenbahnen und vielleicht auch Erdölraffinierien ein. (...) Das ist eine nette Liste von Angriffszielen, und ich könnte sie auch akzeptieren, aber es ist nicht genug. Ich habe die mit der Planung beauftragten Personen darum gebeten, Akademiker,

---

[92] Nach: M. Frey, aaO., S. 129.

[93] Nach: Beate Mittmann u. Peter Priskil: *Kriegsverbrechen der Amerikaner und ihrer Vasallen gegen den Irak und 6000 Jahre Menschheitsgeschichte*, Freiburg/Br. 1992, S. 126.

Journalisten, ehemalige Angehörige der Streitkräfte und irakische Überläufer zu befragen, um herauszubekommen, was an der irakischen Kultur einzigartig ist und was die Iraker am meisten wertschätzen. Dies bedeutet, daß man der Bevölkerung und dem Regime im Irak psychologisch einen Schlag versetzt.«[94]

Wer die Geschichte der anglo-amerikanischen Luftkriege kennt, erinnert sich bei diesen Worten an einen anderen Drahtzieher des Luftterrors, den CHURCHILL-Berater Lord CHERWELL (bis 1941: Frederick Alexander LINDEMANN), einen der Hauptverantwortlichen für die planmäßige Vernichtung deutscher Wohnviertel während des Zweiten Weltkrieges. Auch LINDEMANN, seit 1940 im britischen Luftministerium tätig, begründete die Zerstörung der Städte und Kulturgüter des Gegners mit psychologischen Argumenten: »Die deutsche ›Umerziehung‹ muß durch eine ›Umgestaltung‹ des deutschen Lebensraumes erleichtert werden.« Besonders bei Präsident ROOSEVELT fand LINDEMANN mit solchen Überlegungen ein offenes Ohr, als er diesem vortrug, die Städtebombardierung werde nicht nur die ›Moral‹ der Deutschen brechen, sondern durch die Vernichtung der baulichen Zeugen der Vergangenheit auch den »deutschen Stolz und das deutsche Sendungsbewußtsein auf ein erträgliches Maß zurückführen«.[95]

Man weiß, wie es endete. Die deutschen Städte starben, und sie sind seit 1945 nicht mehr das, was sie vordem waren. Unbestritten ist, daß die Pulverisierung ihrer Bausubstanz ihren Beitrag zur ›Reeducation‹, zur Umerziehung der Besiegten leistete: ein Kapitel Psychokrieg, der seither zu den selbstverständlichen Begleiterscheinungen zählt, wenn irgendwo auf dem Globus westliche Werte auf dem Vormarsch sind.

Im Irak zum Beispiel. Dem Land, das unter dem Baath-Regime einmal zu den modernsten, fortschrittlichsten in der ganzen arabischen Welt zählte, blieb nach 1991 zwar die Zwangsbekehrung zur westlichen Wertegemeinschaft erspart, nicht aber die Demolierung seines einzigartigen Kulturerbes. Rund 15 000 katalogisierte Kulturstätten gibt es im Irak, auf dessen Gebiet einst die antiken Hochkulturen von Sumer, Babylon und Assur blühten. Später kamen die Perser, dann die Araber. Mesopotamien gilt als Wiege der Zivilisation.

Hunderte steinerne Zeugen dieser Vergangenheit wurden von amerikanischen Bomben in Mitleidenschaft gezogen. Allein die

---

[94] Zit. nach: ebd.

[95] Zit. nach: Anton ZISCHKA, aaO., S. 29 f.

weltberühmte Stufenpyramide von Ur bekam 400 Einschläge ab. Irakischen Soldaten war das Betreten der hochsensiblen Ausgrabungsstätten strikt verboten, nicht jedoch denen der US-Army, die das Gelände während der Bodenoffensive besetzten. Sie hoben inmitten der jahrtausendealten Kulturschichten Schützengräben von 4 Meter Länge und 2 Meter Breite aus, richteten wegen der gut sichtbaren Kulturschutthügel einen Hubschrauberlandeplatz ein und fuhren mit schweren Militärfahrzeugen über den porösen Boden. Die Bajonetteinstiche, die von spontanen Raubgrabungen der GIs zeugen, sind auf dem Gelände noch immer sichtbar.

Die irakische Altertumsverwaltung ließ die Schäden, die die alliierten Angriffe anrichteten, katalogisieren und kam auf eine furchtbare Bilanz, von der die Weltöffentlichkeit nie etwas erfahren hat. Hunderte von Kulturdenkmälern sind beschädigt, einsturzgefährdet, wurden durch Erschütterungen oder nahe Detonationen in Mitleidenschaft gezogen. Am Nordwestpalast von Nimrud wurde einem geflügelten Löwen aus assyrischer Zeit durch Erschütterungswellen eine Hand abgerissen. Der Palastkomplex der alten Partherhauptstadt Hatra wurde bombardiert, weil er aus der Luft angeblich »wie eine moderne Militäranlage aussieht«.[96]

Zynismus ist ein Wesenszug angelsächsischer Militärs. Berufszyniker, die eine desinformierte Weltöffentlichkeit über das wahre Ausmaß des Luftterrors gegen den Irak ins unklare zu setzen hatten, fanden während des ›Wüstensturms‹ übergenug Gelegenheit, ihr Talent unter Beweis zu stellen. Als am 13. Februar – am Jahrestag der Zerstörung Dresdens – zwei GBU-Gleitbomben die Decke des Amiria-Zivilschutzbunkers in Bagdad durchschlugen und dabei Hunderte von Zivilisten, darunter etwa 400 Kinder, zerfetzten, mußte eine angebliche Kommandozentrale als Grund für das Massaker herhalten; »außerdem sei das Dach des Bunkers mit Tarnfarbe bestrichen gewesen, ein Stacheldrahtzaun umgebe das Gelände, und vor zwei Tagen habe man dort in der Nähe zwei Militärfahrzeuge beobachtet«.[97]

Weniger Mühe gaben sich die Pressesprecher des Pentagon, ein anderes Kriegsverbrechen der Air Force schönzureden. Denn in diesem Fall gab es nichts zu leugnen, und die Spuren des

---

[96] Die beste Dokumentation der Schäden bei: B. Mittmann u. P. Priskil, aaO., S. 219 ff.

[97] Ebd., S. 139.

Massakers waren für die Kamerateams noch nach Monaten zu besichtigen. Die Rede ist von der Auslöschung der zurückgehenden irakischen Truppen auf der Autobahn zwischen Kuwait-City und Basra, dem ›Highway des Todes‹, am 27. Februar 1991. Einen Tag vorher hatte der irakische Rundfunk den Rückzug aus dem besetzten Kuwait angekündigt. Als die Flugzeuge kamen, zog sich der Konvoi auf einer Länge von 90 Kilometern entlang der Straße hin und bestand aus 2000 Fahrzeugen, unter ihnen zahlreiche Zivilfahrzeuge, mit Zehntausenden von Soldaten. Die einzige Sorge der amerikanischen Militärs war es, wie General SCHWARTZKOPF später der Zeitung *Newsweek* gegenüber zu Protokoll gab, daß die Öffentlichkeit ein Ende des Gemetzels fordern und die Regierung eine Feuerpause anordnen könnte. Aber die Sorge war unbegründet. Die Flugzeuge und Hubschrauber, die vor ihrem Einsatz wahllos mit allen zur Verfügung stehenden Bomben beladen worden waren, wurden von niemandem zurückgepfiffen. Von den Opfern blieb häufig nicht einmal eine Spur. Sie wurden mit ihren Fahrzeugen eingeschmolzen, andere fand man als verkohlte, verkrampfte Hüllen auf den Fahrersitzen, auf den Ladeflächen. Überlebende gab es keine. Bis heute kennt niemand die Zahl der irakischen Gefallenen während des Golfkrieges. Allein auf dem ›Highway des Todes‹ verbrannten Ungezählte.

Abseits der massenmörderischen Begleitumstände konnte sich die Bilanz des amerikanischen Luftkrieges gegen den Irak sehen lassen. Die Alliierten hatten Hunderte von gegnerischen Panzern

27. Februar 1991: Massenmord auf dem ›Highway des Todes‹ zwischen Kuwait City und Basra. Die Zahl der Toten ist bis heute unbekannt.

aus der Luft zerstört (allerdings gehen die Angaben weit auseinander: Während General SCHWARTZKOPF die Zahl von 3700 nannte, kamen Statistiken der Defense Intelligence Agency nur auf 685, die CIA gar nur auf 524). Rund die Hälfte der irakischen Truppen vor Beginn des Bodenkrieges wurde vernichtet, das Gros davon aus der Luft, ferner 929 Transportfahrzeuge und 1452 Geschütze. Ein Viertel der Republikanischen Garden, der Eliteeinheiten des Gegners, wurde ausgelöscht. Rund 88 000 Tonnen Bomben wurden abgeworfen, allein in der ersten Angriffsnacht mit einer Sprengkraft, die dem Eineinhalbfachen der Hiroshima-Bombe entsprach.[98]

Während die Öffentlichkeit von den Zerstörungen, die die alliierten Bombardements beim Gegner anrichteten, nach und nach erfuhr, hat sich eines der großen Geheimnisse der US-Einsatzplaner bis heute nicht herumgesprochen. Denn allem Anschein zum Trotz, den eine lückenlose Medienzensur zu verbreiten verstand, war auch der Luftkrieg am Golf nicht risikolos. Es gab Verluste an Maschinen und fliegendem Personal, darunter auch Tote: nicht durch ›friendly fire‹, dem zugegebenermaßen weit mehr alliierte Soldaten zum Opfer fielen als durch Feindeinwirkung, sondern durch die irakische Luftabwehr. Die US-Veteranenorganisation stellte die Zahlen ins Internet. Sie sind nicht nur deshalb überraschend, weil sie der Öffentlichkeit niemals mitgeteilt wurden (in Deutschland jedenfalls nicht), sondern weil sie belegen, daß die Iraker trotz erdrückender Überlegenheit des Westens zur Gegenwehr fähig blieben.

Folgt man der Auflistung, die unter http://www.usvetdsp.com/gulfwar.htm im Internet einzusehen ist, dann wurden zwischen 17. Januar und 3. Februar 1991 insgesamt 18 britische und amerikanische Kampfflugzeuge abgeschossen, davon allein sieben in der ersten Angriffsnacht, als die irakische Flugabwehr noch intakt war: zwei britische ›Tornados‹, zwei amerikanische F-15 E, eine F-18 ›Hornet‹, ein italienischer ›Tornado‹, eine kuwaitische F-4 ›Phantom‹. Aber auch in den folgenden Wochen kam es immer wieder zu Abschüssen, hauptsächlich durch SAM-Luftabwehrraketen. Der spektakulärste Abschuß ereignete sich am 30. Januar über Kuwait, als eine amerikanische C-130 ›Hercules‹ getroffen wurde: 14 Tote.

Nächster Schauplatz: Jugoslawien, Frühjahr 1999. Erneut eine fragwürdige Konfrontation, da auch diesmal nicht entfernt von

[98] Zahlen nach: Mansur KHAN, *Das Kosovo-Komplott. Vom Balkankrieg zur US-Weltherrschaft*, Tübingen 2000, S. 156 ff. u. S. 295.

Waffengleichheit zwischen Angreifern und Angegriffenen die Rede sein konnte. Die Angreifer: das NATO-Bündnis, das spätestens hier zum Angriffsbündnis mutierte, unter Einschluß Deutschlands übrigens, dessen Grundgesetz schon die Vorbereitung eines Angriffskrieges ausdrücklich unter Strafe stellt. Ziel der Aktion war das postkommunistische Jugoslawien, dem zuvor - vorgeblich zur Verhinderung einer humanitären Katastrophe - eine Reihe von Ultimaten und Bedingungen gestellt worden waren, denen kein souveräner Staat zustimmen konnte. So sah das Abkommen von Rambouillet, das die sogenannte ›Kontaktgruppe‹ dem jugoslawischen Präsidenten Milosevic zur Unterzeichnung vorlegte - und dessen vollständiger Wortlaut erst im April 1999 veröffentlicht wurde, als die Kampfhandlungen längst im Gange waren -, unter anderem völlige Bewegungsfreiheit für die Streitkräfte der NATO in ganz Jugoslawien vor. Artikel 8 des Abkommens diktierte:

»Das NATO-Personal soll sich mitsamt seinen Fahrzeugen, Schiffen, Flugzeugen und Ausrüstung innerhalb der gesamten Bundesrepublik Jugoslawien inklusive ihres Luftraumes und ihrer Territorialgewässer frei und ungehindert sowie ohne Zugangsbeschränkungen bewegen können. Das schließt ein - ist aber nicht begrenzt auf - das Recht zur Errichtung von Lagern, die Durchführung von Manövern und das Recht auf die Nutzung sämtlicher Regionen und Einrichtungen, die benötigt werden für Nachschub, Training und Feldoperationen.«[99]

Damit nicht genug, sicherte sich die NATO in Artikel 6 außerdem noch völlige Immunität ihres Personals und in Artikel 10 die kostenlose Benutzung aller jugoslawischen Straßen, Flughäfen und Häfen zu. Eine glatte Unterwerfungserklärung. Selbst die weitgehend gleichgeschalteten deutschen Medien konnten leise Zweifel angesichts dieser Bestimmungen nicht ganz unterdrücken. Die *Berliner Zeitung* merkte an, der Text klinge »wie ein Kapitulationsvertrag nach einem bereits verlorenen Krieg«, und stellte fest: »Daß der jugoslawische Präsident Milosevic ein solches Papier nicht unterschreiben wollte, erscheint nachvollziehbar.«

Es kam, was kommen mußte: Milosevic unterschrieb nicht, und die NATO begann ihren Krieg. Er dauerte 78 Tage, und am Ende mußte Milosevic doch unterschreiben. Die jugoslawische Armee mußte sich aus dem Kosovo zurückziehen, das seither NATO-

[99] Zit. nach: ebd., S. 105.

Protektorat ist. Menschenrechtsverletzungen, die der NATO-Angriff angeblich verhindern sollte, finden dort zwar immer noch am laufenden Band statt, aber jetzt sind die Opfer Serben und andere. »Seit dem Einmarsch der KFOR-Truppen«, berichtet der Publizist Alexander DORIN, »wurden die nicht-albanischen Volksgruppen unter den Augen der Besatzer praktisch zum Abschuß freigegeben. Bisher [2001] wurden ungefähr 800 Menschen auf brutalste Art und Weise ermordet (...), über 1200 Personen gelten als verschollen, mehr als 50000 Häuser sind niedergebrannt und bis zu 330 000 Menschen vertrieben (...).«[100]

Bleibt noch die militärische Ergebnisbilanz. Sie fällt derart ›asymmetrisch‹ aus, daß die Frage nach dem eigentlichen Zweck der 78 Tage dauernden Luftangriffe nach wie vor offen ist.

Nach offiziellen Angaben[101] flog die NATO im Rahmen der Operation ›Allied Force‹ insgesamt 37 465 Einsätze, pro Tag im Schnitt 486. Zum Vergleich: Während des Golfkrieges 1991 waren es durchschnittlich 2555 Flüge pro Tag, nach 43 Tagen Krieg alles in allem 109 876 Einsätze. Der Luftkrieg gegen Jugoslawien wurde demnach mit ungleich niedrigerer Intensität geführt als der Golfkrieg oder etwa der Vietnam-Krieg mit seinen Flächenbombardements. Für die Zivilbevölkerung war dies allerdings ein schwacher Trost, denn trotz der vergleichsweise geringen Zahl von Opfern - die Schätzungen schwanken zwischen 1500 und 2500 Toten und bis zu 10 000 Verletzten - wurde die industrielle Infrastruktur des Landes zu großen Teilen vernichtet. Während in NATO-Statistiken lediglich die Zerstörung von zwei Dritteln der Munitionsindustrie, sämtlicher Raffinieriekapazitäten, über 40 Prozent der Ölreserven und über 45 Brücken aufscheint, wiesen unabhängige Quellen schon früh auf viel umfassendere Schäden infolge der Angriffe hin. Im ersten Kriegsmonat wurden 31 größere Fabrikanlagen im ganzen Land vernichtet, darunter nicht nur die Vorzeige-Chemiefabrik Petrohemija unweit von Belgrad, sondern auch zahlreiche eindeutig zivile Fertigungsstätten wie etwa die Düngemittelfabriken in Pancevo und Novi Sad. Die Zastava-Autowerke bei Kragujevac wurden gleich zweimal angegriffen. In Krusevac traf es den Baumaschinenher-

---

[100] Alexander DORIN, *In unseren Himmeln kreuzt der fremde Gott. Verheimlichte Fakten der Kriege in Ex-Jugoslawien (Kroatien, Bosnien und Kosovo)*, Freiburg/Br. 2001, S. 312.

[101] Für das Folgende: Bernhard PFOH (Hg.), *Verteidigungspolitische Konzepte*, http://www.geopowers.com/Konzepte/vtd_zept/vtd_zept.html

steller ›14. Oktober‹. Sogar eine Zigarettenfabrik fiel den Bombardements zum Opfer. Einen Monat nach Beginn der Angriffe waren mehrere hundert Industriebetriebe zerstört oder beschädigt.

Damit nicht genug: Die Bilder vom brennenden Hochhaus des staatlichen Rundfunks in Belgrad gingen um die Welt. Bombardiert wurden Gefängnisse, Heizkraftwerke, selbst Krankenhäuser und Schulen. In der Dorfschule von Bogutovac schlugen nicht weniger als sechs Raketen ein. Von mehr als 150 zerstörten oder beschädigten Schulen im ganzen Land spricht der an der Universität von Ottawa lehrende Wirtschaftsprofessor Michael Chossudowksy und erwähnt außerdem, daß »dreizehn der größten Krankenhäuser des Landes entweder teilweise oder ganz zerstört« worden seien.[102] In die Kategorie ›Terror‹ gehört auch der

Belgrad im Bombenhagel der NATO (April 1999). Die militärische Trefferbilanz fiel peinlich aus. Angaben der Londoner Times *zufolge zerstörte die NATO ganze 13 serbische Panzer.*

Einsatz neuartiger Graphitbomben, mit denen die NATO das Stromnetz des Gegners nach Belieben ›abschalten‹ konnte. Militärisch war er sinnlos, denn die Armee verfügte über eigene Generatoren. Beim ersten Einsatz einer Graphitbombe am 2. Mai 1999 soll in 70 Prozent des Staatsgebietes sieben Stunden lang der Strom ausgefallen sein.

An die 600 000 Menschen wurden durch die Angriffe obdachlos, 100 000 arbeitslos. Weitere 500 000, zitierte die *Frankfurter Rundschau* eine jugoslawische Quelle, haben »als unmittelbare

[102] Zit. nach: Mansur Khan, *Kosovo-Komplott*, aaO., S. 169.

Folge der NATO-Bombardements ihre Arbeitsplätze verloren«.[103] Geschätzte Wiederaufbaukosten alles in allem: 400 Milliarden Dollar.[104] Ein gigantischer Klotz am Bein der EU. Denn auch auf dem Balkan gilt, daß die Amerikaner die Bomben werfen und die Europäer zahlen.

Verglichen mit der beeindruckenden zivilen Bilanz, nehmen sich die militärischen Erfolge des 78 Tage-Luftkrieges geradezu peinlich aus. Eine vom Informationsdienst ›GeoPowers‹ veröffentlichte halboffizielle Studie, in der auch Erkenntnisse des US-Verteidigungsministeriums verarbeitet wurden, hat vorgerechnet, daß insgesamt etwa 25 000 Bomben auf gegnerische Ziele abgeworfen wurden, rund 85 Prozent davon aus amerikanischer Fertigung.[105] Aber nach fünf Wochen fortgesetzter Angriffe mußte die NATO einräumen, daß nur etwas über die Hälfte der 17 Militärflugplätze und 20 Prozent der Munitionslager beschädigt waren, außerdem waren lediglich neun strategische Radaranlagen und ein Drittel der gegnerischen Flugabwehr-Raketenstellungen zerstört worden. Oberbefehlshaber Wesley CLARK mußte vor laufender Kamera zugeben, daß die serbische Luftabwehr nach wie vor weitgehend intakt sei.

Auch die Gesamtbilanz nach Einstellung der Bombardements ist ernüchternd. Nach eigenen Angaben wollte die NATO 110 Panzer, 210 bis 220 gepanzerte Kampffahrzeuge, 450 Artilleriegeschütze und Granatwerfer sowie über 100 Flugzeuge zerstört haben. Doch dann machten sich Reporter auf den Weg ins Kriegsgebiet und suchten nach den Spuren der Zerstörungen. Vergebens. Die Londoner *Times* wagte sich als erste mit der entlarvenden Meldung an die Öffentlichkeit, daß die NATO ganze 13 Panzer zerstört habe. Und als die angeblich geschlagene jugoslawische Armee dann vereinbarungsgemäß aus dem Kosovo abzog, zählten Reporter des Blattes 250 intakte Panzer, 450 gepanzerte Fahrzeuge, an die 600 Geschütze und 47000 Mann. »Diese Zahlen suggerieren«, faßte die *FAZ* zusammen, »daß die NATO nicht mehr als etwa ein Viertel der ›schweren Waffen‹ der serbischen Truppen im Kosovo zerstört habe«.[106]

[103] »Jugoslawiens Geisterstädte«, in: *Frankfurter Rundschau*, 29. 5. 1999.

[104] Nach: »Die Last des Friedens«, in: *Der Spiegel*, Nr. 24/1999.

[105] Nach: Bernhard PFOH (Hg.), aaO. Auch von den 1022 Flugzeugen waren 731 amerikanische Kampfjets.

[106] »Ein halber Sieg«, in: *FAZ*, 2. 7. 1999.

B-2-Bomber, Präzisionsbomben und Kampfdrohnen: künftig nur noch Luftkrieg?

In dem bei ›GeoPowers‹ nachzulesenden Report nimmt sich das Fazit des Luftkrieges gegen Jugoslawien gleichwohl wie die Geschichte eines beispiellosen militärischen Erfolges aus: »Aus NATO-Sicht ist die Rechnung der asymmetrischen, verlustminimalen Konfliktführung aufgegangen. Die politischen Ziele wurden erreicht, die eigene Verlustbilanz war nahezu tadellos. Entscheidend war, daß die NATO unangefochten ihre Stärken hinsichtlich Luftüberlegenheit rund um die Uhr ausspielen und dem Gegner ihre politische Linie oktroyieren konnte und nicht das Kräftemessen auf dem Boden suchte.«

Diese Einschätzung bedarf der Ergänzung:

- Von der Verlustbilanz war im vorangehenden Abschnitt die Rede. Richtig ist aber lediglich, daß, gemessen an den kläglichen gegnerischen Verlusten, die 25000 NATO-Bomben den serbischen Streitkräften zufügten, die Verluste der NATO *noch* geringer waren: ein F-117A-Stealth-Kampfbomber, eine F-16, außerdem 20 unbemannte Drohnen, davon 14 amerikanische und 6 deutsche. Immerhin, die F-117 kostet 45 Millionen Dollar das Stück und gilt wegen ihrer Tarnkappen-Eigenschaften eigentlich als unsichtbar, was die serbische Luftabwehr trotzdem nicht hinderte, in der Nacht vom 27. auf den 28. März 1999 ein Exemplar davon 45 Kilometer westlich von Belgrad abzuschießen.[107]

Nach eigenen Angaben verfolgte die NATO bei ihrer Luftoffensive das Konzept der ›Verlust-Aversion‹. Das tut zwar jede Armee, indem sie die eigenen Verluste möglichst zu minimieren und die des Gegners zu maximieren versucht. Der NATO kam dabei allerdings die eklatante Ungleichheit der Waffen zugute, die es erlaubte, Hunderte von Zielen durch luft- und seegestützte Cruise Missiles zu bekämpfen, Luftangriffe oberhalb der Reichweiten der jugoslawischen Flugabwehr zu fliegen und überdies in erheblichem Ausmaß auf Ergebnisse der satellitengestützten bzw. unbemannten Aufklärung zurückzugreifen.

- Was das »Kräftemessen auf dem Boden« angeht, ist in der Tat richtig, daß die NATO auf dem Balkan auf alte US-Gewohn-

---

[107] David ENSOR / Ben WEDEMAN, »NATO stealth missions continue after crash«, cnn.com, 28. 3. 1999, http://www.cnn.com/WORLD/europe/9903/28/downed.plane.03/

heiten zurückgriff und die Auseinandersetzung auf dem Boden wie eh und je zu vermeiden suchte. Allerdings: Während in Vietnam der Einsatz beweglicher ›Luftkavallerie‹ wegen der eklatanten Nutzlosigkeit der Luftbombardements irgendwann unumgänglich wurde, konnte der Einsatz von Hubschraubern im Kosovo vermieden werden. Er hätte sich möglicherweise nicht mit dem Konzept der ›Verlust-Aversion‹ vertragen. Außerdem war es offenkundig nicht Ziel der Operation ›Allied Forces‹, die gegnerischen Streitkräfte zu dezimieren, sondern die jugoslawische Volkswirtschaft zu beschädigen. Anders läßt sich die erwähnte Trefferverteilung nicht erklären.

- Das bedeutet, daß die ohnehin ausgeprägte Luftlastigkeit der amerikanischen Kriegführung durch den Balkaneinsatz bestätigt und fortgeschrieben wurde, eine Entwicklung, die durch immer präzisere Bomben, immer intelligentere Software, immer leistungsfähigere Aufklärung ohnedies nahegelegt wird. Nicht nur großflächige Bombenteppiche, sondern auch vergleichsweise riskante Kampfhubschrauber-Einsätze zur Erdzielbekämpfung werden tendenziell überflüssig, wenn sich die gleichen Ziele durch immer ›intelligentere‹ Bomben aus immer größerer Höhe – und künftig auch durch unbemannte Kampfdrohnen – bekämpfen lassen. Die ›GeoPowers‹-Studie faßt die »kritischen Erfolgsfaktoren« der Kosovo-Operation zusammen:

»Allied Force zeigte 1. die überragende Bedeutung von Command, Control, Communications, Computers, Intelligence, Surveillance and Reconnaissance (C4ISR), 2. das immense Potential der Präzisions-Abstandswaffen (Cruise Missiles: luft- & seegestützt, PGMs) mit bisher unerreichter Genauigkeit, 3. die Effizienz der B-2A Stealth Bomber in Verbindung mit Boeing's Joint Direct Attack Munition (JDAM) und 4. die Relevanz von Unterstützungsflugzeugen (...), die für die strategische Mobilität und eine dauerhafte Präsenz sorgten sowie die Luftangriffe durch EW [Electronic Warfare = elektronische Kriegführung] flankierten.«[108]

Einige künftige Entwicklungslinien der amerikanischen Luftrüstung und Luftstrategie scheinen damit vorgezeichnet. Im einzelnen:

1. Unbemannte Flugkörper (UAVs = Unmannend Aerial Vehicles) werden über den Schlachtfeldern der Zukunft eine immer größere Rolle spielen. Dabei überwiegt bis auf weiteres die Auf-

---

[108] Bernhard Pfoh (Hg.), aaO.

Oben: *Unbemannte Aufklärungsdrohne ›Predator‹. Von ihr existieren mittlerweile auch bewaffnete Varianten. Beide Systeme haben in den Konflikten der letzten Jahre maßgeblich zur konkurrenzlosen Überlegenheit der US-Streitkräfte beigetragen.*

Unten: *Tarnkappenbomber B-2A beim Bombenabwurf. Seit dem Kosovokrieg 1999 hat sich die Kombination aus B-2-Bomber und JDAM-Munition als hocheffizienter Überlegenheitsfaktor erwiesen.*

klärungsfunktion, während in weiterer Folge auch unbemannte Kampfdrohnen zum Einsatz kommen werden. Otfried NASSAUER, Militärexperte am Berliner Informationszentrum für Transatlantische Sicherheit, hält den Einsatz unbemannter High-Tech-Kampfflugzeuge in »zehn bis zwanzig Jahren« für möglich.

Neben britischen und deutschen kamen im Kosovo-Krieg vor allem die amerikanischen UAVs ›Predator‹, ›Pioneer‹ und ›Hunter‹ zum Einsatz, von denen insgesamt 14 verlorengingen, 12 durch feindliches Feuer und zwei durch technische Störungen. Eine amerikanische Quelle unterstreicht mit Blick auf den Kosovo-Luftkrieg die zunehmende Bedeutung der UAV-Komponente, die »nicht länger nur eine Nischen-Kapazität bietet. (...). Wir können sie bei künftigen Kampf- oder sonstigen militärischen Operationen nicht mehr außer Betracht lassen. (...) UAVs haben ihre Bedeutung als Kräfte-Multiplikatoren überzeugend unter Beweis gestellt.«

Auch Arthur Morrish, zuständiger Programmanager bei der DARPA, die im Auftrag des amerikanischen Verteidigungsministeriums für die Erforschung und Entwicklung neuer militärischer Projekte zuständig ist, sieht in den neuen unbemannten Waffen ein »wahrhaft revolutionäres Potential«,[109] dessen Möglichkeiten um so offensichtlicher werden, je weiter sich künftige UAV-Konzepte von konventionellen - bemannten - Flugzeugen entfernen. Denn die Flugroboter des 21. Jahrhunderts werden wesentlich kleiner und wendiger sein als bemannte Kampfflugzeuge, und sie werden jederzeit weltweit, über jedem Terrain und unter nahezu allen Wetterbedingungen einsetzbar sein. Teils werden sie sogar, wie das ›Pegasus‹-Projekt der US-Navy, auf Flugzeugträgern starten und landen können.

Die ersten Gehversuche in Richtung Kampfdrohne wurden während der Afghanistan-Operation ›Enduring Freedom‹ unternommen. Die RQ-1 ›Predator‹ wurde hier erstmals mit ›Hellfire‹-Raketen AGM-114 bestückt, die vor allem zur Panzerbekämpfung geeignet sind.[110] Die Rakete bewegt sich mit Überschallgeschwindigkeit auf ihr Ziel zu, wobei sie von einem Laserstrahl geleitet wird, mit dem die Drohne das Ziel markiert hat. Die *Washington Post* sprach von einem »Wendepunkt in der Militärgeschichte«. Den ersten ›heißen‹ Fronteinsatz gab es ein Jahr später, Anfang November 2002, auf einem Nebenkriegsschauplatz. Auf einer Wüstenpiste im Jemen traf eine ›Hellfire‹-Rakete aus heiterem Himmel einen Geländewagen, der mit sechs mutmaßlichen Al-Quaida-Terroristen besetzt war. Für das Ziel gab es kein Entrinnen. Die Rakete war von einem ›Predator‹ abgefeuert worden,

[109] Rainer Paul, »Mann über Bord«, in: *Der Spiegel*, Nr. 12/2001, S. 281.

[110] Nach: Frank Nienhuysen, »Luftangriffe ohne Piloten«, in: *Süddeutsche Zeitung*, 5. 12. 2001.

der zu einer US-Einheit an der Straße von Aden gehörte, wo das Pentagon ein regionales Führungszentrum unterhält. Der Funkbefehl zum Feuern erreichte die Drohne innerhalb von eineinhalb Sekunden. Der Joystick-Krieg des 21. Jahrhunderts wurde durch diese Aktion wieder ein Stück realer. Daß sich Washington damit einmal mehr über das Völkerrecht hinwegsetzte, stand sogar im *Spiegel*, der die im September 2003 ermordete schwedische Außenministerin Anna LINDH zitierte: »Wenn solche ›summarischen Hinrichtungen‹ ohne Gerichtsverfahren Schule machen sollten, dann könne künftig ›jedes Land einfach alle diejenigen umbringen, die es für Terroristen hält‹.«[111]

Die schwedische Außenministerin Anna LINDH, die am 10. September 2003 in Stockholm ermordet wurde. Sie hatte interessanterweise nicht nur die amerikanische Praxis, mutmaßliche »Terroristen« mit bewaffneten Kampfdrohnen zu liquidieren, als völkerrechtswidrig kritisiert, sondern auch die Positionen Israels und der USA im Nahost-Konflikt mehrmals öffentlich verurteilt. Die Haltung von US-Präsident BUSH sei »sachlich falsch, dumm und sehr gefährlich«, zitiert der Spiegel die schwedische Politikerin. Im Februar 2002 hatte sich die israelische Regierung sogar offiziell über eine israelkritische Verlautbarung der Außenministerin beschwert.

Schon während der Balkan-Operationen leisteten UAVs weit mehr als reine Gefechtsfeldbeobachtung, sondern wurden beispielsweise »intensiv für präzises Targeting«, also zur Zielmarkierung für nachfolgende Angriffe mit Cruise Missiles oder gesteuerten Bomben verwendet. UAVs fungierten auch als elektronischer Einweiser anfliegender Präzisionsgeschosse, die unterhalb der Wolkenschicht per Laser direkt ins Ziel gelenkt wurden.

UAVs übernahmen außerdem die Rolle fliegender Live-Video-Kameras, die Bilder vom Gefechtsfeld in Echtzeit an die Kommandozentralen und von dort in Cockpits der Kampfjets übermittelten – ein klarer Fortschritt gegenüber jedem noch so weit vorgeschobenen Beobachter früherer Kriege, der mit

[111] Siegesmund VON ILSEMANN, »Tödliches Auge«, in: *Der Spiegel*, Nr. 46/2002.

Fernglas und Funkgerät immer nur einen kleinen Sektor des Geschehens abdecken konnte, und das oft nur aus getarnter, sichtbehindernder Stellung. Das UAV als fliegender Gefechtsfeldbeobachter ist etwas, wovon Feldherren viele Jahrhunderte lang träumten. Im Irakfeldzug des Jahres 2003 wirkte sich diese Komponente bereits spürbar zugunsten der Alliierten aus. Zwei ›Global Hawk‹-Drohnen hielten die irakische ›Medina‹-Division auch während eines Sandsturms, der andere Aufklärungsmöglichkeiten ausschloß, unter ständiger Beobachtung und gaben die Zieldaten fast in Echtzeit an die eigenen Truppen weiter. Der Sandsturm verlor für die Iraker, die in seinem Schutz den Amerikanern in die Flanke zu gelangen versuchten, seine Deckungswirkung. Binnen 24 Stunden wurde die ›Medina‹-Division aufgerieben.[112]

Die nächsten Schritte im UAV-Sektor sind demnach

- eine verbesserte Koordination zwischen UAVs und bemannten Flugzeugen bzw. Kommandostellen und

- die Weiterentwicklung von Kampf-UAVs, sogenannten UCAVs (Unmanned Combat Aerial Vehicles), unbemannten Kampfdrohnen, die künftig schon im Sinne der ›Verlust-Aversion‹ zahlreiche Aufgaben übernehmen können, die bislang von bemannten Kampfflugzeugen bewältigt werden müssen. Erste Konzepte kursieren bereits, denen zufolge etwa besonders risikoreiche Luftangriffe gegen die feindliche Flugabwehr bei künftigen Konflikten von drei bis vier UCAVs ausgeführt werden, die vom bemannten Kampfflugzeug aus nur noch ferngesteuert werden. Es gibt bereits eine offizielle Bezeichung für das entsprechende Forschungsprogramm: CUTLASS - Combat UAV Target Locate and Strike.

- Auch UAVs werden immer leistungsfähiger. Der bei Northrop Grumman hergestellte ›Global Hawk‹ mit einer Flügelspannweite von stattlichen 35,4 Metern und einem Abfluggewicht von 11,6 Tonnen gilt derzeit als ›Flaggschiff‹ der amerikanischen Drohnenflotte. Er besitzt eine Reichweite von 20000 Kilometern, ist damit imstande, Ozeane zu überwinden, und kann über 40 Stunden in der Luft bleiben. Aus einer Höhe von 20 Kilometern erkennt er Objekte von der Größe einer Flasche. 51 Stück davon wollen die USA in Dienst stellen.[113] Eine europäische Variante,

---

[112] Jens Krüger, »Späher überm Schlachtfeld«, in: *Welt am Sonntag*, 27. 7. 2003.

[113] Günter Strauch, »Drohnen«, in: *Focus*, Nr. 4/2003.

die vom deutsch-französisch-spanischen Konsortium EADS zusammen mit dem amerikanischen Hersteller produziert werden soll, soll ab 2006 als ›Euro Hawk‹ auch bei der Bundeswehr in Dienst gestellt werden.

- Und auch das ist noch längst nicht das Ende der ehrgeizigen Drohnen-Pläne. Im Mai 2003 verlautete aus dem US-Heimatschutzministerium, Drohnen sollten in Zukunft zum Schutz der amerikanischen Außengrenzen in der Luft patrouillieren. Einige Kongreßabgeordnete setzten sich auch dafür ein, mit Hilfe

Die Zukunft des Drohnenkrieges hat längst begonnen.
Oben: *Der bei Northrop Grumman hergestellte ›Global Hawk‹ gilt derzeit als Flaggschiff der amerikanischen Drohnenflotte. Er verfügt über eine Reichweite von 20 000 Kilometern.*
Unten: *Bewaffnete Drohnen sind in Zukunft verstärkt für gefährliche Missionen wie etwa Angriffe auf gegnerische Flugplätze vorgesehen. Dabei sollen unbemannte Kampfdrohnen (UCAVs) wie auf dieser Darstellung von bemannten Kampfflugzeugen geführt werden.*

von Drohnen wie dem ›Global Hawk‹ die amerikanisch-mexikanische Grenze zu überwachen, weil Hubschrauber und Bodenpatrouillen nach Ansicht der Parlamentarier nicht mehr ausreichten.[114]

- Selbst die weltweite amerikanische Erstschlagskapazität soll nach Planungen des Pentagon in Zukunft eine Drohnen-Komponente erhalten. Im Juli 2003 trat das amerikanische Verteidigungsministerium mit dem Projekt eines unbemannten Hochgeschwindigkeitsflugzeuges an die Öffentlichkeit, das fünf Tonnen Bomben oder Raketen mitführen, eine Reichweite von 14 400 Kilometern haben und mit fünffacher Schallgeschwindigkeit fliegen können soll. Diese Hochgeschwindigkeits-Kampfdrohne soll von Stützpunkten in den USA aus starten und innerhalb von zwei Stunden jeden Punkt der Erde angreifen können. »Ziel der Militärplaner ist es, überall auf der Welt schnell angreifen zu können.«[115] Das ist freilich nichts Neues.

2. Bis es soweit ist und Instant-Angriffe völlig risikolos vom sicheren Kommandostand aus gesteuert werden können, wird der Stealth-Bomber B-2A ein Schlüsselsystem bei der Bekämpfung von Bodenzielen bleiben. Der schwer aufzuspürende Bomber mit einer Flügelspannweite von 52,43 Metern und einem Leergewicht (!) von 45 Tonnen kann mehr als 18 Tonnen Bomben quer über die Kontinente ins Ziel tragen. Während des Kosovo-Krieges erzielten die B-2 bei ihren Bombenabwürfen - bei Nacht und auch bei schlechtem Wetter - eine Trefferquote von 89 Prozent. Mehr noch: Das renommierte Lexington Institute, eine der zahllosen konservativen Denkfabriken in den USA, rechnete im November 2000 vor, daß von allen während des Kosovoeinsatzes getroffenen Zielen stattliche 33 Prozent auf das Konto ganzer sechs B-2-Bomber gingen, während 336 taktische Kampfjets nicht mehr als 48 Prozent und die beträchtliche Menge von 339 verschossenen Cruise Missiles gar nur 19 Prozent aller bekämpften Ziele getroffen hätten.[116] Damit habe jede der eingesetzten B-2 im Schnitt 90 Treffer erzielt, jeder eingesetzte Jäger aber nur drei. Effizienzgesichtspunkte sprechen demzufolge eindeutig für

[114] »Drohnen sollen Grenzen Amerikas überwachen«, in: *Süddeutsche Zeitung*, 24./25. 5. 2003.

[115] »Pentagon plant neue Superwaffen«, in: *Spiegel Online*, 3. 7. 2003.

[116] Loren B. Thompson, *The Air Force Rethinks Global Strategy. Issue Brief*, 16. 11. 2002, http://www.lexingtoninstitute.org/defense/globalstrategy.htm

den B-2-Bomber: Jeder habe während eines einzigen Einsatzes durchschnittlich 15 mitgeführte Geschosse abgefeuert - gegen 1 bis 2 bei jedem Kampfjet-Einsatz.

Auch die Auslastung des zwei Milliarden teuren Systems stellte die Einsatzplaner zufrieden: Zwischen ihren 30stündigen Nonstop-Einsätzen von der Whiteman-Basis in Missouri nach Jugoslawien und zurück brauchten die Flugzeuge lediglich vier Stunden am Boden für Auftanken, Beladen und Wartung. Probleme mit der Stealth-Beschichtung führten allerdings schon im Jahr nach ›Allied Force‹ zu einer Klarstandsrate von lediglich 40,6 Prozent der Maschinen, der schlechtesten der ganzen USAF.[117]

Zur tödlichen Waffe wurde die B-2 durch die Kombination mit sogenannter JDAM-Munition (Joint Direct Attack Munition). Dabei handelt es sich um die neueste Generation ferngesteuerter Präzisionsbomben, die nicht mehr wie bisher durch Laser ins Ziel gesteuert werden, sondern durch GPS (die nur dem US-Militär zur Verfügung stehende militärische Version des Global Positioning Systems ist sehr viel präziser als die allgemein zugängliche zivile). JDAM-Bomben haben dank der in den letzten Jahren erheblich verbesserten Satellitenausstattung mittlerweile die Zielgenauigkeit von Laserwaffen erreicht und teilweise übertroffen. Unter Idealbedingungen wird das Ziel auf 13 Meter genau getroffen. Im Kosovo-Krieg trafen nach US-Angaben 96 Prozent aller Bomben dieses Typs ihr Ziel, doch die Erfahrung lehrt, daß dieser Wert zu hoch gegriffen ist. Nicht umsonst gab das Pentagon vor dem dritten Irak-Krieg im Frühjahr 2003 die Fehlerquote mit sieben bis zehn Prozent an.[118]

Dennoch kündigten Experten weitere Verbesserungen an: Statt »überwältigender Übermacht« werde es »diesmal das Versprechen militärischer Zauberei mit Präzisionslenkwaffen« geben, prognostizierte ein Waffen-Insider vom Massachusetts Institute of Technology (MIT). Doch die Rekorde hielten sich in Grenzen, und auch nach diesem Waffengang mußten die Militärs für JDAM-Bomben eine Fehlerquote von zehn Prozent einräumen. Bis Anfang April 2003 wurden im Irak rund 8000 ›präzi-

---

[117] Axel SCHWARZ, »Die United States Air Force. Expeditions- und Weltraumstreitkraft«, in: *Soldat und Technik 2 (2001)*, http://www.soldat-und-technik.de/

[118] Patrick ILLINGER, »Auch ›schlaue Bomben‹ können irren«, in: *Süddeutsche Zeitung*, 24. 3. 2003.

sions‹gesteuerte Bomben und Raketen eingesetzt.[119] Das bedeutet 800 Irrläufer.

Über Jugoslawien warfen die B-2 der Air Force insgesamt mehr als 650 JDAMs ab. Von den 16 Bomben einer Ladung wurden häufig bis zu sechs Bomben gleichzeitig ausgeklinkt, wobei jede Bombe unabhängig von den anderen ein individuelles Ziel ansteuerte. Ein ranghoher NATO-Offizier bezeichnete die »Kombination von B-2-Bomber und JDAM denn auch als die Erfolgsgeschichte Nummer eins« des Kosovo-Krieges. Nach Auffassung des Pentagon bildete diese Kombination eine der kostenintensivsten, aber auch der tragenden Säulen des Erfolges, weshalb die Luftkriegsplaner seit dem Kosovo-Konflikt wieder stärker über die Rolle der Bomberwaffe nachdenken. »Dies bedeutet eine komplette Umkehr der Strategie der Air Force seit der Operation ›Wüstensturm‹ in den frühen 90er Jahren. Diese Strategie (die weithin als Triumph der ›Jäger-Mafia‹ innerhalb der Streitkräfte über die ›Bomber-Gemeinde‹ interpretiert wurde) ging davon aus, daß Hunderte von Kampfbombern mit kurzer Reichweite in den ersten Tagen eines Luftkrieges in die Kampfzone geschickt werden könnten«, während sich seit dem Kosovo-Krieg wieder die Überzeugung durchsetze, die Bomberflotte mit großer Reichweite müsse aufgestockt werden.[120] Über die Anschaffung weiterer 10 B-2 wird deshalb nicht erst seit dem 11. September 2001 nachgedacht. 21 besitzt die USAF (Stand: Juni 2002) bereits.

3. Seit dem Kosovo-Krieg sind die Luftkriegsbefürworter unter den US-Strategen eindeutig im Vorteil. Sie können darauf verweisen, daß sich das Konzept ›Air Power first‹ – zu deutsch etwa: Luftherrschaft zuerst – während der letzten größeren bewaffneten Konflikte, an denen die USA beteiligt waren, auf immer eindrucksvollere Weise bestätigt hat, während des Kosovo-Krieges erstmals sogar unter völligem Verzicht auf Bodenoperationen. Ermöglicht wurde diese Entwicklung durch die beschriebenen Fortschritte in den Bereichen Präzisionsmunition und kampfunterstützende Elektronik, was in Zukunft einen noch größeren Einfluß der Luftkriegsbefürworter erwarten läßt.

Tatsächlich ist die Diskussion in den USA längst im Gange, ob und welche Rolle den Landstreitkräften in künftigen Konflikten überhaupt noch zugewiesen werden soll. Bodentruppen nur noch im flankierenden Einsatz der Luftoperationen? Oder erst nach

[119] »Präzisionsbombe mit Fehlerquote«, in: *Süddeutsche Zeitung*, 2. 4. 2003.

[120] Loren B. Thompson, aaO.

Beendigung des bewaffneten Konflikts im Rahmen ›friedenserhaltender‹ Missionen? Werden Landstreitkräfte bei der Projektion militärischer Macht in Zukunft entbehrlich sein? »Vieles spricht dafür, daß die Bodentruppen sich bezüglich ›Kampfauftrag‹ auf dem Rückmarsch befinden. In diesem Kontext stellt sich unmittelbar auch die Frage nach dem ›core business‹ von Landstreitkräften: Gehört es wirklich künftig zu deren Aufgaben, beispielsweise die zivile Verwaltung (Paßämter, Katasterämter, Rechtsprechung etc.) oder die Infrastruktur eines Landes wieder aufzubauen? Diese Aufgaben binden nicht nur auf Jahre erhebliche Streitkräfte und finanzielle Mittel auf ›Nebenkriegsschauplätzen‹, sie gefährden letztlich die Einsatzbereitschaft der Armee in ihrer Kernfunktion.«[121]

Einen Hinweis auf künftige Aufgabenverteilungen lieferten die Operationen in Afghanistan ab Herbst 2001 (›Enduring Freedom‹). Tatsächlich wurde auch dieser Kriegsschauplatz weitgehend den Luftstrategen überlassen. Diese verwiesen darauf, daß der Anteil an verschossener Präzisionsmunition während der insgesamt 6546 geflogenen Kampfeinsätze bis Ende Februar 2002 eine neue Rekordmarke erreicht habe: 69 Prozent. Im zweiten

Wunderwaffe des High-Tech-Krieges: JDAM-Bomben (hier beim Verladen auf dem US-Flugzeugträger ›USS Harry Truman‹). Aber auch Präzisionswaffen können irren. Offiziell liegt die Fehlerquote bei zehn Prozent.

[121] Bernhard PFOH (Hg.), aaO.

Golfkrieg lag dieser Anteil erst bei 9 und selbst bei den Kosovo-Bombardements erst bei 35 Prozent.[122] Auch für den Irak-Krieg 2003 veranschlagte US-Generalstabschef Richard Myers den Anteil präzisionsgesteuerter Bomben zwischen 60 und 70 Prozent. Die Luftwaffen-Zeitschrift *Air Force Magazine* bestätigte inzwischen und gab den Anteil der verschossenen Präzisionsmunition im Juli 2003 mit 68 Prozent an.[123]

Ein näherer Blick auf das Bodengeschehen auf dem afghanischen Kriegsschauplatz eröffnete immerhin entlarvende Zukunftsperspektiven, was die künftige Aufgabenverteilung angeht. Das Gros der Bodentruppen stellten Nicht-Amerikaner: Turbankrieger der ›Nordallianz‹ sowie Auxiliarverbände aus NATO-Staaten, darunter auch aus Deutschland. Sie durften und dürfen die Höhlen von Tora-Bora durchwühlen, in Kabul auf Streife gehen, Minen räumen. Amerikanische Einheiten beschränkten sich darauf, beim Massenmord an gefangenen Taliban in Mazar-i-Sharif behilflich zu sein und die Überlebenden wegzuschaffen. Seither liefern sich die GIs einen unproduktiven Kleinkrieg mit Taliban-Resten und gewöhnlichen Kriminellen. Sicherer und friedlicher als vor der Intervention ist das Land jedenfalls nicht geworden.

In Afghanistan hat das amerikanische Empire militärische Konturen angenommen, die geradezu klassisch anmuten: Man selbst beschränkt sich dank des unangreifbaren High-Tech-Monopols auf den ›sauberen‹ und risikolosen Teil des Krieges, während die Blutarbeit den Hilfsvölkern bleibt. Ein ähnliches Spiel ist im Irak zu beobachten, wo der dreiwöchige Blitz-Vormarsch im Frühjahr 2003 unter einem Schirm lückenloser Luftüberlegenheit ebenfalls nicht als ›Blutarbeit‹ zählt. In den USA selbst ist seither die Debatte ›Luftkrieg vs. Bodenkrieg‹ wieder voll entbrannt. Die Luftkriegsbefürworter können mit Recht auf den überwältigenden Anteil der Air Force am raschen Sieg verweisen, der die irakische Seite nichts entgegenzusetzen hatte. Das *Air Force Magazine* zitiert den Luftwaffen-Oberbefehlshaber des Golfkrieges 1991, Ex-General Charles Horner, mit den Worten: »Einige Kommandeure meinen, wir brauchen mehr Bodentruppen, aber ich glaube, wir sehen gerade, daß dies nicht der Fall

[122] Nach: http://www.geopowers.com/Machte/USA/USA_II/usa_ii.html#bombenbilanz

[123] Robert S. Dudney, »The Gulf War II Air Campaign, by the Numbers«, in: *Air Force Magazine*, Nr. 7 (2003), http://www.afa.org/magazine/july2003/

ist.«[124] Dabei war das Bodenkontingent vom Frühjahr 2003 ohnehin nur noch halb so groß wie dasjenige von 1991. Daß es auch im Irak nicht genügte, den Gegner durch eine ruppige Drei-Wochen-Offensive aus dem Feld zu schlagen, diese Erkenntnis entzieht sich den US-Militärs offenbar noch immer. Also wird weiterdebattiert, ob auch die nächsten Waffengänge möglichst aus der Luft entschieden werden sollen, mit noch mehr Präzisionsbomben, noch mehr Satellitenüberwachung, noch mehr High Tech. Die Kurzsichtigkeit dieser Debatte ist mit Händen zu greifen. Und jeder im Häuserkampf gefallene GI ist Wasser auf die Mühlen der Luftkriegsbefürworter. Seit Vietnam hat man im Pentagon nichts Wesentliches dazugelernt.

Einstweilen ist Washington bemüht, Hilfswillige aus aller Herren Länder mit ins Besatzungsboot zu nehmen, Polen, Ukrainer, Spanier und andere Föderaten. Es ist exakt die Rollenverteilung in den letzten Jahrhunderten des Römischen Reiches.

Bestandsaufnahme: die Air Force als Instrument der globalen Hegemonie

Die amerikanischen Luftstreitkräfte zu Beginn des 21. Jahrhunderts stellen eine Zwischenbilanz dar. Zum einen spiegeln Umfang und Ausstattung die Erfahrungen und technologischen Fortschritte der Vergangenheit wider, wobei zu berücksichtigen ist, daß der finanzielle und zeitliche Aufwand bei der Einführung neuer Systeme um so größer ist, je komplexer die Neuerungen sind. Neue, revolutionäre Systeme lassen sich nicht von einem Tag zum anderen bei der Truppe einführen. Andererseits stellt die Air Force der Gegenwart sozusagen das Sprungbrett für jene Neuerungen dar, von denen einige bereits angedeutet wurden. Das gilt nicht nur für den rein technologischen Bereich, sondern erst recht für den strategischen. Die planerischen Entscheidungen von heute spiegeln zum Teil strategische Konzeptionen wider, von denen man im Pentagon glaubt, daß sie in zehn und zwanzig Jahren noch Gültigkeit besitzen werden.

---

[124] Robert S. Dudney, »The US Air Force at War«, in: *Air Force Magazine*, Nr. 5 (2003), http://www.afa.org/magazine/may2003/0503edit.asp

Der Luftwaffe kommt dabei - was sowohl angesichts der traditionellen amerikanischen Luftlastigkeit als auch der Erfahrungen der jüngsten bewaffneten Konflikte nicht überrascht - besondere Bedeutung zu. Aber auch unabhängig von der Diskussion ›Luftwaffe contra Heer‹ (Air vs. Land Power) werden die Luftstreitkräfte bis auf weiteres im Mittelpunkt der Überlegungen stehen, und das rein aufgrund ihrer beiden wesentlichen Eigenschaften: Reichweite und Kampfkraft.

So wird die Air Force auch bei den Waffengängen der nächsten Jahrzehnten aller Voraussicht nach diejenige Teilstreitkraft sein, die

1. den Kampf als erste aufnimmt (von illegalen Special Forces-Einheiten abgesehen), und sie wird

2. vor der Aufgabe stehen, Verbände der anderen Teilstreitkräfte, vor allem der Army, kurzfristig per Lufttransport in ihre Einsatzräume zu bringen.

Neben den technologischen Herausforderungen, denen sich die Air Force in den kommenden Jahrzehnten gegenübersieht, werden hier einige logistische Aufgabenstellungen von zentraler Bedeutung sichtbar. Die Planer des Pentagon haben sie unter der Überschrift ›Joint Vision‹ zusammengefaßt. *Joint Vision 2020* lautet der Titel einer Gesamtkonzeption für die amerikanischen Streitkräfte, die vor allem das integrierte Zusammenwirken der Teilstreitkräfte plus Informations-Kriegführung in den Mittel-

Auch in Zusammenhang mit der Verlegbarkeit schneller Eingreifverbände kommen auf die Luftwaffe des 21. Jahrhunderts neue Aufgaben zu. Die Abbildung zeigt ein britisches Konzept für einen strahlgetriebenen Kampfzonen-Transporter mit STOL-Fähigkeit.

punkt rückt.[125] Seit Oktober 1999 ist *Joint Vision 2020* offiziell in Kraft.

Es ist eine alte militärische Erfahrungstatsache, daß das Zusammenwirken verschiedener Waffengattungen die Wirkung auf dem Gefechtsfeld nicht nur addiert, sondern bisweilen multiplizieren kann. Es ist eben etwas anderes, ob sich auf dem Gefechtsfeld zwei Bodenheere gegenüberstehen oder ob einer der Kontrahenten zusätzlich über Luftunterstützung verfügt. Die verhängnisvolle Schutzlosigkeit der Bodentruppen ohne hinreichenden Luftschirm ist eine Erfahrung, die die irakischen Republikanischen Garden im Frühjahr 2003 mit der französischen Armee des Jahres 1940, der Wehrmacht des Jahres 1944, den Vietminh und den afghanischen Taliban-Kämpfern teilten.

Ein Schlüsseldokument für die Kampfführung mit verschiedenen, einander ergänzenden Waffen ist in jüngerer Vergangenheit die von Hans von Seeckt 1921 veröffentlichte Heeresdienstvorschrift Nr. 487, *Führung und Gefecht der verbundenen Waffen*. Sie resultierte aus den Erfahrungen des Ersten Weltkrieges und gab der Wehrmacht bis 1945 das operative Grundmuster vor. Am Command & General Staff College in Fort Leavenworth, Kansas, wurde noch 1986 eine Studie veranstaltet, die der auf der Taktik der ›verbundenen Waffen‹ basierenden Verteidigungsdoktrin der Wehrmacht an der Ostfront gewidmet ist und sie amerikanischen Offizieren zur Nutzanwendung empfiehlt, die bei ihrer Umsetzung »denselben Grad von Innovationsfreudigkeit und Einfallsreichtum werden beweisen müssen wie die Deutschen in Rußland«.[126] Daß seit Ende des Ersten Weltkrieges neue, teils revolutionäre Waffensysteme und Methoden der Kampfunterstützung entwickelt worden sind, tut der alten Erkenntnis keinen Abbruch: Verbundene Waffen bedeuten multiplizierte Wirkung. Es ist diese Einsicht, die hinter den zahlreichen amerikanischen ›Joint‹-Doktrinen der letzten zehn bis fünfzehn Jahre fortwirkt.

Im Rahmen des ›Joint Vision‹-Konzepts ist der Air Force selbst wiederum die Rolle eines ›Joint Teams‹ zugedacht, also eines ›Verbund-Teams‹ verschiedener Kapazitäten, Fähigkeiten und Einheiten, deren Zusammenwirken im Endergebnis Luftüberlegenheit herstellt.

---

[125] Dazu ausführlich Axel Schwarz, aaO.

[126] Timothy A. Wray, *Standing Fast: German Defensive Doctrine on the Russian Front During World War II. Prewar to March 1943*, Hrsg. Command & General Staff College, Fort Leavenworth, Kansas 1986, hier zit. nach: http://www-cgsc.army.mil/carl/resources/csi/Wray/wray.asp

Einige Schwerpunkte:

1. Verlegbarkeit. Schlüsselelement bei der raschen und möglichst umfassenden Herstellung von Luftüberlegenheit ist die ›Expeditionary Aerospace Force‹. Zehn dieser Luftflotten-Äquivalente sind vorgesehen. Zweierlei fällt auf: zum einen, daß in den Köpfen der *Joint Vision*-Autoren bereits der künftige Krieg im Weltraum voll im Gange ist. Was heute noch Luftüberlegenheit ist, ist in zwanzig Jahren Weltraumüberlegenheit. Zum anderen der Aspekt der Mobilität (›Expeditionary Force‹). Das bedeutet in der Praxis: Die zehn Aerospace Expeditionary Forces (AEF; zu deutsch etwa: Luft/Raum-Expeditionskorps), jede davon mit bis zu 150 Flugzeugen ausgestattet, werden innerhalb eines im vorhinein geplanten 15 Monate-Turnus auf andere Basen verlegt, so daß praktisch der gesamte Globus jederzeit von einer oder mehreren AEFs abgedeckt ist.

Ergänzt werden die zehn ›Führungsbasen‹ in den USA und Übersee durch 27 Unterstützungsbasen (Support Bases), aus denen je nach Bedarf zusätzliche Kapazitäten zugeführt werden. Außerdem gibt es über die zehn AEF hinaus fünf ›Mobility Lead Wings‹ und zwei Air Expeditionary Wings (AEW) On Call ›A‹ und On Call ›B‹, die entweder zur Unterstützung der AEFs oder für kleinere Einsätze auf anderen Kriegsschauplätzen abgerufen werden können. »Erreicht werden sollen vor allem eine größere Raumabdeckung, die Fähigkeit zum Zielwechsel in Echtzeit und die Steigerung der Anzahl der Ziele, die pro Tag bekämpft werden können. Eine AEF soll künftig in einem begrenzten Einsatzraum etwa in der Größe Deutschlands Luftüberlegenheit schaffen und bis zu 200 Ziele täglich bekämpfen können. (...) Für das Personal ist das wichtigste Ergebnis dieser Bestrebungen die bessere Planbarkeit des Familienlebens und vor allem kürzere Abwesenheitszeiten.«[127] Letzteres ist ein ausgesprochen rührender Begleiteffekt der weltweiten amerikanischen Lufthegemonie.

2. Kapazitäten. Mit Stand vom Juni 2002 verfügten die Luftstreitkräfte der USA über

1994 Jagdflugzeuge
366 Erdkampfflugzeuge
259 Bomber
3204 Transporter, Trainingsflugzeuge, Aufklärer
211 Hubschrauber.

[127] Axel Schwarz, aaO.

Diese Zahlen setzen sich wie folgt zusammen:[128]

Jagdflugzeuge

F-15	A/C/B/D/E Eagle	522
F-15	E Strike Eagle	227
F-16	A Fighting Falcon	105
F-16	B Fighting Falcon	44
F-16	C Fighting Falcon	963
F-16	D Fighting Falcon	125
F-22	A Raptor	8 +12
gesamt		1994

Erdkampfflugzeuge

A-10	A Thunderbolt II	232
OA-10	A Thunderbolt II	134
gesamt		366

Bomber

F-117	A Night Hawk	53
B-52	H Stratofortress	94
B-1	B Lancer	91
B-2	A Spirit	21
gesamt		259

Transporter, Trainer, Aufklärer

SR-71	Blackbird	16
E-3	B/C Sentry	33
E-4	A	4
C-5	A/B/C Galaxy	132
E-8	C JSTARS/TE-8A	12
C-9	A/C Nightingale	23
E-9	A	2
KC-10	A Extender	59
C-12	C/D/J	36
C-17	A Globemaster III	74
EC-18	B/D/C-18B	5
C-20	A/B/C/H	12
C-21	A	79
C-22	B	3
C-23	A Sherpa	3

Transporter, Trainer, Aufklärer

VC-25	A	2
C-27	A Spartan	10
C-26	A/B Metro	11
C-32A	A	4
C-37	A	5
C-38	A Astra	2
CT/T-43	A	11
C-130	B/D/E/H/J Hercules	513
AC-130	H/U	21
EC-130	E/H/J Hercules	30
HC-130	N/P Hercules	31
MC-130	E/H/P Hercules	66
WC-130	H/J/W Hercules	13
C-135	B/C/E Stratolifter	7
RC-135	S/U/V/W	20
TC-135	S/W	2
WC-135	H/J/W	3
EC/C-135	E/N/Y	12
KC-135	D/E/R/T Stratotanker	546
OC-135	Open Skies	3
C-137	B/C	6
EC-137	D	1
C-141	B Starlifter	155
T-1	A Jayhawk	183
T-3	A Firefly	111
T-37	B Tweet	415
T-38	B Talon	490
T-41	Mescalero	3
U-2	S davon 4 zweisitzige Trainer	35
gesamt		2691

Hubschrauber

UH-1	N	63
MH-53	J Pave Low	40
TH-53	A	6
HH-60	G	92
MH-60	G	10
gesamt		211

Diese Zahlen besagen für sich genommen nicht viel. Daß die USA über die umfangreichste Luftflotte der Welt verfügen, ist hinlänglich bekannt, ebenso, daß die gängigen Typen der amerikanischen Luftstreitkräfte Spitzenprodukte sind, denen im internationalen Vergleich kaum Paroli zu bieten ist. Amerikanische Kampfflugzeuge sind moderner als diejenigen anderer Länder, und die USA haben das Geld, diesen Innovationsvorsprung ständig aufrechtzuerhalten. Das abschreckende Gegenbeispiel liefern die Europäer mit dem ›Eurofighter‹, der veraltet ist, wenn die letzten Exemplare an die Luftstaffeln der Abnehmerländer ausgeliefert sein werden, von den ungeheuren Kosten gar nicht zu reden: 83 Millionen Euro pro Stück, 18 Milliarden insgesamt. Die politische Entscheidung zugunsten des EFA (European Fighter Aircraft) fiel im Mai 1988, aber erst zwölf Jahre später, im Herbst 2000, wurde mit der Endmontage des ersten Serienflugzeugs begonnen. Die ersten Vereinbarungen über das Projekt liegen 25 Jahre zurück, eine unendliche Geschichte.

Wegen der langen Pilotenausbildung werden die ersten Einsatzstaffeln bei der Bundesluftwaffe erst 2006 zur Verfügung stehen. Die Überlegenheit der USA am Himmel wird der ›Eurofighter‹ dann in keiner Weise beeinträchtigen, denn er wird langsamer sein und nur die Hälfte an Waffenzuladung des amerikanischen Standardjägers F-15E tragen können, der schon seit 1986 im Einsatz ist. Und trotz hyperteurer Raketen, mit denen er bewaffnet werden soll, wird er amerikanischen Maschinen in puncto Reichweite unterlegen sein. Die Maschine soll in den nächsten Jahrzehnten »das Rückgrat der Luftwaffe« sein, sagte Bundesverteidigungsminister Struck bei der offiziellen Auslieferung des ersten ›Eurofighters‹ im Juni 2003.[129] 180 Stück sollen angeschafft werden. Das englisch-italienisch-spanisch-deutsche Hersteller-Konsortium sieht Marktchancen für den ›Eurofighter‹ bis zum Jahre 2025.[130]

3. Solide Überlegenheit im 21. Jahrhundert. Mit Stand von Mitte 2001, also vor dem 11. September, verfügten die taktischen Luftstreitkräfte der USAF über insgesamt 20 Geschwader›äquivalente‹ (Fighter Wing Equivalent), 13 davon im aktiven Einsatz, sieben

[128] Nach: http://www.globaldefence.net/index.htm?http://www.globaldefence.net/deutsch/nordamerika/usa/airforce.htm

[129] »Eurofighter zum Einsatz freigegeben«, in: *Die Welt*, 1. 7. 2003.

[130] Nach: Gerhard Lang, *Taschenbuch Militär-Jets. Geschichte, Typen, Technik*, München 2001, S. 119.

als Reserve. Das Rückgrat dieser Luftmacht sind vor allem bewährte Muster der Typen F-15 und F-16, zusätzlich spezielle Typen wie das Erdkampfflugzeug A-10, der Stealth-Kampfbomber F-117 und die immer noch in Dienst stehenden Aufklärer vom Typ U-2. Der nächste Generationensprung, der sich mit Projekten wie F-22 ›Raptor‹ und JSF (Joint Strike Fighter) verbindet, ist längst in Vorbereitung.

- Bewährtes Standardmodell ist nach wie vor die Boeing F-15 ›Eagle‹, mit der insgesamt vier Geschwader ausgestattet sind. Die F-15 bietet ein klassisches Beispiel für die Effizienz der amerikanischen Flugzeugschmieden: Die Entwicklung der F-15A begann 1965 (!), die erste Maschine wurde im November 1974 an die Truppe übergeben. Seit 1990 wurden alle Flugzeuge der Baureihen A und B kampfwertgesteigert, mit einem neuen Radar, einem neuen Zentralrechner und einer neuen Waffenkontrolleinheit versehen. Die Avionik wurde dem neuesten Stand angepaßt. Noch im Finanzjahr 2001 waren für kampfwertsteigernde Maßnahmen an den vorhandenen Maschinen 310 Millionen Dollar vorgesehen. Das hat zur Folge, daß die über ein Vierteljahrhundert alten Maschinen noch in etlichen Jahren schneller, belastbarer und leistungsfähiger sein werden als das europäische Spitzenprodukt ›Eurofighter‹.

- Als ausgesprochen vielseitig hat sich die Lockheed Martin F-16 ›Fighting Falcon‹ erwiesen. Auch dieser Kampfjet ist längst ein Oldtimer, denn die Entwicklung bei General Dynamics begann bereits 1971. Der Prototyp startete schon zwei Jahre später, im Februar 1974, zu seinem Erstflug. Die Auslieferung an die USAF erfolgte im August 1978. Die F-16 fungiert als Multi-Role-Fighter mit verschiedenen Einsatzprofilen. Eines der letzten Beschaffungsvorhaben der Air Force war die Anforderung von 30 zusätzlichen Maschinen vom Typ F-16C/D in der sogenannten SEAD-Konfiguration (Supression of Enemy Air Defense), also zur Ausschaltung der gegnerischen Luftabwehr, zweifellos ein Anwendungsprofil mit Zukunft. Dieses Kontingent wird gegenwärtig bei der Truppe in Dienst gestellt, während die älteren Baureihen A/B immer wieder modernisiert wurden. Die F-16 ist der weltweit bisher am häufigsten gebaute und verkaufte Kampfjet – über 4000 Stück wurden produziert. Bei der USAF soll sie noch bis etwa 2010 geflogen werden.

- Auch das Nachfolgemodell, das die taktische Luftüberlegenheit der amerikanischen Geschwader nach 2010 sicherstellen

Zwei Stealth Fighter F-117A. Stealth-Maschinen gelten aufgrund ihrer besonderen Oberflächenbeschichtung und eines extrem radarschlüpfrigen Profils als unsichtbar für gegnerische Ortung.

soll, kommt aus dem Hause Lockheed. Es handelt sich um das gemeinsam mit Boeing entwickelte Tarnkappen-Jagdflugzeug F-22 ›Raptor‹. Die F-22 gilt schon jetzt als revolutionäres Projekt, denn mit ihr wird die ›Stealth‹-Technologie, die bislang den Bombertypen F-117 und B-2 vorbehalten war, Einzug bei der Jagdwaffe halten. Als die Air Force 1984 die Ausschreibung für das neue Kampfflugzeug veröffentlichte, verlangte sie einen Jäger, der eine dauerhafte Geschwindigkeit von 1,5 Mach erreichen, über gute Stealth- und Kurzstart-Eigenschaften verfügen und eine größere Reichweite als die F-15 haben sollte. Ein weiteres Plus ist die topmoderne Sensorik wie etwa das Scanned Array Radar APG-77 von Northrop Grumman. Besonders zukunftsweisend ist die Antriebstechnologie: Das von Pratt & Whitney entwickelte Triebwerk bringt ohne Nachbrenner die doppelte Schubleistung des F-15-Triebwerks und beim Überschallflug mit Nachbrenner noch einmal zusätzliche 40 Prozent Leistung. Außerdem ist es das erste Mal bei einem Serientriebwerk, daß eine Rechteckdüse mit beweglichen Strahlklappen zur Schubvektorsteuerung verwendet wird.[131] Das Ergebnis ist ein Höchstmaß an Wendigkeit und Manövrierfähigkeit auch bei hohen Geschwindigkeiten.

[131] Ebd. S., 134.

Kampfmaschine des 21. Jahrhunderts: F-22 ›Raptor‹.

Auch die Logistik und Wartung soll gegenüber bisherigen Systemen mit deutlich weniger Aufwand verbunden sein, so daß sich etwa bei Verlegungen im Rahmen des Expeditionary Force-Konzepts der Personalbedarf glatt halbiert. Der Jungfernflug der ersten Maschine fand im September 1990 statt, aber erst acht Jahre später, 1998, wurden die ersten Testmaschinen auf der Edwards Air Force Base in Kalifornien stationiert. Die erste einsatzfähige Staffel soll 2005 zur Verfügung stehen. Gegenwärtig ist die Beschaffung von 572 Maschinen vorgesehen, die ursprüngliche Planung (1985) ging von 750 Maschinen aus.

- Die US-Luftüberlegenheitswaffe schlechthin dürfte in der ersten Hälfte des 21. Jahrhunderts der Joint Strike Fighter (JSF) X-35 B sein, ein neuartiges High-Tech-Kampfflugzeug, das in einer nur achtjährigen Entwicklungsphase bis zur Serienreife gebracht wurde und für die »nächsten 30 bis 40 Jahre«[132] als Standard-Kampfjet bei allen drei Teilstreitkräften eingeführt werden soll. Der JSF wird die bisherigen Typen F-16, F/A-18C, F/A-18C/D und AV-8B ablösen. Allein das Pentagon orderte im Oktober 2001 bei Hersteller Lockheed Martin 2852 Maschinen des neuen Typs, der größte Rüstungsauftrag der Geschichte: 200 Milliarden Dollar, aus denen leicht 500 Milliarden werden können, dann

[132] LockheedMartin-Chef Vance COFFMANN im Oktober 2001, zit. nach: Andreas LAUTZ, aaO.

nämlich, wenn die USA weitere 3000 Maschinen an ihre Verbündeten verkaufen. 150 davon sollen an Großbritannien gehen, das als sogenannter ›Full Collaborative Partner‹ an der Entwicklung beteiligt ist. Die Niederlande, Norwegen und Dänemark sind derzeit noch ›Associate Partners‹, die ebenfalls die Anschaffung des JSF erwägen, Kanada und Italien sind ›Informed Partners‹.

- Weniger zukunftsträchtig stellen sich die Verhältnisse im Bereich der Lufttransport- und Tankerkräfte dar. Das ist zweifellos eine Achillesferse, denn nur ausreichende Verlege- und Betankungskapazitäten schaffen die Voraussetzung für die angestrebte ›Rapid Global Mobility‹, also rasche Beweglichkeit der eigenen Kräfte rund um den Globus. Mit Stand vom Jahresbeginn 2001 verfügte die USAF - einschließlich ANG und AFR, Nationalgarde und Luftreserve - über insgesamt 1056 Lufttransportflugzeuge. Diese Transportflotte hatte ihre Leistungsfähigkeit bis dahin zuletzt während der Operation ›Allied Force‹ überzeugend unter Beweis gestellt. 50 Prozent der Einsätze wurden mit Maschinen der hochmodernen C-17 ›Globemaster III‹ geflogen, die sich als überaus zuverlässig erwies. Die Abflugverläßlichkeit (Departure Reliability Rate) lag bei 97 Prozent. Zusätzliche Pluspunkte der C-17 sind ihre hohe Nutzlast, kurze Be- und Entladezeiten und die für ein Transportflugzeug vergleichsweise hohe Manövrierfähigkeit am Boden. Ungleich schlechter sieht die Bilanz für die betagten C-5 ›Galaxy‹ aus, von denen immerhin noch 132 Maschinen im Einsatz sind. Ihre Verfügbarkeitsrate lag im Kosovo-Einsatz bei lediglich 65 anstatt der vorgesehenen 75 Prozent, weshalb ein umfangreiches Modernisierungs- und Umrüstungsprogramm geplant ist, das sich mindestens bis zum Jahr 2011 erstrecken soll. Alles in allem sieht die Air Force derzeit »ihre Lufttransport- und Tankerflotte nicht in der Lage, zwei ›Major War Theatres‹ bedienen zu können. Die hierfür benötigte Flotte können sich selbst die USA nicht leisten.«[133]

Allerdings wurden diese Zeilen vor dem 11. September 2001 und zudem von einem deutschen Sicherheitsexperten geschrieben, in dessen transatlantischer Sichtweise langfristige US-Planungen imperialen Zuschnitts möglicherweise keinen Platz haben. Denn gerade die weltweite Luftverlegbarkeit amerikanischer Truppen wird in den amerikanischen ›Think tanks‹ schon seit geraumer Zeit als zentrale Herausforderung im Rahmen künfti-

[133] Axel SCHWARZ, aaO.

ger globaler Interventionsfähigkeiten (›Global Reach/Global Power‹) betrachtet. Rückenwind erhielten solche Stimmen, als Analytiker im Anschluß an Operation ›Iraqi Freedom‹ im März/April 2003 zu dem Schluß kamen, die Transportflotte der Air Force sei mit diesem Einsatz endgültig an ihre Leistungsgrenzen gelangt. Es gab, wird im renommierten *Air Force Magazine* berichtet, praktisch keine freien Transportkapazitäten mehr, und die Einsatzplaner im US-Kommando hätten sich mehr oder weniger nach der Decke strecken müssen. Ein weiterer Konfliktherd wäre eindeutig über die eigenen Verhältnisse gegangen: »Der Ausbruch eines zweiten größeren Regionalkonflikts - sagen wir, auf der spannungsgeladenen koreanischen Halbinsel - hätte das amerikanische Personal unmittelbar mit der schmerzhaften Wahl konfrontiert, wie es den Verlegenheiten zweier Kommandierender - und in welcher Reihenfolge - hätte begegnen sollen. (...) Die Lufttransportflotte kann derzeit nicht mehr als einen größeren Regionalkonflikt gleichzeitig bewältigen.«[134]

Ungleich größer sind freilich die Unzulänglichkeiten auf der anderen Seite des Atlantiks. Daß sich die Europäer nach langem Tauziehen für die Anschaffung des Airbus A 400 M entschieden haben, verdankt sich schließlich nicht überbordender Interventionsfreudigkeit, sondern der Einsicht, daß die europäischen Streitkräfte ein Defizit im Bereich des strategischen und taktischen Lufttransports haben. Sowohl Amerikaner als auch Russen verfügen traditionell über die entsprechenden Kapazitäten. Daß die Bundeswehr in der Vergangenheit immer wieder russische Transportkapazitäten ankaufen mußte, um ihre Kontingente in die UN-Einsatzräume zu verlegen, gehört in diesen Zusammenhang.

Amerikanische Planer haben für die künftigen Herausforderungen längst vorausschauende und zum Teil kühne Lösungskonzepte entwickelt. So ist den optimalen Verlegefähigkeiten amerikanischer Truppen im 21. Jahrhundert ein eigenes Kapitel in der Mammutstudie *2025* gewidmet, über die noch zu sprechen sein wird. Als Anforderungsprofil für das Lufttransportsystem des 21. Jahrhunderts werden dort folgende Koordinaten angegeben, die alles andere als bescheiden sind:

- Der Absetzpunkt für Truppen und Material (Point of Delivery) soll sich innerhalb eines Radius von zehn Metern um die angegebenen Zielkoordinaten bewegen.

[134] John A. Tirpak, »The Squeeze on Air Mobility«, in: *Air Force Magazine*, Nr. 7 (2003), http://www.afa.org/magazine/july2003/0703mobility.asp

Oben: *Die 1993 von der USAF in Dienst gestellte C-17 A Globemaster III trug sowohl auf dem Balkan wie während des Irakkrieges 2003 die Hauptlast der Luftversorgung.*

Unten: *Die europäische Antwort auf das Dilemma fehlender Lufttransport-Kapazitäten ist der Airbus A 400 M.*

- Die Reichweite ohne Auftanken soll bei beträchtlichen 12 500 Meilen liegen.
- Gegnerische Bedrohungen sollen auf eine Entfernung von 150 Meilen erkannt werden.
- Das Transportgut soll mit Hilfe standardisierter Container verladen und verschickt werden, wobei die logistische Infrastruktur möglichst gering gehalten werden soll. Das Containersystem soll sowohl für militärische als auch für zivile Anforderungen

ausgelegt sein, also beispielsweise das Ausfliegen von Zivilisten aus einem Krisengebiet ebenso ermöglichen wie das Einfliegen kompletter Gefechtsstände, Befehlszentren, Sanitätseinrichtungen oder Flugabwehrbatterien.[135]

Als Lösung für die Transportprobleme der Air Force in den nächsten Jahrzehnten schlägt *2025* ein integriertes Lufttransport-

Ein revolutionäres Konzept stellt der Entwurf für ein schwanzloses Advanced Theatre SSTOL-Transportflugzeug von Boeing dar. Der ›Super Frog‹ soll 30 Tonnen Nutzlast über eine Entfernung von 3200 Kilometern befördern können und dabei mit Start- und Landeflächen von nur 300 Meter Länge auskommen.

system vor, das nicht nur Transportmaschinen herkömmlichen Zuschnitts umfaßt, sondern auch riesige fliegende Überschall-Plattformen zur raschen Beförderung von Mensch und Material, mit denen innerhalb einer Stunde jedes Einsatzziel auf der Erde erreicht werden kann. Im Rahmen dieses Konzepts ist auch an eine Wiedergeburt des Senkrechtstarters gedacht. Tatsächlich wird in den Konstruktionsbüros – nicht nur amerikanischer Firmen, sondern auch britischer und russischer – längst an einer Reihe zum Teil recht futuristischer Entwürfe gearbeitet. So legte Boeing schon vor einigen Jahren Pläne für das Projekt ›Super Frog‹ vor, einen überaus fortschrittlichen schwanzlosen Kampfzonen-

[135] *Airlift 2025: The First with the Most,* http://www.au.af.mil/au/2025/volume2/chap04/v2c4-1.htm

transporter (No-tail Advanced Theatre Transport, NOTAIL ATT), der 30 Tonnen Nutzlast über eine Entfernung von 3200 Kilometern transportieren können soll.[136] Möglicherweise kündigt sich in solchen Konzepten die Nachfolge der bewährten und betagten C-130 im Bereich der mittleren taktischen Transporter an. Ähnliche Projekte - zum Teil mit Stealth- und Senkrechtstartereigenschaften - haben auch die britische Firma AVPRO und das russische Mjassischtschew-Konstruktionsbüro vorgestellt. Benötigt werden aber auch weit größere Transportleistungen. Das *Air Force Magazine* räumte in der Juli-Ausgabe 2003 freimütig ein, daß es im jüngsten Irak-Krieg nicht nur wegen der türkischen Weigerung, US-Truppen den Durchmarsch zu gestatten, keine ernst zu nehmende Nordfront im Irak gegeben habe. Der Hauptgrund sei vielmehr das Fehlen von Transportmaschinen gewesen, die genügend der 65 Tonnen schweren M1-›Abrams‹-Panzer in ihre Verfügungsräume im Nordirak hätten bringen können. »Es liegt auf der Hand«, wird ein amerikanischer Logistik-Offizier zitiert, »daß ein Panzer pro Flugzeug nicht unbedingt der bevorzugte Weg ist, Panzer zu bewegen.«[137] Solche Einschränkungen sollen bei künftigen Interventionen ausgeschlossen sein.

Exkurs: Die vier Kampfjet-Generationen

Bis zur Fronttauglichkeit der Weltraumwaffe mit sämtlichen vorgesehenen Komponenten werden noch Jahrzehnte vergehen. In einigen Teilbereichen der Forschung wird der angestrebte Überlegenheits-Standard früher erreicht sein, in anderen später. Einstweilen ist das Pentagon noch damit beschäfigt, die erforderlichen Kapazitäten in ihre Ausgangspositionen für den großen Wettlauf zur ›Full Spectrum Dominance‹ zu bringen, die organisatorischen Voraussetzungen zu schaffen, die beteiligten Dienststellen umzugruppieren. Davon war im letzten Abschnitt die Rede.

Auch auf rein technologischer Ebene ist den US-Streitkräften der endgültige Sprung in den erdnahen Weltraum noch nicht

[136] David OLIVER; Mike RYAN, *Geheimflugzeuge. Die Top Secret-Projekte der Luftfahrt*, Königswinter 2002, S. 44.
[137] John A. TIRPAK, aaO.

geglückt, trotz GPS und Hunderten von Militärsatelliten. Noch ist die weltraumgestützte Gefechtsplattform des 21. Jahrhunderts Zukunftsmusik. Bis zu ihrer Realisierung müssen sich auch die Weltraumkrieger im Space Command damit begnügen, lediglich die quantitativen Parameter ihrer konventionellen Waffensysteme nach dem alten Motto zu erweitern: schneller, höher, weiter. Durch bessere, schnellere, schlagkräftigere Flugzeugtypen; durch noch mehr Flugzeugträger auf den Weltmeeren;[138] durch bessere und schnellere Aufklärung.

Gerade die Entwicklung im Flugzeugsektor veranschaulicht den erreichten Stand recht deutlich: Mit dem Projekt Joint Strike Fighter (JSF) vollzieht sich gegenwärtig – das heißt nicht vor 2010, wenn die erste einsatzfähige Staffel ihren Betrieb aufnimmt[139] – ein neuerlicher ›Quantensprung‹ in der Geschichte des Kampfjets, der von der 3. zur 4. Generation. Zweifellos bedeutet der Joint Strike Fighter durch die Bündelung einer Reihe zukunftsweisender Eigenschaften eine Revolutionierung der Luftkriegführung. Aber auch der JSF wird ein Flugzeug mit allen Aufgaben bisheriger Jagdflugzeuge sein – nicht mehr.

Schon in der Vergangenheit gab es immer wieder ›Revolutionen‹ in der Entwicklung des Kampfjets, die durch die serienmäßige Einführung entweder grundsätzlich neuer oder erheblich verbesserter Leistungen gekennzeichnet waren. Dies betrifft:

- Flugleistungen (Geschwindigkeit, Gipfelhöhe, Kurvenkampfeigenschaften);
- Einsatzspektrum (Tageszeit, Wetter);
- Überlebensfähigkeit (Radarquerschnitt, aktive und passive Abwehrmaßnahmen);
- Kampfkraft (Kombination aus Bewaffnung und elektronischer Ausrüstung).

Die erste Generation düsengetriebener Kampfflugzeuge trat 1944 mit der Me 262 der deutschen Luftwaffe auf den Plan. Die Flugeigenschaften dieses ersten in Serie produzierten Strahljägers der Welt lagen derart weit über den Leistungen aller vorhandenen konventionellen Jagdflugzeuge, daß von einem echten Quantensprung in der Luftfahrtgeschichte gesprochen werden muß. Wie das Nachrichtenmagazin *Spiegel* enthüllte, wurden bereits mit der Me 262 Überschallgeschwindigkeiten erreicht – ein Erfolg,

[138] Siehe dazu Lothar Rühl, »Flugzeugträger versus Übersee-Basen«, in: *FAZ*, 16. 1. 2001.

den bis dato amerikanische Testpiloten nach dem Krieg für sich in Anspruch nahmen.

Wie revolutionär die Me 262 gegenüber allen bekannten Propellermaschinen war, fiel bereits bei den ersten Erprobungsflügen 1943 auf. Adolf GALLAND, Fliegeras und Inspekteur der Jagd-

Der deutsche Strahljäger Messerschmitt Me 262, im Bild eine Maschine des Kampfgeschwaders KG 51 ›Edelweiß‹. Maschinen dieses revolutionären Flugzeugtyps durchbrachen bereits vor 1945 die Schallmauer.

flieger, war einerd er ersten, der die Me 262 flog. Er erinnerte sich später: »Die damals phantastische Fluggeschwindigkeit von 850 km/h im Horizontalflug bedeutete einen Vorsprung von mindestens 200 km/h gegenüber den schnellsten Propellerjägern der Welt. Außerdem waren Flugzeiten zwischen 50 und 70 Minuten zu erwarten. Als Kraftstoff konnte minderwertiges, dieselähnliches Öl verwendet werden statt des hoch raffinierten, immer schwerer zu beschaffenden klopffesten Fliegerbenzins.« Nach seiner ersten Landung bekannte GALLAND: »Es ist, als wenn Engel schieben.«[140]

Auch die Siegermächte des Zweiten Weltkrieges stellten – unter massiver Ausbeutung deutscher Konstruktionsgeheimnisse –

---

[139] Nach: Rudolf LÄUBLI, »Die vierte Generation der Jet-Jagdflugzeug«, in: *Allgemeine Schweizerische Militärzeitschrift*, Nr. 12 (2001), http://www.asmz.ch/dbif/artikel.html?Heft=200112&Path=2001/12&Seite=16

[140] Hier zit. nach: Wolfgang WAGNER, *Die ersten Strahlflugzeuge der Welt*, Koblenz 1989, S. 119.

allmählich auf Strahlflugzeuge um. Vertreter dieser ersten Jet-Generation sind etwa die britische Gloster ›Meteor‹, die amerikanische F-80, die russische Mig-15. Dabei veränderte sich die Bewaffnung gegenüber Kolbenmotor-Jagdflugzeugen zunächst nicht grundsätzlich; es blieb bei Maschinenkanonen und ungelenkten Raketen. Auch der Aufgabenbereich blieb der alte: Bis etwa 1970 beschränkten sich Düsen-Kampfjets auf die Rolle als Jagdflugzeug.

Das änderte sich mit der zweiten Generation, als Strahlflugzeuge auch als Jagdbomber eingesetzt wurden. Auch abseits des erweiterten Einsatzspektrums ergaben sich revolutionäre Neuerungen: Die Maximalgeschwindigkeit wurde verdoppelt, der Überschallflug wurde möglich.[141] Allerdings war die Fähigkeit dieser Flugzeuge – etwa der französischen Mirage III, der russischen Mig-21, der amerikanischen F-4 ›Phantom‹ sowie der F-102 – zum Kurvenkampf nicht sehr ausgeprägt. Andererseits wurde jetzt dank Radar und gelenkten Raketen die Bekämpfung gegnerischer Flugzeuge auch außerhalb des Sichtbereichs des Piloten möglich, zunächst allerdings nur auf gleicher oder größerer Höhe. Auch konnte nur ein Ziel gleichzeitig verfolgt und bekämpft werden.

Die nächste, die dritte Generation kam etwa ab 1975 zum Einsatz und ging erneut mit einem technologischen Quantensprung einher: Dank erheblich verbesserter Triebwerke und neuer Möglichkeiten der Schubregulierung kam es zu sprunghaft verbesserten Kurvenkampf-Fähigkeiten. Die neuen Flugzeuge, die größtenteils noch im Einsatz sind, sind deshalb allen Typen der ersten und zweiten Generation überlegen. Dies gilt auch für die Kampfkraft. Verbesserte Radarfähigkeiten und bessere Lenkwaffen machen inzwischen die Bekämpfung gegnerischer Ziele auch unterhalb der eigenen Maschine möglich (Look down – shoot down). Außerdem ist nunmehr die Bekämpfung mehrerer Ziele gleichzeitig möglich. »Das Ende der Einsatzfähigkeit dieser Jet-Jagdflugzeug-Generation ist nicht abzusehen. Erst wenn mehrheitlich Flugzeuge der 4. Generation im Luftraum zu erwarten sind, muß diese Generation in der Jagdrolle abgelöst werden. Dies dürfte kaum vor 2020 der Fall sein. Als Jagdbomber (oder Aufklärer) werden sie auch nach diesem Zeitpunkt noch viele Jahre einsatzfähig bleiben.« Die Rede ist von Typen wie der F-14, F-15, F-16, F/A-18, den sowjetischen Typen Mig-29, Su-27,

[141] Nach: Rudolf LÄUBLI, aaO.

Su-30, der französischen Mirage 2000 und ›Rafale‹ sowie der schwedischen ›Gripen‹ und dem ›Eurofighter‹.

Die bislang letzte revolutionäre Neuerung in der Geschichte des Kampfjets – die es rechtfertigt, von einer vierten Generation zu sprechen – ist mit der Stealth-Bauweise verbunden. Stealth-Flugzeuge bieten dank ihrer Außenkonturen und einer speziellen Beschichtung dem gegnerischen Radar nur ein sehr geringes Profil, was Stealth-Jets zu beinahe unsichtbaren Angreifern macht und wesentlich höhere Überlebenschancen mit sich bringt. Flug- und Radarleistungen der vorhandenen Typen von Stealth-Maschinen sowie die Bewaffnung sind demgegenüber in etwa vergleichbar mit den Standards der dritten Generation. Die Überlegenheit der vierten gegenüber der dritten Generation resultiert allein aus der Stealth-Technologie.

Sie ist auch der Grund, warum Flugzeuge einer früheren Generation nicht einfach auf die vierte Generation nachrüstbar sind. Denn das Stealth-Konzept bedingt von vornherein ein völlig anderes Design, was ersichtlich wird, wenn man etwa das optische Profil des B-2-Bombers mit dem der B-52 vergleicht. »Will man in die Zukunft investieren, muß die 4. Generation angestrebt werden.«[142] Ähnlich revolutionäre Einschnitte – allein was die politische Entscheidung über die erforderlichen Budgetmittel angeht – waren mit den vorangegangenen Generationensprüngen nicht verbunden. Jagdflugzeuge der dritten Generation werden nach Lage der Dinge noch viele Jahre einsatzfähig bleiben. Selbst Maschinen der zweiten Generation lassen sich durch Nachrüstung im Bereich der Avionik und der Waffen ziemlich problemlos auf das Kampfwertniveau der dritten Generation ›upgraden‹. Entsprechende Upgrades von der dritten auf die vierte Generation sind nicht möglich.

Wegen der extrem hohen Entwicklungs- und Produktionskosten waren bislang allein die USA imstande, den Sprung in die vierte Generation serienmäßig zu bewerkstelligen. Die ersten Stealth-Flugzeuge der Air Force waren der Jagdbomber F-117, dem 1997 der B-2-Bomber folgte. Im Bereich der Jagdflugzeuge wird der Stealth-Level mit der Indienststellung der F-22 ›Raptor‹ ab dem Jahr 2005 erreicht sein, die den USA dann aber vermutlich auf viele Jahre hinaus einen kaum einholbaren Vorsprung bescheren wird, da potentielle Konkurrenten wie Rußland, China oder Europa nicht in der Lage sein dürften, die Kosten für eine

[142] Ebd.

der amerikanischen vergleichbare Stealth-Jagdflotte aufzubringen. Die Hunderte amerikanischer F-22 und spätestens die Einführung des Joint Strike Fighter ab etwa 2010, von dem rund 3000 Stück beschafft werden sollen, verbannen alle anderen Luftflotten der Welt schlagartig aufs technologische Altenteil. Entwicklungsgeschichtlich ist die dritte Jagdflugzeug-Generation nach dem Jahr 2010 ›tot‹.

Übersicht: Die ›Generationen‹ der Jet-Kampfflugzeuge[143]

Aussage	Generation			
	1	2	3	4
Als Jagdflugzeug im Einsatz ab	1944	1960	1975	2005
Als Jagdflugzeug im Einsatz bis	1965	1990	2020+	2050+
Me-262; Vampire; Venom; Mig-15; Mig-17; F-80; F-86; Hunter	x			
Mirage III, Mig-21; Mig-23; F-4; F-5; F-102; F-104; Lightning		x		
F-14; F-15; F-16; F/A-18; Mig-29; Su-27; Su-30; Mirage 2000; Rafale; Gripen; Typhoon			x	
F-22; Joint Strike Fighter (Projekt)				x
Maximale Geschwindigkeit: Unterschall	x			
Maximale Geschwindigkeit: Überschall		o	x	x
Waffeneinsatz bei transparenter Atmosphäre	x	x	x	x
Waffeneinsatz jenseits des Sichtbereiches des Piloten, ›Look up, shoot up‹		o	x	x
Waffeneinsatz unterhalb des Sichtbereiches des Piloten, ›Look down, shoot down‹			o	x
Schub/Gewicht-Verhältnis › 1:1			o	x
Stealth-Eigenschaft				o

o = Quantensprung in der Entwicklung

[143] Nach: ebd.

Luftüberlegenheit bis 2040: Das Projekt F-22 ›Raptor‹

Amerikanische Experten und Rüstungsplaner sind sich über den strategischen Vorteil, den die USA durch die Indienststellung der vierten Kampfjet-Generation erlangen, vollkommen im klaren. Auf der offiziellen F/A-22-Homepage wird für den ›Raptor‹ mit einem unzweideutigen Argument geworben: »Creating Air Dominance for the 21st Century«,[144] was sich nach dem Stil von Pkw-Anzeigen in Hochglanzmagazinen etwa mit den Worten verdeutschen ließe: »Wir produzieren Luftherrschaft für das 21. Jahrhundert.« Weniger direkt, aber nicht weniger deutlich wirbt Hersteller Lockheed in millionenschweren Zeitungsanzeigen für das neue Spitzenprodukt: »Wir haben den F-22 ›Raptor‹ mit Stealth-Technologie ausgerüstet – um Dinge wie Freiheit und freie Rede zu erhalten und zu schützen.« Das schon erwähnte Lexington Institute erklärt das künftige Wunderflugzeug schon im voraus zum ›Mythos‹ und rechtfertigt die Milliardenkosten, die mit seiner Anschaffung verbunden sind, fast schon entschuldigend mit der Feststellung, es handle sich »um das einzige Luftüberlegenheits-Jagdflugzeug mit Stealth-Eigenschaften, das die Vereinigten Staaten entwickeln«.

Die Argumentation des Instituts, die in einem *Issue Brief* vom Januar 2001 vertreten wird, ist von bestechender Logik: Zwar sei es richtig, daß die Stückkosten der F-22 derzeit bei einem Preis von 83 Millionen Dollar lägen (gegenüber 8,2 Millionen Dollar für eine F-15), aber: »Das Problem ist nicht das Flugzeug, sondern die Inflation.« Außerdem müßten eben einfach mehr Maschinen beschafft werden, dann sänken die Produktionskosten ebenfalls:

»Als die Air Force 1985 den Kauf von 750 Maschinen plante – pro Jahr 72 –, wurde jede mit 50 Millionen Dollar veranschlagt. Als die Stückzahl 1990 auf 48 sank, stiegen die Kosten auf 63 Millionen Dollar pro Flugzeug. Dann sank die Gesamtorder 1991 auf 648 Maschinen (bei 48 pro Jahr), und der Preis pro Maschine kletterte auf 70 Millionen. 1994 schrumpfte die Produktion nochmals auf 438 Flugzeuge zusammen, was die Stückkosten auf 75 Millionen Dollar hochtrieb. Und als die Order 1997 auf 339 zusammengestrichen wurde, erreichten die Kosten die Marke von

[144] http://www.f22-raptor.com/features.html

83 Millionen Dollar. Aber jetzt die gute Nachricht: Wenn man zum ursprünglichen Produktionsumfang von 750 Maschinen und 60 pro Jahr zurückkehrte, würden die Herstellungskosten pro Flugzeug um fast 20 Prozent sinken. Das ist etwas, worüber man nachdenken sollte, zumal der Bedarf der Air Force an F-22 tatsächlich bei 762 Stück liegt – fast genau das ursprüngliche Produktionsziel.«

Ein beeindruckendes Beispiel für Lobbyarbeit in der amerikanischen Rüstungsindustrie. Im übrigen gab das Lexington Institute sein Argumentationspapier, das in aller Unschuld gleich auf der offiziellen F-22-Homepage mitveröffentlicht ist, nicht ohne Grund am 19. Januar 2001 heraus: wenige Wochen vor der Regierungsentscheidung über das teure Zukunftsprojekt. Zu diesem Zeitpunkt hatte Lockheed bereits einen prominenten Förderer für den High-Tech-Jäger gewonnen: Donald RUMSFELD, damals noch nicht Verteidigungsminister, aber längst bekannt für seine Vorliebe für Zukunftswaffen aller Art. »Verteidigungsminister Donald RUMSFELD«, meldete ein gewisser Dave HIRSCHMAN am 16. Februar *in The Atlanta Journal and Constitution*, »war bereits ein Anwalt des F-22, bevor er in BUSHS Mannschaft eintrat, und Lockheed-Sprecher zeigten sich (...) zuversichtlich, daß RUMSFELD das technisch fortgeschrittene Flugzeug unterstützen wird.«[145]

Das alles war, worauf nicht oft genug hingewiesen werden kann, lange vor dem 11. September 2001. Zwar entschloß sich Präsident BUSH gleich nach seinem Amtsantritt, die »Verteidigung der Nation zu revitalisieren«, und machte zu diesem Zweck am 14. Februar 2001 zusätzliche Haushaltsmittel in Höhe von 2,6 Milliarden Dollar für Erforschung und Entwicklung neuer Waffen locker. Aber die einzige reale Bedrohung der nationalen Sicherheit waren zu diesem Zeitpunkt weder Islamisten noch Cyber-Attentäter, sondern die Börsenkurse. Und eines der Hauptopfer drohte der größte Rüstungsbetrieb der USA zu werden: Lockheed Martin. Der ›Raptor‹ mußte einfach an den Mann gebracht werden. »Die Nachricht für die Finanzmärkte war kristallklar: Während ›zivile‹ Technologietitel wie Nortel, Dell Computers und Hewlett Packard in ›Bärenstimmung‹ abtauchten, blieben die Aktien der Verteidigungsindustrie – einschließlich Boeing, General Dynamics, Lockheed Martin, Northrop-Grumman und

---

[145] Zit. nach: Michael CHOSSUDOWSKY, »Hilfe für die Wall Street. Die Bomben auf Bagdad kurbelten die Börse kräftig an«, in: *junge Welt*, 23. 2. 2001, http://uuhome.de/global/deutsch/irak01.html

Raytheon (die ›Großen Fünf‹ der Rüstungslieferanten) – ›sicher‹ und ›vielversprechend‹, das heißt, ›eine gute Adresse für Anleger‹. Wall-Street-Analytiker schlußfolgerten, ohne mit der Wimper zu zucken, ›angesichts der Bedeutung, die die Bush-Regierung der Verteidigung beimißt, gibt es Optimismus, daß die Industrie auf dem Wege ist, den Markt auch in diesem Jahr zu überflügeln.‹ Entsprechend macht eine neue Daumenregel an der Wall Street die Runde: Trotz der Verlangsamung der US-Wirtschaft bilden Rüstungsaktien ›einen ruhigen Hafen, der Schutz bietet vor der Implosion des Internetmarktes‹.«[146]

Die Lobbyarbeit der US-Rüstungsfirmen, die maßgeblich zur Einfädelung des ›Raptor‹-Geschäfts beitrug, ist das eine. Tatsächlich ist es nicht übertrieben zu sagen, daß noch selten in der Geschichte der Vereinigten Staaten ein Präsident ein offeneres Ohr für die Anliegen der amerikanischen Rüstungskonzerne an den Tag legte als George W. Bush. Doch das ist eine andere Geschichte. Der sachlichen Korrektheit halber muß man andererseits darauf hinweisen, daß die Entwicklung des ›Raptor‹ technologiegeschichtlich ebenso in der Luft lag wie die des Joint Strike Fighter. Und bis auf weiteres sind die USA nun einmal die einzige Nation der Welt, die sich High-Tech-Waffensysteme dieses Zuschnitts leisten und ihre militärische Überlegenheit damit auf Jahrzehnte hinaus zementieren kann.

Die offizielle F/A-22-Homepage macht aus der Spitzenqualität des ›Raptor‹ kein Hehl und wirbt für die überragenden Eigenschaften der Maschine wie renommierte Automobilhersteller für eine neue Spitzenlimousine. Zentrales Verkaufsargument ist dabei die Fähigkeit der F-22, Luftüberlegenheit herzustellen:

»Ihre integrierte Avionik verleiht der F-22 die Fähigkeit, als erster zu sehen, als erster zu schießen, als erster zu töten [first-look, first-shot, first-kill capacity]. Dies garantiert amerikanische Luftherrschaft für die nächsten drei Jahrzehnte. Luftherrschaft ist ein Muß für künftigen Erfolg. Seit dem Zweiten Weltkrieg war es die Luftüberlegenheit, die in sämtlichen Konflikten die Entscheidung gebracht hat. Sobald die Luftüberlegenheit nicht absolut war – wie im Vietnam-Krieg –, führte das zu erheblichen Verlusten an Flugzeugen und zum Verlust des strategischen Vorteils.

Luftüberlegenheit minimiert die Zahl der Gefallenen und Verluste für die USA. Luftüberlegenheit, wie sie die F-22 bietet, ga-

[146] Ebd. Zitate nach: *The Nightly Business Report*, NPRF, 19. 2. 2001.

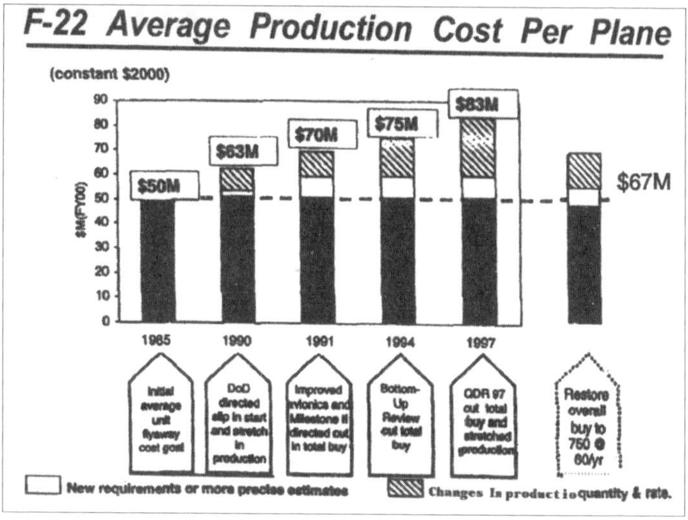

Ein Stück Lobbyarbeit hinter einem der ehrgeizigsten Rüstungsvorhaben in der Geschichte der USA: Das Lexington Institute rechnet in einem Diskussionspapier vom Januar 2001 vor, warum die Kosten für die Anschaffung der F-22 im Laufe der Jahre immer mehr stiegen, und fordert aus Kostengründen den Ankauf der ursprünglich geplanten 750 Maschinen.

rantiert Bewegungsfreiheit für Boden-, Luft- und Seestreitkräfte. Sie schützt militärisch bedeutsame Infrastruktureinrichtungen wie Kommando- und Kontrollzentren, Energienetze und Industrieanlagen, während sie die Effizienz weiterer militärischer Operationen vergrößert.

Amerika braucht die F-22. Die Fähigkeit der Air Force, den Luftraum zu kontrollieren, bietet die Gewähr dafür, daß das US-Militär seine lebenswichtigen [vital] Missionen frei von Angriffen und frei, selbst anzugreifen, durchführen kann.

Die F-22 wird nicht nur der Air Force zugute kommen. Sie wird auch für die Bodentruppen von Nutzen sein. Es ist fast 50 Jahre her, daß US-Bodentruppen durch feindliche Luftangriffe bedroht wurden. Die F-22 ist das beste verfügbare Flugzeug, um diese Frist grenzenlos auszudehnen.«[147]

Dann folgt der werbewirksame Aufbau einer Drohkulisse: Die Aufrechterhaltung der amerikanischen Luftüberlegenheit ist gefährdet, denn spätestens ab 2005 gehen mindestens drei nichtamerikanische Kampfflugzeuge in Produktion, deren Leistungen

[147] http://www.f22-raptor.com/domin.html

die des derzeitigen amerikanischen Standardjägers, der F-15, übertreffen: die französische ›Rafale‹, der ›Eurofighter‹ und die russische Su-35. Noch gravierender ist die Bedrohung für Amerikas ›Zugang zum Luftraum‹ durch billige, aber technisch ausgefeilte Flugabwehr-Raketensysteme. »Mindestens 21 Länder werden 2005 im Besitz der fortgeschrittensten Systeme sein.«[148]

Nur die Anschaffung der F-22 biete gegen diese Bedrohung einen eindeutig »asymmetrischen Vorteil«, und zwar durch einen »Synergieeffekt« ihrer technischen Eigenschaften, der die Maschine gegen feindliche Aufklärung und Bekämpfung weitgehend immun mache:

- Ihre Geschwindigkeit in Bereichen oberhalb 1,5 Mach erlaubt es, das Gefechtsfeld schneller zu erreichen und besser zu kontrollieren, während gleichzeitig die Bedrohung durch Bodenwaffen minimiert wird.
- Ihre überlegenen Flugeigenschaften – und zwar in allen Flughöhenbereichen zwischen Seehöhe und 50 000 Fuß – bedeutet für die F-22 einen deutlichen Vorteil bei allen Luftkämpfen auf Sichtweite. Ihr spezielles aerodynamisches Design erlaubt es, alle gängigen und in der Planungsphase befindlichen nichtamerikanischen Flugzeugtypen am Himmel auszumanövrieren.
- Ihre fortgeschrittene Stealth-Technologie macht die F-22 praktisch unsichtbar und vergrößert die Überlebensaussichten für Pilot und Maschine, aber auch die todbringende Wirkung [lethality] des neuen Jägers gegenüber Bedrohungen aus der Luft und vom Boden. Auch die Bewaffnung ist dem Stealth-Profil angepaßt. So können zwei 1000-Pfund-JDAM-Geschosse im Inneren des Flugzeugkörpers mitgeführt und vom elektronischen Leitsystem an Bord der F-22 ins Ziel gesteuert werden.

Abschließend heißt es auf der Werbeseite im Internet: »Wenn wir auf den Feind treffen, wollen wir 100 : 1 gewinnen, nicht 51 : 49. Die F-22 wird in der Lage sein, schneller ins Kampfgeschehen einzugreifen und den Gegner länger zu binden. Gleichstand oder Unterlegenheit bei der Luftherrschaft ist unakzeptabel; beides bedeutet mehr eigene Verluste und einen längeren Konflikt mit unsicherem Ausgang. Das amerikanische Volk [sic] will kein ausgeglichenes Spiel; es will entschiedene, überwältigende Überlegenheit und ein Minimum an Verlusten in einem Konflikt, der nicht in die Länge gezogen wird. Die Verkleinerung der US-Streit-

[148] Ebd.

kräfte bedeutet, daß wir in künftigen Konflikten, zumindest am Anfang, wahrscheinlich mit zahlenmäßiger Unterlegenheit werden kämpfen müssen – was die revolutionären Fähigkeiten der F-22 unentbehrlich für die nationale Sicherheit macht.«[149]

Kampfflugzeuge werden auch im 21. Jahrhundert bis auf weiteres zu den Waffenarsenalen kriegführender Mächte gehören. Sie mögen immer beeindruckendere Flugeigenschaften haben, immer tödlichere Munition mit sich führen, sie mögen in absehbarer Zeit vielleicht ohne Piloten auskommen und nur noch von einem fernen Computer aus gesteuert werden – aber es werden Flugzeuge bleiben. Zur punktgenauen Bekämpfung gegnerischer Ziele wird zumindest auf die nächsten Jahrzehnte hinaus kein anderes geeignetes Waffensystem zur Verfügung stehen.

Was sich ändern wird, sind – außer Bewaffnung, Flugeigenschaften und technischem Innenleben – vor allem Einsatzräume und Einsatzkonzepte.

- Der Einsatzraum wird sich künftig nicht mehr auf den Luftraum – über dem Gefechtsfeld, über eigenem und gegnerischem Territorium – beschränken, sondern den erdnahen Weltraum miteinbeziehen. Dies wird weitere revolutionäre Neuerungen bei den zum Einsatz kommenden Flugkörpern nach sich ziehen, etwa was Manövrierfähigkeit, Hitzebeständigkeit, Stratosphärentauglichkeit angeht.
- Damit ist verbunden, daß das Flugzeug im 21. Jahrhundert nicht mehr nur erd- bzw. trägergestütztes Kampfmittel sein wird, sondern zudem weltraumgestützte, weltraumfähige Varianten hervorbringen wird.

Seilschaften und neue Ziele: die Geburt der Weltraumwaffe

Schon lange vor Beginn des ›Krieges gegen den Terror‹ wurden von amerikanischen Militärplanern eine Reihe von strategischen Doktrinen formuliert, die die langfristige Sicherung der globalen militärischen Überlegenheit der USA zum Gegenstand haben. Die Administration Bush jun. hat sich für solche Überlegungen als kongenialer Partner erwiesen. Schon im September

[149] Ebd.

1999, vor seiner Wahl zum Präsidenten, erklärte George W. BUSH in Charleston, South Carolina: »Eines unserer Hauptziele wird darin bestehen, den friedlichen Einfluß Amerikas auf der ganzen Welt und auf Dauer zu erweitern.«[150] Die USA müßten sich eine »Position der Stärke« verschaffen, damit kein Land und keine Koalition von Großmächten die Stabilität - bzw. die Hegemonie Amerikas - gefährden könne.

Schon Jahre vorher, bald nach dem Ende des Kalten Krieges, wurden solche Überlegungen erstmals in den vertraulichen *Defense Planning Guidelines 1992–1994* des Pentagon (1992) protokolliert. In den Folgejahren gewannen diese Richtlinien um so klarere Konturen, je deutlicher wurde, daß die USA nach dem Wegfall der UdSSR nicht mehr mit ernst zu nehmender strategischer Konkurrenz würden rechnen müssen. So war das Jahrzehnt bis zum ›Krieg gegen den Terror‹ eine Periode der kontinuierlich verschärften Gangart gegenüber dem Rest des Globus. Der langjährige Sicherheitsberater Zbigniew BRZEZINSKI schenkte der Weltöffentlichkeit 1997 in seinem programmatischen Dossier *Die einzige Weltmacht* (*The grand chessboard: American primacy and its geostrategic imperatives*, 1997) reinen Wein ein, in dem er die mehr oder weniger subtilen Mechanismen darlegte, mit denen Washington seine Interessen bei Freund und Feind durchzudrücken pflegt.

Weitere Schritte der Kräftezusammenfassung folgten. Kritiker sprechen von einer mehr oder weniger offenen Militarisierung der amerikanischen Außenpolitik, die sich für die Durchsetzung ihrer geostrategischen Ziele immer weitere Bereiche in Forschung und Gesellschaft dienstbar zu machen weiß. So taucht für das Jahr 2000 in der nationalen Sicherheitsstrategie der USA erstmals der Begriff der ›öffentlichen Diplomatie‹ (Public Diplomacy) auf, eine klassische ORWELL-Leistung, bedeutet das Etikett doch nichts anderes, als »daß Medien und insbesondere das Internet zur Beeinflussung von Bürgern und Regierungen anderer Länder im Sinne amerikanischer Vorstellungen genutzt werden. Erstmalig werden den amerikanischen Nachrichtendiensten öffentlich wichtige Rollen zugewiesen: Sie sollen nicht nur der Früherkennung von Risiken dienen und damit zur Konfliktprävention, sondern darüber hinaus weltweit und in Echtzeit Möglichkeit zur Förderung amerikanischer Interessen aufklären. (...) Der Gesamthaus-

[150] Zit. nach: Michael T. KLARE, »Schneller, höher, weiter«, in: *Le Monde diplomatique*, 13. 7. 2001.

halt für die Dienste ist bei weitem höher als der deutsche Verteidigungshaushalt.«[151]

Im Rückblick erscheinen auch zahlreiche weitere Weichenstellungen der letzten zehn Jahre als konsequente Schritte auf dem Weg zu einer nie dagewesenen militärisch-technologischen Kräftesteigerung der USA. Seit den neunziger Jahren kursiert in amerikanischen Rüstungskreisen das Wort von der ›Revolution in Military Affairs‹; es geht auf den Titel eines Dossiers von Steven METZ und James KIEVIT zurück, das 1994 vom Institut für Strategische Studien des US Army War College veröffentlicht wurde (*The Revolution in Military Affairs and Conflict Short of War*). Die ›Revolution‹ besteht darin, daß künftig anders als in der Vergangenheit militärische Überlegenheit gezielt ›produziert‹ werden soll, indem ausgedehnte staatlich-private Rüstungs- und Forschungsnetzwerke ständig modernere Waffensysteme entwickeln und so den technologischen Fortschritt der amerikanischen Streitkräfte systematisch fortschreiben. Eine zentrale Rolle kommt dabei der konsequenten Ergänzung des klassischen Waffen- und Einsatzspektrums durch High-Tech-Komponenten wie Datenerfassung, -verarbeitung, Kommunikation und Raumfahrt zu.

Auch das übergeordnete strategische Konzept hat einen Namen, er begegnet in der schon erwähnten Studie unter dem Titel *Joint Vision 2020.* Dabei ist ›Strategie‹ der falsche Ausdruck. Als Generalziel amerikanischer Rüstungs- und Sicherheitsanstrengungen wird nämlich, abseits aller konkreten Bedrohungsszenarien, nur eines angegeben: Full Spectrum Dominance, zu deutsch: Breitband-Vorherrschaft, ›Überlegenheit auf der ganzen Linie‹. Überlegenheit wird nicht nur für bestimmte Sektoren des globalen Wettbewerbs angestrebt, sondern auf allen Ebenen: der militärischen ebenso wie der wirtschaftlichen, der diplomatischen ebenso wie im Informationssektor. Der in *Joint Vision 2020* formulierte Katalog umfaßt Einsatzszenarien, die von Hilfsoperationen nach Naturkatastrophen über ›humanitär‹ motivierte Einsätze, die Übernahme von Polizeiaufgaben und friedenschaffenden Operationen nach bekanntem Muster bis zu atomar geführten Kriegen reichen.

Andrew MARSHALL, Chef im Planungsstab des Pentagon, formulierte präziser, was gemeint ist. Das Ziel der amerikanischen Überlegenheitsstrategie für das 21. Jahrhundert lautet demnach:

---

151 Peter GOEBEL: »Die amerikanischen Streitkräfte als Mittel der Außen-, Sicherheits- und Militärpolitik der USA. Sachstand, Tendenzen und Perspektiven«, in: *Soldat und Technik,* Nr. 9 (2000), http://www.soldat-und-technik.de/

»Dominanz (...) von Stammeskriegen bis zum Informationskrieg, von Raketen bis zu Biowaffen«.[152] MARSHALL begann, was ein bezeichnendes Licht auf die Kontiuität der US-Militärplanung über die Administrationen hinweg wirft, seine Arbeit bereits unter BUSHS Vorgänger CLINTON. Mittlerweile liegt er mit seiner Doktrin der Dominanz voll auf offizieller Pentagon-Linie. Lothar RÜHL, ehemaliger Staatssekretär im bundesdeutschen Verteidigungsministerium, umschrieb diese schon im Mai 2001, Monate

US-Präsident BUSH, Verteidigungsminister RUMSFELD: »In der Luft werden wir punktgenau angreifen, sowohl mit Flugzeugen als auch mit unbemannten Systemen. Auf dem Meer werden wir Informationen und Waffen neuartig miteinander verbinden und so unsere Fähigkeit, Macht über Land zu projizieren, maximieren.«

vor den Anschlägen des 11. September, als eine »neue Strategie der Beherrschung eines jeden Konflikts mit begrenzten, aber flexibel einsetzbaren Mitteln fortgeschrittener Technologie«.[153]

George W. BUSH faßte dieses Planungsziel in plastischere Worte. Am 13. Februar 2001, ebenfalls noch lange vor dem 11. September, sagte er in einer Rede auf dem Marinefliegerhorst Norfolk:

»Am Boden werden unsere Panzertruppen leichter und unsere leichte Infanterie tödlicher sein. Alle werden einfacher zu stationieren und zu unterhalten sein. In der Luft werden wir punktge-

[152] Zit. nach: Dirk ECKERT, »US-Streitkräftereform und Infowar. Bushs Neudefinition des Krieges«, http://www.dirk-eckert.de/texte.php?id=233

[153] Zit. nach: ebd.

nau angreifen, sowohl mit Flugzeugen als auch mit unbemannten Systemen. Auf dem Meer werden wir Informationen und Waffen neuartig miteinander verbinden und so unsere Fähigkeit, Macht über Land zu projizieren, maximieren. Im Weltall werden wir das für den reibungslosen Ablauf unseres Handels und die Verteidigung unserer Interessen wesentliche Satellitennetzwerk schützen.«[154]

Als prominenter Förderer und Propagator solcher Pläne hat sich BUSHS Verteidigungsminister Donald RUMSFELD profiliert. Er gilt seit seiner Amtseinführung als einer der entschiedensten Fürsprecher der ›Revolution in Military Affairs‹, insbesondere was die Militarisierung des Weltraums durch die US-Streitkräfte angeht. Der von ihm nachdrücklich unterstützte Aufbau einer Raketenabwehr, die unter CLINTON noch als begrenzte Raketenabwehr ins Leben gerufen wurde und mittlerweile ein komplexes Abwehrsystem auf unterschiedlichen Ebenen vorsieht, ist dabei nur eines der bevorzugten Projekte RUMSFELDS. Sein ›Ceterum censeo‹ ist die Warnung vor einem ›space Pearl Harbor‹ – ein erfolgreicher Angriff auf Militärsatelliten der Vereinigten Staaten würde weite Teile ihres militärischen Apparates lahmlegen. Sowohl die Satelliten der USA als auch die weltweiten Kommunikationsnetzwerke gelte es deshalb lückenlos zu schützen. Andererseits hat RUMSFELD natürlich auch die militärischen Potentiale erkannt, die der erdnahe Raum für Angriffsoptionen bietet: Praktisch lückenlose Bodenaufklärung wird möglich, Tarnungsversuche des Gegners werden weitgehend nutzlos. Die Waffengänge des letzten Jahrzehnts stellten die Bedeutung satellitengestützter Steuerungs- und Navigationssysteme für Geschosse schlagend unter Beweis. »Schaltet man gleichzeitig die gegnerischen Satellitensysteme aus, ist der Gegner selbst ›geblendet‹. Darüber hinaus erlaubt der Weltraum die Stationierung von Waffensystemen.«[155]

Im August 2001 konnte RUMSFELD durch eine Personalentscheidung des Präsidenten wichtiges Terrain gewinnen und gleichzeitig demonstrieren, welchen Stellenwert er der militärischen Nutzbarmachung des Weltraums beimißt. Er setzte den Luftwaffengeneral und früheren Cyberkrieg-Chefkoordinator Richard B.

---

[154] Ebd.

[155] Stephan BÖCKENFÖRDE, »Militärische Gewalt als Mittel künftiger amerikanischer Außenpolitik«, in: *Politik und Gesellschaft Online – International Politics and Society* 4/2001, http://fesportal.fes.de/pls/portal30/docs/FOLDER/IPG4_2001/ARTBOECKENFOERDE.HTM

Myers als neuen Vorsitzenden des US-Generalstabs durch. Auch Myers verdankt seinen Karrieresprung, wie zahlreiche andere wichtige Funktionsträger der Bush-Administration, jener überaus effizienten Seilschaft von Neokonservativen, aus der zum Beispiel auch Verteidigungsstaatssekretär Paul Wolfowitz hervorging, der am 13. September 2001 vollmundig ankündigte, man werde »den Staaten, die Terroristen unterstützen, ein Ende bereiten«.[156] Mit Wolfowitz arbeitete Myers als stellvertretender Vorsitzender des Generalstabs schon zuvor eng zusammen, vor allem im Zusammenhang mit der geplanten Streitkräftereform.

US-Generalstabschef Richard B. Myers. Er gilt als einer der prominentesten ›Weltraumkrieger‹ in der amerikanischen Verteidigungshierarchie.

Im übrigen erwies sich Myers gerade mit Blick auf den 11. September als besonderer Glücksgriff für Rumsfeld. Als er zwei Tage später vor der Kommission der Streitkräfte im Senat angehört wurde – ursprünglich sollte es um seine Ernennung zum neuen Generalstabschef gehen, aber nun standen natürlich die Anschläge im Vordergrund –, erwies er sich augenscheinlich als unfähig, den Hergang der Ereignisse zwei Tage zuvor korrekt wiederzugeben. Während in der später veröffentlichten Mitschrift der Anhörung von Abfangjägern die Rede ist, die am 11. September angeblich versuchten, die drei entführten Flugzeuge von ihrem Kurs abzubringen, wußte Myers davon am 13. nicht das Geringste und gab lediglich zu Protokoll, daß »Abfangjäger, AWACS, Radar- und Tankflugzeuge« nach dem Einschlag im Pentagon aufstiegen. Für die Senatskommission war er jedenfalls – aus welchen Gründen auch immer – der denkbar ungeeignetste Zeuge. Der ranghöchste Offizier der Vereinigten Staaten wußte über die verheerenden Geschehnisse, die sich zwei Tage vorher zugetragen hatten, offenbar am wenigsten von allen Beteiligten.[157]

---

[156] Hier zit. nach: Wolfgang Eggert, *Out of the blue? Spuren des Terrors in Amerika*, München 2001, S. 70.

[157] Nach: Thierry Meyssan, *11. September 2001. Der inszenierte Terrorismus. Auftakt zum Weltenbrand?*, Kassel 2002, S. 193 ff. Hier auch der Wortlaut der Senatsanhörung.

MYERS wurde zu diesem Zeitpunkt schon seit längerem als Favorit RUMSFELDS gehandelt: Er war bis Februar 2001 Kommandeur des Space Command und ist bekannt dafür, daß sein besonderes Steckenpferd die Informationskriegführung ist. Schon in der Vergangenheit engagierte sich MYERS auf diesem Feld mit großem Ehrgeiz. Im Sommer 1998 wurde das Space Command, die Weltraumbehörde der Luftwaffe, mit der weitreichenden Aufgabe betraut, die Computersicherheit der gesamten US-Streitkräfte zu koordinieren.

Für MYERS, der als ausgesprochener High-Tech-Fan gilt, ist die Kombination von Weltraum- und Cyberkriegführung naheliegend: »Viele der Informationen, mit denen wir im Krieg arbeiten, kommen entweder aus dem Weltaum oder reisen durch den Weltraum. Wir beim Space Command sind es gewohnt, in der virtuellen Welt zu arbeiten. Wir kontrollieren Satelliten per Tastenklick. Es paßt zusammen.«[158]

Es paßte auch organisatorisch zusammen. Am 1. Oktober 1999 nahm unter MYERS' Oberbefehl eine wichtige Dienststelle ihre Arbeit auf, die sozusagen eine Schnittstelle im Cyber-/Weltraumszenario des 21. Jahrhunderts besetzt: die Joint Task Force-Computer Network Defense (JTF-CND). Sie fungiert als zentrales Koordinationsbüro für den Schutz der militärischen Datennetze der USA und gleichzeitig als logistisches Verbindungsstück zwischen Militär und Computerexperten. Natürlich steht sie unter direktem Kommando des Space Command in Colorado Springs.

Schon drei Tage später, am 4. Oktober 1999, trat MYERS mit einer neuerlichen Umgruppierung in Erscheinung. Er benannte das bisherige Joint Command and Control Warfare Center (JC2WC) in Joint Information Operations Center (JIOC) um und unterstellte es ebenfalls dem Space Command. »Damit waren die Weltraumkrieger nicht nur für die Verteidigung der eigenen Datennetze, sondern auch für Angriffe auf andere Computer zuständig.«[159]

In den darauffolgenden Monaten verfolgte MYERS seine Pläne zur Militarisierung des Weltraums konsequent weiter. Schon am 5. Januar 2000 kündigte er die Schaffung einer Einheit für offensive Computeroperationen an, die außerhalb der bisherigen Teil-

---

[158] Zit. nach: Ralf BENDRATH, »Informationskrieger wird neuer Generalstabsvorsitzender der USA«, http://www.heise.de/tp/deutsch/special/info/9397/1.html

[159] Ebd.

streitkräfte angesiedelt werden sollte. Dieses Datum markiert sozusagen die offizielle Geburt der Weltraum-Angriffswaffe der Vereinigten Staaten. Der nachvollziehbare Grundgedanke hinter dieser Koordinationsmaßnahme ist der einer Bündelung der verschiedenen Planungen, Ansätze und Technologien; jede der drei Teilstreitkräfte verfolgte bis dahin ihre eigenen Konzepte und Forschungsvorhaben. Außerdem wird im Space Command die durchaus plausible Auffassung vertreten, daß der Weltraum ein eigenständiger Einsatzraum ist und schon deshalb nicht durch die landläufigen Teilstreitkräfte Army, Air Force und Navy mit›bedient‹ werden kann.

Noch ist die Schaffung der strategischen Weltraumwaffe der Vereinigten Staaten Zukunftsmusik. Ihre Entwicklung und Indienststellung wird Jahrzehnte an Zeit und Milliardensummen verschlingen. Davon wird in den folgenden Abschnitten die Rede sein. Im Gegensatz dazu sind die militärischen Dienststellen aber nunmehr vorhanden. Dank des Einfallsreichtums ihres Oberbefehlshabers MYERS haben sie schon jetzt jede Menge zu tun. Denn auch im Rahmen der vorhandenen Streitkräfte möchte MYERS den weltraumgestützten Informationskrieg zu einer neuen Säule der militärischen Überlegenheit machen. Der Cyberkrieg, sagte er im Januar 2000, solle künftig wie Hubschrauber und Panzer zum normalen Arsenal der Streitkräfte gehören: »Wenn man die Computernetze der feindlichen Luftverteidigung durch die Manipulation der Einsen und Nullen beeinträchtigen kann, könnte das eine elegantere Vorgehensweise sein, als 2000-Pfund-Bomben auf Radarstationen abzuwerfen. (...) Es wird ein weiterer Pfeil im Köcher sein.«[160]

Seither sind die Offiziere des Space Command fieberhaft damit beschäftigt, den Informationskrieg zum festen Bestandteil regulärer Kampfeinsätze zu machen. Noch während des Kosovo-Krieges 1999 war die Vokabel ›Cyberwar‹ für viele Kommandeure und Einsatzplaner kaum mehr als ein nebulöses Wort. Inzwischen haben Beraterteams und Experten aus dem Space Command damit begonnen, reguläre Einsätze der amerikanischen Streitkräfte zu begleiten und flankierend den Computerkrieg vor Ort zu organisieren. Es gehe darum, sagte MYERS im Januar 2000, »gewisse Werkzeuge auf die operative und taktische Ebene zu bringen«.[161]

[160] Ebd.

[161] Ebd.

Szenarien und Studien: Die Weltraumwaffe gewinnt Konturen

Myers' Vorarbeiten trugen Früchte. Seine Vorschläge fanden rasch den Weg in wichtige politische Entscheidungsgremien, verstärkt nach der Regierungsübernahme durch George W. Bush. Während der Haushaltsberatungen 2000 wurde auf Initiative der ›Falken‹ im republikanischen Lager eine Kommission ins Leben gerufen, die den Stand der nationalen Sicherheitsvorkehrungen im Weltraum bewerten sollte. Ihr Präsident: Donald Rumsfeld. Acht der zwölf Kommissionsmitglieder waren pensionierte Generale, allesamt eifrige Fürsprecher eines amerikanischen Raketenabwehrsystems im Weltraum. Angesichts dieses personellen Hintergrundes konnte es denn auch niemanden verwundern, daß die Kommission während ihrer insgesamt 32 Arbeitssitzungen nicht das geplante Urteil über den Stand der Weltraumsicherheit, sondern ein Positionspapier über die künftige amerikanische Weltraumrüstung abgab.

Der Bericht, der am 11. Januar 2001 vorgestellt wurde, läßt fast körperlich den Geist General Myers' spüren. Schon im Vorwort stecken die hochrangigen Autoren den Weltraum als zukünftige Domäne der Vereinigten Staaten ab. Zwar liege es im Interesse der USA, die friedliche Nutzung des Weltraums zu fördern; zudem aber müßten die Vereinigten Staaten darauf hinwirken, »das Weltraumpotential unseres Landes zu nutzen, um

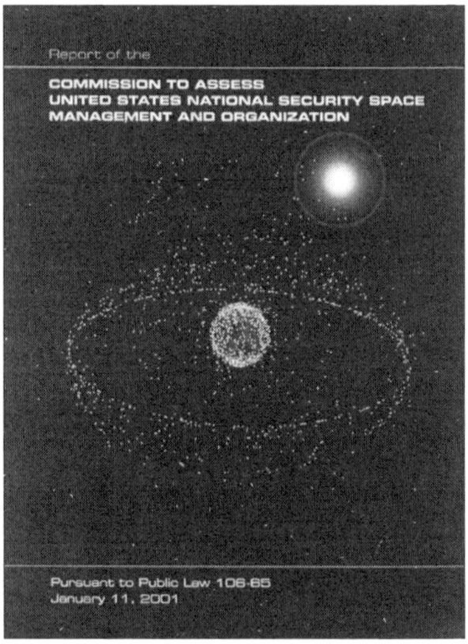

Ein Strategiedokument mit Folgen: das von der sogenannten ›Rumsfeld-Kommission‹ herausgegebene Positionspapier zur künftigen US-Weltraumrüstung vom Januar 2001.

seinen Binnen-, wirtschaftlichen, diplomatischen und nationalen Sicherheitsinteressen Nachdruck zu verleihen«. Außerdem müßten die »Mittel zur Abschreckung und Verteidigung gegen feindliche Handlungen, die sich gegen amerikanische Einrichtungen im Weltraum richten, sowie gegen jegliche Nutzung des Weltraums, die den Interessen der Vereinigten Staaten entgegensteht, entwickelt und zur Aufstellung gebracht werden«.[162] »Revolutionäre Methoden« der Aufklärung im erdnahen Orbit müßten entwickelt werden, um der amerikanischen Regierung jenen Informationsvorsprung zu sichern, dessen sie zu einem erfolgreichen Krisen- und Konfliktmanagement in einem »komplexen und im Wandel begriffenen internationalen Umfeld« bedürfe. Da dieser fortgeschrittene technologische Standard aber nicht nur ein hohes Verwundbarkeitsrisiko beinhalte, sondern auch die Begehrlichkeiten gegnerischer Nachrichtendienste auf sich ziehe, müßten zur Abwehr dieser Gefahren noch größere Anstrengungen unternommen werden – ein aufschlußreicher Zirkelschluß, der in entwaffnender Unverblümtheit die Eigendynamik einer entfesselten Aufrüstungsdiskussion vor Augen führt. Wörtlich:

»Weltraumgestützte Systeme sind verwundbar für Angriffe in einer Größenordnung, die zum Beispiel das Abschneiden oder die Zerstörung der Bodenstationen, der Startsysteme oder der Satelliten im Orbit umfaßt. Die politische, wirtschaftliche und militärische Bedeutung raumgestützter Systeme macht sie zu verlockenden Zielen für staatliche und nichtstaatliche Gegenspieler der USA und ihre Interessen. Um ihre Abschreckungs- und Verteidigungsmöglichkeiten auf den Weltraum auszudehnen, werden die Vereinigten Staaten die Entwickung zusätzlicher militärischer Schlagkraft für Operationen in den Weltraum hinein, innerhalb und aus dem Weltraum heraus fordern müssen.«

Die Kommission sieht bereits mögliche Frontstellungen im Kampf um den Weltraum. Als denkbare Szenarien nennt sie

- die Aufklärung und Bekämpfung von Stützpunkten und Einrichtungen von Terroristen, entweder präventiv oder als Vergeltungsmaßnahme für terroristische Anschläge auf US-Streitkräfte oder amerikanische Bürger in Übersee, in Amerika selbst oder auf dem Terrain seiner Verbündeten;

[162] *Report of the Commission to Assess U.S. National Security Space Management and Organization,* http://www.defenselink.mil/pubs/space20010111.html. Hier auch die folgenden Textzitate. Siehe auch: Thierry Meyssan, aaO. S. 176 f.

- einen Konflikt um die Taiwan-Straße, wobei die USA versuchen, eine Eskalation des Konflikts durch militärische Maßnahmen zu verhindern, und gleichzeitig auf diplomatischem Wege auf eine Beilegung hinwirken;
- einen Krieg im Nahen Osten, der eine ernsthafte Bedrohung regionaler Verbündeter der USA darstellt und eine rasche politische und militärische Reaktion auf den drohenden Einsatz mit Massenvernichtungswaffen bestückter ballistischer Raketen durch einen ›Aggressor‹ erfordert.

Aber auch handfeste binnenwirtschaftliche Argumente werden geltend gemacht: Um den technologischen Vorsprung der USA als führende Weltraumnation auch in Zukunft aufrechtzuerhalten, müsse die Regierung ein verläßlicher Abnehmer amerikanischer Raumfahrtprodukte und -dienstleistungen werden. Systematisch müsse wissenschaftlicher Nachwuchs für die ständige Modernisierung und die Sicherstellung der technologischen Überlegenheit der USA rekrutiert werden.

Konkret formuliert der Bericht zehn Vorschläge, die der Regierung zur unverzüglichen Umsetzung empfohlen werden:

A. Die Weltraumwaffe muß unmittelbar der Befehlsgewalt des Präsidenten unterstellt sein. Der Präsident sollte die Interessen der Vereinigten Staaten im Weltraum zur ›Chefsache‹ machen.

B. Dem Präsidenten muß ein kompetentes und ständiges Beraterteam in Weltraumangelegenheiten zur Seite gestellt werden. Es soll durch seine Unabhängigkeit (!) dafür Sorge tragen, daß die USA maximalen nationalen Nutzen aus der Weltraumwaffe ziehen.

C. Die verschiedenen Nachrichtendienste müssen im Rahmen des Nationalen Sicherheitsrates dem Weltraumkommando unterstellt, ihre Arbeit koordiniert werden. Da die Komplexität, Zahl und Größe der potentiellen Bedrohungsszenarien seit dem Kalten Krieg zugenommen hat, muß der veränderten Situation außerdem mit einer Informations-Offensive begegnet werden, die im wesentlichen von den reorganisierten Nachrichtendiensten zu leisten ist. Die USA »müssen ihre Fähigkeiten ausbauen, Informationen über die Aktivitäten, Fähigkeiten und Absichten potentieller Gegner zu erlangen sowie deren Bemühungen zunichte zu machen, den Vereinigten Staaten diese Informationen zu verweigern.«

D. Die Weltraumaktivitäten der USA (Spionage, Informationsgewinnung, militärische Einsätze) sollen in engstem Zusammenwirken zwischen dem Verteidigungsministerium und dem Direktor der CIA koordiniert werden. Zur Risikovermeidung müssen alle Dienste dem alleinigen Kommando des CIA-Direktors unterstellt werden.

E. Im Verteidigungsministerium soll ein eigener Staatssekretärsposten für die Belange der Weltraumwaffe eingerichtet werden.

F. Das Space Command soll vom Oberkommando der Air Force getrennt sein. Eine Beschränkung auf den Aufgabenbereich der Weltraumwaffe bedeutet für ihren Oberkommandierenden mehr Effizienz durch Unabhängigkeit und Konzentration auf seinen eigenen ›Frontabschnitt‹.

G. Die anderen Teilstreitkräfte müssen ihre Kommandostrukturen zwecks Kooperation mit der Weltraumwaffe reorganisieren. Insbesondere die Nachrichtendienste der Teilstreitkräfte müssen imstande sein, die Weltraumwaffe mit zusätzlichen Informationen zu versorgen.

H. Der Luftwaffen-Staatssekretär im Verteidigungsministerium soll künftig zugleich Direktor des NRO (National Reconnaissance Office, das Amt für Weltraumphotographie) sein.

I. Verteidigungsminister und CIA-Direktor sollen die zielgerichtete Erforschung, Entwicklung und Erprobung der für das US-Weltraumprogramm erforderlichen Technologien durch die Schaffung geeigneter organisatorischer Kader sicherstellen.

J. Um die ehrgeizigen Weltraumpläne der Vereinigten Staaten zu verwirklichen, wird die Regierung erhebliche finanzielle Anstrengungen unternehmen und gigantische Investitionen tätigen müssen. Der Bericht nennt in diesem Zusammenhang allein für den Zeitraum des kommenden Jahrzehnts die Summe von 60 Billionen (!) US-Dollar, um die erforderlichen Entwicklungsprogramme auf den Weg zu bringen und den kompletten Bestand der vorhandenen Satelliten durch neue, leistungsfähigere zu ersetzen.

Als effizientestes Instrument amerikanischer Machtprojektion hat sich in der Vergangenheit immer wieder die Luftwaffe erwiesen. Sie erlaubte – und erlaubt bis heute – vernichtende Schläge gegen den Gegner weitab vom Mutterland, vermag gegnerische Einrichtungen und Truppenansammlungen schon auf dessen eigenem Territorium zu treffen, und das unter günstigen Umständen ohne verlustreiche Gegenwehr und erst recht ohne Risiko für das eigene Terrain.

Mit der Aneignung des erdnahen Weltraums durch das Militär schwindet dieser exklusive Stellenwert der Luftwaffe und geht auf die künftige Weltraumwaffe über, ohne daß die bisherigen Kernkompetenzen der Air Force damit preisgegeben würden: Luftüberlegenheit (Air Superiority), weltweite Beweglichkeit (Global Mobility), Präzision (Precision Employment) und Dominanz durch Information (Information Dominance). Im Gegenteil: Nach den offiziellen Leitlinien des Verteidigungsministeriums (hier: *Air Force Executive Guidance*, veröffentlicht im Dezember 1996[163]) stellt die Überlegenheit im All lediglich ein zusätzliches Element im Kompetenzen-Mix der Air Force dar. »Überlegenheit im All als Kernkompetenz leitet sich von tiefreichenden historischen Wurzeln her, die sich bis in die 50er Jahre datieren lassen, als es die Air Force war, die den Weg in den Weltraum wies.«[164]

Diese Aktualisierung der traditionellen amerikanischen Luftüberlegenheitsdoktrin bedeutet mithin keinen Bruch mit der bisherigen Theorie, ist vielmehr logisch und beinhaltet nichts ande-

Die Luftwaffe wird zur Weltraumwaffe: Projekt X-40A der USAF. Es handelt sich um einen unbemannten manövrierfähigen Mehrzweck-Raumflugkörper als Vorstufe für größere militärische Raumgleiter-Projekte der nächsten Jahrzehnte.

[163] Dazu siehe: *Star Tek – Exploiting the Final Frontier: Counterspace Operations in 2025*, http://www.au.af.mil/au/2025/volume3/chap09/v3c9-1.htm

[164] Ebd.

res als eine Fortschreibung der Überlegenheit um eine weitere Raumdimension des Krieges und durch eine noch überlegenere Waffe - ebenso wie es der Bomberkrieg in den dreißiger und vierziger Jahren erlaubte, militärische Überlegenheit herzustellen, indem der Gegner am Boden durch ein moderneres Kampfmittel unter Einbeziehung der nächsthöheren Dimension, des Luftraums, ausmanövriert wurde. Der Luftkriegsexperte Horst Boog schreibt dazu: »Der Bomber galt bei allen größeren Mächten als neue technische Waffe, deren Besitz und Stärke einen nationalen Vorteil gegenüber anderen bedeutete. (...) Der Vorteil wurde vor allem in der Umgehung des blutigen Stellungskampfes wie im Ersten Weltkrieg durch Umfassung über die dritte Dimension und direkte Zerstörung der gegnerischen Kraftzentren im Hinterland gesehen.«[165]

Genau so sehen die Pentagon-Strategen des 21. Jahrhunderts auch die Eroberung des Alls: »Der Weltraum ist der ultimative Höhengrund - ein Gravitationszentrum in jedem künftigen Konflikt. Wer auch immer hier das Sagen hat, und zwar auf jede Weise, der wird die künftige Kriegführung beherrschen.«[166]

War in den bewaffneten Auseinandersetzungen des 20. Jahrhunderts die Luftüberlegenheit ein, wenn nicht das entscheidende Kriterium für den Sieg, so wird dies im 21. Jahrhundert die Überlegenheit im Orbit sein.

Dennoch, und bei aller gespielten Zurückhaltung der Luftkriegstheoretiker: Die Weltraumwaffe ist mehr als nur die Fortschreibung des Flugzeugs auf der quantitativen Linie ›schneller, höher, weiter‹. Sie ist gleichbedeutend mit einem militärischen Quantensprung, weil sie

1. die traditionellen Kernkompetenzen der Luftwaffe um weitere ergänzt: einen möglichst geringen Zeitverzug, Überlebensfähigkeit in bisher nicht gekanntem Maße, selektive, auch nichttödliche Stufen einschließende Waffenwirkung;[167]

2. sie gestattet die Kombination mehrerer Schlüssel-Kompetenzen und verschiedener technologischer Komponenten in einem Maße, wie dies beim Flugzeug niemals möglich sein wird:

---

[165] Horst Boog, »Kolossalgemälde des Schreckens«, in: *Junge Freiheit*, 6. 12. 2002.

[166] *Star Tek – Exploiting the Final Frontier: Counterspace Operations in 2025*, aaO.

[167] *Space Operations: Through The Looking Glass (Global Area Strike System)*; http://www.au.af.mil/au/2025/volume3/chap14/v3c14-1.htm

maximale Luft- (bzw. Raum-)Beweglichkeit plus optimale Datenverarbeitung plus optimale Wirkung. Wie zu zeigen war, ist in Sachen Informationsverarbeitung zwar auch bei den Kampfflugzeugen der nächsten Generation mit elementaren Fortschritten zu rechnen. Aber ein Flugzeug wird immer etwas anderes bleiben als eine fliegende Gefechtsplattform mit eigenem Großrechner, die innerhalb einer Stunde jeden beliebigen Punkt der Erde erreichen und dort maximale Zerstörung anrichten kann. Die Trophäe der ultimativen Überlegenheit wird vom Kampfjet an die Weltraumwaffe weitergereicht. Auch dem Flugzeug erwächst in der Weltraumwaffe des 21. Jahrhunderts ein übermächtiger Gegner.

Schon allein was Reichweite und Schlagkraft anbetrifft, bedeuten die künftigen Kampfsysteme eine globalstrategische Revolution. Trotz der inzwischen erreichten interkontinentalen Reichweite des Flugzeugs lassen die Einsatzmöglichkeiten der künftigen amerikanischen Raum-Einheiten die Möglichkeiten heutiger B-2-Bomber als vergleichsweise harmlos erscheinen. Und was die Schlagkraft angeht, muß optimale Waffenwirkung im 21. Jahrhundert nicht mit größtmöglicher Zerstörungskraft gleichbedeutend sein. Die Plazierung hochpräziser Schläge gegen Punktziele - und nur gegen sie - ist oftmals effizienter als der taktische Kahlschlag per Atombombe.

Alles in allem handelt es sich bei der Weltraumwaffe um nicht mehr und nicht weniger als um das gesuchte ›Full Spectrum Dominance‹-Kampfsystem, das die totale militärische Überlegenheit an jedem Punkt der Erde und zu jeder Zeit erlaubt. In ihrer Kombination mit einer permanenten und weitgehend automatisierten Datenverarbeitung auf heute noch unvorstellbarem quantitativen Niveau (dazu siehe auch den zweiten Teil dieses Buches) wird die Weltraumwaffe des 21. Jahrhunderts jene konkurrenzlose Siegeswaffe sein, von der die Militärs früherer Jahrzehnte nur träumen konnten.

Viel ist in den Dossiers der Kriegsplaner in den letzten Jahren von der ›Asymmetrie‹ der Mittel in den bewaffneten Auseinandersetzungen der Zukunft die Rede. Die Diskussion um die Ereignisse des 11. September 2001 interpretierte - in beispielloser Verkehrung der tatsächlichen Gegebenheiten - die ›asymmetrische‹ Unterlegenheit des vermeintlichen internationalen Terrorismus sogar als zentrales Argument für dessen Gefährlichkeit, nach dem Motto: besonders gefährlich, weil dezentral, schwer zu orten und noch schwerer zu bekämpfen. In Wirklichkeit ist genau das Gegenteil der Fall: ›Asymmetrisch‹ gefährlich sind nicht weltweit operierende angebliche Terrorzellen, sondern die schier erdrückende technologische und quantitative Überlegenheit, die die USA schon heute dem Rest der Welt gegenüber behaupten. In den mehr oder weniger exklusiven Verlautbarungen des militärisch-industriellen Komplexes - wie etwa dem zitierten Report vom Januar 2001 - wird diese Tatsache realistischerweise auch nicht in Abrede gestellt, vielmehr wird die Fortschreibung der asymmetrischen US-Überlegenheit mit allen Mitteln geradezu zu einem Zentralanliegen der amerikanischen Politik erklärt. Nach Berechnungen der französischen Tageszeitung *Le Monde* wenden die USA derzeit jährlich die unvorstellbare Summe von 400 Milliarden Dollar an Militärausgaben auf, mehr als eine Milliarde Dollar pro Tag.[168] Das ist viermal mehr, als sämtliche Staaten der EU gemeinsam in ihr Militär stecken. Angesichts solcher Zahlen erübrigt sich jede Diskussion, wer sich asymmetrisch verhält.

Die asymmetrische Dominanz der amerikanischen Machtpolitik wird zweifellos eines der großen weltpolitischen Themen der nächsten Jahrzehnte sein. Denn, soviel haben die hochrangigen Autoren der RUMSFELD-Studie richtig erkannt: Jeder weitere Ausbau der ohnehin deprimierenden globalen Überlegenheit der USA wird weiteren und möglicherweise gefährlicheren Widerstand auf den Plan rufen, was nach der Logik des militärisch-industriellen Komplexes wiederum noch weiterreichende, noch effizientere, noch lückenlosere Sicherheitsanstrengungen der USA erforderlich macht, eine Bedrohungsspirale, die aus amerikanischer Sicht in nicht allzu ferner Zukunft die präventive Auslöschung Rußlands, Chinas und einer Reihe weiterer potentieller Gegner erforderlich machen könnte. Beim Space Command wird längst darüber nachgedacht.

Das Drehbuch globaler Dominanz: *2025*

Die Planungsgremien des militärisch-industriellen Komplexes der Vereinigten Staaten gaben in den letzten Jahren ihre Zurückhaltung Schritt für Schritt auf. Sämtliche Teilstreitkräfte,

[168] Nach: »Wozu das alles«, in: *Nation & Europa*, Nr. 10/2002, S. 39; dazu auch: http://www.tdg.ch/accueil/dossiers/titre_dossier/article/index.php?Page_ID=5340&article_ID=2949

aber auch zahlreiche Denkfabriken traten mit umfangreichen Studien auf den Plan, die nicht nur der Umsetzbarkeit neuer Technologien, sondern ganz konkret der Herstellung weltweiter amerikanischer Überlegenheit gewidmet sind. Dabei handelt es sich keineswegs um Geheimstudien. Die meisten dieser Texte sind im Internet abrufbar, einige schon seit Jahren.

Als wegweisend muß eine Mammutstudie angesehen werden, die von der Air Force in Auftrag gegeben und 1996 veröffentlicht wurde. Sie trägt den schlichten Titel *[Air Force] 2025* und untersucht in insgesamt 35 Einzelstudien Möglichkeiten, Szenarien und Entwicklungslinien amerikanischer Kriegführung in den kommenden Jahrzehnten.[169] Die komplette Untersuchung ist 3300 Seiten stark und geht auf eine Planungskonferenz der Luftwaffenführung im Jahre 1994 zurück. Der Stabschef der Air Force, General Ronald R. Fogleman, erteilte auf der Tagung den offiziellen Auftrag, »revolutionäres Denken« auf die Modernisierung der US-Luftwaffe anzuwenden. Im Oktober 1996 legte das mit den weiteren Sondierungsarbeiten beauftragte Gremium, das aus einer Handvoll Vier-Sterne-Generale bestand, erste Ergebnisse vor und präsentierte sie auf einer weiteren Konferenz unter dem Motto ›Corona‹. Daraufhin wurde *2025* als Folge von ›Weißbüchern‹ zu insgesamt 41 thematischen Schwerpunkten veröffentlicht und ins Internet gestellt (die zur Veröffentlichung freigegebene Fassung wurde allerdings »bereinigt«, wie es im Vorwort zur Zusammenfassung heißt). Allein die Zahl der Fußnoten und der bibliographierten Titel an Sekundärliteratur geht in die Tausende.

Emblem der Air University an der Maxwell Airforce Base in Montgomery, Alabama. Hier wurden große Teile der Mammutstudie 2025 erarbeitet.

[169] http://www.au.af.mil/au/2025/

Am Zweck des gigantischen Projekts, an dem Hunderte von Militärs und Wissenschaftlern beteiligt waren, lassen die Auftraggeber keinen Zweifel. Jeder der 35 Einzelstudien ist ein kurzes Vorwort vorangestellt, dessen erster Satz lautet:

»*2025* ist eine Studie mit dem Zweck, einer Direktive des Stabschefs der Luftwaffe zu entsprechen, die Konzepte, Fähigkeiten und Technologien zu untersuchen, die für die Vereinigten Staaten erforderlich sind, um auch in der Zukunft die dominierende Luft- und Raummacht zu bleiben.«

Diese Vorgabe überrascht ebensowenig wie ihre Unverblümtheit. Was der Rüstungsindustrie recht ist – die ihre Produkte mit dem Hinweis auf ihre überragenden Tötungseigenschaften [lethality] anpreist –, kann den Strategieplanern nur billig sein: daß sie ihre ganze Akribie auf die Frage verwenden, wie sich die globale Vorherrschaft der Vereinigten Staaten möglichst lange und möglichst umfassend aufrechterhalten läßt. Es ist das Zentralthema aller vergleichbaren und auf den vorangegangenen Seiten vorgestellten Strategiestudien, einerlei, ob im Auftrag des Pentagon, des Lexington Institute, der Rand Corporation oder militärischer Planungsstäbe.

2025 ist dennoch etwas Besonderes, nicht nur des schieren Umfangs wegen. *2025* scheint vielmehr die mit Abstand materialreichste, gründlichste und detaillierteste Untersuchung zu sein, mit der sich Planungsgremien der amerikanischen Streitkräfte in den letzten Jahren zu Wort gemeldet haben. Sie ist auch weit davon entfernt, sich lediglich mit Fragen der künftigen Luftkriegführung auseinanderzusetzen. Sie widmet sich vielmehr jeder Technologiebranche, jedem – auch scheinbar nebensächlichen, ja obskuren – Zweig des Militärischen, der für die Aufrechterhaltung amerikanischer Dominanz im 21. Jahrhundert von Bedeutung sein könnte: Raumgleiter, Überschallwaffen, Laserwaffen, Möglichkeiten zur Klimabeeinflussung, neue, leistungsfähigere Lufttransportsysteme, völlig neuartige, weitgehend automatisierte Aufklärungs- und Überwachungsmethoden, bemannte und unbemannte Raumfahrzeuge und vieles andere. Insgesamt 25 Zukunftstechnologien sowie rund 40 technische Systeme wurden von den Autoren der Studie als interessant genug erachtet, in die Planungen miteinbezogen zu werden.

Schon im Jahre 2025 soll die globale Dominanz amerikanischer Waffensysteme perfekt sein. Wörtlich: »Um im Jahr 2025 in der Luft und im All die Überlegenheit aufrechterzuhalten, müssen wir jetzt die Auswahl treffen, wie wir in die Zukunft investieren wollen. Es handelt sich dabei um die Hauptrichtung und die entscheidenden Bereiche, die in den kommenden 30 Jahren für die US-Luftwaffe charakteristisch sein werden.«

Und an anderer Stelle heißt es: »Die Vorbereitung auf die militärischen Herausforderungen des 21. Jahrhunderts ist von zentraler Bedeutung für unsere nationale Sicherheit. Der Schlüssel zur Aufrechterhaltung der künftigen Sicherheit der Vereinigten Staaten ist die Verflechtung von Informationstechnologien mit Luft- und Raumfahrtkapazitäten und die Vernetzbarkeit verstreuter, bedarfsgesteuerter Systeme. Diese Fähigkeiten zu besitzen versetzt uns in die Lage, das zu schaffen, was wir den ›Wachsamen Rand‹ nennen: einen Zustand des Vorteils, der wachsamen Überlegenheit, wobei die Macht in der Luft und im Weltraum dafür eingesetzt wird, einen Beitrag zum Überleben der Nation und zum Schutz unserer Interessen zu leisten.« Für die potentiellen Gegner der Vereinigten Staaten müsse es »schwierig« bleiben, in den wesentlichen technologischen Bereichen überhaupt in Konkurrenz zu den USA zu treten.

Luftwaffen-Generalleutnant Donald A. Lamontagne, Leiter der Air Force University.

Auch *2025* geht von einigen zentralen Rahmenbedingungen aus, die für den Einsatz bewaffneter Macht in den nächsten Jahrzehnten charakteristisch sein werden. Die wichtigsten dieser Überlegungen tauchen seither mit gebetsmühlenhafter Regelmäßigkeit in den Strategiepapieren auf (und haben im übrigen nicht das Geringste mit dem 11. September 2001 und der Bedrohung durch den ›Terror‹ zu tun; es handelt sich schlichtweg um ein langfristiges Überlegenheitskonzept militärisch-politischer Kreise in den USA). Besonders auffällig ist der rote Faden, der von *2025* zum Bericht der Rumsfeld-Kommission vom Januar 2001 führt, aus dem bereits zitiert wurde. Thesenartig formuliert *2025* unter anderem folgende Grundgedanken:

- Der Einsatz menschlichen Personals wird sich vom ›Cockpit‹ in die logistischen Strukturen (Befehlszentralen, Informationsnetze usw.) verlagern;
- Der Einsatzschwerpunkt der Luftwaffe wird sich ins All verlagern;

- Die Verantwortung für die Entwicklung der entscheidenden Technologien wird künftig weniger bei staatlichen Stellen als vielmehr bei der Industrie liegen; und

- Politischer Einfluß wird in zunehmendem Maße durch Information, weniger durch Waffengewalt ausgeübt.

Darüber hinaus unterstreicht *2025* noch eine Reihe von Nebenaspekten, die speziell für die Situation der USA von Bedeutung sind:

- Die Aufrechterhaltung der Überlegenheit wird in den nächsten Jahrzehnten schwieriger werden, bleibt aber grundsätzlich möglich. Neben dem Ausbau von Informations-Netzwerken sollte sich militärische Zukunftsplanung vor allem auf diejenigen Technologiebereiche konzentrieren, die größere Wachsamkeit und schnellere Entscheidungsfindung ermöglichen.

- Die USA müssen ihre Fähigkeit zu »integrierter Überlegenheit« aufrechterhalten, und zwar in den Bereichen Information, Luftmacht und Weltraummacht.

- ›Information‹ ist dabei, zu einer operativen Kategorie der Kriegführung zu werden. Information wird damit zur Waffe.

- Infolge des technologischen Fortschrittes werden zahlreiche Missionen, die heute noch von bemannten Flugzeugen durchgeführt werden müssen, in Zukunft von unbemannten Flugkörpern übernommen werden können.

- Die rasante Entwicklung der Informationstechnologien erfordert drastisches Umdenken beim Planen, Finanzieren und Beschaffen neuer Systeme, wenn die USA auch in Zukunft wettbewerbsfähig bleiben wollen.

- Die Regierung der Vereinigten Staaten wird sich in Zukunft aus ihrer Rolle als Alleineigentümer kriegswichtiger Technologien zurückziehen und statt dessen verstärkt als Nutzer und Lizenznehmer kommerziell entwickelter Systeme mit militärischer Nutzbarkeit auftreten.

- Die amerikanische Luftwaffe muß künftig die Gewinnung von Information mit gleichem Nachdruck verfolgen, wie sie in der Vergangenheit den Flug in der Erdatmosphäre vorangetrieben hat.

- Um die angestrebte Revolutionierung des Militärwesens zu bewerkstelligen, muß die militärische Ausbildung revolutioniert werden. Die militärische Ausbildung muß sich die Veränderungen zunutze machen, ehe sie von ihnen überrollt wird.

»Unsere besten Waffen sind unsere Köpfe – wir müssen ihnen die gleiche Beachtung schenken wie den anderen Waffensystemen, mit denen wir in Zukunft kämpfen werden.«

Es liegt in der Natur der Sache, daß sich die Autoren von *2025* hauptsächlich mit den Möglichkeiten und Erfordernissen der Kampfführung im Luftraum sowie im erdnahen Weltraum beschäftigten. Das betrifft einerseits die Weltraumwaffe, die gegenwärtig dem Space Command unterstellt ist und zu deren Aufgaben etwa der Schutz und die militärische Nutzung satellitengestützter Kommunikationseinrichtungen gehört. Andererseits sieht *2025* auch eine Reihe völlig neuer, weltraumgestützter Waffensysteme und Einsatzplattformen vor, die speziell für den künftigen Krieg im Weltraum zu entwickeln sind: Raum- und Kampfgleiter, Mutterschiffe, raumgestützte Laserplattformen, um nur das wenigste zu nennen.

Vieles davon mutet heute, Anfang des 21. Jahrhunderts, wie Science Fiction an. Aber offenbar nur in Europa, wo die Raumfahrtindustrie nur mit viel Mühe ihren Beitrag zur internationalen Raumstation ISS zu leisten vermag. Anders in den USA. Dort wurde *2025* vor mehr als einem halben Jahrzehnt veröffentlicht – als erste Zwischenbilanz, nicht etwa als Beginn jahrelanger Recherchen. Was dort dokumentiert wurde, befindet sich jetzt bereits vielfach in der Planungs- und Finanzierungsphase. So weit ist es bis zum Jahr 2025 schließlich nicht mehr hin. Für das US-Militär hat die Zukunft längst begonnen.

Plattform der Vernichtung: Das S3-Konzept

Besonders augenfällig wird dies mit Blick auf das sogenannte S3-Konzept. Es wird im 32. Einzelkapitel der *2025*-Studie vorgestellt und dort als weltraumgestützte »Überschall-Angriffsplattform« beschrieben. Es handelt sich dabei um nichts Geringeres als um die globale Überlegenheitswaffe für alle denkbaren Konfliktfälle der kommenden Jahrzehnte. Sie ist schneller als jedes Flugzeug, jederzeit verfügbar, erreicht jedes erdenkliche Ziel auf dem Planeten innerhalb kürzester Zeit, ist praktisch unverwundbar – und imstande, dem Gegner vernichtende Schläge zuzufügen.

Zwar ist auch das S3-Projekt in die übliche Drohkulisse eingebettet: ein wiedererstarktes Rußland etwa, ein aufstrebendes China, verschiedene »Schurkenstaaten« (rough states), die sich in den Besitz von Massenvernichtungswaffen setzen und/oder den USA den »Zugang zum Weltraum« streitig machen könnten. Doch um solchen Gefahren zu begegnen, werden die USA in den nächsten Jahren und Jahrzehnten bereits über zahlreiche andere Waffensysteme verfügen, die denen jedes potentiellen Gegners weit überlegen sein werden. Gerade der Kampfjet ›Raptor‹ wird von der militärisch-industriellen Lobby, wie zu zeigen war, ja als konkurrenzlose Luftüberlegenheitswaffe betrachtet, der den USA asymmetrische Vorteile bis weit ins 21. Jahrhundert sichern soll.

Das S3-Konzept geht noch einen Schritt weiter: Es soll durch seine ultraschnelle Verfügbarkeit an jedem Punkt der Erde den Gegner bereits vernichten, ehe es überhaupt zum Ausbruch von Feindseligkeiten kommt. Die plakative Formel dafür lautet: Global Reach, global Power – globale Reichweite, globale Macht. Das S3-Projekt ist damit mehr als jedes bekannte konventionelle Kampfmittel. Es ist die ultimative Erstschlagswaffe. Denn sie soll »entscheidende Schläge schon beim Ausbruch von Kampfhandlungen ausführen mit dem Ziel, den Wunsch des Gegners zunichte zu machen, einen längeren Krieg zu führen. (...) Der hier vorgeschlagene Waffenträger ist als Abschreckungsmittel konzipiert, der beim Ausbruch von Feindseligkeiten zum Einsatz kommen soll, um den Krieg zu stoppen, ehe er beginnt. Kurz gesagt, kann die Überschall-Waffenplattform tödliche Schläge rasch und ohne eine große logistische Infrastruktur ausführen, sie ist überlebensfähig – sowohl das Raumfahrzeug selbst wie auch die Besatzung kehren sicher zu ihrer Basis auf dem amerikanischen Kontinent zurück – und ermöglicht den routinemäßigen und andauernden Zugang zum Weltraum in einer Vielzahl von Szenarien.«

Man muß sich die S3-Plattform als eine Art integrierten Orbit-Raumgleiter vorstellen, der mehrere Module – die drei ›S‹ – umfaßt:

- Die SHAAFT-Komponente (supersonic/hypersonic attack aircraft), die eigentliche Waffenplattform, die mit Hilfe eines unbemannten Startmoduls ins Orbit geschossen wird und dann mit Hyperschallgeschwindigkeit ins Einsatzgebiet fliegt;
- die SHMAC-Komponente (standoff hypersonic missile with attack capabilities): die mitgeführten Raketen, eine neue Gene-

ration überaus schneller Cruise Missiles für den Einsatz vom erdnahen Weltraum aus;

- die SCREMAR-Komponente (space control with a reusable military aircraft): ein wiederverwendbarer Raumgleiter (TAV – Transatmospheric Orbiter), der sich von der Trägerplattform abkoppeln läßt und für Einsätze in größeren Höhen des erdnahen Weltraums vorgesehen ist, etwa zum Aussetzen oder Reparieren von Satelliten.

Die Starteinheit, bestehend aus dem Trägerflügel und dem SHAAFT-›Mutterschiff‹ (mit integrierten SHMAC- und SCREMAR-Modulen), ist für eine Flugweite von 14 000 Seemeilen (knapp 26 000 Kilometer) ohne Auftanken vorgesehen. Der Verzicht auf Betankungsmöglichkeiten spart nicht nur zusätzliche ›Tankschiffe‹, sondern auch komplizierte Betankungsmanöver im Orbit und damit Zeit. Starts und Landungen erfolgen auf vier Basen auf dem amerikanischen Kontinent (CONUS – continental United States), von denen jede zweckmäßigerweise in einem ›Eck‹ der Vereinigten Staaten liegt. Von hier aus soll SHAAFT jeden Punkt der Erde in zwei bis maximal vier Stunden Flugzeit errei-

Schematische Darstellung künftiger TAV (Transatmospheric Vehicle)-Einsätze. Die fliegende Kampfplattform entfaltet ihre Überlegenheit durch engste Vernetzung mit Beobachtungs- und Informationssystemen im All.

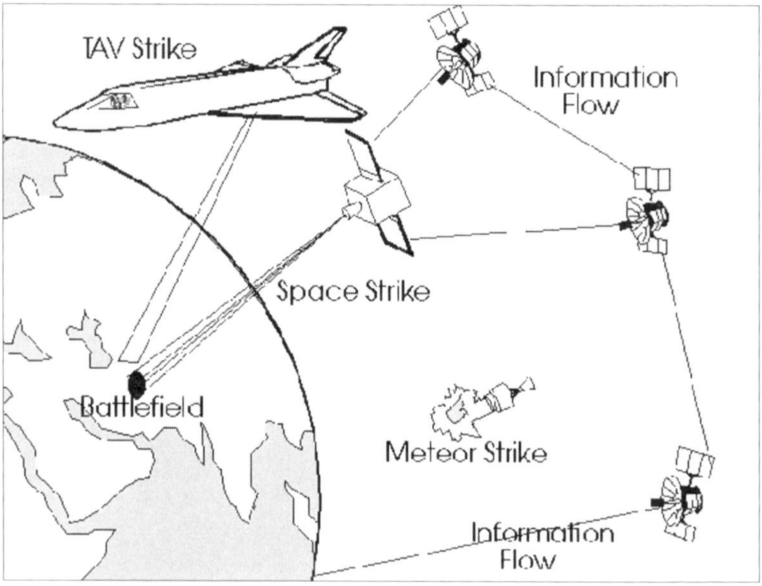

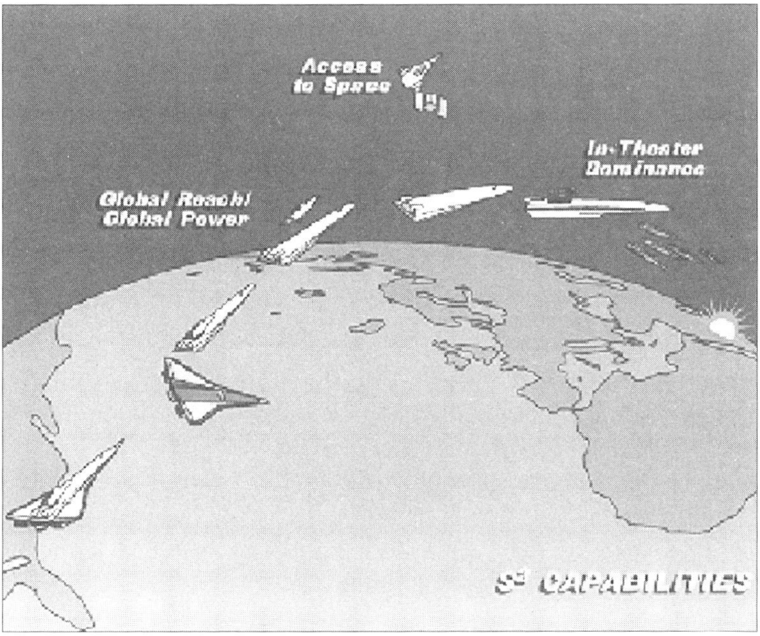

*Die fliegende S3-Plattform und ihre Einsatzmöglichkeiten:
Die Kapazitäten des Projekts reichen von interkontinentalen Kampfeinsätzen bis zur Sicherung amerikanischer Außenposten im All (schematische Skizze aus der 2025-Studie).*

chen können. Die Startphase dient dabei lediglich dem Anschub auf eine Geschwindigkeit von etwa 3,5 Mach. SHAAFT selbst soll dann das Zielgebiet mit bis zu zwölffacher Schallgeschwindigkeit erreichen. Für den Fall, daß das satellitengestützte Global Positioning System für die Navigation ausfällt, verfügt SHAAFT über ein bordeigenes Orientierungssystem.

Nicht nur die Flughöhe und ihre unglaubliche Geschwindigkeit machen die fliegende Waffenplattform praktisch unangreifbar. Hinzu kommt, daß SHAAFT das Zielgebiet nicht überfliegen muß, da die eigentliche Bekämpfung der gegnerischen Punktziele von unbemannten Kampfmitteln übernommen wird. Dabei ist in erster Linie an weiterentwickelte Cruise Missiles mit einer Reichweite von annähernd 2000 Kilometern zu denken, aber auch an Laserstrahlen, an künftige Generationen von unbemannten Kampfdrohnen sowie an eine neue Kategorie von Hochgeschwindigkeitsgeschossen, die ihre Ziele durch die kinetische Energie beim Aufprall pulverisieren und beispielsweise gegen im Boden verbunkerte Ziele eingesetzt werden könnten (in diesem Zusammenhang wird offenbar an der Entwicklung eines Atmosphären-Geschosses gearbeitet, das aus dem Orbit gegen Bodenziele verschossen werden soll. Da sich die Wirkungen der verschiedenen Luftschichten beim Eintritt des Projektils in die Erdatmosphäre nachteilig auf Flugbahn und Zielgenauigkeit auswirken könnten, wird darüber nachgedacht, die hyperschnellen Geschosse mit einer Laserquelle an der Spitze auszustatten, die unmittelbar vor dem Projektil eine ständige ›Detonationsblase‹ bewirkt, innerhalb deren das Geschoß mit minimalen Reibungseffekten - und mit bis zu 27facher Schallgeschwindigkeit - durch das umgebende Medium schießen soll; dieses Kampfmittel eignet sich auch zur Bestückung spezieller Satelliten im erdnahen Orbit.[170] Das technische Prinzip dieser Hypergeschwindigkeits-Munition erinnert an die hochmodernen russischen Hyperkavitationstorpedos, wie sie die in der Barentssee gesunkene ›Kursk‹ an Bord gehabt haben soll).

Alle diese Kampfmittel können - was unter anderem von der Größe des Zielgebiets bzw. des Ziels abhängt - unter Umständen von weit außerhalb verteidigter Zielzonen gestartet werden. Tritt die Abwehr des Gegners überhaupt in Kraft, befindet sich SHAAFT längst außerhalb der Reichweite gegnerischer Waffensysteme. »Da die Hyperschall-Angriffsraketen [SHMACs] (...) auf einer Flugbahn abgefeuert werden, die SHAAFT in erheblicher Distanz zu schwer verteidigten Zonen hält, erhöht dies die Überlebensfähigkeit des Waffensystems zusätzlich. Die Fähigkeit, eine entscheidende Waffendichte innerhalb von Stunden an jeden Punkt der Erde zu bringen, sorgt für eine ständige Präsenz, die keine fortwährende ›Vorne-Stationierung‹ der amerikanischen Streitkräfte mehr erfordert. Die kurze Zeitspanne, die nötig ist, um eine Operation durchzuführen, wird den Gegner völlig über-

[170] Dazu: *Space Operations: Through The Looking Glass (Global Area Strike System)*, aaO. Dort werden auch weitere Möglichkeiten der Bestückung erörtert, in diesem Fall des integrierten Raumgleiters; sie sind auf die SHAAFT-Komponente übertragbar: »Der angestrebte Atmosphärengleiter (TAV) ist eine bewegliche Plattform, die in der Lage ist, ›Directed Energy‹- und kinetische Waffen an Bord zum Einsatz zu bringen (...). Der Atmosphärengleiter kann auch kinetische Waffen gegen bewegliche und ortsfeste Ziele zur Anwendung bringen; er kann spezielle operative Einsatzteams an jeden Brennpunkt der Erde bringen; er kann EMP-[Elektromagnetische Impuls-]Bomben, Störeinrichtungen oder eine Vielzahl eher konventioneller Waffensysteme mitführen sowie kleine Satelliten ins All transportieren oder sie wieder von dort zurückbringen.«

raschend treffen, bevor kritische Elemente seiner Strategie zum Zug kommen oder geschützt werden können. Mögliche Ziele für die SHAAFT/SHMAC-Waffensysteme schließen etwa den gegnerischen Raumfahrt-Komplex, Kommando- und Kontrollzentralen und andere Aktivposten ein, die für die Kriegführung im 21. Jahrhundert bedeutsam sind.«

Bodenoperationen werden zwar auch durch die S3-Wunderwaffe nicht überflüssig. Allerdings wird sich die Überlegenheit der USA dank SHAAFT derart steigern, daß sich Einsätze am Boden in Zukunft vermutlich noch weit mehr als bisher auf Aufräumaktionen und die Bekämpfung lästiger Widerstandsnester beschränken werden. Jeder organisierte Gegner dagegen – was vor allem unbotmäßige Staaten betrifft – muß damit rechnen, von SHAAFT schon bei ersten Anzeichen von Widerborstigkeit pulverisiert zu werden. Originalton *2025*:

»Dieser Angriff allein würde die Kriegsmaschine eines entwikkelten Landes nicht lahmlegen, aber er würde seine Operationen so sehr durcheinanderbringen, daß es überhaupt nicht mehr zu koordinierten Aktionen fähig wäre. Innerhalb von Stunden nach dem Beginn von Feindseligkeiten läge die Infrastruktur des Feindes in Trümmern, seine Bodentruppen wären unfähig zu kommunizieren, zu manövrieren oder zum koordinierten Kampf. Damit wäre der Gegner nicht mehr in der Lage, sich gegen konventionelle Streitkräfte zu verteidigen.«

S3-Einsätze sollen amerikanische Kriege im 21. Jahrhundert nicht nur effizienter und kürzer, sondern auch preiswerter machen. Denn die Verfügbarkeit einer derart überlegenen Waffe wie der fliegenden Angriffsplattform SHAAFT macht es im Konfliktfall überflüssig, monatelang Truppen und Gerät in den Einsatzraum zu transportieren, wie dies etwa im Vorfeld der Bodenoperationen am Golf im Winter 1990/91 der Fall war. Auch die Kampfkraft des fliegenden Überschall-Waffenträgers ist derart vernichtend, daß sich die Streitkräfte mit der Anschaffung von fünf S3-Einheiten begnügen könnten, die rund um die Uhr auf den CONUS-Basen in den USA abrufbereit sind. Ein einziger SHAAFT-Einsatz könnte die gleiche Wirkung entfalten wie wochenlange Bombardements nach herkömmlichem Muster. Auch die Kosten für Wartung und logistische Infrastruktur werden sich in Grenzen halten, weil es sich bei den Basen um relativ konventionelle Start- und Landeeinrichtungen handelt. Die Betriebskosten für die Einheiten selbst werden ebenfalls kalkulierbar bleiben, weil es sich um wiederverwendbares Gerät handelt.

Einige der letztgenannten Gesichtspunkte erinnern an die Diskussion, die seit dem Kosovo-Krieg über die B-2-Bomberflotte geführt wird. Mit 33 Prozent aller bekämpften Ziele liefen die insgesamt sechs an den Einsätzen beteiligten B-2-Maschinen sowohl den Hunderten von Kampfjets als auch weit über 300 verschossenen Cruise Missiles den Rang ab. Das S3-Projekt mutet wie die Weltraumvariante der B-2 an: Beide Systeme sind wiederverwendbar, für interkontinentale Reichweiten sowie für präzise, vernichtende Schläge aus einer praktisch unangreifbaren Position ausgelegt. Bei beiden Systemen handelt es sich um konkurrenzlose High-Tech-Waffensysteme, weshalb im einen wie im anderen Fall relativ geringe Stückzahlen zur Aufrechterhaltung strategischer Überlegenheit ausreichen.

Wie könnten S3-Einsätze aussehen? *2025* liefert ein Szenario, dessen Ähnlichkeiten mit realen Konflikten weder frei erfunden noch zufällig sind. Der imaginäre Gegner trifft demzufolge Vorbereitungen zum Angriff auf ein Nachbarland oder hat bereits einen seiner Nachbarn überrannt. Die üblichen diplomatischen Deeskalationsversuche bleiben erfolglos, so daß die Vorbereitungen für einen S3-Angriff anlaufen, zum Beispiel gegen feindliche Befehlszentralen, Versorgungsdepots und Panzermassierungen. Der amerikanische Präsident richtet ein Ultimatum an die gegnerische Seite und kündigt massive Gewaltanwendung ohne weitere Vorwarnung an. Gleichzeitig wird der Befehl erteilt, eine Mission vorzubereiten, die die Fähigkeit des Gegners zum bewaffneten Konflikt nachhaltig beeinträchtigt.

Am nächsten Tag läuft die Operation an. Je nach Stärke des Gegners und Entfernung zwischen den Angriffszielen starten bis zu vier SHAAFTs. Nach etwa einem Drittel der Flugzeit wird bei einer durchschnittlichen Fluggeschwindigkeit von 3,5 Mach eine Höhe von 60 000 Fuß (rund 20 800 Meter) erreicht, während die Besatzung letzte Anweisungen erhält. In einer Angriffshöhe von 100 000 Fuß (34 800 m) werden bei zwölffacher Schallgeschwindigkeit die SHMACs ausgeklinkt, deren Reichweite hinreichend groß ist, daß SHAAFT weit außerhalb der Angriffszone bleiben kann und feindliches Gebiet nicht überfliegen muß. Etwa 40 bis 50 SHMAC-Raketen schlagen bei achtfacher Schallgeschwindigkeit ihren Zielkurs ein, wobei sie entweder selbst im Ziel auftreffen oder weitere Submunition über dem Gefechtsfeld ausbringen; auch die Bestückung mit Strahlenmodulen ist denkbar. Nach erfolgter Mission geht SHAAFT in den Landeanflug über. Je nach Auftrag müssen auch Landebasen außerhalb des

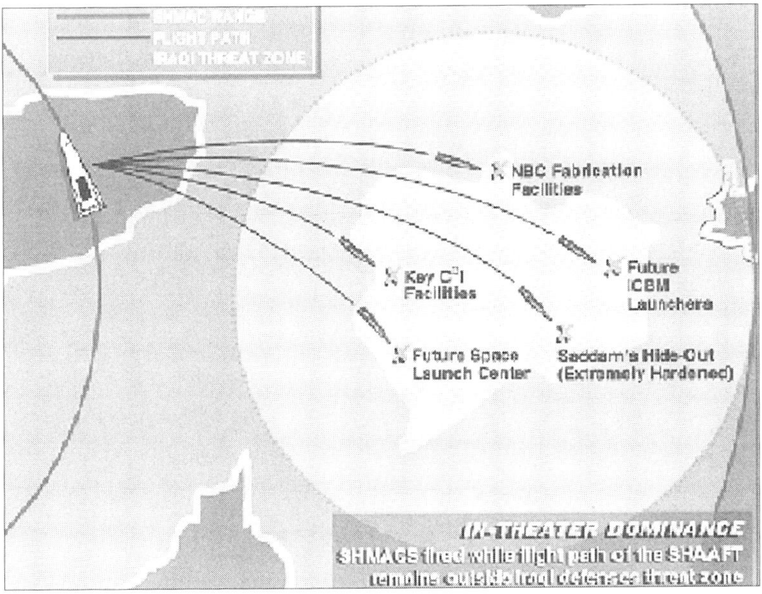

Schematische Darstellung eines S3-Angriffes auf den Irak: Während das Mutterschiff außerhalb der Reichweite der gegnerischen Abwehr bleibt, entfalten Subsysteme wie Cruise Missiles oder unbemannte Kampfdrohnen ihre Wirkung auf dem Gefechtsfeld.

kontinentalamerikanischen CONUS-Gevierts einkalkuliert werden; geeignet sind etwa die Luftwaffenbasen auf Hawaii und auf Diego Garcia im Indischen Ozean, von wo aus während der Golfkriege und des Afghanistan-Einsatzes die B 52-Bomber aufstiegen. Nach Möglichkeit sollen SHAAFT und das unbemannte Startmodul die gleiche Basis anfliegen, dort wieder zusammengesetzt werden und dann den Rückflug zu ihrer CONUS-Heimatbasis antreten.

Da Gegner der USA im Jahre 1996, zum Zeitpunkt der Veröffentlichung von *2025*, noch nicht zwangsläufig mit ihrer vorzeitigen Eliminierung durch eine enthemmte Machtclique im Weißen Haus rechnen mußten, konnten sich die Autoren der Studie darauf beschränken, bewährte ›Schurkenstaaten‹ einfach in die nähere Zukunft zu extrapolieren. *2025* demonstriert deshalb den Einsatz der künftigen Stratosphärenwaffe an einem erprobten, inzwischen freilich überholten Versuchsobjekt: Irak. SHAAFT überfliegt also in weitem Bogen die Türkei, fernab von jeder – ohnehin nur hypothetischen – Flugabwehr der Iraker, startet über dem Schwarzen Meer die unterschiedlich bestückten SHMACs und verschwindet via Ukraine/Südrußland wieder aus der Einsatzregion, während sich die unbemannten Marschflugkörper mit mehrfacher Schallgeschwindigkeit ihren Zielen nähern: zum Beispiel einem im Aufbau begriffenen irakischen Raumfahrtzentrum (!), verschiedenen Industriekomplexen, einer Fertigungsstätte für biologische und chemische Waffen, den Startvorrichtungen für künftige Interkontinentalraketen sowie mit einer speziellen Panzerung ausgestatteten Befehlsbunkern.

Völkerrechtliche Aspekte spielen für *2025* keine Rolle. Das entspricht weitgehend der Realität. Interessanterweise scheinen völkerrechtliche Überlegungen unter rein pragmatischen Vorzeichen gleichwohl an manchen Stellen der Studie auf. Zum Beispiel, wenn es um die Flugrouten des SHAAFT-Gleiters geht: »Die exakte Routenführung bedarf präziser Planung, denn eine 180-Grad-Kurve bei zwölffacher Schallgeschwindigkeit kann sich im Luftraum über mehrere Länder erstrecken.«

Doch das sind Randaspekte. Wichtiger ist, daß das S3-System nicht erst im Falle eines akuten Konflikts für militärische Missionen zur Verfügung steht, sondern praktisch permanent. Zu seinen Routineaufgaben gehören zum Beispiel Kontrolle und Wartung des amerikanischen Satellitenschirms. Gerade weil militärische Operationen im 21. Jahrhundert extrem abhängig von satellitengestützten Kommunikations-, Beobachtungs- und Orientierungseinrichtungen sind, muß das amerikanische Satellitennetz immer lückenloser werden. Und nicht erst im Konfliktfall müssen ausgefallene Satelliten ersetzt werden; die ständige Verbesserung des Satellitenschirms ist eine der Standardaufgaben des S3-Systems, die vom integrierten Orbitgleiter (TAV – Transatmospheric Vehicle) übernommen werden soll. Dieser soll etwa die Abmessungen einer F-15 besitzen und in der Lage sein, drei bis vier kleinere Satelliten auszusetzen. »Nach Ausbruch von Feindseligkeiten könnte die militärische Führung des Landes auf diese Weise nach einer Handvoll Missionen innerhalb von Tagen Dutzende neuer Satelliten plaziert haben, die Kommunikationsverbindungen, Aufklärungsinformationen usw. sicherstellen.« Daneben soll der TAV-Gleiter auch als Plattform künftiger raumgestützter Laserwaffen fungieren und imstande sein, gegnerische Satelliten entweder zu vernichten oder unschädlich zu machen – letzteres zum Beispiel durch Implantation manipulierter Informationen oder Software, so daß der Gegner am Boden mit falschen Daten versorgt wird; ein besonders plastischer Beitrag zum Kapitel ›Infowar‹.

Im Gegensatz zu anderen Waffensystemen, die im Krieg der Zukunft eine Rolle spielen sollen, sind für die Entwicklung der Stratosphärenplattform keine bahnbrechenden wissenschaftlich-technologischen Fortschritte mehr vonnöten. Die erforderlichen Technologien existieren bereits und sind mehr oder weniger erprobt. So kann bei der unbemannten Trägerstufe, die das SHAAFT-Modul bei einer Geschwindigkeit von bis zu 3,5 Mach in den erdnahen Raum bringen soll, auf die jahrzehntelangen Erfahrungen mit der zivilen Space-Shuttle-Technologie zurückgegriffen werden.

Größere Schwierigkeiten bereitet der Stratosphärengleiter SHAAFT. Wie sich extreme Überschallgeschwindigkeiten bis zu 12 Mach über einen längeren Zeitraum aufrechterhalten lassen – und welchen Belastungen Gerät und Material dabei ausgesetzt werden –, ist praktisch noch nicht erprobt. Forschungspriorität kommt dabei unter anderem der Entwicklung von hitzebeständigen, hochbelastbaren und ultraleichten Werkstoffen zu, die sowohl der Zugbelastung bei vielfacher Schallgeschwindigkeit als auch den außerordentlichen Reibungstemperaturen in den verschiedenen Schichten der Atmosphäre standhalten. Dabei soll auf Erfahrungen bei der Entwicklung des ›Space Shuttle‹ und des Raumtransporter-Projekts X-33 bzw. X-34 zurückgegriffen werden. In der Diskussion sind gegenwärtig Werkstofflegierungen unter Verwendung von Zirkonium und Hafnium, beides Materialien, die bereits beim Bau von Kernenergieanalagen, aber auch von Düsen- und Raketenantriebssystemen zum Einsatz kommen.

Einigkeit herrscht bei den Experten bislang lediglich über die Frage des Antriebssystems. Für Geschwindigkeiten im angepeilten Bereich kommen nach allen derzeitigen Erfahrungen nur sogenannte ›luftatmende‹ Triebwerke in Frage – allerdings nur bis in Höhen um die 40 Kilometer, denn oberhalb dieser Regionen wird der Sauerstoff knapp. Hier sollen spezielle Verfahren weiterhelfen, der umgebenden Atmosphäre auch den letzten Rest Sauerstoff zu entziehen, um ihn dem Antriebssystem zuzuführen. Dadurch sollen Steighöhen von 120 bis140 000 Fuß und eine Schubsteigerung um 300 Prozent erreicht werden.[171]

Luftatmende Triebwerke sind als Antriebsmöglichkeit für hohe Geschwindigkeiten seit langem bekannt. Sie sind seit Jahren in

---

[171] *Space Operations: Through The Looking Glass (Global Area Strike System)*, aaO.

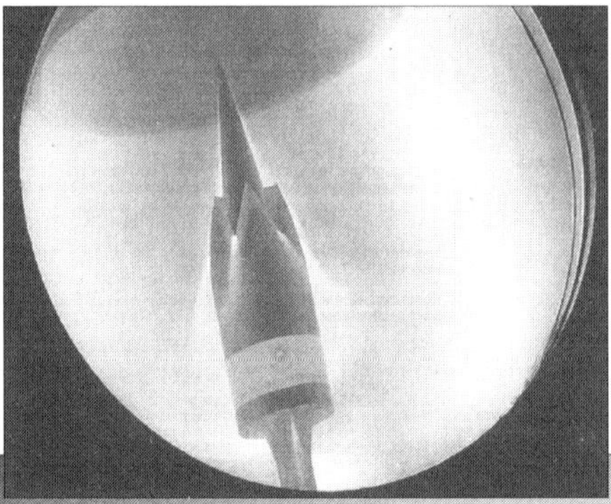

Aufnahme eines Scramjet-Versuchs an der University of Queensland (UQ) im Jahre 1993. Das Bild zeigt ein Projektil im Windkanal, das mit einer Gaskanone abgeschossen wurde und über ein Scramjet-Triebwerk verfügt.

So könnten die Scramjet-Raumgleiter des 21. Jahrhunderts aussehen. Im Bild das Versuchsprojekt X-43, das für rund siebenfache Schallgeschwindigkeit ausgelegt ist.

allen Plänen für zukünftige Raumtransporter wie etwa für den englischen HOTO (Horizontal Take off and Landing) oder das amerikanische SSTO (Single Stage to Orbit) vorgesehen und spielten auch beim deutschen ›Sänger‹-Projekt eine zentrale Rolle. Der Namenspatron des deutschen Konzepts, Eugen SÄNGER, konnte dabei auf Erfahrungen zurückgreifen, die bis in die Schlußphase des Zweiten Weltkrieges zurückreichen. Beim Deutschen Forschungsinstitut für Segelflug (DFS) wurden entsprechende Untersuchungen unter seiner Leitung bereits 1943/44 durchgeführt, die zur Entwicklung des revolutionären ›Staustrahltriebwerks‹ führten.[172]

[172] Hierzu: Alexander LIPPISCH, *Ein Dreieck fliegt. Die Entwicklung der Delta-Flugzeuge bis 1945*, Stuttgart 1976, S. 93 ff.

Die zugrunde liegende Überlegung besteht darin, daß bei konventionellen Triebwerken die schnell einströmende Luft bereits bei dreifacher Schallgeschwindigkeit den Motor so stark erhitzen würde, daß die hohen Temperaturen in der Brennkammer den Motor zerstören würden. Hier setzt das Staustrahl-Prinzip an. Es macht sich die Tatsache zunutze, daß bei Geschwindigkeiten im Überschallbereich die Luft einem anfliegenden Körper nicht mehr ausweichen kann, sondern unter Bildung eines Verdichtungsstoßes hart gegen ihn anstößt. Auf dieser natürlichen Stoßwelle beruht das Funktionsprinzip des Staustrahl-Triebwerks: Sie sorgt praktisch von selbst für die Verdichtung der Luft im Rohr, was den üblichen Kompressor überflüssig und die Konstruktion des Triebwerks denkbar einfach macht. Rotierende Teile fehlen ganz, und das Triebwerk besteht im wesentlichen nur aus einem beiderseits offenen Rohr unterschiedlichen Querschnitts, das sich in drei funktionale Abschnitte unterteilt: Vorn, in der Staudüse, wird die Luft abgebremst und dabei stark verdichtet und erhitzt; in der Mitte, in der Brennkammer, wird sie nach Beimischung des Brennstoffs verbrannt; hinten, in der Schubdüse, wird die Luft wieder entspannt und dabei erneut beschleunigt. Wegen der zugeführten Verbrennungsenergie ist die Austrittsgeschwindigkeit viel größer als die Eintrittsgeschwindigkeit, was den Schub bewirkt.

Ein nicht zu unterschätzender Vorteil der ganzen Konstruktion ist, daß wegen der fehlenden rotierenden Teile die Formgebung eines Staustrahltriebwerks relativ variabel ist, weshalb die Triebwerkseinheit z.B. auch in das Innere eines Flugzeugrumpfes integriert werden kann. »Deshalb braucht auch die äußere Form nicht rotationssymmetrisch rund zu sein, vielmehr kann man das Innere eines dickeren Delta-Flügels (...) als Brennraum eines Staustrahltriebwerks verwenden und den längs der Hinterkante austretenden Strahl gleichzeitig zur Steuerung verwenden. Die Luft tritt über einen Diffusor in das Flügelinnere ein.«[173] Das ist nichts anderes als das Bauprinzip ›modernster‹ Stealth-Konstruktionen.

Die Deutsche Aerospace hat das Vormodell einer mit Flüssigwasserstoff betriebenen Staustrahl-Brennkammer bereits getestet. Jedoch sind konventionelle Brennkammern nur für Geschwindigkeiten bis etwa Mach 7 einsetzbar. Bei höheren Geschwindigkeiten ließe sich die einströmende Luft nicht mehr stauen, weil sie jedes Hindernis, auf das sie stößt, zu sehr erhitzen würde.

[173] Ebd., S. 94.

Eine zusätzliche Schwierigkeit für die Triebwerkskonstrukteure liegt darin, daß der mit mehrfacher Schallgeschwindigkeit einströmenden Luft zusätzlich noch Wasserstoff eingespritzt werden muß, dessen Verbrennung den Vortrieb bewirkt. Für den ganzen Vorgang innerhalb der Brennkammer stehen nur wenige Tausendstel Sekunden zur Verfügung. Hinzu kommt, daß der Triebwerkstrahl – also die Ein- und Auslaßöffnungen – je nach Geschwindigkeit, Höhe und Flugphase per Computer vergrößert oder verkleinert werden muß, um eine Steuerung zu ermöglichen. Solcherart modifizierte Staustrahl-Triebwerke heißen ›Scramjet‹ (Supersonic Combustion Ramjet) und sollen das Standard-Antriebssystem künftiger Generationen von Raumgleitern werden.

Noch ein Wort über die Subsysteme, mit denen SHAAFT bestückt ist. Im wesentlichen geht es dabei um die bereits erwähnten SHMAC-Raketen, bei denen es sich um überschallschnelle Weiterentwicklungen derzeitiger Cruise Missiles handelt. Wie im Juli 2003 gemeldet wurde, werden die Geschosse mittlerweile unter der Projektbezeichnung ›Hypersonic Cruise Vehicle‹ geführt; die Entwicklungslabors arbeiteten so erfolgreich, daß im Jahre 2006 erste Tests stattfinden sollen. Die Geschwindigkeit der Raketen ist jetzt auf zehnfache Schallgeschwindigkeit ausgelegt, so daß sie ihre Ziele weltweit in höchstens zwei Stunden erreichen können.[174] Sie sollen auch von konventionellen Flugzeugen sowie von boden- oder seegestützten Startplattformen aus verschossen werden können. Am effizientesten ist allerdings der Einsatz von SHAAFT aus; bis zu 50 SHMACs sollen pro SHAAFT mitgeführt werden. Die Zielsuche erfolgt über GPS oder ein spezielles Infrarot-Radar. Letzteres ermöglicht es, das Ziel anhand seiner spezifischen Infrarot-Signatur zu verfolgen, die auch während des Fluges noch in den Bordrechner eingespeist werden kann; dieses Verfahren soll hauptsächlich beim Einsatz gegen bewegliche Ziele zum Tragen kommen. Die Flugstrecke vom Abschuß bis zum Ziel – knapp 2000 Kilometer (1000 Meilen) – soll in maximal 20 Minuten zurückgelegt werden. »Dank SHMAC-Technologie wird es für den Feind keinen sicheren Unterschlupf und keine Bewegungsfreiheit geben. Wann immer er entdeckt ist, kann er rasch angegriffen und ausgeschaltet werden. Vor einer SHMAC-Rakete im Anflug gibt es keine Flucht. SHMAC wird die Fähigkeit der Air Force zur Machtprojektion erweitern und unsere natio-

[174] »Raketen mit Mach 10«, in: *Welt am Sonntag*, 27. 7. 2003.

nale Sicherheit durch gesteigerte Angriffsfähigkeit aller unserer Streitkräfte erhöhen.«

Auch für SHMAC ist ein Zwei-Komponenten-Antrieb vorgesehen: ein konventioneller Raketenantrieb für die Startphase und ein Staustrahlantrieb für die weitere Beschleunigung (die Verwendungsmöglichkeiten von Staustrahltriebwerken für Raketen wurden bereits in den Jahren 1977 bis 1980 eingehend erforscht). Die Nutzlast soll 500 Kilogramm nicht übersteigen, wobei verschiedene Gefechtsköpfe zur Verfügung stehen sollen: konventionelle, nukleare, Submunition. Das komplette SHMAC-System ist etwa 4,50 m lang, maximal 1,40 breit und 60 cm hoch, wobei die Umrisse aus Gründen der Hitzebeständigkeit bei hohen Geschwindigkeiten erheblich von denen heutiger Cruise Missiles abweichen: kein Leitwerk, keine markanten Stabilisierungsflossen; der Gesamteindruck ist der eines flachgedrückten Rhombus, vorne nicht spitz zulaufend, sondern in einer abgeflachten Verbreiterung, damit sich die Reibungshitze bei Überschallgeschwindigkeit nicht in einem Punkt konzentriert.

Nur zwei Waffensysteme könnten anfliegenden SHAAFTs gefährlich werden: ultraschnelle Abfangjäger bzw. -raketen mit außergewöhnlichen Steigfähigkeiten sowie Laserwaffen. Weder mit dem einen noch mit dem anderen werden die amerikanischen Luftstreitkräfte im Jahre 2025 rechnen müssen – zum ei-

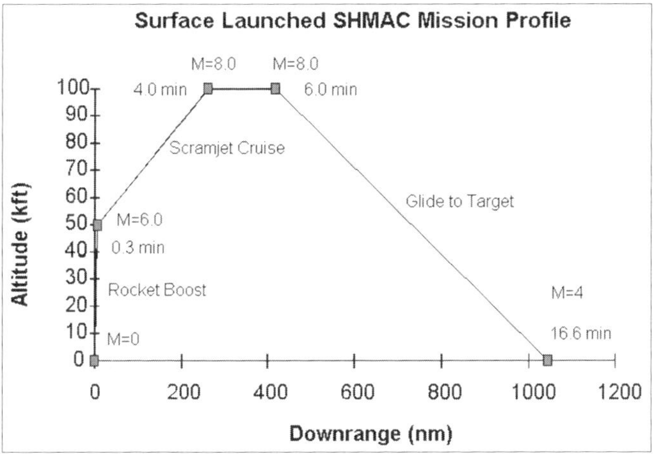

Schematischer Verlauf einer S3-Mission mit Einsatz luftgestützter Überschall-Angriffsraketensysteme (SHMAC). Bemerkenswert sind aufgrund der hohen Geschwindigkeiten die extrem kurzen Flugzeiten. Im vorliegenden Fall soll ein rund 1050 Seemeilen entferntes Ziel nach 16,6 Minuten von SHMAC getroffen werden.

nen, weil allein die Marschgeschwindigkeit von Mach 12 vermutlich von keiner feindlichen Maschine des Jahres 2025 erreicht werden wird: »Es ist unwahrscheinlich - wenn auch nicht unmöglich -, daß künftige Gegner über die Forschungs- und Technologievoraussetzungen verfügen werden, um diesen Stand zu erreichen.« Um ein anfliegendes SHAAFT zu bekämpfen, müßten die gegnerischen Abwehrsysteme nicht nur extrem steigfähig sein - auf Höhen um die 35 000 Meter innerhalb kürzester Zeit -, sondern selbst mindestens 20fache Schallgeschwindigkeit fliegen können. Das ist nicht realistisch. Mach 5 gilt als maximale Geschwindigkeit, die von den fortgeschrittensten Flugabwehrraketen des Jahres 2025 wird bekämpft werden können. Aber selbst wenn zukünftige Gegner in der Lage sein sollten, derartige Abwehrsysteme zu entwickeln, stellt sich immer noch die Frage ihrer Dislozierung. Denn die fliegende Angriffsplattform gelangt ja nie auch nur in die Nähe des verteidigten feindlichen Terrains, so daß die gegnerische Abwehr auf eine Distanz von 1000, 2000 oder mehr Kilometern reagieren müßte.

Bleiben noch Laserwaffen. Auch in diesem Fall spricht nichts dafür, daß künftige Gegner der USA über die entsprechenden technologischen Voraussetzungen verfügen werden. Und selbst wenn: Laserwaffen mit der erforderlichen Reichweite benötigen gigantische Energiemengen, weshalb eine Laserbatterie ortsfest und kaum zu verstecken wäre - für SHAAFT ein ausgezeichnetes Angriffsziel.

S3, ›Venture Star‹ und der deutsche Beitrag

Wesentliche Komponenten des S3-Konzepts muten bekannt an und erinnern an konventionelle Space Shuttle-Konstruktionen. Auf viele der dort gewonnenen Erfahrungen soll auch bei den S3-Planungen zurückgegriffen werden, insbesondere bei den Plänen für das unbemannte Start- und Landemodul. Es soll, wie beim Space Shuttle, nach Erreichen des Orbits von der Waffenplattform abgekoppelt werden und als UAV (unmanned air vehicle) zu einer der CONUS-Basen zurückkehren.

Realistischerweise muß man sehen, daß sich die bemannte Weltraumfahrt der Vereinigten Staaten gegenwärtig in einer Phase der Orientierung befindet. Denn auch wenn die Militärs unverändert daran festhalten, daß eine Flotte wiederverwendbarer Atmosphärengleiter im 21. Jahrhundert unverzichtbar ist, liegt der Weg dorthin noch weitgehend im dunkeln. Fest steht am Beginn des neuen Jahrhunderts nur, daß einerseits die Space Shuttle-Ära endgültig ihrem Ende entgegengeht, andererseits aber noch kein Nachfolgekonzept auf dem Tisch liegt. Solange letzteres nicht der Fall ist, muß über das Projekt S3 gar nicht erst diskutiert werden.

Eine Zeitlang hatte das ›missing link‹ ein Gesicht. Als plausibelstes Nachfolgemodell des Shuttle wurde zwischen 1996 und März 2001 das Raumtransporter-Projekt X-33 gehandelt, das entwicklungsgeschichtlich eine Zwischenstellung zwischen Space Shuttle und S3 eingenommen hätte.[175] Wäre es nach den ursprünglichen Planungen der NASA gegangen, hätte der regelmäßige Einsatz der X-33 im Orbit bereits im Jahre 2005 beginnen sollen, also lange vor der anvisierten Indienststellung der militärischen Orbit-Plattform S3. Den Regierungszuschlag erhielt im Juli 1996 der Luft-und Raumfahrtkonzern Lockheed Martin, als weitere Partner waren McDonnell Douglas Aerospace sowie Rockwell International Corporation, Space Systems Division, vorgesehen.

Die Vorgaben der NASA, die im X-33-Konzept Gestalt annahmen, waren alles andere als bescheiden: Das neue Raumfahrzeug sollte die Transportkosten von einem Pfund Nutzlast in den Weltraum von 10 000 Dollar auf nur noch 1000 Dollar absenken. Das bedeutete, daß die kostspieligen Komponenten des Space Shuttle nicht mehr in Frage kamen. Teuer ist vor allem der Treibstoff. X-33 sah deshalb die Verwendung völlig neuer, viel leichterer Werkstoffe vor. Für die Tanks war beispielsweise ein ultraleichter und dennoch hochbelastbarer Kohlefasser-Verbundwerkstoff im Gespräch. Außerdem war der neue Raumgleiter als komplett wiederverwendbare Einheit (RLV - Reusable Launch Vehicle) geplant, also ohne die üblichen riesigen Treibstofftanks, und die anvisierte Gesamtlänge lag bei nur 20 Metern. Zudem sollte X-33 dank ›intelligenter‹ Steuerungssysteme ferngesteuert werden und auf Astronauten verzichten können. Als Energiespareffekt war auch das Nurflügel-Design gedacht - wie etwa beim B-2-Bomber -, das günstigere, weniger energieaufwendige Strömungsverhältnisse ermöglicht. Die Treibstofftanks sollten ins Innere des Transporters integriert werden.

---

[175] Dazu: Artur P. SCHMIDT, »Raumtransporter X-33. Der potentielle Nachfolger des Space Shuttle«, http://www.heise.de/tp/deutsch/special/raum/6307/1.html

Tatsächlich wäre die X-33 die entwicklungsgeschichtliche Brükke zwischen Flugzeug und Raumgleiter gewesen. Richtigerweise müßte eigentlich von einem weltraumtauglichen Flugzeug gesprochen werden, denn mit dem Verzicht auf ein mehrstufiges Start- und Antriebsverfahren ist die endgültige Abkehr vom Träger–raketenprinzip verbunden. Statt dessen war eine Art Staustrahl-

Das Raumgleiter-Projekt X-33, ein Vorläuferkonzept des S3-Vorhabens. Wegen technischer Mißerfolge und explodierender Kosten wurde das Projekt eingestellt.

Triebwerk vorgesehen, das auf der Verbrennung eines verdichteten Wasserstoff-/Sauerstoff-Gemisches basiert. Wie bei einigen der untersuchten Scramjet-Projekte sollten auch bei der X-33 die Antriebsgase an den halboffenen Seitenflächen ausströmen. Mit der Entwicklung der neuen ›Linear Aerospike‹-Antriebe wurde die Rockwell Rocketdyne Division beauftragt.

Fünf Jahre lang wurden Unsummen von Geld in das ehrgeizige Vorhaben gesteckt. Die NASA investierte fast eine Milliarde Dollar - 912 Millionen, um genau zu sein –, LockheedMartin 357 Millionen.[176] Dann gab es spektakuläre Fehlschläge. Bereits bei einem der ersten Bodentests platzten die hypermodernen Treibstofftanks. Das Konzept mußte daraufhin modifiziert werden. Schon reifte in den Konstruktionsbüros das Nachfolgemodell der X-33 heran, die X-34 ›Venture Star‹. Sie war auf etwa 40 Meter

176 Nach: Anatol Johanson, »Was kommt nach den Spaceshuttles von heute?«, http://www.welt.de/data/2003/02/03/38432.html

Länge angelegt, damit doppelt so lang wie die X-33, sollte aber nur halb so viel wiegen wie das Shuttle, dabei jedoch eine Transportlast von 20 Tonnen ins All bringen. Die Kosten explodierten. Allmählich wurde zur Gewißheit, daß die Vorgaben der NASA schlicht und einfach zu hoch gesteckt waren. Im März 2001 teilte die NASA mit, daß es keine weiteren Gelder geben würde.

Die laufenden Projekte für die Zeit nach den Shuttles bewegen sich in relativ konventionellen Bahnen und lassen erahnen, wie weit der Weg zum S3 noch ist. Folgt man den Verlautbarungen der Entwicklerfirmen, hat derzeit der ›Orbital Space Plane‹ (OSP) die besten Aussichten. Technologisch gesehen, handelt es sich dabei aber um einen glatten Rückzug. Denn dieser Weltraumflieger ist technisch anspruchslos und wird anders als das Shuttle nicht über einen eigenen Antrieb verfügen. Er soll einfach als Nutzlast mit einer Rakete ins All befördert werden und im Gleitflug zur Erde zurückkehren. Selbst was den Raketenantrieb angeht, geben sich die Entwickler kleinlaut. »Wir werden wohl«, sagt Bob FORD von LockheedMartin, »von der Wasserstofftechnologie auf Kerosin umsteigen.«[177] Ein Allerweltstreibstoff, der noch immer jedes normale Flugzeug in die Luft bringt.

Angesichts solcher Eingeständnisse mutet es um so phantastischer an, daß die ehrgeizigsten Vorhaben der amerikanischen Raumfahrtindustrie schon vor Jahrzehnten konzipiert und durchgerechnet wurden – allerdings nicht von Amerikanern. Weder die Idee des Scramjet-Triebwerks noch das Nurflügel-Design ist neu. »Diese Technologie hat ihren Ursprung im Raketenflugzeug Messerschmitt Me 163 B ›Komet‹ und den Plänen für den Bau eines Überschall-Kampfflugzeuges, den Nurflügler Horten HXIIIb während des 2. Weltkrieges (...).«[178] Auch die integrierte S3-Weltraumplattform ist lediglich eine Fortschreibung bereits bekannter und teilweise erprobter Konzepte. Sämtliche Komponenten gehen auf deutsche Vorarbeiten zurück.

Neben bekannteren Flugzeugpionieren wie MESSERSCHMITT, LIPPISCH und den Gebrüdern HORTEN ist dabei insbesondere an Eugen SÄNGER (1905–1964) und seine revolutionär anmutenden Projekte zu denken. Bereits in den zwanziger Jahren des 20. Jahrhunderts wurde SÄNGER durch Hermann OBERTHS richtungsweisendes Buch *Die Rakete zu den Sternenräumen* (1923) beein-

[177] »Mit Diesel ins All«, http://www.pm-magazn.de/de/nurinternet/artikel_id83.htm

[178] Artur P. SCHMIDT, aaO.

flußt und begann sich für Fragen der Weltraumfahrt zu interessieren. Dabei schlug er jedoch von Anfang an einen anderen Weg ein als die Raketenpioniere OBERTH, GODDARD, ZIOLKOWSKI und später Wernher VON BRAUN, indem er bereits früh von einer aeronautischen Weiterentwicklung des Flugzeugs, also von der Weltraumfähigkeit des Flugzeugs überzeugt war. 1927 legte er an der TH Graz seine erste Staatsprüfung in den Fächern Flugzeugbau, Statik und Konstruktion ab. Zwei Jahre später stellte er an der TH Wien seinen Dissertationsentwurf unter dem Titel *Raketenflugtechnik* vor und erörterte darin die Idee eines ›Raumbootes‹, das von der Erde zu einer Raumstation im Orbit und von dort im Gleitflug wieder zurückkehren sollte. Als Dissertationsthema wurde diese Arbeit abgelehnt. Statt dessen promovierte er 1930 über die *Statik des vielholmig parallelstegigen, ganz- und halbfreitragenden, mittelbar und unmittelbar belasteten Fachwerkflügels.*[179] Gleichzeitig setzte er seine Forschungen zur Raketenflugtechnik fort und konnte sich unter der Ägide von Professor RINGEL am Institut für Baustoffkunde der TH Wien ein eigenes Raketenversuchslabor einrichten.

1933 veröffentlichte er sein Buch *Raketenflugtechnik*. Es blieb lange Zeit das bedeutendste deutschsprachige Buch über Fragen der Raketentechnik und zählt zu den frühen Standardwerken der Raumfahrtliteratur. SÄNGER stellte darin als erster exakte Untersuchungen über ein Raumflugzeug an, das bis zu zehnfache Schallgeschwindigkeit in Höhen von 60 bis 70 Kilometern fliegen sollte – 28 Jahre, ehe Robert WHITE im Oktober 1960 mit der legendären X-15 zum ersten Mal tatsächlich eine Flughöhe von 65,5 Kilometern erreichte.

Auch als Triebwerkpionier machte sich SÄNGER einen Namen. Er experimentierte mit Flüssigkeitstriebwerken, forschte nach einer geeigneten Treibstoffkombination für Höchstleistungstriebwerke und erzielte bereits in den dreißiger Jahren Ausströmgeschwindigkeiten von erstaunlichen 3048 m/s bei 3000 Grad Celsius an der Brennraumwand. Zum Vergleich: Die spätere V 2 erreichte nur 2000 m/s.[180] Hier, nicht in Peenemünde und erst recht nicht in Huntsville/Alabama, wo 1950 die erste amerikanische Flüssigkeitsrakete aus der Werkstatt Wernher VON BRAUNS startete, liegen die Ursprünge der modernen Raketentechnik.

---

179 Nach: (o. Verf.), »Eugen Sänger und die Raumtransporter von übermorgen«, http://people.wiesbaden.netsurf.de/~sgmr/an/an/raumfahr/singer.htm

180 Nach: http://www.luftarchiv.com/domain/ufo/o_worte_2.htm

Ab 1936 arbeitete SÄNGER bei der Deutschen Versuchsanstalt für Luftfahrt (DVL) in Berlin-Adlershof, ab 1937 bei der Deutschen Forschungsanstalt für Luftfahrt (DFL) in Trauen in der Lüneburger Heide. Hier richtete er im Auftrag des Reichsluftfahrtministeriums ein raketentechnisches Forschungszentrum ein, das offiziell als Flugzeugprüfstelle firmierte und in den darauffolgenden Jahren unzählige Tests mit Flüssigkeitstriebwerken durchführte. Dabei wurden Schubleistungen von bis zu 100 Tonnen erprobt. Auch hier ging SÄNGER neue Wege und entwickelte das revolutionäre Staustrahlprinzip, das seit 1912 bekannt war, bis zur Praxisreife. Leistungen von bis zu 20 000 PS wurden erreicht. Während die ersten Versuchsmodelle des neuen Antriebsmotors noch auf Lastwagen montiert waren, testete SÄNGER später den Einsatz an verschiedenen Flugzeugtypen. Dabei stellte sich beizeiten heraus, daß die künftigen Fluggeschwindigkeiten ganz neue Außenprofile der zum Einsatz kommenden Maschinen erforderlich machten. SÄNGER entwarf eine optimierte Rumpfform und ein keilförmiges Flügelprofil für ein zukünftiges Hyperschall-Raketenflugzeug.

In der zweiten Kriegshälfte nahm das Projekt konkrete Gestalt und zugleich immer futuristischere Dimensionen an. Schon 1942 stellte SÄNGER auf der Grundlage ausgiebiger theoretischer Studien eine Patentschrift über *Gleitkörper für Fluggeschwindigkeiten über der Mach'schen Zahl 5* vor. Er verfolgte das Projekt in den nächsten Jahren - als Leiter der Triebwerksabteilung der Deutschen Forschungsanstalt für Segelflug im oberbayerischen Ainring - weiter und stellte die Ergebnisse in einem weiteren Bericht vor; Titel: *Über ein Raketen-Raumflugzeug*. 1944 wurde die Studie um einige militärisch relevante Kapitel ergänzt und erhielt nun die Überschrift: *Über einen Raketenantrieb für Fernbomber*. Das Vorhaben wurde sofort zur Geheimen Kommandosache erklärt.

SÄNGER schwebte ein einstufiger Überschallgleiter vor, dessen Entwurf in jeder Beziehung bahnbrechend und seiner Zeit um Jahrzehnte voraus war. Das Fluggerät sollte bei einer Länge von 28 Metern nur eine Höhe von 2,10 Metern und eine Spannweite von 3,60 Metern aufweisen und dabei extrem spitz zulaufen. Für den Piloten war eine Druckkabine in der Spitze vorgesehen. Die Maschine sollte auf einer drei Kilometer langen Startschiene mit Hilfe eines raketenbeschleunigten Schlittens starten, wobei der Auftrieb durch die kleinen Tragflügel und den völlig flachen Rumpfboden - wie beim Space Shuttle - erzeugt werden sollte.

Der Bomber selbst sollte über ein Flüssigkeitstriebwerk für LOX-Verbrennung von Hochleistungstreibstoffen verfügen – dazu hatte SÄNGER bereits Anfang der dreißiger Jahre Forschungen betrieben –, für das eine Schubleistung von 100 Tonnen berechnet war. Das Startgewicht war auf 100 Tonnen ausgelegt, davon 90 Tonnen Brennstoffzuladung und Nutzlast.

Auch der Flugverlauf des als ›Silbervogel‹ bezeichneten Gleiters war bereits bis in Einzelheiten geplant: Demnach sollte der Bomber mit einem Startwinkel von 30 Grad auf 1200 Meter steigen und dabei eine Geschwindigkeit von 1900 km/h erreichen. Dann sollte der Raketenantrieb für eine Dauer von acht Minuten gezündet werden und das Gerät auf eine Höhe von rund 145 Kilometern bringen, wobei eine Geschwindigkeit von 22 100 km/h erzielt werden sollte. Einige Quellen sprechen sogar von Höhen bis zu 280 Kilometern.[181] Dann sollte die Maschine bis auf 40 Kilometer herabgleiten und durch wiederholtes ›Abprallen‹ von tiefergelegenen Luftschichten mehrmals wieder an Höhe gewin-

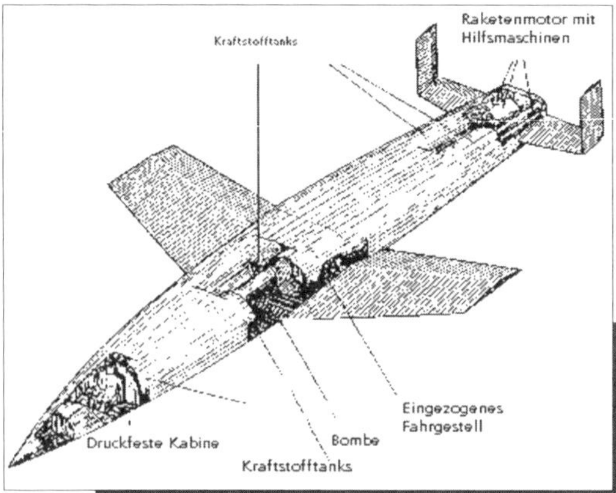

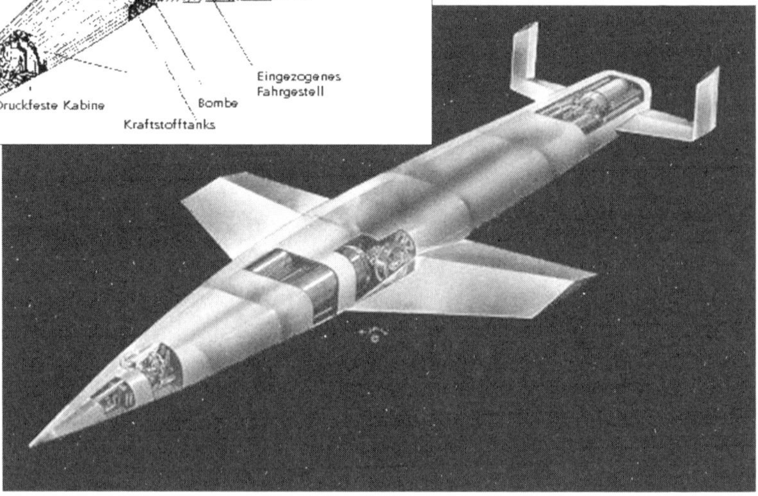

Der deutsche Vorläufer des S3-Konzepts: das Atmosphärengleiter-Projekt des Luftfahrtpioniers Eugen SÄNGER. Sein Raketengleiter hätte eine Geschwindigkeit von rund 22 100 Stundenkilometern erreicht.

[181] Ebd.

nen, eine ›semiballistische‹ Flugbahn etwa nach dem Prinzip eines flach über das Wasser geschleuderten Kieselsteins. Dadurch sollten Flugweiten bis zur einfachen Erdumrundung (!) bei vier Tonnen Nutzlast, ja bis zur zweieinhalbfachen Umrundung bei einer Tonne Nutzlast (!) möglich gemacht werden, ein Mehrfaches der Reichweite, die bei einem aerodynamischen Aufstieg zu erwarten waren.

Die Nähe zum S3-Projekt des Jahres 1996/2025 ist frappierend. Denn auch der SÄNGER-Bomber machte Interkontinentaleinsätze plausibel, gegen die es schon allein wegen der phänomenalen Flugleistungen praktisch keine Gegenmaßnahmen gegeben hätte. Angriffe gegen Ziele auf der anderen Seite des Globus, etwa gegen die USA oder Australien – mit einer Bombenlast von stattlichen vier Tonnen – rückten mit dem ›Silbervogel‹-Vorhaben des Jahres 1944 zumindest in theoretische Nähe. Bei den Planungen für einen deutschen ›Amerikabomber‹ hätte das SÄNGER-Projekt gute Aussichten gehabt, konnte dann allerdings wegen der Kriegslage nicht weiterverfolgt werden und blieb unausgeführt.

SÄNGER hatte schon 1929 eine Art Lebensplan für sich aufgestellt, der seine wichtigsten späteren Vorhaben beinhaltete: neben dem Stratosphärenflugzeug den Raumtransporter (›Raumboot‹), die Außenstation im Orbit sowie das ›Planetenschiff‹. SÄNGER verlor diese Projekte nie wieder aus dem Auge, auch wenn Einschnitte wie das Kriegsende seine Arbeit vorübergehend unterbrachen. So arbeitete er von 1946 bis 1954 als beratender Ingenieur in Frankreich, wo unter seiner Ägide unter anderem das Versuchsflugzeug ›GRIFFON‹ entwickelt wurde, das durch ein Staustrahltriebwerk mit einem zusätzlichen Turbostrahltriebwerk im Zentrum als Starthilfe angetrieben wurde.[182] Noch bis vor kurzem wurde diese Antriebskombination bei den Plänen für einen europäischen Raumgleiter favorisiert.

1950 war SÄNGER an der Gründung der Internationalen Astronautischen Föderation (IAF) maßgeblich beteiligt, deren erster Präsident er im Jahre darauf wurde. 1956 wurde er außerdem zum Vorsitzenden der Deutschen Gesellschaft für Raketentechnik und Raumfahrt gewählt. Auch in dieser Zeit verlor er seine großen Forschungsvorhaben nicht aus dem Blick. Als er 1954 wieder nach Deutschland zurückkehrte, galt es zunächst, wieder eine Versuchsstätte einzurichten. Dies geschah – mit kleinen

[182] Nach: (o. Verf.), »Eugen Sänger und die Raumtransporter von übermorgen«, aaO.

Mitteln zunächst – in Stuttgart mit dem Forschungsinstitut für Physik der Strahlantriebe (FPS), das von der Bundesregierung, der baden-württembergischen Landesregierung und verschiedenen Firmen gegründet wurde. Wieder betätigte sich Sänger als Pionier, indem er Kleinststaustrahltriebwerke für Hubschraubermotoren erprobte und die Möglichkeit untersuchte, Heißwasserraketen als Antrieb eines Startschlittens für den Raumtransporter zu verwenden. Längst bewegte er sich damit wieder im Umkreis seines Lieblingsprojekts, das ihn bis zu seinem Tod beschäftigen sollte. Er erarbeitete in dieser Zeit auch die theoretischen Grundlagen eines Photonenantriebes, der künftige Weltraumreisen in Lichtgeschwindigkeit ermöglichen sollte. Und er schrieb wieder Bücher: *Raumfahrt – technische Überwindung des Krieges* (1958) und *Raumfahrt heute – morgen – übermorgen* (1963).

Noch einmal erhielt er Gelegenheit, sich dem Raumgleiterprojekt zu widmen. 1961 wurde das Stuttgarter Institut der Deutschen Versuchsanstalt für Luftfahrt unterstellt, Sänger erhielt eine Stellung als Berater in Sachen ›Raumfahrzeuge und Startbasen‹ bei der COPERS, einer Vorläuferorganisation der 1962 ins Leben gerufenen European Space Research Organization (ESRO). Im selben Jahr wurde er als ordentlicher Professor an den neu errichteten Lehrstuhl für ›Elemente der Raumfahrttechnik‹ an der TU Berlin berufen – den ersten reinen Raumfahrt-Lehrstuhl an einer europäischen Universität überhaupt.

Noch bis zuletzt plante und konzipierte Sänger den künftigen Raumgleiter. Zwischen 1961 und 1964 erarbeitete er bei Junkers weitere Studien für das zukunftsweisende Vorhaben. Das Projekt lief jetzt unter der Bezeichnung ›Sänger II‹ und ähnelt dem amerikanischen S3-Konzept auf verblüffende Weise. Erstmals taucht der Gedanke eines zweistufigen Systems auf. Das Startvehikel sollte eine Länge von rund 80 Metern und eine Flügelspannweite von etwa 40 Metern aufweisen und die zweite Stufe, den eigentlichen Raumgleiter, bis in eine Höhe von 30 Kilometern bringen. Sowohl Transporter als auch Gleiter erhielten wegen der extrem hohen Geschwindigkeiten beim Start und in der Atmosphäre ein stark gepfeiltes Nurflügeldesign – eine ›alte‹ Errungenschaft aus den letzten Kriegsjahren. Auch über eine unbemannte Version zur Lastenbeförderung wurde bereits im Rahmen der Junkers-Studien nachgedacht (CARGUS – Cargo Upper Stage) – und auch diese Variante tauchte bei den US-Planungen zum Raumgleiter X-33 bzw. X-34 wieder auf. Sängers damaliger Entwurf »stößt (...) immer wieder auf Nachahmer. Die vorgeschlagene technische Lösung ist ohne Zweifel immer noch einer der vielversprechendsten und zukunftsweisendsten Ansätze zur Entwicklung kostengünstiger und vollständig wiederverwendbarer Raumfahrzeuge.«[183]

Das zeitweise von der europäischen Raumfahrtbehörde favorisierte Raumgleiterprojekt ›Sänger II‹. Es wurde vom bundesdeutschen ›Büro für Technikfolgenabschätzung‹ sabotiert.

Eugen SÄNGER erlebte die Verwirklichung seines Lebenstraumes nicht mehr. Am 10. Februar 1964 erlag er, 59jährig, während einer Vorlesung einem Herzinfarkt. Unter den bedeutenden deutschen Luft- und Raumfahrtpionieren galt er früh als Visionär, ein Ruf, der mit Blick auf sein Lebenswerk und sein Forschervermächtnis mehr als gerechtfertigt ist.

Mit dem Einsatz des S3-Systems, der zweifellos konsequentesten Fortschreibung des SÄNGERschen Gleiterprojekts, ist – wenn überhaupt – nicht vor 2025 zu rechnen. Der deutsche Raumfahrtpionier, der exakte Untersuchungen über ein Atmosphärenflugzeug mit zehnfacher Schallgeschwindigkeit schon 1933 in seinem Standardwerk publiziert hatte, war der technischen Entwicklung damit um stattliche 100 Jahre voraus. Man muß diese Tatsache gelegentlich in Erinnerung rufen.

[183] (o. Verf.), »Das europäische Raumfahrtprogramm«, http://www.raumfahrt-info.de/

Diesseits des Atlantiks lag das europäische ›Hopper‹-Vorhaben, eines der Nachfolgeprojekte des ›Sänger II‹, als Alternative zu den erwähnten amerikanischen Plänen bis vor wenigen Jahren gut im Rennen. In diesem Fall war es nicht die übermächtige Konkurrenz aus Übersee, sondern die Kurzsichtigkeit der Europäer, die einem der wenigen europäischen Zukunftsvorhaben von Rang den Garaus machte. Die Geschichte dieser epochalen Fehlentscheidung verbirgt sich hinter drei Buchstaben: TAB. Das Kürzel steht für einen Bundestagsausschuß, das ›Büro für Technikfolgenabschätzung‹. Eigenem Bekunden zufolge fungiert das TAB als »Transmissionsriemen zwischen wissenschaftlicher Erkenntnis und politischem Prozeß« – so nach Prof. Paschen, der das Büro seit seiner Gründung leitet.[184] Im Falle des ›Sänger‹ hat das TAB schlichtweg Sabotage betrieben. In einer Studie rechnete es die technischen Risiken, die enormen Kosten und die ökologischen Folgen vor. Im Bundestag sprachen sich daraufhin alle Fraktionen gegen eine Fortführung des Projekts aus, und ohne deutsche Beteiligung war das Vorhaben auf europäischer Ebene gestorben. Wie man angesichts solcher Eigentore die Geschichte des TAB als »eine einzige Erfolgsstory« ausgeben kann – so nach der Vorsitzenden des Bundestagsausschusses für Bildung, Forschung und Technikfolgenabschätzung, Ulrike Flach (F.D.P.) –, ist ein Geheimnis. Manchmal sitzen die Saboteure sogar im Bundestag.

Star Wars 2025 – Satellitenkrieg im 21. Jahrhundert

Niemand weiß genau, über wie viele militärische Satellitensysteme die USA heute verfügen. Offizielle Quellen sprechen nur vor einer Handvoll, von denen wiederum nur ein einziges – die Kategorie der ›Milstar‹-Satelliten – ausdrücklich als ›militärisch‹ klassifiziert ist. Sie dienen der militärischen Kommunikation. Sechs soll es davon geben (Stand: 2002). Daneben stehen allerdings zahlreiche weitere Satellitensysteme unter dem Kommando insgesamt zweier Space Operations Squadrons, denen eindeutig militärische Aufgabenbereiche zugeordnet sind:[185]

---

[184] Zitiert nach: *Blickpunkt Bundestag*, Nr. 11/2000.

[185] Hier nach: (o. Verf.), »Orbitale Kampfführung. Satelliten als Rückgrat der Verteidigung«, http://www.wehrtechnik.net/wehrtechnik/orbitale_kampfführung.html

Satellitensysteme	Auftrag	Anzahl
Defense Support Program (DSP)	Frühwarnung	23
Global Positioning System (GPS)	Navigation	24
Nuclear Detonation Detection System	Aufklärung	24
Defense Meteorological Sat-Program	Wetterbeobachtung	2
Defense Satellit Communication System	Kommunikation	10
Milstar	Kommunikation	6
Fleet Satcom System	Kommunikation	4
UHF Follow-On	Kommunikation	5

Schon allein diese Zahlen machen die Überlegenheit der Vereinigten Staaten auch an der Satellitenfront deutlich. Sie wird noch um etliches augenscheinlicher, wenn man sich neben der

- quantitativen Überlegenheit der USA ihre
- Monopolstellung in einer Reihe von Satellitenkategorien, die
- Schwäche der Konkurrenz, insbesondere der Europäer,
- massive Tarnmaßnahmen der US-Weltraumkrieger, die zum Teil gegen geltendes internationales Recht verstoßen, und
- jede Menge inoffizieller Zahlen über die tatsächliche Stärke der amerikanischen Satellitenstreitmacht vor Augen führt, über die es nur Mutmaßungen gibt und die sich die internationale Fachwelt erst mit detektivischem Spürsinn zusammensuchen muß. Denn auch die Satellitenwaffe der USA unterliegt natürlich der militärischen Geheimhaltung, die im Falle dieser äußerst sensiblen Technologiebranche noch ungleich strikter ist als in anderen militärischen Bereichen.

Im einzelnen: Experten schätzen, daß die US-Streitkräfte in den letzten Jahrzehnten rund 250 größere Aufklärungssatelliten ins All geschossen haben. Aufgrund der technischen Weiterentwicklung – etwa, was Auflösung, Datengeschwindigkeit, Übertragungsraten usw. angeht – ist davon heute zwar der Großteil veraltet, aber: »Die amerikanischen Streitkräfte erweitern den im Orbit befindlichen Satellitenverbund seit einigen Jahrzehnten

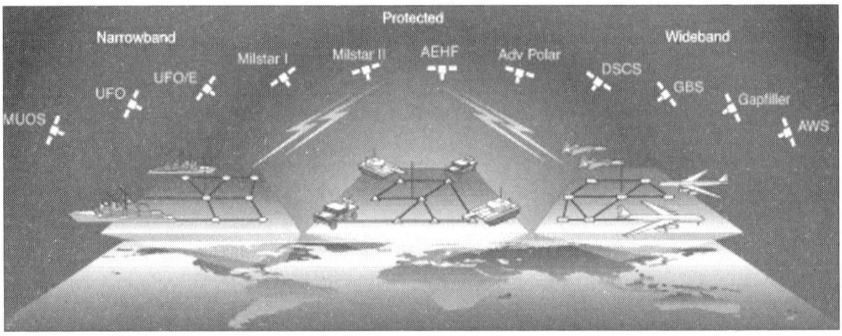

Schematisierte Skizze der militärischen US-Satellitennetzwerke am Beginn des 21. Jahrhunderts. Die vorhandenen Kapazitäten umfassen eine Vielzahl von Frequenz- und Aufgabenbereichen.

konsequent«[186] und sind, wie auch auf allen anderen Technologiefeldern, bestrebt, den einmal erreichten Standard von Überlegenheit mit allen Mitteln zu halten und auszubauen. Unter dem Strich muß deshalb davon ausgegangen werden, daß im Wege des Ersatzes, des Austausches, der Schließung von Lücken in der Aufklärung heute eine weit höhere Anzahl von verfügbaren Satelliten im Orbit steht als die Handvoll offiziell ausgewiesener Kommunikations- und Frühwarnsysteme.

Diese Annahme wird beispielsweise dadurch gestützt, daß allein während des Jugoslawien-Krieges 1999 ein halbes Hundert Aufklärungs- und Kommunikationssatelliten über dem Einsatzgebiet zur Verfügung standen, darunter viele, die bislang in keiner offiziellen Liste aufgetaucht waren. »Um ihre Vormachtstellung bei der Operationsplanung durchzusetzen«, heißt es in einer Untersuchung der FU Berlin, »nutzten die USA ihr Informationsmonopol weidlich aus. Schließlich stellten sie nicht nur die meisten Kampfflugzeuge, sondern auch die meisten Aufklärungssysteme. Zum Einsatz kam die ganze Palette von Spionagesystemen: Die US-Aufklärungssatelliten KH-11+ Keyhole und Lacrosse gehörten zu den mindestens fünfzig Militärsatelliten von 15 verschiedenen Typen, die im Jugoslawien-Krieg der Aufklärung, Wettervorhersage, Befehlsübermittlung und Navigation dienten.«[187]

Nur wenige Jahre später ist der Überwachungsschirm noch um einiges effizienter geworden. So wurde der Afghanistan-Ein-

[186] Ebd.

[187] Gerd PIEPER, »Der Waffeneinsatz im Kosovo-Krieg«, http://userpage.fu-berlin.de/~ami/ausgaben/1999/7-99_7.htm

satz 2001 ff. zum Testfall eines neuartigen Datenverbundes zwischen Satellitenaufklärung und Bodentruppen, der unter dem Kürzel ›BRITE‹ bekannt wurde: Broadcast Request Imagery Technology Experiment. BRITE funktionierte vorbildlich und trug so maßgeblich dazu bei, eine Schwachstelle jeder bisherigen Satellitenüberwachung zu minimieren. Denn bis dato standen Satellitenaufnahmen den Bodentruppen immer erst mit einer gewissen Verzögerung zur Verfügung – die Bilder mußten gesichtet, ausgewertet und dann weitergeschickt werden. Während des zweiten Golfkrieges 1991 befanden sich ausgespähte Objekte deshalb häufig nicht mehr an der beobachteten Stelle, wenn etwa die taktischen Bomber die Zielkoordinaten erhielten.

Diese Achillesferse gibt es dank BRITE nicht mehr. Das Satellitenauge steht der Bodentruppe nunmehr unmittelbar und ohne Zeitverlust zur Verfügung. So ist es möglich, direkt vom Gefechtsfeld aus per Laptop mit einem gerade in einer geeigneten Position befindlichen Satelliten Kontakt aufzunehmen und ihn gezielt zur Gefechtsfeldbeobachtung einzusetzen. Dieses Aufklärungspotential ist in der Tat »dramatisch besser« als die im Golfkrieg eingesetzten Mittel, wie Admiral James McArthur vom Space Command urteilt. Experten stimmen mit ihm darin überein, daß BRITE gerade für den Kriegsschauplatz Afghanistan ideal sei.[188]

Die nächste Gelegenheit zum Testen verbesserter Satellitenüberwachung boten die neue Inspektionsrunde der Vereinten Nationen im Irak zur Jahreswende 2002/2003 und das anschließende Kesseltreiben gegen Saddam Hussein. Im Januar 2003 wartete *USA today* mit einem Bericht über die Rundum-Bespitzelung der irakischen Regierungsspitze aus dem All auf.[189] Dieses 24-Stunden-Programm umfaßte demzufolge nicht nur Dauerflüge einer zu Spionagezwecken umgerüsteten Boeing 707 über dem südlichen Irak, von wo aus die gesamte Telekommunikation Saddams und seiner näheren Umgebung mitgehört werden konnte. Mindestens zwei Spionagesatelliten – Codenamen: ›Micron‹ und ›Trumpet‹ – waren aus einer geostationiären Position in 42 000 Kilometern Höhe ebenfalls auf die Telekommunikation der irakischen Führung angesetzt. Die aufgefangenen Daten wurden an die Empfangsstation Menwith Hill, England, weitergeleitet, einen der Knoten des Echelon-Abhörsystems. Verschlüsselte Daten wurden an die Zentrale der National Security Agency

[188] »Amerikaner haben Augen und Ohren im All«, http://www.salzburg.com/sn/sonderberichte/usa/USA0145-20011018.html

(NSA) in Fort Meade oder an andere Dechiffriereinrichtungen übermittelt.

Bereits im November 2002 hatte der Londoner *Herald* ebenfalls über das fast lückenlose Spionagenetz der US-Weltraumbeobachter berichtet:

»Amerikanische Spionagesatelliten tasten Schlüsselziele im Irak mindestens einmal alle zwei Stunden ab. Es handelt sich um eine konzentrierte Überwachungsoperation, bei der Gegenstände herausgepickt werden können, die tagsüber sechs Inches und nachts zwei bis drei Fuß klein sein können. Das nationale US-Aufklärungsbüro kontrolliert drei weiterentwickelte KH-11 ›Keyhole‹-Satelliten, von denen jeder 15 Tonnen wiegt, so groß wie ein Eindecker-Bus und mit optischen und Infrarotkameras ausgestattet ist, sowie drei ›Lacrosse‹-Radarbild-Satelliten mit Sensoren, die Anzeichen für die Entwicklung nuklearer, chemischer oder biologischer Waffen entdecken können. (...)

Ein KH-11 passiert Bagdad ungefähr um 2 Uhr morgens und dann wieder um 3 Uhr nachmittags. Während seines Nacht-Durchgangs benutzt er seine Infrarot-Scanner und Restlicht-Kameras. Auf die Sekunde genau kann er sein ganzes Spektrum an Sensoren zum Einsatz bringen.

Ein anderer [KH-11] überfliegt die Hauptstadt am späten Morgen und nochmals kurz vor Mitternacht. Der dritte und älteste KH-11 schließt die Lücke dazwischen. Einer der ›Lacrosse‹-Satelliten befindet sich über dem mittleren Irak und Bagdad um 11 Uhr vormittags und dann nochmals um 20.30 Uhr. Der zweite folgt auf derselben Bahn um 3 Uhr nachmittags und um 22 Uhr. Der dritte kommt dazwischen, um 3 Uhr morgens und um 5.30 Uhr nachmittags.«[190]

Dennoch: Lückenlose Überwachung ist offenbar trotz ausgeklügelter Zeitpläne und raffinierter Abhör-Software (noch) nicht möglich. *USA today* mußte einräumen, daß verschlüsselte Gespräche SADDAM und seinen Kommunikationspartnern immer noch ein Zeitfenster von rund 10 Minuten offenhielten – so lange brauch-

[189] Jack KELLEY, »U.S. units intensify hunt for Saddam Hussein Mission: To chase him out, or kill him«, http://www.usatoday.com/usatonline/20030120/4792390s.htm, sowie ders., »Saddam an expert at playing hide-and-seek Iraqi leader has eluded USA's most advanced technology«, http://www.usatoday.com/usatonline/20030120/4792448s.htm

[190] Ian BRUCE, »Spy satellites scanning targets every two hours«, http://www.theherald.co.uk/news/archive/11-11-19102-0-4-6.html

ten die Codeknacker in Fort Meade im Durchschnitt für die Dechiffrierung und die Ergebnismeldung an die Einsatzstäbe in der Region. Selbst während des ›heißen‹ Krieges im Frühjahr 2003 kam es immer wieder zu Ungenauigkeiten bei der Ermittlung und zu Verzögerungen bei der Einsatzplanung, die die Trefferquoten der High-Tech-Überwacher konterkarierten und SADDAM Zeit genug gaben, seinen Aufenthaltsort zu wechseln (die völkerrechtlich verbrecherische Qualität des amerikanischen Vorgehens, gezielt die Ermordung des gegnerischen Staatsoberhauptes zu betreiben, ist nicht Thema dieses Buches; sie muß aber erwähnt werden). Das US-Luftwaffenjournal *Air Force Magazine* berichtete, daß am 7. April 47 Minuten vergingen zwischen der Information, SADDAM (oder ein Doppelgänger) sowie einige seiner Regierungsspitzen hätten sich in ein Bagdader Restaurant begeben, und dem Abwurf mehrerer satellitengesteuerter GBU-Bomben durch eine B-1. Für die stärkste Luftmacht der Welt, die am Ort des Geschehens nicht nur die absolute Luftüberlegenheit, sondern ständig eine Vielzahl von Maschinen am Himmel hatte, bedeutet das eine eher mäßige Leistung; zumal das *Air Force Magazine* ausdrücklich erwähnt, daß ein abrufbereiter B-1-Bomber immer über dem Westen des Irak in der Luft war. Den Preis zahlte wie üblich die Zivilbevölkerung, denn als die Bomben den Häuserblock endlich pulverisierten, befand sich ›Mr. Most Wanted‹ längst nicht mehr dort.[191]

Überhaupt sind auch die versiertesten Überwacher irgendwann mit ihrem Latein am Ende, so bald sie es schlicht und ein-

›Crowded Skies‹, Skizze aus der Luftwaffenstudie 2025. Das Schema veranschaulicht die Tiefenstaffelung der amerikanischen Weltraumwaffe, die auf einer überlegenen Infrastruktur aus Beobachtungs- und Kommunikationssatelliten beruht.

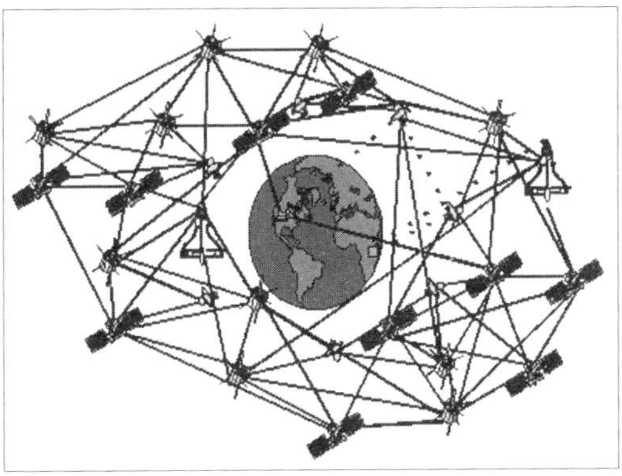

[191] Adam J. HEBERT, »The Baghdad Strikes«, in: *Air Force Magazine*, Nr. 7 (2003), http://www.afa.org/magazine/july2003/0703strikes.asp

fach mit einem ausgebufften Trickser zu tun haben. Das Telefonieren hatte sich SADDAM Hussein längst vor dem Überfall der Alliierten im März 2003 abgewöhnt – er reichte seine Anordnungen auf handgeschriebenen Zetteln weiter. Für weitere Verwirrung sorgten mindestens eine Handvoll Doppelgänger, die sogar die weniger wichtigen Staatsempfänge absolvierten. Er selbst sowie die Doppelgänger hielten stets einen kompletten Fuhrpark in Bewegung, bestehend aus bis zu acht identischen Mercedes-Limousinen, 100 Leibwächtern, einem Feldlazarett sowie leichter Flak. Aber nicht einmal das bot die Gewähr, daß sich SADDAM wenigstens in einem der Konvois befand. Die CIA hatte zuletzt herausgefunden, daß der Diktator sogar in Lieferwagen und öffentlichen Omnibussen übernachtete, die unauffällig am Straßenrand parkten.[192]

Bei alledem versagte die Satellitenaufklärung völlig. So war auch der Überraschungsschlag, den die Amerikaner noch vor Kriegsbeginn gegen einen vermeintlichen Bunker der irakischen Führung in Bagdad ausführten, nicht einmal ein Schlag ins Wasser. Nicht nur, daß sich SADDAM Hussein nicht an dem vermuteten Ort befand, als die Missiles einschlugen. Es befand sich auch kein Bunker dort, nicht einmal eine unterirdische Anlage. Der Fernsehsender CBS berichtete bereits im Mai 2003 über die blamable Aktion, die ein Schlaglicht auf die Schwächen der High-Tech-Bespitzelung wirft.[193]

Es wäre dennoch ein tödlicher Fehler, die Satelliten-Aufklärung zu unterschätzen. Stichwort ›Keyhole‹: Aufklärungssatelliten dieses Typs gehören zum technisch Fortgeschrittensten, über das die Weltraumkrieger des Pentagon zur Zeit verfügen. Nicht nur während des Balkankrieges, sondern auch während des Afghanistan-Einsatzes wurden ›Keyhole‹- (deutsch: Schlüsselloch-) Satelliten als eine Art Wunderwaffe gehandelt. Sie verfügen über eine extrem hohe Bildauflösung, die relativ präzise Aufnahmen selbst von zehn Zentimeter kleinen Objekten ermöglicht. Allerdings ist auch ›Keyhole‹ – noch – nicht in der Lage, etwa Gesichter von Personen zu unterscheiden (einer der Gründe, warum gegen Osama BIN LADEN auch die High-Tech-Militärmaschine der USA nichts half).

Das räumt auch die NASA ein: »Lastkraftwagen, Straßen, Rohr-

[192] Jack KELLEY, »Saddam an expert«, aaO.

[193] »›Kein Bunker, keine Leichen‹«, in: *Süddeutsche Zeitung*, 30. 5. 2003.

leitungen, einzelne Bäume (...) können erkannt werden. Der Sensor ist nicht leistungsstark genug, um individuelle Personen zu erkennen.«[194]

Allerdings besagt dieses Dementi nichts anderes, als daß genau dies angestrebt wird. Rick Oborn, Sprecher der Nationalen US-Aufklärungsbehörde, gibt sich denn auch zuversichtlich: »Wir bleiben immer einen Schritt vor dem Kommerz.«[195] Eine neue Generation von ›Keyhole‹-Satelliten soll nach Vermutungen von Experten im September 2001 vom Luftwaffenstützpunkt Vandenberg (Kalifornien) aus ins All geschickt worden sein – zeitgerecht vor Beginn der Afghanistan-Operation. Allerdings wird auch das offiziell dementiert.[196]

›Keyhole‹ markiert einen Meilenstein in der Geschichte der Himmelsaufklärung. Noch während des Golfkrieges 1991 war es üblich, Satellitenaufnahmen auf Schwarz-Weiß-Bildschirmen zu begutachten und per Fax an die Kommandostellen im Kriegsgebiet zu senden. Zehn Jahre später können aufgrund der fortgeschrittenen Datenvernetzung Bilddaten in nahezu unbegrenzter Menge an die Einsatzstäbe verschickt werden, und der Zeitverzug fällt praktisch nicht mehr ins Gewicht.

Auch die Bildauflösung der Satellitenkameras hat in kaum zehn Jahren rasante Fortschritte gemacht. Für ›Desert Storm‹ mußten Aufnahmen genügen, die Gegenstände bis zu einer Größe von etwa 10 Metern (in Farbe bis 20 Metern) einigermaßen scharf zeigten. Seither hat sich die Auflösekapazität – siehe oben – um ein Vielfaches vergrößert.

Zu den leistungsfähigsten Systemen gehören neben ›Keyhole‹ die französischen ›Spot‹-Satelliten und das amerikanische ›Ikonos‹-System, eine Entwicklung aus dem Hause Lockheed Martin Space Systems in Sunnyvale. Noch ein drittes kommerzielles System ist ausgesprochen leistungsstark und deshalb vermutlich noch einige Jahre lang konkurrenzfähig: der amerikanische ›Quickbird‹-Satellit, der unter der Regie der Firma DigitalGlobe Corp. in Longmont, Colorado, im Herbst 2001 ins All gebracht wurde. Er ist mit Infrarot- sowie mit optischen Kameras ausgestattet und kann Objekte bis auf eine Größe von etwa 60 Zenti-

[194] Zit. nach: Heather Cameron, »Private Eyes, Public Eyes. Fotografie und Überwachungsgesellschaft«, http://www.nachdemfilm.de/no3/cam01dts.html

[195] Ebd.

[196] Nach: »Amerikaner haben Augen und Ohren im All«, aaO.

metern (in Farbe 2,50 Metern) identifizieren. Für zivile Satelliten ist das gegenwärtig das Limit.[197]

Sowohl für militärische als auch für kommerzielle Himmelsaufklärer liegt der Trumpf schon jetzt immer häufiger in einem ›Mix‹ aus verschiedenen Sensoren, deren Daten miteinander kombiniert werden und so ein gleichsam ›dreidimensionales‹ Bild des Beobachtungsgegenstandes liefern. Dabei sind unterschiedliche optische Filter, die Verborgenes - wie zum Beispiel Schatten oder Kettenspuren von Panzern - sichtbar machen können, noch das Harmloseste. Ungleich wirkungsvoller wird die Aufklärung aus dem All dadurch, »daß verschiedene Informationsquellen zu einem hochauflösenden Bild verbunden werden können. Zum Beispiel können mit einem hochauflösenden Weltraumbild Einzelhäuser beobachtet werden. Grundstücksmakler können dieser Karte dann all die Informationen hinzufügen, die sie über jedes Haus bereits besitzen. Dies macht es möglich, weite Gebiete mit unglaublicher Präzision zu analysieren.«[198]

In der Praxis des 21. Jahrhunderts dürften von dieser Errungenschaft allerdings weniger die Grundstücksmakler als amerikanische Militärs profitieren. Auch ihnen eröffnet die Kombination unterschiedlichster Analysedaten aus dem All einen umfassenden Blick auf den Gegner, vor dem kaum noch etwas zu verbergen ist. Seit 2001 befindet sich eine der künftigen Wunderwaffen des Pentagon im weltweiten Informationskrieg in der Erprobung: ›Warfighter I‹. Der neue Supersatellit besitzt hyper-, ja sogar ultraspektrale Sensoren, die so viele verschiedene Frequenzen auswerten, daß Dinge sichtbar werden, die eigentlich unsichtbar sind: neben Drogentransporten unter dem Laubdach des südamerikanischen Regenwaldes zum Beispiel gegnerische Raketen unter meterdicken unterirdischen Betonhüllen, geheime Kommandozentralen tief unter dem Boden, Giftgaslabore in scheinbar harmlosen Fabrikhallen. Die Zeit mühseliger Vor-Ort-Inspektionen und nervenaufreibender Rüstungskontrollen geht damit unweigerlich ihrem Ende entgegen.

Der technische Trick, den sich ›Warfighter‹ zunutze macht, klingt einfach, setzt aber neben hochleistungsfähigen Linsen, Kameras und Sensoren gigantische Rechenkapazitäten voraus,

[197] Nach: »Revolutionary Satellites Aid U.S. Military«, in: *The San Francisco Chronicle*, 17. 10. 2001; http://news.nationalgeographic.com/news/2001/10/1017_wireafghansat.html

[198] Heather CAMERON, aaO.

die den Spähern im All noch vor wenigen Jahren nicht zu Gebote standen:

»Jeder Gegenstand, jede Farbe, jedes Material hat - einem Fingerabdruck gleich - seine eigene elektronische Signatur. Diesen Umstand nutzt (...) der ›Warfighter I‹ aus: Tasten seine Suchstrahlen das Blätterdach eines Buchenwaldes ab, so sucht er aus seiner elektronischen Bibliothek die Signaturen für Buchen aus. Rechnet er die aus seinem Bild heraus, dann bleibt übrig, was - optisch unsichtbar - unter dem Blätterdach strahlt, und es erscheint etwa ein Panzer. Je mehr Reflexionsstrahlen der neue Satellit auswertet, desto besser können die US-Aufklärer unter Tarnung, in Gebäude, unter Wasser und sogar in die Erde hineinsehen.«[199]

Nicht nur die routinemäßige Geheimhaltung macht es schwierig, authentische Informationen über Umfang und Qualität der amerikanischen Satellitenwaffe zu ermitteln. In den letzten Jahren mehrten sich zudem die Verdachtsmomente, wonach die US-Sternenkrieger systematisch falsche Daten über ihre Militärsatelliten, insbesondere über deren Umlaufbahnen, veröffentlichen - natürlich zur Irreführung potentieller Gegner. Mindestens zwei amerikanische Astrophysiker wollen inzwischen Anhaltspunkte dafür haben, daß US-Stellen in Sachen Satelliten vorsätzlich Desinformation betreiben. Damit verstieße Washington gegen eine UN-Konvention von 1975, der zufolge sämtliche Weltraumprojekte aller beteiligten Staaten registriert werden müssen.

Jonathan McDowell vom Harvard-Smithsonian Center für Astrophysik rechnete nach und stellte zahlreiche Diskrepanzen zwischen den von den USA veröffentlichten und den tatsächlichen Daten verschiedener amerikanischer Raumflugkörper fest.

Funktionsweise des Satellitensystems ›Warfighter I‹: Die Informationen verschiedener Sensoren werden miteinander verrechnet und ermöglichen so auch die Aufklärung verborgener Strukturen.

[199] Siegesmund von Ilsemann, »Umfassende Vorherrschaft«, in: *Der Spiegel*, Nr. 34/2001, S. 122.

Sein Ergebnis: Lediglich bei zwei von zehn US-Satelliten, die zwischen 1999 und 2000 gestartet wurden, waren die Daten korrekt an die UNO weitergegeben worden. Außerdem war der Start mindestens eines Militärsatelliten im Jahre 1989 niemals bekanntgegeben worden.[200]

McDowells Erkenntnisse stimmen mit denen eines anderen Wissenschaftlers überein. Auch Charles Fick von der Federation of American Scientists ist überzeugt, daß amerikanische Stellen mit gefälschten Zahlen nicht nur die Öffentlichkeit, sondern auch die UN-Weltraumbehörde an der Nase herumführen. Möglicherweise mit verhängnisvollen Folgen. Denn: »Diese Taktik der US-Regierung ist (...) eine Bedrohung für künftige und bestehende Weltraummissionen. Unbekannte Umlaufbahnen könnten Raumfahrzeuge miteinander kollidieren lassen (...).«[201] Offiziell nahm Washington zu den festgestellten Abweichungen nicht Stellung. Die offiziöse Sprachregelung hält daran fest, die USA handelten in voller Übereinstimmung mit der UN-Konvention.

Das Bewußtsein, mit der Satellitenwaffe nicht nur ein äußerst fortschrittliches, sondern auch ein äußerst gefährdetes Instrument militärischer Überlegenheit in Händen zu halten, treibt die amerikanischen Sternenkrieger seit den Anfängen des Weltraumzeitalters um. Mindestens ebenso stark beschäftigt sie allerdings von jeher auch die Idee der Satellitenbekämpfung. Schon im Oktober 1959 wurde die erste amerikanische Anti-Satellitenwaffe (ASAT) getestet, eine zweistufige Rakete mit der Bezeichnung ›Bold Orion‹, die von einer B-47 gestartet wurde. In den sechziger Jahren schalteten sich auch Army und Navy in den Wettlauf um die Anti-Satellitenwaffe ein. Während die Luftwaffe auf ZEUS- und NIKE-X-Raketen als Trägersysteme setzte, erprobte die Marine U-Boote und F-14-Jagdbomber als Trägerplattformen. Und schon Anfang des Jahrzehnts hatte die Air Force ein Programm unter dem Kürzel ›SAINT‹ gestartet (Satellite Interceptor – Satellitenjäger), das bis 1964 den Bau von vier Killersatelliten und vier Zielsatelliten zur Erprobung vorsah. Wegen Finanzierungsschwierigkeiten fiel das Projekt ins Wasser.

Dafür zogen wenige Jahre später die Sowjets nach. Im Herbst 1968 konnten Experten der Air Force per Teleskop die ersten Versuche der sowjetischen Konkurrenz beobachten, Satelliten

[200] Nach: http://www.weltraumforschung.de/archiv/wissennew1660.html

[201] Ebd.

durch Killersatelliten zu vernichten.[202] Auch diese Experimente führten, soweit heute bekannt, nicht zur Entwicklung eines verwendungsfähigen Kampfsystems im Orbit. Dagegen stand die Entwicklung einer raumgestützten Laserwaffe noch Ende der achtziger Jahre auf der Prioritätenliste der sowjetischen Militärforschung. Die Mammutstudie *2025* geht deshalb davon aus, daß auf der Grundlage dieser Vorarbeiten in anderen Ländern nach wie vor weiter an diesem Vorhaben gearbeitet wird. Man müsse davon ausgehen, daß innerhalb der kommenden 30 Jahre nicht nur die USA, sondern auch eine gewisse Anzahl weiterer Staaten über Laserwaffen im Orbit verfügen werden.

Die Amerikaner unternahmen Ende der siebziger, Anfang der achtziger Jahre einen neuen Anlauf. Ergebnis war das Programm MHV/F-15 ASAT (Miniature Homing System). Da sich das ›Star Wars‹-Konzept vorerst als technisch undurchführbar erwiesen hatte, erschienen jetzt Raketen als plausible Lösung zur Satellitenbekämpfung. Der erste Versuch fand im September 1985 statt, als vom Luftwaffenstützpunkt Edwards eine F-15 aufstieg und in einer Höhe von zwölf Kilometern eine speziell entwickelte, knapp sechs Meter lange Anti-Satellitenrakete abschoß. Diese traf in 555 Kilometer Höhe über dem Pazifik einen ausgedienten Satelliten und zerstörte ihn, ein glatter Erfolg und ein eindeutiger Vorsprung gegenüber den Russen. Seither verfügen die USA als einzige Großmacht über eine operative Anti-Satellitenwaffe.

Den gesteigerten Sicherheitsansprüchen des Pentagon im 21. Jahrhundert genügt dieses System freilich in keiner Weise. Raketen sind zu groß, zu schwerfällig, alles in allem eine überholte Technologie. Außerdem entsteht bei der Zerstörung eines gegnerischen Satelliten per Geschoß eine Unmenge von Weltraumschrott, der für andere Objekte im Orbit – beispielsweise aufsteigende Shuttles, eigene Satelliten oder künftige Atmosphärengleiter – zur akuten Gefahr werden kann. Das aktuelle und vermutlich zukunftsweisende Programm zur Satellitenbekämpfung verbirgt sich deshalb hinter dem Kürzel ›Ke-Asat‹ (›Ke‹ steht für ›kinetisch‹ bzw. kinetische Energie). Feindliche Satelliten sollen in Zukunft nicht mehr abgeschossen und in tausend Stücke zerlegt, sondern durch Bewegungsenergie unschädlich gemacht werden. Die künftige Generation von Satellitenkillern soll so konzipiert sein, daß sich eigene Killersatelliten auf erkannte Feindsatelliten

[202] Nach: Anatol Johanson, »Bomber im All und Spray gegen Satelliten«, in: *Die Welt*, 4. 10. 2001.

stürzen und diese durch den Aufprall außer Gefecht setzen. Es genügt schließlich vollauf, die hochsensiblen Sensoren des gegnerischen Himmelskörpers - Kameras, Antennen, Solarzellen usw. - zu demolieren, um das ganze System wertlos zu machen. Außer durch einen direkten Treffer (kinetic kill) kann dies auch durch einen konventionellen oder nuklearen Sprengsatz geschehen, der in der Nähe des Satelliten gezündet wird, oder durch Directed Energy Weapons, die sich einen elektromagnetischen Impuls zur Zerstörung der empfindlichen Elektronik zunutze machen.[203] *Jane's Defense Weekly* rechnete sogar vor, daß ein einziger Nuklearsprengkopf, der in 60 Meilen Höhe gezündet wird, alle in niedrigen Bahnen fliegenden Satelliten innerhalb von Wochen unbrauchbar machen könne. »Der elektromagnetische Impuls, der durch die Explosion hervorgerufen wird, und der sogenannte ›Christofilos‹-Effekt - die Schaffung eines künstlichen Strahlungsfeldes um die Erde - könnten Satelliten im erdnahen Orbit zum Schweigen bringen - und mit ihnen einen Großteil der weltweiten Kommunikationssysteme.«[204]

Die ersten Erfahrungen mit dieser Bedrohung konnte die amerikanische Satelliten-Streitmacht dank eines Selbstversuches sammeln, und das schon vor Jahrzehnten. 1962 beschädigte die Explosion einer 1,4-Megatonnen-Atombombe im All drei eigene Himmelsspione.

Am Bedarf für künftige Anti-Satellitenwaffen fehlt es jedenfalls nicht. Ein plakatives Gefährdungsszenario dazu liefert *2025*. Es findet sich, dramaturgisch wirksam, im Vorwort zum Abschnitt *Counterspace Operations in 2025:*[205]

»Dies ist das Jahr 2025. Irgendwo im erdnahen Orbit stürzt unerwartet und in aller Heimlichkeit ein amerikanischer Kommunikationssatellit ab, einer von Dutzenden. Das Bodenkontrollpersonal mit seinen ausgefeilten Computer-Kontrollsystemen ist verblüfft, überraschenderweise aber nicht alarmiert. Sollte es aber sein. Denn was ihnen oder den US-Verteidigungsbehörden verborgen geblieben ist: Ein Konsortium von Schurkenstaaten [rogue nation-states] und Verbrecherkartellen hat soeben einen neuen

---

[203] Nach: (o. Verf.), »Orbitale Kampfführung«, aaO.

[204] Ian Steer, »Threat Assessment I: High-Altitude Nuclear Explosion Would Kill Satellites«, http://www.nti.org/d_newswire/issues/newswires/2002_10_21.html#5

[205] *Star Tek – Exploiting the Final Frontier: Counterspace Operations in 2025*, aaO.

High-Tech-Satellitenzerstörer getestet. Schon die Bedrohung für den einzelnen Satelliten ist erheblich. Aber die Bedrohung für die nationale Sicherheit der Vereinigten Staaten ist geradezu vernichtend, wenn diese Satellitenzerstörer eine Vielzahl von Satelliten gleichzeitig angreifen können. Dieser Alptraum wird weniger als ein Jahr später Wirklichkeit. Mit einem ebenso unerwarteten wie entscheidenden Manöver werden weltweit die Verbindungen zu den amerikanischen Streitkräften unterbrochen, das GPS-System existiert praktisch nicht mehr, und die Mehrzahl der kommerziellen und militärischen US-Himmelsaufklärer ist bewegungsunfähig. In diesem fiktiven Blick in die Zukunft haben die Counterspace-Fähigkeiten der USA leider versagt.«

Auch der Bericht der RUMSFELD-Kommission vom Januar 2001 unterstreicht die Notwendigkeit einer rasch verfügbaren US-Satellitenwaffe. Die Vereinigten Staaten sollten sich nicht nur auf die Entwicklung ›revolutionärer‹ Technologien wie wiederverwendbare Raumgleiter konzentrieren, sondern auch in jene Technologien investieren, die die »operative Verfügbarkeit von Satelliten schon kurz nach dem Start« ermöglichen. Ein »Schlüsselziel« müsse dabei die erhebliche Kostenreduzierung beim Ausbringen und Stationieren von »Gegenständen und Fähigkeiten« im All sein, während die amerikanischen Weltraumstreitkräfte gleichzeitig in die Lage versetzt werden müßten, »für operative Zwecke einsetzbare Satelliten« zu starten, und zwar sowohl im Rahmen von Routineeinsätzen als auch im akuten militärischen Bedrohungsfall.[206]

Das klingt kryptisch, umschreibt aber nichts anderes als das Ziel, die amerikanischen Fähigkeiten zum Krieg im Weltraum – insbesondere, was die Satellitenwaffe angeht – drastisch zu steigern. In Zahlen: »Analysen des US-Wirtschaftsministeriums gehen bereits heute davon aus, daß in den nächsten Jahren der Bedarf an kommerziellen und militärischen Satelliten in einer Größenordnung von 1200 bis 1500 Stück [!] vorliegen wird, von denen die meisten in den USA hergestellt werden. Rund 30 Prozent dieser Satelliten werden nach dieser Einschätzung auch durch amerikanische Trägersysteme ins All transportiert.«[207]

Während diese Zahlen noch eine vorläufige Prognose wiedergeben, sind andere real. Auf der offiziellen Homepage der ame-

---

[206] *Report of the Commission to Assess U.S. National Security Space Management and Organization*, aaO.

[207] (o. Verf.), »Orbitale Kampfführung«, aaO.

rikanischen Atomstreitkräfte (deutsche Version) werden die bereits in der Umsetzung begriffenen Modernisierungsmaßnahmen im Bereich der nationalen Satellitenwaffe in aller Offenheit beim Namen genannt – zumindest das, was die Öffentlichkeit darüber wissen darf. Wörtlich:

»Neue Militärsatelliten sollen die Kommunikation und Aufklärung in Zukunft verbessern und gewährleisten. Zu den bestehenden Milstar-Satelliten (EHF – Extremely High Frequency) und UHF (Ultra High Frequency)-Verbindungen zählt ab 2003 das DSCS-System (Defense Satellite Communications System), das neue Navy Polar EHF-System ab 2009 und die schrittweise Ablösung der Milstar-Satelliten durch neue AEHF-Kommunikationssatelliten (Advanced Extremely High Frequency Milsatcom) namens ›Pathfinder‹ ab 2006, einsatzbereit ab 2008. Ab 2009 folgt die Modernisierung des Wideband Gapfiller Systems durch das AWS Advanced Wideband System. Die gesamte Modernisierung kostet über 2,3 Mrd. US-Dollar.«[208]

Auch diese Zahl ist lediglich ein kleines Mosaiksteinchen. Denn von den meisten der heute zur Verfügung stehenden und in absehbarer Zeit zur Modernisierung heranstehenden Satellitensysteme ist hier überhaupt keine Rede. Nicht erwähnt wird zum Beispiel, daß mit weiteren 1,8 Milliarden US-Dollar in den nächsten zehn Jahren allein der Austausch des vorhandenen DSP-Frühwarnprogramms durch das leistungsfähigere integrierte raum- und erdgestützte Abwehrsystem SBIRIS zu Buche schlagen wird.[209] Dabei handelt es sich um einen Verbund geostationär positionierter Satelliten, die mehr Sicherheit vor Überraschungsangriffen mit weittragenden ABC-Waffen bieten sollen.

Die künftigen Entwicklungslinien der amerikanischen Satellitenwaffe sind damit vorgezeichnet. Sie soll nicht nur quantitativ aufgestockt werden bis zur Fähigkeit lückenloser Überwachung des gesamten Globus. Sie soll in den nächsten Jahrzehnten auch zu einer ernst zu nehmenden Waffe im All aufgerüstet werden, die neben Kommunikations- und Spionageaufgaben auch handfeste militärische Aufgaben übernehmen kann: Bekämpfung gegnerischer Satelliten, Bekämpfung der gegnerischen Kommunikation, aber auch Bekämpfung von Zielen im Orbit und auf der Erde. Umgesetzt werden soll das alles sowohl mit den eigenen

[208] Stefan Krekeler, »Die US-Atomstreitkräfte (US Nuclear Forces)«, http://www.globaldefence.net/deutsch/nordamerika/usa/strategisch.htm

[209] (o. Verf.), »Orbitale Kampfführung«, aaO.

Möglichkeiten der Satellitenwaffe als auch im Zusammenwirken mit anderen Systemkomponenten, von denen die meisten ebenfalls erst noch entwickelt werden müssen. *2025* nennt einige davon:

»Offensive Verteidigungskomponenten im Weltraum, deren Entwicklung zu empfehlen ist, sind Parasiten-Mikrosatelliten (robo-bugs), Transatmosphärengleiter (TAVs) sowie ein bodengestütztes Lasersystem. Diese Verteidigungssysteme schließen ein Weltraum-Abfangnetz ein, das Satellitensignale entdecken und abfangen kann, sowie Satelliten-Leibwächter zum Schutz hochwertiger Aktivposten im All. Dieser Verbund wird das Rückgrat jener Systeme darstellen, die weiterverfolgt werden sollten, um die Weltraum-Überlegenheit der USA im Jahre 2025 sicherzustellen.«[210]

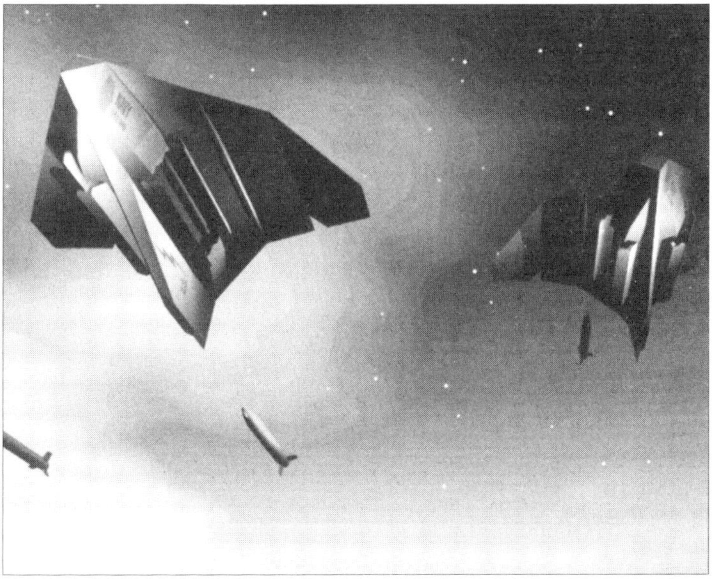

Aufrüstung im Weltraum: Zwischen Satelliten und bewaffneten Kampfdrohnen sind zahlreiche Mischformen denkbar. Hier ein Navy-Entwurf für ein Kampfsystem im erdnahen Orbit.

Im einzelnen gehe es darum, den Ausbau der amerikanischen Satelliten-Infrastruktur in folgenden Bereichen voranzutreiben:

---

[210] *Star Tek – Exploiting the Final Frontier: Counterspace Operations in 2025*, aaO.

- Aufklärung und Zielerfassung. Sie soll in Zukunft weitgehend automatisiert erfolgen. Dazu soll eine Vielzahl von ›Dichte-Messern‹ im Orbit stationiert werden, die auf jede Annäherung eines ›dichteren‹ Objekts reagieren, dessen spezifisches Gewicht sich bedeutsam von der Umgebung abhebt. Ähnlich wie die bereits erwähnten Aufklärungssatelliten mit hyper- und ultraspektralen Sensoren sollen sie imstande sein, unterschiedliche Meßskalen miteinander zu verrechnen und so innerhalb kürzester Zeit unidentifizierte Flugobjekte zu klassifizieren. Anzustreben ist eine zuverlässige Identifikationsleistung über eine Entfernung von knapp 200 Kilometern, berechnet auf ein Objekt von 100 Kilogramm Gewicht.

- Lückenlose Datenüberwachung im Weltraum. Dazu müssen aus der enormen Fülle von Daten jederzeit und automatisch jene Signale ausgefiltert und erkannt werden, die die Handlungsfreiheit der USA im Orbit beeinträchtigen könnten, also in erster Linie die Signale gegnerischer Satelliten. Um eine völlig lückenlose Überwachung des gesamten erdnahen Weltraums zu gewährleisten, soll das ›Abfangnetz‹ im Zustand seiner Fertigstellung drei integrierte Einzel-Netze umfassen, von denen jedes aus 66 Satelliten besteht. Im Bedarfsfall sollen verdächtige Wahrnehmungen von den Satelliten aller drei Netze konzentrisch durchleuchtet werden. Sodann muß das dazu bestimmte ›Abfangnetz‹ im Weltraum in der Lage sein, sofort Gegenmaßnahmen gegen die gegnerische Kommunikationstätigkeit einzuleiten. Dies schließt nicht nur konventionelle Vorgehensweisen, wie die Störung feindlicher Frequenzen, ein. Ausdrücklich werden weitere Möglichkeiten aufgeführt, die apokalyptische Dimensionen der US-Kriegführung im All erkennen lassen. So wird ernsthaft daran gedacht, die Ionosphäre chemisch, elektromagnetisch oder durch Teilchenströme aufzuladen, um ihre Leitfähigkeit für die Datenübertragung des Gegners zu zerstören.[211]

- Miniaturisierung. Möglichst kleine Satelliten sind nicht nur schwerer zu orten und zu bekämpfen. Ein weiterer Vorteil liegt in der Aufgabenteilung, mit der eine geringere Störanfälligkeit des Gesamtsystems einhergeht. Dabei übersteigt der Grad an Miniaturisierung, der innerhalb der nächsten Jahrzehnte erreicht sein wird, derzeit noch die Grenzen des Vorstellbaren (Stichwort: Nanotechnologie). Aber: »Die Elektronikindustrie hat gezeigt, daß es möglich ist, die Zahl von Transistoren auf einem Mikro-

[211] Vgl. dazu auch das letzte Kapitel dieses Buches.

chip alle 18 Monate zu verdoppeln. Dieser Trend hat eine dramatische Revolution in der Elektronik bewirkt. Forscher haben die Beobachtung gemacht, daß die Fähigkeit, ›Millionen von mikroskopisch kleinen Elementen auf einer Fläche zu verarbeiten, die nicht größer als eine Briefmarke ist‹, schon jetzt weitere Fortschritte bei der Miniaturisierung ankündigt.«

- Stealth-Technologie für den Weltraum.

- Entwicklung von Waffensystemen auf der Basis kinetischer und direkter Energieeinwirkung (kinetic energy weapons; directed energy weapons).[212] Vorrangig sollen dabei Kampfsysteme zur Bekämpfung gegnerischer Anti-Satellitenwaffen (ASAT) entwickelt werden. Auch hier spielen automatisierte Erkennungsprozesse eine Rolle. Die neuen Waffen sind ausdrücklich auch für die Bestückung der künftigen Atmosphärengleiter (TAV) vorgesehen. Vorrang hat die Entwicklung von Laser- oder Teilchenstrahlern sowie von Mikrowellenwaffen. Aber selbst eine gigantische, im All stationierte Linse zur Konzentration von Sonnenlicht (wahlweise auch ein Verbundsystem von satellitengestützten Hochleistungsspiegeln) ist im Waffenarsenal der Zukunft vorgesehen. Sollte ein solches System Wirklichkeit werden, dürfte es neben der ›Wetterwaffe‹ zu den folgenreichsten technischen Hervorbringungen gehören, die jemals die Labors und Büros der Waffenkonstrukteure verlassen haben.

Folgt man *2025*, muß man sich die ›Sonnenwaffe‹ des 21. Jahrhunderts (Solar Energy Optical Weapon; SEOW) als ein riesiges im Orbit positioniertes Brennglas vorstellen, das nicht nur ganze Regionen der Erde per Knopfdruck taghell erleuchten kann, sondern durch das gebündelte Sonnenlicht schwerste Schäden am Boden anrichten kann. Dabei sind sich die Planer offenbar noch nicht einig, ob die kosmische Linse das Sonnenlicht nur bündeln oder auch speichern können soll, um die aufgespeicherte Energie dann in Form eines direkten Energie-›Flashs‹ gegen Ziele auf der Erde zu richten.

Auch die Sonnenwaffe fußt auf künftigen Fortschritten im Bereich der Satelliten- und Werkstofftechnologie. Mindestens eine Handvoll entsprechender Systeme soll den US-Sternenkriegern zur Verfügung stehen und die Erde ständig umkreisen. Die Sonnenwaffe stellt nicht nur eine besonders leistungsfähige, sondern

---

[212] *Star Tek – Exploiting the Final Frontier: Counterspace Operations in 2025*, aaO.

auch eine geradezu heimtückische Waffe dar. Etwa, indem sie gegnerische Himmelskörper einfach durch Überhöhung der Betriebstemperatur zum Schweigen bringt - das Kontrollpersonal am Boden könnte nur den Ausfall des Satelliten registrieren, bliebe aber über die Ursachen völlig im unklaren. Weitere Anwendungsmöglichkeiten sind die ›Blendung‹ feindlicher Aufklärungssatelliten durch das gebündelte Licht, aber auch die Versorgung eigener solarlichtabhängiger Himmelskörper, während sie gerade auf der sonnenabgewandten Seite der Erde ihre Bahnen ziehen.

Kampf um ›Galileo‹

Ein eigener Frontabschnitt im Weltraum ist der Wettlauf der satellitengestützten Orientierungssysteme. Die USA verteidigen ihr globales Navigationssystem GPS (Global Positioning System) mit Zähnen und Klauen. Mit gutem Grund: GPS ist gegenwärtig - und noch auf einige Zeit hinaus - der wichtigste Pfeiler der amerikanischen Streitkräfte, wenn es darum geht, weltweit Ziele punktgenau zu bekämpfen. Bei Lenkflugkörpern gehören integrierte GPS-Navigationshilfen längst serienmäßig zur Ausstattung. So wurde der Marschflugkörper ›Tomahawk‹ AGM-86B - die Standardversion der Cruise Missile - mit einem GPS-Empfänger nachgerüstet, der mit dem schon seit längerem gebräuchlichen Geländekonturverfolgungsradar (INS - Inertial Navigation System) gekoppelt ist.

Das Ergebnis ist optimale Treffergenauigkeit auch bei extrem kleinen Zielen. Der nächste Optimierungsschritt ist die zusätzliche Ausstattung mit einer Infrarotkamera, die auch während des Fluges jederzeit Kurskorrekturen anhand aktualisierter Video- und Satellitendaten ermöglichen soll. Künftige Generationen von Marschflugkörpern sollen - davon war bereits im Zusammenhang mit der Bewaffnung der fliegenden Kampfplattform S3 die Rede - in der Lage sein, ihr Ziel nicht nur aufgrund der eingespeisten GPS-Dateien anzusteuern, sondern es anhand seiner spezifischen Infrarot-Signatur auch dann zu verfolgen, wenn es sich um ein bewegliches Ziel handelt.

Die Experten gehen davon aus, daß der GPS-Satellitenverbund in Zukunft zu den am meisten gefährdeten Zielen im amerikanisch beherrschten Orbit gehören wird: zum einen wegen seiner überragenden Bedeutung für die US-Streitkräfte, zum anderen aber, weil die Störung der GPS-Satelliten mit elektronischen Mitteln relativ einfach zu bewerkstelligen ist. Im Internet kursieren schon jetzt zahlreiche ›Gebrauchsanweisungen‹, mit deren Hilfe sich die hochsensible GPS-Technologie empfindlich stören läßt. Die dazu erforderlichen Bauteile kosten rund 400 Euro und sind in jedem gutsortierten Elektronikfachgeschäft zu bekommen – eine ideale Versuchung für jeden ›Schurkenstaat‹, dem für effizientere Systeme Geld und Kapazitäten fehlen. Je nach Batterieleistung kann ein entsprechender Störsender mehrere Monate lang in Betrieb gehalten werden, bei einer Reichweite von mehreren Kilometern.

Dabei würde es sich, wohlgemerkt, um eine reine Verteidigungsmaßnahme handeln, denn eine Beeinträchtigung des GPS-Systems würde lediglich dazu führen, daß amerikanische Präzisionsgeschosse plötzlich sehr viel weniger präzise funktionieren würden. Doch gerade in diesem Punkt versteht Uncle Sam keinen Spaß. Abstriche an Überlegenheit sind für die einzige Weltmacht des 21. Jahrhunderts nicht hinnehmbar. Das Opfer hat stillzuhalten und alles zu unterlassen, wodurch es sich – wenn auch nur minimal – vor der mächtigsten Vernichtungsmaschinerie der Welt schützen könnte; »(...) ein derartiger elektronischer Angriff bliebe nicht ohne Folgen, wie die amerikanische Verteidigungsdoktrin aussagt: Jeder direkte Angriff auf einen amerikanischen Satelliten, wie Kommunikations-, Militär-, Wetter-, Spionage- oder GPS-Satelliten, würde demnach wie ein Atomangriff behandelt und daher unverzüglich mit einem nuklearen Gegenschlag [sic!] beantwortet werden.«[213]

GPS ist eine der vielen High-Tech-Trumpfkarten der USA im Spiel um die globale Überlegenheit. GPS ist ein amerikanisches Monopol, an dem die Partner nur insoweit teilhaben dürfen, als es dem übermächtigen US-Bruder gefällt. Bis zum Mai 2000 konnten zivile Nutzer das weltweit zu empfangende GPS-Signal nur mit einer künstlich vergrößerten Ungenauigkeit registrieren, was eine Ortsbestimmung nur bis auf 70 Meter genau ermöglichte. Erst seither können auch zivile Nutzer von der Vollversion mit einer Auflösung von 10 bis 20 Metern Gebrauch machen. Aber nach wie vor liegt die letzte Entscheidung, ob GPS-Signale überhaupt gesendet werden oder nicht – zum Beispiel, wenn durch ihre Nutzung amerikanische Interessen beeinträchtigt würden –, allein bei der US-Regierung. »Außerdem haben die Amerikaner in der Vergangenheit nicht gezögert, zivile Nutzer

[213] Ebd.

ihres Systems abzuhängen, wenn sie irgendwo auf der Welt Krieg führten und GPS für ihre Raketen brauchten.«[214]

Diese Gewohnheit ist für ihre Opfer nicht ganz ungefährlich. Vor Jahren schon untersuchte eine gemeinsame Studie der Stiftung Wissenschaft und Politik und des Ifo-Instituts die Abhängigkeit von satellitengestützten Informations- und Navigationssystemen im 21. Jahrhundert und kam zu einem alarmierenden Befund:

»Auch bei Ausfall von Satellitennavigationsdiensten (analog zum Ausfall von Stromversorgung oder Telekommunikationsdiensten) können durch die Abhängigkeit der kritischen Infrastrukturbereiche untereinander Ketteneffekte ausgelöst werden, die große Bereiche von Wirtschaft und öffentlicher Infrastruktur in Mitleidenschaft ziehen.«[215] Präziser wurde eine Studie des Europäischen Parlaments: Eine GPS-Unterbrechung im Jahre 2015 würde der europäischen Wirtschaft demnach einen Verlust von einer Milliarde Euro bescheren. »Das ist im Sinne der Souveränität und Unabhängigkeit Europas nicht hinnehmbar«, sagt Rainer HERTRICH, Präsident des Bundesverbandes der Deutschen Luft- und Raumfahrtindustrie (BDLI) und Generaldirektor des Luft- und Raumfahrtkonzerns EADS.[216]

Um dieses Risiko wenigstens um seine amerikanische Komponente zu verringern – also das Abschalten von GPS durch die US-Regierung –, haben sich die europäischen Transport- und Verkehrsminister im Frühjahr 2001 entschlossen, ein eigenes europäisches Satelliten-Navigationssystem auf den Weg zu bringen: ›Galileo‹. Es soll einmal 27 Satelliten umfassen (plus drei Ersatzsatelliten), die die Erde in einer Höhe von 24 000 Kilometern umkreisen und unabhängig von GPS eine weltweite Positionsbestimmung auf mehrere Meter genau möglich machen sollen. Kostenpunkt: mindestens 3,5 Milliarden Euro, schätzt die EU-Kommission, und mindestens die Hälfte davon soll die Industrie aufbringen. ›Galileo‹ ist das erste Programm, das von der EU und der Europäischen Raumfahrtbehörde ESA gemeinsam finanziert wird. Ab 2008 soll es zur Verfügung stehen. Doch das ist wenig wahrscheinlich, wenn man an die Erfahrungen mit dem ›Eurofighter‹ denkt.

---

214 Christopher SCHRADER, »Europa sucht neue Orientierung«, in: *Süddeutsche Zeitung*, 6. 4. 2001.

215 Zit. nach: Udo ULFKOTTE, »Ende eines Monopols«, in: *FAZ*, 7./8. 4. 2001.

216 Zit. nach: Thomas HEUZEROTH, »›Galileo‹ kommt – Houston hat ein Problem«, in: *Welt am Sonntag*, 6. 4. 2003.

Das europäische Satelliten-Navigationssystem ›Galileo‹ wird ebenso wie das amerikanische GPS-System zivile und militärische Aufgaben übernehmen.

Einstweilen muß demonstrative Euphorie über die drückende Abhängigkeit von amerikanischen Satellitensystemen hinwegtäuschen, die auch nach der Indienstnahme von ›Galileo‹ nicht gänzlich verschwinden wird: »Denn nicht in der Konfrontation, sondern in der Kooperation kann das europäische Galileo-System seine Stärke ausspielen. Nur mit GPS und Galileo zusammen werden die Nutzer auf fünf Meter genau wissen, wo sie sind.«[217]

Beim Großen US-Bruder will man sich dieser Sicht der Dinge nicht anschließen. Im Dezember 2001 hielt es der stellvertretende US-Verteidigungsminister WOLFOWITZ für angezeigt, einen Brief an seine NATO-Kollegen zu schicken, in dem er monierte, daß der Frequenzbereich des europäischen Systems den amerikanischen überlagere (der sogenannte ›M-Code-Overlay‹): Im Konfliktfall könnte das Militär deshalb nicht mehr selektiv »Signale, die dem Gegner nutzen«, stören, ohne gleichzeitig den eigenen GPS-Betrieb zu gefährden. Unausgesprochen kommt in dieser Argumentation die Sorge der amerikanischen Seite zum Ausdruck, die ›Galileo‹-Signale der Europäer ließen sich im Ernstfall leichter vom Gegner ›knacken‹ und auffangen als die GPS-

[217] Christopher SCHRADER, aaO.

Signale. Noch weitergehende Spekulationen mutmaßen sogar, daß die europäische Seite ihre Frequenzen genau deshalb in den amerikanischen Frequenzbereich gelegt habe, um Störungen durch die Amerikaner zu verhindern.

Im Juni 2002 brachte auch das Wissenschaftsmagazin *New Scientist* die Bedenken der NATO - sprich: des US-Militärs - an die Öffentlichkeit. Das Magazin zitierte einen Brüsseler Funktionär mit den Worten: »Die NATO hat sich weder für noch gegen ›Galileo‹ ausgesprochen. Aber wenn es erforderlich ist, muß sie fähig sein, einem potentiellen Gegner während eines Konflikts den Zugang zum Satelliten-Positionierungssystem zu verwehren, und zwar auch den von jedem anderen Satelliten-Navigationssystem aus.«[218]

Einstweilen mauert Uncle Sam, weil er die eigene Monopolstellung bedroht sieht. Im März 2003 sollte ursprünglich Julie Karner vom US-Außenministerium, dort zuständig für die internationale Kooperation in Weltraumangelegenheiten, in München über das GPS-System sprechen. Doch die Reise wurde wegen des Irak-Krieges abgesagt. Viel Neues hätte Frau Karner den Europäern freilich nicht zu sagen gehabt. Eine der Kernaussagen ihrer schon vorbereiteten Präsentation lautete: »Der M-Code-Overlay ist nicht mit der nationalen Sicherheit zu vereinbaren.«[219]

Da hilft es wenig, daß die Europäische Raumfahrtagentur ESA abwiegelt und darauf hinweist, daß die verwendeten Frequenzen noch keineswegs fix seien und bis zur Indienstnahme des Systems noch eingehend mit den USA abgestimmt würden. Hinter den Kulissen weiß man es besser und argwöhnt mit gutem Grund, die amerikanischen Vorbehalte hätten damit zu tun, »daß ›Galileo‹ die US-Überlegenheit im Bereich der kommerziellen Satelliten-Navigationssysteme herausfordert«.

Tatsächlich sind das die Befürchtungen, die längst auch bei der CIA für Unruhe sorgen. Im Frühjahr 2002 gab es dazu immerhin eine Senatsanhörung mit Geheimdienstchef George J. Tenet, der die Bedrohung des amerikanischen Vorsprungs durch

[218] http:www.newscientist.com/news/news.jsp?id=ns99992447. Die Studie *2025* wird noch viel deutlicher. Dort heißt es im Abschnitt »Star Tek - Exploiting the Final Frontier: Counterspace Operations in 2025« unverblümt: »Die Vereinigten Staaten könnten imstande sein, einen Schlag gegen ein Satellitensysten zu führen, weil es einen Drittstaat mit Aufklärungsdaten versorgt (...).«

[219] Christopher Schrader, aaO.

kommerzielle Konkurrenten, aber erst recht durch potentielle Gegner mit deutlichen Worten beschwor. Fremde Streitkräfte, Nachrichtendienste und Terrororganisationen könnten in Zukunft um so mehr von hochsensiblen Satelliten-Informationen profitieren, je mehr Länder und Privatfirmen über die Fähigkeit verfügten, technisch ausgereifte Satelliten ins All zu schießen.[220]

»Wir sind dabei, unsere Monopolstellung zu verlieren«, warnt auch James Lewis die Washingtoner Regierung. Lewis, am Center for Strategic and International Studies als Experte für Fragen der Weltraumpolitik tätig, macht auf die Entwicklung seit dem Golfkonflikt 1990/91 aufmerksam. Seither seien nämlich zahlreiche Staaten zu der Einsicht gelangt, »daß es eine gute Sache ist, wenn man Weltraum-Kapazitäten besitzt«. Immer mehr Länder könnten sich mittlerweile hochauflösende Bilder aus dem All verschaffen und könnten so Panzer zählen, Flotten verfolgen und andere Informationen bekommen, mit denen sich Bewegungen der US-Streitkräfte vorhersagen ließen. Besonders ernüchternd: Um sich vor Satellitenaufklärung zu schützen, werden die amerikanischen Streitkräfte künftig dieselben Tarnmaßnahmen anwenden müssen, »die Gegner bisher benutzten, um Entdeckung durch die US-Aufklärung zu vermeiden«.[221]

Was die Konkurrenz durch Länder wie China und Israel angeht, mögen solche Sorgen berechtigt sein, zumal beide Länder hartnäckig am Recht auf eine eigene militärische Interessenvertretung festhalten.[222] Für Europa trifft das bislang nur bedingt zu, auch wenn ›Galileo‹ natürlich ebenfalls militärisch zu nutzen sein wird, etwa für Punktzielwaffen wie den europäischen Marschflugkörper ›Taurus‹. EU-Kommissionspräsident Romano Prodi bezeichnete die ambitionierten Satellitenpläne der EU deshalb sogar als »europäisches Selbstbehauptungsprojekt«.[223]

---

[220] John J. Lumpkin, »U.S. Losing Its Dominance On Spies In The Heavens As Other Nations, Companies Have Own Pictures«, http://www.space.com/news/us_spy_satellites_020408.html

[221] Ebd.

[222] »In der Vergangenheit verfügte nur Moskau über Satelliten-Kapazitäten, die an die der Vereinigten Staaten heranreichten. Nun aber könnte auch China mit Hilfe eigener Spionagesatelliten in der Lage sein, Erkenntnisse über Position und Zusammensetzung einer US-Trägergruppe zu gewinnen, die während eines möglichen Tauziehens um Taiwan zusammengezogen wird.« (ebd.)

[223] Zit. nach: Jost Vielhaber, »Ehrgeizige europäische Weltraumpläne«, in: *loyal. Das deutsche Wehrmagazin*, Nr. 4/2003, S. 29.

Gerade hochsensible Vorhaben wie ›Galileo‹ demonstrieren allerdings ein ums andere Mal, wie weit Anspruch und europäische Wirklichkeit auseinanderklaffen. Um ein Haar hätten die Europäer das ganze Projekt sogar in den Sand gesetzt. Spätestens Ende 2004 muß vertragsgemäß der erste ›Galileo‹-Satellit im All sein, andernfalls verliert die ESA die Sendelizenzen wieder, die sie im Jahre 2000 gegen den Widerstand der USA ergattert hat.[224] Zur Jahreswende 2002/2003 drohte der Zeitplan endgültig zu scheitern. Hatte sich zunächst das deutsche Verkehrsministerium dagegen gewehrt, einen ›Blankoscheck‹ über den deutschen Beitrag auszustellen, so trat jetzt der italienische ESA-Partner als Blockierer auf den Plan und beanspruchte hartnäckig die ›industrielle Führung‹, d. h. den Unternehmenssitz sowie einen erklecklichen Anteil an der Fertigung. Ausnahmsweise gab die Bundesregierung diesmal nicht nach und machte geltend, daß Italien – wie auch Großbritannien und Frankreich – nur mit 13 Prozent am gemeinsamen Projekt beteiligt sei, während Deutschland mit 25 Prozent größter ›Galileo‹-Partner ist. Anfang 2003 hätte die ESA eigentlich die für die erste Projektphase fälligen Mittel in Höhe von 550 Millionen Euro freigeben müssen, was aber durch die italienische Blockadehaltung verhindert wurde. Die Verzögerung gegenüber dem ursprünglichen Zeitplan liegt inzwischen (Stand: Sommer 2003) bei etwa zwölf Monaten.[225] Schließlich einigten sich Bundeskanzler SCHRÖDER und Italiens Ministerpräsident BERLUSCONI auf höchster Ebene, und die Bundesrepublik erhielt den Zuschlag, allerdings nur durch großzügiges Entgegenkommen. Italien ist nunmehr für die Fertigung der gesamten Boden-Infrastruktur zuständig, konnte seinen Fertigungsanteil auf 17,5 Prozent hochschrauben und erhielt einen Stellvertreter-Posten in der Führung des Konsortiums.[226]

Ob mit oder ohne ›Galileo‹: Der technologische Abstand zwischen den USA und den Europäern ist nicht nur in Sachen Positionsbestimmung gigantisch. Bislang war Europa im Orbit überhaupt weitgehend ›blind‹ und auf Informationen der USA angewiesen. Besonders Deutschland tappte in puncto Satelliten-

---

[224] Dirk ECKERT, »Italien will bei Galileo nicht klein beigeben«, http://www.heise.de/tp/deutsch/special/raum/13943/1.html

[225] Nach: Jost VIELHABER, aaO., S. 30.

[226] »Bis zum Jahr 2008 sollen 30 Satelliten im All kreisen«, in: *Süddeutsche Zeitung*, 31. 3. 2003; »Galileo kommt nach Deutschland«, in: *FAZ*, 29. 3. 2003.

aufklärung buchstäblich im dunkeln – entschuldbar immerhin für ein Land, das weltpolitischen Ambitionen seit Jahrzehnten abgeschworen hat und sich auf die Territorialverteidigung beschränkte. Doch diese Zeiten sind vorbei. Das ›erweiterte Aufgabenspektrum‹ der Bundeswehr läßt die Beschränkung auf die Heimatverteidigung wie einen verstaubten Film aus der Wochenschau von vorgestern erscheinen. Nur: Die Fähigkeiten der Bundeswehr, ihr ›erweitertes Aufgabenspektrum‹ auch technisch, operativ und logistisch wahrzunehmen, sind in der Phase des Umbaus nicht mitgewachsen. Im Orbit zum Beispiel sind die deutschen Streitkräfte noch immer weitgehend blind. Während des Kosovo-Krieges mußte Ex-Verteidigungsminister SCHARPING ständig bei den Amerikanern vorstellig werden, um auf deren Satellitenaufnahmen Genaueres über angebliche Flüchtlingsmassen zu erfahren.

Dabei nimmt Deutschland beim Bau von Satellitensystemen weltweit einen führenden Platz ein. Auch die Erfahrungen deutscher Firmen beim Bau und Betrieb modernster wetter- und tageslichtunabhängiger Beobachtungssysteme sind beachtlich. Dennoch verfügte die Bundesrepublik zur Jahrtausendwende über keinen einzigen eigenen Beobachtungssatelliten. Schlimmer noch: Auch die deutsche Beteiligung an europäischen Projekten wurde in der Vergangenheit immer wieder aus Kostengründen storniert. Stichwort ›Horus‹: Ein Radarsatellit dieses Namens sollte in den neunziger Jahren im Rahmen eines französisch-deutschen Gemeinschaftsunternehmens und unter Regie der deutschen Raumfahrtindustrie gebaut werden. 1997 stornierte die Bundesrepublik unter Hinweis auf finanzielle Engpässe ihre Beteiligung, worauf ›Horus‹ in der Versenkung verschwand.

Die französischen Partner waren mithin gut beraten, ihr eigenes Satellitenprogramm aufzulegen. Das führte dazu, daß Paris schon zwei Jahre später, 1999, über zwei nationale Spionagesatelliten verfügte, von denen der neuere, ›Helios-1B‹, ein echtes Spitzenprodukt ist. Er ist in der Lage, aus 680 Kilometern Höhe eine Auflösung von weniger als einem Meter zu erreichen.[227] Das Nachfolgemodell, ›Helios-2‹, wird außerdem mit einer Infrarotkamera ausgestattet sein. Pikant daran: Außer Frankreich beteiligten sich am ›Helios-1‹-Programm auch Spanien und Italien mit vierzehn und sieben Prozent – anders als Deutschland. Damit waren selbst Partnerländer wie diese beiden hinsichtlich des stra-

[227] Udo ULFKOTTE, »Durchblick verloren«, in: *FAZ*, 20. 7. 2000.

tegischen Satelliten-Durchblicks besser gestellt als die Bundesrepublik, die nach wie vor von den Amerikanern mit Informationen beliefert werden muß und auch Helios-Aufnahmen auf dem Umweg über die WEU nur mit Verspätung erhält.

›Galileo‹ und ›Helios‹: zwei Beispiele von unzähligen, die die erdrückende quantitative und technologische Überlegenheit der USA demonstrieren, die in absehbarer Zeit selbst mit viel gutem Willen nicht aufzuholen sein wird. Doch genau daran fehlt es: an der konsequenten Bereitschaft der Europäer, sich wenigstens in Teilbereichen vom amerikanischen Monopol zu emanzipieren und ein Kernreservoir an militärischer Souveränität aufzubauen. Über die politischen Hintergründe dieses Zauderns muß man nicht lange spekulieren. Sie sind zumindest zum Teil direkte Folge amerikanischer Einflußnahme. Die ›einzige Weltmacht‹ duldet keine Konkurrenz, und das europäische Polit-Establishment weiß das.

Robo-bugs und Nanobots – Mikrowaffen im Krieg der Zukunft

Anfang der achtziger Jahre des 20. Jahrhunderts entwickelte der polnische Science-Fiction-Autor Stanislaw Lem in seiner Studie *Waffensysteme des 21. Jahrhunderts*[228] eine bemerkenswerte Vision. Lem sagte voraus, daß infolge des technologischen Fortschritts einerseits, infolge immer tödlicherer, präziserer Waffen andererseits ein bestimmter ›evolutionärer‹ Trend bei den Streitkräften der Zukunft unvermeidlich sei: der Trend zur Miniaturisierung und zur funktionalen ›Fragmentierung‹ der Kampfmittel. Tatsächlich lassen sich bei einer Reihe von ausgewiesenen High-Tech-Erzeugnissen des 20. Jahrhunderts zumindest die Anfänge einer solchen Entwicklung feststellen, in der Regel diktiert vom Bedürfnis nach größtmöglicher Sicherheit. Lem:

»Nun ist für alle Systeme, die sich durch hohe Komplexität auszeichnen, ob es sich um industrielle oder militärische, um biologische oder technische, um Information oder Materie verarbeitende Systeme handelt, die Unzuverlässigkeit charakteristisch, mathematisch proportional zur Quantität der Elemente, aus de-

[228] Stanislaw Lem, *Waffensysteme des 21. Jahrhunderts oder The Upside Down Evolution (Die verkehrte Evolution)*, Frankfurt/Main 1983.

nen sich das System zusammensetzt. (...) Um den Pannen solcher Systeme entgegenzuwirken, führten die Ingenieure Überschüsse an Funktionalität und Widerstandsfähigkeit in diese ein: als Energiereserve zum Beispiel oder – beim Bau der ersten amerikanischen Raumfähren (wie der Space-Shuttle Columbia) – durch Doublieren oder sogar vervierfachte Anwendung paralleler Vorrichtungen, und eben deshalb hatten die ersten Raumfähren der Amerikaner mindestens vier Hauptcomputer, damit der Ausfall eines einzigen nicht ein katastrophales Scheitern verursachte. Die totale Vermeidung von Pannen ist unerreichbar. Wenn ein System aus Millionen von Elementen zusammengesetzt ist und jedes Element bloß einmal in einer Million aussetzt, wobei die Leistung des Ganzen von der Leistung aller Elemente abhängt, dann tritt mit Sicherheit eine Panne im System auf. Die Physis von Tieren und Pflanzen jedweder Art setzt sich aus Billionen Funktionsteilen zusammen, und doch wird das Leben mit dem Phänomen unvermeidlicher Fehlbarkeit fertig. Auf welche Weise? Die Fachleute bezeichnen dies als den Bau von zuverlässigen Systemen aus unzuverlässigen Teilen.«[229]

Der Übertrag auf künftige Generationen von Waffensystemen ist naheliegend. Wenn über dem Gefechtsfeld ständig das Damoklesschwert der atomaren Keule schwebt – es reichen auch schon immer präzisere, todbringendere konventionelle Waffen –, dann verbieten sich der Einsatz von Großgerät sowie raumgreifende taktische Manöver irgendwann von selbst. Die Lösung liegt im Verbund immer leistungsfähigerer Mikrochips mit den Möglichkeiten der Nanotechnologie: ›intelligente‹ künstliche Mikroorganismen mit einer Vielzahl von Aufgabenbereichen und ausgestattet mit einer Art synthetischem ›Instinkt‹, der es erlaubt, technische Großorganismen zu konstruieren, die schwer zu orten, nahezu unangreifbar sind und sich erst im Einsatzraum selbst zu einem kompakten Kampfsystem montieren.

Den besten Anschauungsunterricht für einen Evolutionsschub dieses Typs bietet die Geschichte des Lebens: Auch das Ende der Kreidezeit vor 65 Millionen Jahren, das wahrscheinlich durch den Einschlag eines Meteoriten auf der Erde ausgelöst wurde, überlebten nicht die größten, sondern die kleinsten Organismen. Die Dinosaurier starben aus, die Insekten nicht. Miniaturisierung und Diversifizierung erwiesen sich als die besseren evolutionären Rezepte im Umgang mit Großkatastrophen. Lem:

---

[229] Ebd., S. 19 ff.

»Die Aussage der Paläontologie ist eindeutig. Die Katastrophe, die in der Reichweite der entfesselten Vernichtungskräfte dem weltumfassenden Atomkrieg gleichkommt, erschlug alle großen Tiere, fügte den Insekten wenig Schaden zu und berührte die Bakterien überhaupt nicht. Das heißt, je größer der Vernichtungsbereich einer bestimmten Elementarkraft oder technischen Waffe ist, desto sicherer können kleinere Gruppen unversehrt der Reichweite der Vernichtung entkommen. So erheischte denn die Atombombe die Streuung sowohl ganzer Armeen wie auch einzelner Soldaten. (...) Deshalb bildeten nicht menschenähnliche Automaten die Armeen neuen Typs, sondern synthetische Insekten (Synsekten), keramische Mikrokrustentiere, Regenwürmer aus Titan und fliegende Pseudoinsekten mit Nervenknoten aus Arsenverbindungen und Stacheln, die aus schweren, spaltbaren Elementen bestanden. (...) Die fliegenden Synsekten wurden zu einer Art Verschmelzung von Flugzeug, Pilot und Geschoß zu einer Miniatureinheit. Die Mikroarmee wurde zu einer operativen Einheit, die nur als Ganzes die von ihr geforderte Kampfkraft und den geforderten Kampfwert besaß (wie – analog – nur der ganze Bienenschwarm eine selbständige Überlebenseinheit, die einzelne Biene hingegen gar nichts ist).«[230]

Es wäre nicht verwunderlich, im Literaturverzeichnis von *2025* einen Hinweis auf Lems Studie vom Jahre 1983 zu finden. Die Überlegungen, die die Strategen der amerikanischen Weltraumüberlegenheit dort zu Papier gebracht haben, gehen nämlich genau in die gleiche Richtung. Sie sprechen die Erwartung aus, daß »Nanotechnologie die Möglichkeit bietet, Fertigungsstätten im molekularen Größenbereich herzustellen, die imstande sind, Tausende hochspezialisierter Nano-Maschinen auszustoßen. Fachleute gehen davon aus, daß noch 20 bis 30 Jahre nötig sind, um brauchbare Ergebnisse in Sachen Nanotechnologie zu erreichen.«[231]

Der von Lem und vielen anderen beschriebene evolutionäre Trend hin zu Diversifizierung und Miniaturisierung ist zweifellos richtig erkannt. Es überrascht deswegen nicht, daß auch auf der Wunschliste der Sternenkrieger im Space Command Scharen hochspezialisierter Mini- und Mikro-Satelliten auftauchen, die verschiedenste Aufgaben im Orbit wahrnehmen sollen. Es handelt sich im wesentlichen um zwei Kategorien:

---

[230] Ebd., S. 55 ff.

[231] *Star Tek – Exploiting the Final Frontier: Counterspace Operations in 2025*, aaO.

1. Satelliten-Leibwächter zum Schutz sensibler und strategisch wichtiger Großsatelliten. Sie sollen ihre Sicherungsaufgaben in großen Stückzahlen wahrnehmen. *2025* vergleicht sie mit den Jagdfliegerschwärmen, die die amerikanischen Bomberpulks im Zweiten Weltkrieg eskortierten. Zahlreiche Sub-Spezies solcher ›Leibwächter‹ lassen sich bereits erkennen: aktive und passive Abwehrsatelliten, Funkverstärker, die bei Bedarf den Signalstrom eines angegriffenen Kommunikationssatelliten verstärken, Instandsetzungs-Satelliten und viele andere.

2. Roboter-Insekten (Robo-bugs), ausgelegt für ›parasitäre‹ Aufgaben in der Umgebung feindlicher Satelliten, deren Funktionieren sie durch Lahmlegen des Funkverkehrs und andere Maßnahmen der elektronischen Kriegführung stören sollen. *2025* beruft sich dabei auf eine Erkenntnis des chinesischen Militärtheoretikers SUN-TSU, der in seinem berümten Werk über die Kriegskunst die Maxime aufstellte: »Jede Kriegführung gründet auf Täuschung.«[232] Auch die künftigen Robo-bugs sollen sich Techniken der Verschleierung und Täuschung zunutze machen, um sich unbemerkt gegnerischen Satelliten zu nähern und sie dann zu stören, anzuzapfen oder auszuschalten. Auch sollen gegnerische Satelliten ›gekapert‹ werden können, indem der Kontakt zur feindlichen Kontrollstation unterbrochen und der gegnerische Himmelskörper unter eigene Kontrolle genommen wird. Der Gegner soll dabei über den Verlust eigener Satelliten möglichst lange im unklaren gehalten werden. Dem ›Umdrehen‹ gegnerischer Satelliten soll der Vorzug vor ihrer Zerstörung gegeben werden.

Eine besondere Klasse von Robo-bugs soll gegnerische Satelliten durch Mikrowellen-Bestrahlung bzw. durch elektromagnetische Impulse außer Gefecht setzen. Beide Arten von Energieeinwirkung eignen sich hervorragend zum Einsatz gegen das empfindliche technische Innenleben von Satelliten. Auch die fliegenden Strahlenschleudern sollen aus nächster Nähe zu ihren Zielobjekten operieren und durch ihre Energiewirkung beispielsweise die gegnerische Kommunikation stören. Sie können entweder von Raumgleitern oder mit Raketen im All ausgesetzt werden, besitzen eine Energieladung für einen begrenzten Zeiraum – 30 bis 60 Tage – und sollen nach Beendigung ihrer Störaktionen wieder eingesammelt werden, etwa durch einen Atmosphärengleiter. Sie sind die ideale Waffe gegen die Satellitenka-

[232] James CLAVELL (Hg.), *Sunzi, Die Kunst des Krieges*, München 1988, S. 24.

pazitäten befreundeter oder neutraler Länder, deren Himmelskörper nicht zerstört, sondern nur für einen bestimmten Zeitraum lahmgelegt werden müssen, beispielsweise, um feindliche Streitkräfte nicht unfreiwillig mit Informationen zu versorgen. Sollte das europäische Navigationssystem ›Galileo‹ in den nächsten Jahren im Orbit auftauchen, ist es für diese Art von Sabotageaktionen der US-Partner geradezu prädestiniert.

Wie bei Stanislaw Lem, so sollen auch dem ›Star Tek‹-Konzept zufolge die künftigen Kleinsatelliten zu automatisierten, computerisierten ›Meta-Netzen‹ verbunden werden, innerhalb derer alle einzelnen Bauteilchen ganz bestimmte Aufgaben übernehmen und gleichzeitig das Gesamt-Gehirn ständig mit einer Vielzahl von Informationen füttern.

Die technischen Probleme, die es bis zur Inbetriebnahme solcher quasi-intelligenten Satelliten-Organismen zu lösen gilt, liegen auf der Hand. Neben weiteren Fortschritten bei der Miniaturisierung der Prozessoren sind Fragen des Antriebs zu klären. Als aussichtsreich erscheinen derzeit Nuklearbatterien und weiterentwickelte Solarbatterien. Ein anderer Lösungsansatz wird seit geraumer Zeit von französischen Forschern versucht.[233] Sie haben einen speziellen Antriebs-Chip für Klein- und Kleinstsatelliten entwickelt, der aus mehreren Lagen Silikon besteht und einen kleinen Vorrat an Flüssigtreibstoff verbrennt. Der bei der Verbrennung entstehende Gasdruck tritt durch winzige Düsen aus. Hunderte solcher Düsen sollen auf einer Fläche von wenigen Quadratzentimetern Platz finden und eine Vielzahl von Steuerungsmanövern ermöglichen. Allerdings kann jede Düse nur einmal ›feuern‹, da das winzige Treibstoffreservoir bei jedem Einsatz vollständig verbrannt wird. Doch im All genügen schon relativ geringe Schubkräfte, um eine Richtungsänderung zu bewirken. Der Raketen-Chip soll in wenigen Jahren serienreif sein.

Nicht nur das Antriebsproblem muß gelöst werden. Damit Mikrosatelliten ein ernst zu nehmender Faktor im Orbit werden, bedarf es außerdem ausreichender Kapazitäten zum raschen Ausstoß der winzigen Himmelskörper in genügender Zahl. Die Missionen künftiger Robo-bugs sind nicht zu vergleichen mit den Missionen heutiger Großsatelliten, die nicht nur viel technisches Fingerspitzengefühl, sondern auch lange Vorbereitungszeiten

---

[233] Kimberly Patch / Eric Smalley, »Rocket chips to propel small satellites«, http://www.trnmag.com/Stories/2002/013002/Rocket_chips_to_propel_small_satellites_013002.html

brauchen. Robo-bugs müssen schnell und in großer Zahl ausgesetzt werden können.

Und schließlich müssen auch neue, den zukünftigen Erfordernissen genügende Stealth-Methoden entwickelt werden. Die derzeitigen Stealth-Eigenschaften der bekannten Flugzeugtypen B-2 und F-117 sind noch weit davon entfernt, die Forderung nach vollständiger Unsichtbarkeit auf gegnerischen Radarschirmen zu erfüllen. Neue Lösungen sollen in der Molekularzusammensetzung künftiger Stealth-Beschichtungen gesucht werden. Es gilt, Speziallegierungen zu finden, die nicht nur in der Lage sind, selbsttätig jede Form von auftreffender Strahlung zu entdecken und zu analysieren, sondern gleichzeitig innerhalb kürzester Zeit ihre molekulare Zusammensetzung zu verändern, um sich dadurch der Erfassung durch gegnerische Sensoren zu entziehen. Gesucht wird eine Art ›intelligente Haut‹ mit der Fähigkeit zur Selbstreproduktion und Selbstheilung:

»Computer im Molekulargrößenbereich, die als ›Gehirne‹ dieses einzigartigen Verteidigungsschildes fungieren, versetzen das System in die Lage, fast zeitgleich auf Impulse der Sensoreinheiten zu reagieren. Das Aufkommen von Nanocomputern (...) wird uns brauchbare Maschinen an die Hand geben, die eine Trillion

Skizzierte Darstellung künftiger ›Robo-bugs‹ zum Schutz eigener Satelliten und zum unbemerkten ›Entern‹ gegnerischer Systeme (aus der Luftwaffenstudie 2025)

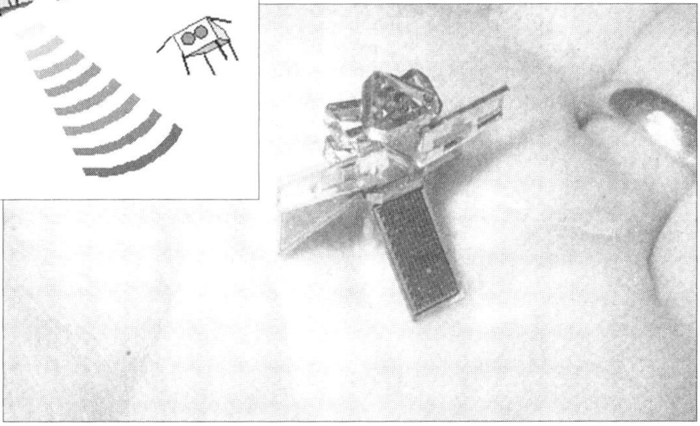

›Robofly‹ ist ein gangbarer Versuch in Richtung einsatzfähiger Mikro-Fluggeräte. Auch die Satellitenwaffen des 21. Jahrhunderts setzen auf Miniaturisierung.

mal so leistungsfähig sind wie die Computer der Gegenwart, und das im Größenbereich von Molekülen. (...) Als erstes klassifiziert das System das auftreffende Aufklärungssignal als Radar-, Infrarot- oder optisches Signal (...). Die Information der Sensoren wird zum Kontrollsystem des Nanocomputers weitergeleitet, das Befehle an die ›Fertigungsblöcke‹ in der Satellitenhaut überträgt. Diese fungieren als ihre eigenen molekularen ›Fließbänder‹ und fabrizieren eine Beschichtung, die auftreffende Energie optimal reflektieren oder absorbieren kann. (...) Diese Nanotech-Weltraumbeschichtung wird in der Lage sein, etwaige Gefechtsschäden am Raumfahrzeug zu reparieren (ein Satellit mit Selbstheilungsfähigkeiten). Die Fähigkeit der autonomen Selbst-Reparatur verringert den Bedarf an logistischen Systemen ganz erheblich, was im Weltraum einen großen Kosten- und Zeitvorteil bedeutet.«[234]

Kosten- und Zeitvorteile sind es denn auch, die die Entwicklung relativ leistungsfähiger Kleinsatelliten in den letzten zehn Jahren vorangetrieben haben. Von den anvisierten Fähigkeiten, die aus Mikro- und Nanosatelliten intelligente, zur Interaktion fähige Kleinstorganismen machen, sind die Entwicklungslabors – militärische wie zivile – jedoch noch weit entfernt. In diesem Zusammenhang ist auf eine begriffliche Feinheit aufmerksam zu machen, die offenbar einstweilen die Tatsache überspielen soll, daß die realen technischen Fähigkeiten noch weit hinter den futuristischen Erwartungen zurückliegen. Während ›Nanotechnologie‹ tatsächlich Kleinstmaschinen im Nano-Größenbereich meint, werden als ›Nano-Satelliten‹ relativ große Himmelskörper bezeichnet, etwa in der Gewichtsklasse von 1 bis 10 Kilogramm. Gemessen an den üblichen High-Tech-Satelliten, ist das zwar verhältnismäßig klein, mit den angestrebten Mikrosatelliten und ihren revolutionären Einsatzkonzepten hat diese Größenordnung aber noch nichts zu tun.

Was nichts daran ändert, daß die Forschung auf Hochtouren läuft. Beachtliche Pionierarbeit leistet seit langem die Universität Surrey im englischen Sussex, wo 1985 ein kommerzielles Unternehmen für Satellitentechnologie gegründet wurde, die SSTL (Surrey Satellite Technology Ltd.). Im Juli 1995 brachte die SSTL im Rahmen einer ›Ariane‹-Mission ihren ersten militärischen Kleinsatelliten ins All. 1999 zogen die Franzosen nach, zwei

[234] *Star Tek – Exploiting the Final Frontier: Counterspace Operations in 2025*, aaO.

Jahre später die US Air Force.[235] In Surrey werden Satelliten im Kreditkartenformat bereits in absehbarer Zeit für möglich gehalten. SSTL-Chef Martin SWEETING ist außerordentlich zuversichtlich. Er bemüht einen Vergleich, den er bei Stanislaw LEM oder den *2025*-Spezialisten aufgeschnappt haben könnte:

»Insekten sind mutmaßlich die erfolgreichste Spezies auf Erden: Sie sahen die Dinosaurier kommen und gehen, und heute übertreffen sie den Menschen zahlenmäßig um ein Vielfaches. Natürlich kann ein einzelnes Insekt kaum nennenswerte Wirkung entfalten - aber mit einem Heuschreckenschwarm verhält es sich ganz anders. Die gegenwärtigen mechanisch-mikroelektronischen Systeme und die voranschreitende Nanotechnologie, die vom Bedarf bei Industrie und Nutzern vorangetrieben wird, wird dazu führen, daß massenhaft hergestellte Pico- und Femto-Satelliten, die kleiner als eine Kreditkarte sind, beizeiten Realität werden. Ein einzelner solcher Satellit besitzt wenig praktische Nutzanwendung. Eine ganze Wolke von Femto-Satelliten im Orbit - mit auswechselbaren Prozessor›herzen‹, aufeinander abgestimmter Kommunikation und präziser Positionsbestimmung - verspricht ein in hohem Maße störungsunanfälliges, in Echtzeit umgruppierbares System im All, das sich schnell auf extrem dynamische Anforderungen einstellt (...).«[236]

Professor SWEETING weiß, wovon er spricht. Zwar sind die meisten derzeitigen Projekte noch kaum mehr als erste Gehversuche in die Richtung weltraumtauglicher Nanomaschinen; aber einige britische Forscherkollegen konnten in den letzten Jahren bemerkenswerte Fortschritte erzielen, wenngleich auf ausschließlich irdischem Terrain. An der Universität Oxford ist man überzeugt, schon bald insektenartige Kleinstflugzeuge mit einer Spannweite von 10 Zentimentern konstruieren zu können.[237] Sie sollen funkgesteuert oder selbständig fliegen können und mit winzigen Kameras ausgestattet sein - das perfekte Spionageinstrument. Der Schlüssel zum Erfolg ist in diesem Fall das eingehende Studium des Flugverhaltens von Insekten. Zwölf Jahre nahmen diese Studien an der Oxford University in Anspruch. Eines der wich-

---

[235] Nach: Martin SWEETING, »Mico/NanoSatellites - A Brave New World«, in: *Guardian Unlimited*, 10. 10. 2002, http://www.guardian.co.uk/Archive/Article/0,4273,4274597,00.html

[236] Ebd.; Femto = 1 Billiardstel Meter

[237] »Butterflies point to micro machines«, http://news.bbc.co.uk/1/hi/sci/tech/2566091.stm

tigsten Ergebnisse besteht in der Feststellung, daß es nicht genügt, konventionelle Flugzeuge einfach immer weiter zu miniaturisieren, weil ab einer bestimmten Größe der erforderliche Auftrieb unter den Tragflächen nicht mehr ausreicht. Insektenflügel arbeiten grundsätzlich anders und bewirken durch ihren Schlagrhythmus bis zu zehnmal soviel Auftrieb wie Flugzeugflügel.

Amerikanische Konstrukteure haben sich diese Erkenntnisse bereits zunutze gemacht. Die kalifornische Firma AeroVironment, die bezeichnenderweise auf fliegende Wanzen spezialisiert ist, stellte im Frühjahr 2001 das erste flugfähige ›Roboterinsekt‹ der Welt vor: ›Microbat‹, einen Flugapparat mit 20 cm langen Schwingen, die wie Fledermausflügel funktionieren. Auch in diesem Fall gingen lange Untersuchungen an Insektenflügeln voraus. ›Microbat‹ hat den Vorteil gegenüber herkömmlichen Kleindrohnen, langsamer fliegen und das Flugverhalten ändern zu können – wie eben Insekten oder Fledermäuse.

Und wieder war der Spionagezweck der treibende Motor der Entwicklung. Ein anderes Produkt aus dem Hause AeroVironment, ein 15 cm großes Kleinflugzeug unter der Projektbezeichnung ›Schwarze Witwe‹, wird von den US-Streitkräften bereits zu Aufklärungszwecken eingesetzt. »Aus hundert Metern über dem Boden«, sagt Projektmanager Matt KEENNON, »ist es für Auge und Ohr kaum zu entdecken und kann kristallklare Bilder zum Boden senden.«[238] Doch die Flugeigenschaften befriedigen die Konstrukteure noch nicht. Zukünftige Generationen von fliegenden Wanzen sollen in Gebäude eindringen und in geschlossenen Räumen spionieren können, ohne an den Wänden anzustoßen. Und sie sollen noch viel kleiner werden. ›Microbat‹ ist ein Schritt in diese Richtung.

Nur einer unter vielen. Denn schon Anfang des Jahres 2001 investierte die US-Regierung jährlich die gigantische Summe von rund 200 Millionen Dollar in die Entwicklung von MEMs (microelectronic machines). Die Sparte gehört zu den expansivsten im ganzen Rüstungssektor. Im Doppeljahr 1997/98 lag das Budget bei 134 Millionen US-Dollar, während 1999 bereits 71,5 Millionen zur Verfügung standen.[239] Der Großteil dieser Summen ver-

---

[238] »Robotic insect takes to the air«, http://news.bbc.co.uk/1/hi/sci/tech/1270306.stm

[239] Nach: George LEOPOLD, »Military Invests In Microelectronic Machine Technology«, in: *Times*, 21. 3. 1998, http://www.techweb.com/wire/story/TWB19980321S0001

›MicroStar‹ ist der Prototyp einer aus Verbundwerkstoffen bestehenden Mikro-Drohne von LockheedMartin. Die Spannweite beträgt 13 Zentimeter.

teilt sich auf die DARPA, die zentrale Entwicklungs- und Forschungsagentur des Verteidigungsministeriums, und Sandia National Laboratories in New Mexico, die staatliche Agentur, die für die technische Weiterentwicklung der amerikanischen Atomwaffen zuständig ist und nun mit der Arbeit an MEM-Projekten auf ein weiteres Kernterrain der nationalen Sicherheit vorgestoßen ist. Bei Sandia wird nach der Devise gearbeitet: »Alles, was für MEMs gut ist, ist gut für die Verteidigung.«[240] Deshalb beobachtet die US-Regierung Fortschritte im Bereich der MEM-Technologie mit Argusaugen. Eric PEARSON, Direktor eines anderen streitkräftenahen Unternehmens in der MEM-Branche, glaubt zu wissen: »Die Regierung hat ihre Finger in fast allen MEM-Forschungsvorhaben, von Autos bis Optik. Sie beobachten diese Sparte sehr genau.«

Dabei hat der Wettlauf gerade erst begonnen. Auch die großen Rüstungsfirmen – Raytheon, Boeing und Lockheed Martin – sind inzwischen in den MEM-Sektor eingestiegen und haben eigene Forschungsstätten eingerichtet. Synergieeffekte sind damit vorprogrammiert. Und die Gegner von morgen schlafen nicht. An der chinesischen Akademie für Militärwissenschaften wurde 1996 ein Beitrag über weitreichende Einsatzmöglichkeiten von ›Ameisenrobotern‹ veröffentlicht, die über eine Lebensdauer von mehreren Jahrzehnten verfügen sollen, in Friedenszeiten auf dem Terrain des potentiellen Gegners ausgebracht und beim Ausbruch von Feindseligkeiten aktiviert werden sollen. Sie sollen unter anderem die gegnerische Energieversorgung infiltrieren und stören.[241]

[240] Andrew FREIBURGHOUSE, »The Mems Microcosm: Military«, http://www.forbes.com/asap/2001/0402/052.html

[241] Bertil HAGMAN, »Ernst Jünger, the Technological Revolution and Titanism«, http://www.juenger.org/mailarchive/5_2001/mgs00006.php

Es ist nur eine Frage der Zeit, wann Robo-bugs Realität sind: zuerst am Boden, später im Weltraum. Die technische Evolution folgt auch hier nur den Spuren der Natur. Und sie wird nicht nur Flugeigenschaften, Wahrnehmungs- und Tarnfähigkeiten ihrer natürlichen Vorbilder kopieren, sondern noch viel vitalere Eigenschaften wie Reproduktion, Selbstheilung und Stoffwechsel. Und weil Arbeitsteilung, Spezialisierung und Staatenbildung die Überlebenschancen erhöhen, werden auch arbeitsteilige, sich selbst organisierende Verbände von Nano-Insekten irgendwann Realität werden. Ernst JÜNGER nahm die Vision künstlicher, von Menschenhand geschaffener Bienenschwärme vor Jahrzehnten in seinem Roman *Gläserne Bienen* vorweg, nicht ohne leises Unbehagen an einer Erfindung, die das Original an Effizienz übertrifft – um den Preis der prästabilisierten natürlichen Ordnung. Auch JÜNGER entgingen nicht die mannigfaltigen Möglichkeiten, solche Schwärme künstlicher Insekten als Waffen zu verwenden. An einer Stelle seines Romans heißt es:

»Ich wußte nicht, was mich mehr erstaunte – die kunstreiche Erfindung der Einzelkörper oder ihr Zusammenspiel. Vielleicht war es im tiefsten Grunde die tänzerische Kraft des Anblicks, die mich entzückte, in hoher Ordnung konzentrierte zwecklose Macht. (...) Ja, ohne Zweifel befand ich mich auf einem Versuchsfeld (...), auf einem Flugplatz für Mikroroboter. Meine Vermutung, daß es sich um Waffen handelte, traf wohl das Richtige. (...) Wenn Zapparoni seine Bienen auf Arbeiterinnen reduziert hatte, so hatte er sie doch des Stachels nicht beraubt, im Gegenteil.«[242]

Inzwischen prophezeien Experten die ›Nano-Revolution‹ nicht mehr für eine ferne Zukunft, sondern etwa für das Jahr 2020. Ihre Auswirkungen werden revolutionär und beunruhigend zugleich sein. Die Vordenker der Branche haben bereits kratzfeste Brillengläser, reinigungsfreie WC-Schüsseln, Miniaturspeicher mit gigantischem Fassungsvermögen und winzige Roboter zum Kampf gegen Tumore oder Arterienverkalkungen im Blick. Der Prototyp eines nano-elektronischen U-Bootes, das einmal zu medizinischen Überwachungszwecken im menschlichen Körper Patrouille fahren soll, war auf der Expo zu besichtigen. »Wir erwarten (...) eine Revolution im gesamten Produktionsbereich«, sagt der Computerwissenschaftler Ralph MERKLE, einer der prominentesten Nano-Theoretiker, »verbunden mit der Möglichkeit,

[242] Ernst JÜNGER, *Gläserne Bienen. Roman*, Reinbek bei Hamburg 1960, S. 94 u. 99.

eine viel größere Bandbreite für einen geringeren Preis herzustellen, die zudem viel zuverlässiger sind. Die Sachen werden viel robuster sein und auch viel leichter. (...) In Zukunft werden wir chirurgische Geräte für den molekularen Bereich haben. Sie werden genau dort ansetzen, wo ein Schaden aufgetreten ist, und ihn beheben. Das wird zu einer medizinischen Revolution führen (...).«[243]

Es gibt aber auch warnende Stimmen. Der Softwaretechniker Bill JOY etwa sieht in der ›Nano-Revolution‹ eine der »größten Gefährdungen der menschlichen Zukunft«. Wie diese aussehen könnte, hat sich der Bestseller-Autor Michael CRICHTON in seinem 2002 erschienenen Roman *Beute* auszumalen versucht. Sein Szenario ist beklemmend aktuell, und wie bei LEM und JÜNGER ist der Clou seiner Erfindung ihre Fähigkeit zur Selbstorganisation. Es geht um Nano-Roboter, die ferngesteuert durch die Luft schwirren, am Zielort - etwa einer suspekten Waffenfabrik - zu einem Schwarm zusammenfinden und dann wie ein Auge funktionieren, ein perfektes Überwachungssystem. Produziert wird es im Auftrag des Pentagon von einem High-Tech-Unternehmen in der Wüste Nevada. Doch irgend etwas geht schief, die Roboterwolken verselbständigen sich und werden zur tödlichen Bedrohung.

Auch CRICHTON saugt sich so etwas nicht aus den Fingern, sondern rechnet die erkennbaren Trends nur hoch. »Die Auswirkungen für die Menschheit«, zitiert er im Vorwort seines Romans zwei namhafte Wissenschaftler, »könnten ungeheuer sein, größer als die der industriellen Revolution, der Atomwaffen oder der Umweltverschmutzung.«[244] Das ist nicht übertrieben.

Der Ruf nach der Laserkanone wird lauter

Einsatzfähige Laserwaffen stehen seit Jahrzehnten auf der Wunschliste amerikanischer Militärs ganz weit oben. Von den verschiedenen Waffensystemen, deren Wirkung auf dem Einsatz zielgerichteter Energie (directed energy) beruht, ist die Laser-

243 Stefan KREMPL, »Nano - die elementare Revolution«, https://tor.at/resources/focus/telepolis/container/heise.de/tp/deutsch/inhalt/co/7273/1.html

244 Zit. nach: Jobst-Ulrich BRAND, »Killer-Kollektiv«, in: *FOCUS*, Nr. 49/2002, S. 103.

waffe heute dasjenige, dessen Realisierung am praktikabelsten scheint. Allerdings wird auch an Teilchen- und Mikrowellenwaffen gearbeitet.

Seit rund vier Jahrzehnten wird das Projekt ›Laserwaffe‹ bei der Air Force vorangetrieben. Mehr als 4,5 Billionen Dollar wurden in dieser Zeit in Forschung und Vorarbeiten investiert. Ein *Directed Energy Master Plan* wurde aufgestellt, der auch verbindlich blieb, als das gesamte Projekt vor kurzem der Verantwortung der Air Force entzogen und in die Zuständigkeit des Space and Missile Systems Center (etwa: Zentrum für Raumfahrt- und Raketensysteme) überführt wurde.

Inzwischen tragen die Anstrengungen Früchte. Im Sommer 2000 konnte in einem Versuch erstmals demonstriert werden, daß Raketenabwehr per Laser funktioniert. Doch die Abschußeinrichtung mit ihrem enormen Energiebedarf war groß und unbeweglich. Das nächste Etappenziel war der Einbau einer Laser›kanone‹ in eine umgerüstete Boeing 747-400. Dieses Ziel wurde im Juli 2002 erreicht. Die Maschine wurde mit einer bei Lockheed Martin hergestellten Bugnase ausgestattet, in der die Feuereinrichtung untergebracht ist. Sie besteht aus einem eigens entwickelten Kompositmaterial. Boeing steuerte weitere Bauteile aus Titanium bei. Die ersten Tests in Wichita im Bundesstaat Kansas verliefen erfolgreich, worüber nicht nur die Tagespresse berichtete,[245] sondern auch die zuständige Projektleiterin des Programms ›Luftgestütztes Laser-System‹ (Airborne Laser System, ABL) bei der Air Force, Colonel Ellen PAWLIKOWSKI. Sie trug zusammen mit anderen Fachleuten ihre Erfahrungen auf einem Kolloquium vor, das am 11. Juli 2002 am Lexington Institute in Arlington stattfand. Im Dezember 2004 soll die Laser-Boeing erstmals den Abschuß einer Rakete testen.[246] Bei den bisherigen Tests stellte sich allerdings auch heraus, daß die zerstörerische Energie des Laserstrahls beim derzeitigen Stand der Technik kaum über mehr als 600 Kilometer hinweg erhalten bleibt. Das bedeutet, daß die fliegende Laser-Batterie sehr nahe an das potentielle Ziel – zum Beispiel gegnerische Raketenabschußbasen – heranfliegen müßte und dadurch selbst verwundbar wäre.

Mittlerweile wurden weitere Fortschritte erzielt. Im Herbst 2002 ist es bei einem Versuch im Bundesstaat New Mexico ge-

---

[245] »USA testen Jumbo-Jet mit Laserkanonen«, in: *Süddeutsche Zeitung*, 20./21. 7. 2002.

[246] Ellen PAWLIKOWSKI, »Remarks on Directed Energy Weapons«, http://www.lexingtoninstitute.org/defense/energyforum_pawlikowski.htm

lungen, per Laser eine Artilleriegranate abzuschießen, die mit Schallgeschwindigkeit fliegt. Es soll sich um ein gemeinsames amerikanisch-israelisches Projekt handeln. Ein Sprecher des Verteidigungsministeriums sagte, »der erfolgreiche Test verändert die Paradigmen für Verteidigungsmöglichkeiten«. Tatsächlich ist

Prototyp der fliegenden Laserbatterie. Deutlich zu erkennen ist die umgebaute Bugnase für die Feuereinrichtung.

die Verwirklichung der Laserwaffe offenbar in ein neues Stadium eingetreten. Auch der Rüstungsexperte Christopher STEINMETZ vom Berliner Informationszentrum für Transatlantische Studien spricht von einer »sensationellen Entwicklung« und einem »möglichen Durchbruch«. Eine Laserwaffe, weiß STEINMETZ, sei »deutlich schneller« als eine Abfangrakete. »Es geht so schnell, wie wenn man Licht anknipst.« »Irgendwann« könne eine solche Waffe vielleicht auch zur Abwehr von Interkontinentalraketen eingesetzt werden.[247]

[247] »USA testen erfolgreich neue Laserwaffe«, in: *Süddeutsche Zeitung*, 7. 11. 2002.

Nicht ›irgendwann‹, sondern in absehbarer Zeit, und auch nicht nur gegen Interkontinentalraketen, sondern gegen eine ganze Palette denkbarer Ziele. Darüber herrscht völlige Einigkeit zwischen den Autoren von *2025* und den Teilnehmern am Lexington-Symposium vom Juli 2002. Ein anderer der dortigen Referenten, Dr. Howard R. Meyer, jr., verantwortlich für die Aktualisierung des *Air Force's Directed Energy Master Plan* am Strategischen Planungs-Hauptquartier der Luftwaffe, machte darauf aufmerksam, daß »die Luftwaffe sehr gespannt ist auf das dramatische militärische Potential, das mit der Directed Energy-Technologie verbunden ist. Die Air Force entwickelt Directed Energy-Waffen, die uns die Möglichkeit einer ultra-präzisen und beinahe zeitgleichen Anwendung stufenweise regelbarer Gewalt über große Entfernungen hinweg an die Hand geben.«[248] Dazu zählen:

- Luftgestützte Laser-Waffensysteme zum Abschuß ballistischer Raketen aus großer Entfernung;
- Taktische Laser-Abschußplattformen auf Spezialflugzeugen, um gegnerische Ziele verdeckt und aus großer Entfernung anzugreifen;
- Bodengestützte Lasersysteme, um eigene Satelliten von der Erde aus gegen Angriffe im Orbit zu verteidigen.

Meyers Kollegin Delores M. Etter von der US Naval Academy kann sich noch weitere Anwendungsgebiete der Laserwaffe vorstellen, zum Beispiel ein Strahlengewehr für die Infanterie, einstellbar wahlweise auf tödlichen und nichttödlichen Feuermodus, und schiffsgestützte Laserbatterien zur Bekämpfung anfliegender Raketen und Marschflugkörper.[249]

Auch Loren B. Thompson, Dozentin im Rahmen des Programms für Strategische Studien an der Georgetown University, denkt schon weiter und gerät über die Vorteile und Einsatzmöglichkeiten künftiger Lasersysteme schier ins Schwärmen:

»Erstens. Sie führen tödliche Schläge mit Lichtgeschwindigkeit aus. Das bedeutet, daß viele Probleme, die bei bestehenden

[248] Howard R. Meyer, Jr., »Air Force Directed Energy Research and Development«, http://www.lexingtoninstitute.org/defense/energyforum_meyer.htm

[249] Delores M. Etter, »Science and Technology for Directed Energy Weapons«, http://www.lexingtoninstitute.org/defense/energyforum_etter.htm

Waffensystemen beim Zielen und Abfeuern auftreten, wirksam ausgeschaltet sind, weil zwischen dem Abfeuern und dem Treffer am Ziel praktisch keine Zeit vergeht.

Zweitens. Die Kosten, die beim Abfeuern solcher Waffen entstehen, werden typischerweise nur noch einen kleinen Bruchteil dessen ausmachen, was es kostet, eine Rakete oder ein großkalibriges Geschütz abzufeuern, weil die Zerstörungsmethode reine Energie ist. Auch wenn Directed Energy-Abschußvorrichtungen möglicherweise höhere Investitionen für die Waffentechnologie und zusätzliche Infrastruktur erfordern, dürfte der Preis für die Abwehr einer Rakete oder eines Flugzeugs nur ein oder zwei Prozent dessen ausmachen, was konventionelle Munitionsarten kosten würden.

Drittens. Directed Energy-Waffen statten Kampfflugzeuge mit chirurgisch präziser und ›intelligenter‹ Feuerkraft aus. Obwohl sie zu unterschiedsloser Zerstörung fähig sind, ist es möglich, Directed Energy-Waffen so einzusetzen, daß überhaupt keine Kollateralschäden entstehen.

Schließlich versetzen Directed Energy-Waffen Kampfflugzeuge aufgrund ihrer unverzüglichen Wirkung und ihrer relativ einfachen Bedienbarkeit beim Zielen in die Lage, sehr schnell viele verschiedene Ziele zu bekämpfen. (...)

Stellen Sie sich zum Beispiel (...) einen luftgestützten Laser vor, der ein Dutzend ballistischer Gefechtsfeldraketen noch während ihres Aufstiegs in die Atmosphäre abfangen kann und sie auf das Land zurücksausen läßt, das sie abgefeuert hat.«[250] Doch das ist, wie gesagt, Zukunftsmusik, und zum gegenwärtigen Zeitpunkt ist die fliegende Laser-Batterie noch alles andere als eine Wunderwaffe.

Allerdings weist diese Vision ungefähr in die Richtung dessen, was auch den Verfassern von *2025* vorschwebt: ein Überwachungsschirm im Orbit, der aus insgesamt 28 hochleistungsfähigen Laser-Angriffsplattformen (HELAS, High Energy Laser Attack Station) besteht, 16 im erdnahen Orbit, acht in mittlerer Höhe und vier in Höhen um die 50 000 Kilometer.[251] Gesteuert wird das gesamte Netz von einer Kontrollstation auf der Erde

---

250 Loren B. THOMPSON, »The Emerging Promise (and Danger) of Directed-Energy Weapons«, http://www.lexingtoninstitute.org/defense/energyforum_thompson.htm

251 *Star Tek – Exploiting the Final Frontier: Counterspace Operations in 2025*, aaO.

Oben: *Idealisierte Darstellung einer fliegenden Laserplattform im Einsatz.* Unten: *Das Innenleben der Laser-Boeing. Die Module zur Energieerzeugung befinden sich im hinteren Flugzeugteil, der gegen den Gefechtsbereich (Feuereinrichtung mit Kontrollsystem, Pilotenkanzel, Einsatzleitung) durch eine massive Trennwand abgeschirmt ist.*

aus, wobei die routinemäßigen Aufklärungs- und Überwachungsaufgaben automatisiert ausgeführt werden. Natürlich läßt sich der vollständige Angriffsverbund auch gegen Ziele am Boden einsetzen.

Eindeutig offensiven Charakter hat aber auch eine bodengestützte Variante der Laserwaffe, über die sich die *2025*-Planer ebenfalls bereits Gedanken gemacht haben. Mit ihr ließen sich die technischen Probleme, die der luftgestützten Version vorerst noch im Weg stehen, umgehen, ohne daß dadurch zwangsläufig auf die globale Schlagkraft verzichtet werden müßte. Dann nämlich, wenn die Abschußvorrichtungen am Boden – fünf an verschiedenen, weit auseinandergezogenen Orten in den USA – durch einen Verbund von Reflektorsatelliten im Orbit ergänzt werden, mittels dessen sich der auf der Erde gestartete Strahl auf beliebige Ziele im All oder auf dem Boden umlenken läßt.

Die ortsfeste Variante bietet zudem von allen Kampfsystemen, mit denen die Welt im 21. Jahrhundert rechnen muß, die optimale Möglichkeit einer schnellen, vernichtenden Machtdemonstration. »Von Haus aus präzise, sind lichtschnelle Waffen im Megawattbereich potentiell innerhalb von Sekunden oder Minuten verfügbar, um die schnell heraufziehenden Krisen des Jahres 2025 zu meistern.«[252] Und: Es handelt sich um ein Waffensystem, das durch Feindeinwirkung kaum bis gar nicht außer Gefecht zu setzen ist. Es ist so gut wie ausgeschlossen, daß im Jahre 2025 Feinde der USA imstande sind, alle der auf dem amerikanischen Festland installierten Laser-Abschußbasen zu zerstören, ehe diese ihrerseits feuern können. Nach Lage der Dinge wird keine Macht der Erde in zwanzig Jahren Mittel und Fähigkeiten besitzen, ein Gegenmittel gegen die Laserwaffe der USA auch nur in Betrieb zu nehmen. Und selbst für diesen unwahrscheinlichen Fall bleibt immer noch die praktisch unverwundbare fliegende Waffenplattform.

So oder so: Die Laserkanone wird so lange zu den Lieblingsprojekten amerikanischer Waffenschmiede gehören, bis sie eines nicht mehr so fernen Tages einsatzbereit ist. Sie vereint absolute Tödlichkeit mit hoher Treffgenauigkeit und minimalem Zeitverlust. Sie ist die ideale Waffe gegen Punktziele, und sie hilft, ärgerliche Kollateralschäden zu vermeiden. Ihr besonderer Reiz liegt aber zweifellos in der futuristischen Aura, die sie umgibt. Das hat man sich sogar auf dem Lexington-Symposium im Juli 2002 eingestanden. John N. HOSTETTLER, ein ranghoher Beamter in der US-Verteidigungshierarchie, räumte dort freimütig ein:

»Wenn heute über das gesprochen wird, was unter raumgestützte ›Directed Energy‹ fällt, (...) denken einige an *Star Wars.* Sie stellen sich Luke Skywalker in einem Starfighter mit X-Flügeln vor, wie er Laserkanonen und Protonentorpedos auf den Todesstern des Imperiums abfeuert.«[253]

Doch da bleibt Mr. HOSTETTLER hinter der Wirklichkeit zurück. Denn von solchen Star-Wars-Visionen werden in den USA am

---

[252] *Space Operations: Through The Looking Glass (Global Area Strike System),* aaO.

[253] John N. HOSTETTLER, »Directed Energy and the Future of Security«, http://www.lexingtoninstitute.org/defense/energyforum-hostettler.htm

Beginn des dritten Jahrtausends nicht nur Science-Fictions-Fans umgetrieben. Die Vision der hyperpräzisen, tödlichen Laserwaffe beflügelt amerikanische Planer und Konstrukteure heute mehr denn je, was ihre Fertigstellung zu einer reinen Zeitfrage macht. Weltpolitik wird spätestens dann vollends zum Computerspiel. Es sind nicht etwa argwöhnische Amerika-Kritiker, sondern ausgerechnet die hochqualifizierten, gutbezahlten *2025*-Vordenker, die sich unter der Überschrift »Die Welt im Jahre 2025« ein Szenario wie das folgende ausgedacht haben:

»Wieder einmal droht ein kleines, aber mit einer fähigen Armee ausgestattetes Land einem kleineren, aber rohstoffreichen Nachbarland damit, es einzukassieren. In den Nachrichten wird gemeldet, daß es zu Grenzverletzungen gekommen ist. Eine bekannte Geschichte? Nein, das Drehbuch nimmt eine unerwartete Wendung, als sich ein hochentwickeltes Satelliten-Überwachungs- und Aufklärungssystem dem Führer des kriegführenden Landes an die Fersen heftet. Als er ein Podium betritt, um seine Truppen noch mehr aufzuhetzen, werden er und das Podium plötzlich von einem blendenden Licht aus der Höhe zu Staub zerstrahlt – aber sogar seine Leibwächter bleiben unversehrt. Sein vernünftigerer Bruder, in der Kommandohierarchie der nächste, macht den Invasionsbefehl rückgängig, und innerhalb von zwölf Stunden sind die Grenzen wiederhergestellt.«[254]

Das ist kein schlechter Film. Das ist amerikanische Politik im 21. Jahrhundert.

[254] *Space Operations: Through The Looking Glass (Global Area Strike System)*, aaO.

Zweiter Teil

Der Krieg der Netze

»Wenn man die Computernetze der feindlichen Luftverteidigung durch die Manipulation der Einsen und Nullen beeinträchtigen kann, könnte das eine elegantere Vorgehensweise sein als 2000-Pfund-Bomben auf Radarstationen abzuwerfen.«

US-Generalstabschef Richard B. Myers

»Nur wer mit geringen Mitteln Großes tut, hat es glücklich getroffen.«

Carl von Clausewitz

Die Trümpfe im elektronischen Krieg der Zukunft heißen ›Cyberwar‹ und ›Infowar‹. Verglichen mit den Möglichkeiten elektronischer Kampfführung und Datenerfassung im 21. Jahrhundert, mutet Orwells *Überwachungsstaat eher harmlos an.*

TIAS: Jeder Erdenbürger ein potentieller Feind

Nachrichten aus den USA haben seit einigen Jahren oft etwas Bizarres an sich, eine Aura zwischen Hollywood und Gruselkino. Seit dem 11. September 2001 hat sich dieser Trend deutlich verstärkt. Aber schon die ganzen 90er Jahre hindurch machte sich die Tatsache bemerkbar, daß Uncle Sam immer weniger Rücksichten auf Konkurrenten und potentielle Gegner zu nehmen braucht. Ziele und Absichten der amerikanischen Politik erscheinen heute kaum mehr verhüllt im Nachrichtenteil der Tageszeitungen, und wem das nicht genügt, der muß im Internet nicht lange surfen. Dem Rest der Welt bleibt die Wahl zwischen ungläubigem Staunen und hilflosem Lamento. Hilfreich ist weder das eine noch das andere.

Im November 2002 präsentierte die *Süddeutsche Zeitung* ihren Lesern wieder eine dieser halb seltsamen, halb apokalyptischen Meldungen. »Fischen im Daten-Ozean«, titelte das Blatt, und: »Die USA planen das aufwendigste Überwachungssystem aller Zeiten«.[255]

Hintergrund ist ein neues Computersystem, das in den nächsten Jahren mit einem finanziellen Aufwand von 200 Millionen Dollar jährlich von einer Unterabteilung des US-Verteidigungsministeriums eingerichtet werden soll und das kein geringeres Ziel verfolgt als die lückenlose elektronische Überwachung möglichst vieler Erdenbürger. Nichts anderes verbirgt sich hinter dem Kürzel ›TIA‹: Total Information Awareness.

Wie vieles, wovon auf den vorangegangenen Seiten schon die Rede war, handelt es sich auch dabei nicht um Science Fiction, sondern um Realität, um etwas, was die amerikanische Dominanz auf diesem Planeten noch um ein gutes Stück totaler und das Leben im 21. Jahrhundert um viele Grade an Freiheit, Privatleben und Intimsphäre ärmer machen wird.

Worum geht es? Im Januar 2002 wurde beim amerikanischen Verteidigungsministerium eine neue Abteilung eingerichtet, das Information Awareness Office (IAO). Die deutsche Umschreibung dieser Bezeichung – etwa: Büro für Informationsbewußtsein – trifft nicht genau den Kern der Sache. ›Awareness‹ bedeutet nicht

---

[255] Patrick ILLINGER, »Fischen im Daten-Ozean«, in: *Süddeutsche Zeitung*, 14. 11. 2002.

nur ›Bewußtsein‹, sondern in diesem Zusammenhang eher ›Gewärtigkeit‹; auch sprachlich ist das deutsche ›gewahr sein‹ näher am englischen ›aware‹.

Zumindest das IAO selbst weiß sehr genau, was es will. Das Logo der neuen Behörde zeigt ein wachsames Auge (ähnlich jenem auf der Rückseite der Dollar-Banknote, wo der novus ordo seclorum, die Neue Weltordnung, verheißen wird), das von der Spitze einer freimaurerischen Pyramide auf die Erdkugel blickt. Das Motto darunter lautet: »Scientia est potentia« – Wissen ist Macht. Um Kritiker und Verschwörungstheoretiker nicht übermäßig zu beunruhigen, wurde das Logo allerdings im Herbst 2002 klammheimlich wieder von der Website des IAO entfernt.

Das Emblem des Information Awareness Office (IAO) in seiner ursprünglichen Form. Die freimaurerische Symbolik ist unschwer zu erkennen.

Das ehrgeizige Programm, mit neugierigem Illuminatenblick die ganze Welt unter die Lupe zu nehmen, soll in den nächsten Jahren Wirklichkeit werden. Wenn es soweit ist, werden existierende Lauschsysteme wie ›Carnivore‹ und ›Echelon‹ nur noch als harmlose Vorläufer dastehen. Denn das künftige Data-Mining-System aus dem IAO verfolgt das erklärte Ziel, alle, aber auch wirklich alle verfügbaren elektronischen Informationen abzugreifen und auszuwerten, die jeder Erdenbürger hinterläßt. Nicht nur beim Telefonieren oder im Internet, sondern auch bei tausend anderen Gelegenheiten: am Geldautomat, in der Leihbibliothek, bei der Krankenversicherung, an der Tankstelle, beim Sozialamt, bei den Finanzbehörden.

Das Datenschutzproblem ist für das IAO ein rein akademisches. Das Büro kann sich auf lebenswichtige nationale Interessen im ›Kampf gegen den Terror‹ berufen. Mehr als ein legaler Schein muß deshalb bei der Einrichtung des neuen Überwachungssystems nicht gewahrt bleiben. Nach einem Bericht der *Washington Post* verhandelt das IAO bereits mit dem FBI und der nationalen Behörde für Verkehrssicherheit TSA, die unter anderem Daten von Fluggästen verwaltet, über den Austausch von

Informationen. Aber das ist nur der Anfang und kaum mehr als die Spitze des Eisbergs. Denn schon jetzt ist das wachsame Auge des IAO auch auf Europa gerichtet. Im Dezember 2002 kam es zu einer von der Öffentlichkeit wenig beachteten Übereinkunft zwischen der US-Regierung und dem Rat der EU-Justiz- und Innenminister, die künftig einen möglichst reibungslosen Datentransfer zwischen europäischen Sicherheitsbehörden und den USA regelt. Washington hatte in den Verhandlungen unter anderem darauf bestanden, bei der Auswertung von Europol-Daten nicht durch europäische Datenschutzstandards behindert zu werden. Natürlich setzte sich Uncle Sam durch.

Nach offizieller Darstellung ist es Zweck der Vereinbarung, »Straftaten im Rahmen der Rechtsprechung [sic] der beteiligten Parteien zuvorzukommen, zu entdecken, zu verhindern und zu verfolgen und besonders den wechselseitigen Informationsaustausch, einschließlich persönlicher Daten, zu erleichtern«.[256] Schon diese Formulierung läßt erahnen, daß Europas Bürger in Zukunft noch ein Stück gläserner sein werden als ohnehin schon. Erstaunlicher ist allerdings die Tatsache, daß der routinemäßige Abfluß riesiger Mengen hochsensibler Informationen über Millionen europäischer Staatsbürger an amerikanische Sicherheitsbehörden und Geheimdienste offenbar weder für Medien noch für Politiker ein Thema ist, mit dem es sich an die Öffentlichkeit zu gehen lohnte.

Man kann in dem Übereinkommen mit den USA nur einen weiteren Kniefall der EU vor Washington sehen. Hätte die europäische Seite ihr bereitwilliges Entgegenkommen verweigert, würde das IAO die gewünschten Daten eben ohne legales Deckmäntelchen aus den europäischen Datennetzen abgreifen, ganz so, wie der US-Nachrichtendienst NSA auch im Fall ›Echelon‹ mit europäischen Souveränitätsrechten verfuhr: Sie wurden als nicht existent betrachtet. Analog dazu ist auch die offizielle Darstellung aus Brüssel nichts anderes als die Umschreibung des üblichen Helotenstatus. Das Abkommen vom Dezember, ließ der EU-Rat für Justiz und Inneres mitteilen, schließe »neue Formen der gegenseitigen Rechtshilfe ein, die die moderne Technologie ermöglicht hat, beispielsweise den Austausch von Informationen über Bankkonten [!] und Videoconferencing«.[257]

---

[256] Zit. nach: Florian RÖTZER, »Freier Fluß persönlicher Daten zwischen Europol und US-Behörden vereinbart«, http://www.heise.de/tp/deutsch/inhalt/te/13831/1.html

[257] Ebd.

Schon das ist unter Datenschutzaspekten starker Tobak. Noch erheblich problematischer ist aber eine neue Dimension der Verbrechensbekämpfung, über die unter den Großen Brüdern dies- und jenseits des Atlantiks völlige Einigkeit herrscht. In der Erklärung der EU-Minister wird die Bekämpfung von Verbrechen hervorgehoben, »die im Rahmen von terroristischen Aktivitäten (...) begangen wurden oder wahrscheinlich [!] begangen worden wären (...)«. Analog dazu die Vereinbarung zwischen der EU und Washington. Auch sie soll dazu dienen, »Straftaten (...) zuvorzukommen«.[258]

Wer sich bei solchen Formulierungen an den fast zeitgleich in deutschen Kinos angelaufenen US-Spielfilm *Minority Report* erinnert fühlt, liegt richtig. Man mag darin ein Kapitel psychologischer Kriegführung sehen. Regisseur Steven Spielberg verlegte das Szenario seines Streifens, in dem es ebenfalls um die Bekämpfung noch gar nicht begangener Verbrechen geht, ins Jahr 2054. Die Wahrheit ist, daß genau diese Verfahrensweise derzeit in die Realität umgesetzt wird. Unter üblicher Rollenverteilung: Die Orders kommen aus Washington, die EU darf mitspielen. Im Januar 2003 wurden Nicht-Amerikaner per Senatsbeschluß sogar ausdrücklich gegenüber US-Bürgern benachteiligt. Denn die Rundumüberwachung amerikanischer Staatsbürger ging einigen demokratischen Senatoren doch zu weit, weshalb sie in der Gesetzesvorlage einige Einschränkungen verankerten, die die Inlandsüberwachung an strikte Auflagen binden soll. Für die übrige Welt sollen diese Beschränkungen aber nicht gelten.[259]

Das technische System, das die Rundum-Observierung möglich machen soll, befindet sich gegenwärtig noch in der Entwicklungsphase. Sein Name ist Programm: Total Information Awareness System (TIAS). Weil sich darin der Zweck des Unterfangens genauso ungeniert ausdrückt wie im Emblem mit dem allessehenden Gottesauge, wurde das Firmenschild inzwischen so umgepinselt, daß auch Verschwörungsfanatiker, Datenschützer und Hypersensible damit leben können. TIAS steht demzufolge seit Frühjahr 2003 nicht mehr für die ›totale‹ Informationsüberwachung, sondern für Terrorism Information Awareness. In der Sache macht das keinen Unterschied. Denn zum Terroristen kann man in den USA dank

[258] Ebd.

[259] Florian Rötzer, »Das DARPA-Überwachungsprojekt soll an die Leine gelegt werden«, http://www.heise.de/tp/deutsch/inhalt/te/14031/1.html

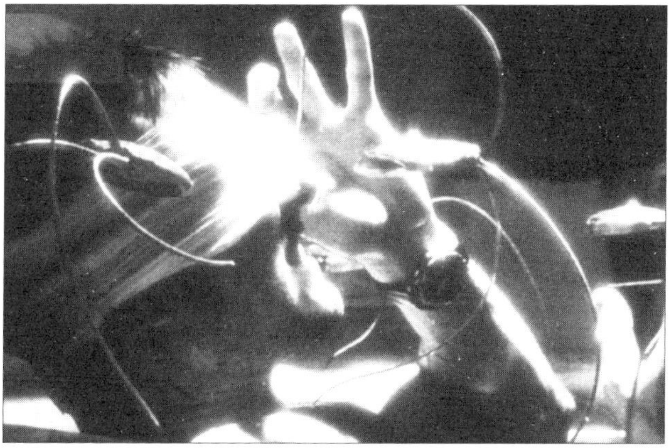

Hollywood-Regisseur Steven SPIELBERG. *Sein Film* Minority Report *spielt im Jahre 2054 und reflektiert ein Szenario der totalen Überwachung.* Oben: *Szenen aus* Minority Report.

In einem Focus-*Interview sagte* SPIELBERG, *er habe sich bei den Dreharbeiten von Mitarbeitern des MIT (Massachusetts Institute of Technology) beraten lassen: »Deshalb ließ ich mir von MIT-Leuten und anderen Wissenschaftlern eine Liste erstellen, wie es nach deren Einschätzung dann in der Medizin, in der Verkehrstechnik, der urbanen Architektur, dem Design usw. ausschauen wird.«*

des im Herbst 2001 verabschiedeten »Patriot Act« relativ schnell werden. Nicht umsonst nannte Justizminister Ashcroft das Gesetz die »Schlüsselwaffe gegen den Terrorismus«.[260] Es setzt zahlreiche bürgerliche Freiheiten außer Kraft und macht die Amerikaner zu den gläsernsten Bürgern, die man sich vorstellen kann.

Gegenwärtig befindet sich TIAS noch in der Entwicklungsphase. Sie ist auf fünf Jahre angesetzt. Während dieser Zeit soll lediglich ein Prototyp des Systems am Army Intelligence and Security Command in Fort Belvoir installiert werden. Aber bereits ab 2005 sollen die funktionsfähigen Prototypen aller Projektbereiche zusammengelegt, vernetzt und danach aufeinander abgestimmt werden. Die Weichen sind längst gestellt. Beteiligt sind alle US-Geheimdienste, alle namhaften amerikanischen Universitäten und Entwicklungslaboratorien sowie zahlreiche Industrieunternehmen, darunter auch bekannte Namen wie IBM, SAIC und Visionics. »Alle beteiligten Firmen, Organisationen und deren Mitarbeiter müssen eine strenge Sicherheitsüberprüfung (Clearance) bestehen und sind zu absoluter Geheimhaltung verpflichtet. Ausländische Firmen sind nur für Projektanteile zugelassen, die als ›deklassifiziert‹ bzw. ›nicht geheim‹ eingestuft wurden.«[261]

Im April 2002 waren rund 75 Institutionen an der Entwicklung von TIAS-Komponenten beteiligt. Das jährliche Budget, das einzelnen Projektpartnern zur Verfügung steht, bewegt sich zwischen 200 000 und 1 000 000 US-Dollar. Das bedeutet, daß allein während der fünfjährigen Erprobungsphase ein maximales Gesamtvolumen von 375 Millionen Dollar abrufbar ist. Auch der personelle Rahmen ist beeindruckend. Die Behörde, die TIAS einmal am Laufen halten soll, das IAO, umfaßt schon jetzt 170 000 Mitarbeiter.

Globale Macht durch globale Datenerfassung

Die Orwellsche Idee der totalen Datenkontrolle (und damit der totalen Überwachung) ist nicht sonderlich originell. Neu ist, daß ihre Verwirklichung mit dem Terrorist Information Awareness System erstmals in greifbare Nähe rückt. Zum einen, weil sich sämtliche Datenschutzargumente gegenwärtig mit dem Hin-

[260] Michael Lang, »Big Brothers großer Bruder«, in: *Süddeutsche Zeitung*, 17. 6. 2003.

[261] (o. Verf.), »Scientia est Potentia – ›Wissen ist Macht‹. Die Pläne der DARPA-Behörde«, http://mlists.in-berlin.de/pipermail/ds-news/msg00827.html

weis auf den ›Kampf gegen den Terror‹ bequem vom Tisch wischen lassen. Genau mit dieser Begründung wurde Anfang 2002 die Gründung des IAO gerechtfertigt. Der Chef der Behörde, der ehemalige Admiral John M. POINDEXTER, verweist auf die »asymmetrische Bedrohung der Vereinigten Staaten« durch den Terrorismus, der von lose organisierten, schwer identifizierbaren Einzeltätern ausgeübt werde. Zu ihrer Identifizierung müsse man eben über jeden noch so kleinen elektronischen Hinweis Bescheid wissen. POINDEXTER: »Wenn Terrororganisationen Angriffe auf die USA planen und durchführen, müssen deren Mitglieder Transaktionen vornehmen. Dabei hinterlassen sie Spuren in diesem Informationsraum.«[262]

Zum anderen: Die totale Datenüberwachung ist mittlerweile keine Utopie mehr. Die in den letzten Jahren erreichten und noch zu erwartenden Leistungsstandards im Bereich der Informationsverarbeitung lassen die lückenlose Datenkontrolle heute als technisch machbar erscheinen. Aus dem IAO verlautete, man stehe vor der Inbetriebnahme neuer, revolutionärer Speicher- und Verarbeitungstechnologien; die Rede ist von Datenspeichern in Petabyte-Größe. Und schon die *2025*-Studie von 1996 erwähnt DNA-basierte Prozessoren, die eine Kapazität von Billionen von Tera-Rechenoperationen (!) pro Sekunde versprechen.[263] Tatsächlich sorgte im Januar 2003 eine Meldung aus dem Forschungszentrum Pacific Northwest National Laboratory für Aufsehen, wo es Wissenschaftlern gelungen sein soll, Informationen in den DNS-Code zu übersetzen und in das Erbgut besonders langlebiger und widerstandsfähiger Bakterien einzubauen. Zumindest theoretisch ist die Methode schon seit längerem bekannt: Jeder Buchstabe des Alphabets wird durch eine bestimmte Kombination der vier Grundbausteine des Erbguts definiert, wodurch sich Informationen von beliebiger Länge und Reihenfolge codieren und synthetisieren lassen. Die DNS-Botschaft kann dann in das Erbgut von Lebewesen eingefügt und später mit Hilfe von Gensequenziermaschinen wieder gelesen werden.[264]

Noch in den neunziger Jahren drohte die Datenflut den Abhörexperten über den Kopf zu wachsen. Schon das Aufkommen

---

[262] Zit. nach: Florian RÖTZER, »Totale Überwachung«, http://www.heise.de/tp/deutsch/inhalt/te/13831/1.html

[263] Information Operations: Wisdom Warfare For 2025, http:// www.au.af.mil/au/2025/volume1/chap01/v1c1-1.htm

[264] Christian SCHWÄGERL, »Eine biologische Festplatte«, in: *FAZ*, 10. 1. 2003.

immer neuer Informationskanäle mit ständig neuen Abhörproblemen bedeutete einen Wettlauf gegen die Technik. »In der Vergangenheit«, schreibt der Geheimdienstexperte James BAMFORD, »kam es höchstens einmal in jeder Generation zu einer wichtigen Revolution in der Kommunikationstechnik – Telefon, Radio, Fernsehen, Satellit, Kabel. Das vorhersehbare Entwicklungstempo gab der NSA [National Security Agency] die Zeit, nach neuen Zugangswegen zu jedem Medium zu suchen (...). Heute ereignen sich jedoch fast alljährlich technologische Revolutionen, und die heimlichen Berater der NSA besitzen kein Monopol mehr auf die Technologien, ob es sich nun um PCs, Handys, das Internet oder E-Mails handelt.«[265]

NSA-Direktor Michael HAYDEN drückt es plastischer aus: »Die Technologie ist heute zu einem zweischneidigen Schwert geworden. An den dunklen Tagen wird sie zum Feind.« Die Bandbreite der Kommunikationsmittel hat sich in den letzten 15 Jahren ständig vergrößert, und ein Ende der Entwicklung ist nicht abzusehen. Während manche ›Ziele‹ der Geheimdienstler nach wie vor konventionelle Kommunikationswege wie Fax und Telefon verwenden, haben andere die Vorzüge moderner Technologien erkannt, verwenden Verschlüsselungsprogramme, Glasfaseroptik, digitale Handys. HAYDEN: »Als Behörde sehen wir uns jetzt vor den größten technologischen und analytischen Herausforderungen – wir haben es mit vielfältigen und dynamischen Zielen zu tun, mit nichttraditionellen Feinden und Verbündeten, einer explosionsartigen Entwicklung der globalen Informationstechnologie (...).«[266]

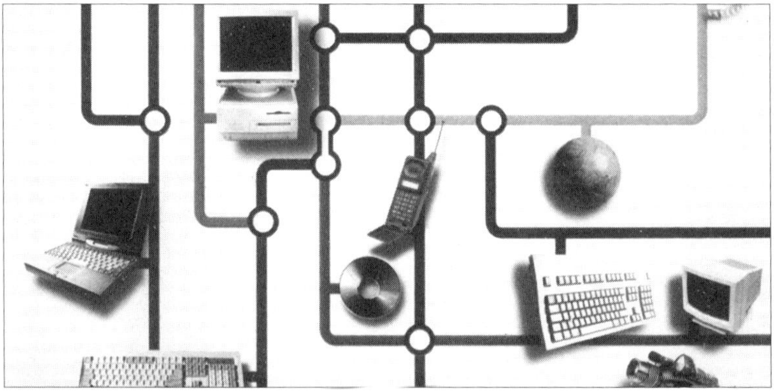

Den Datenfahndern bereitet die rasche Diversifizierung und Weiterentwicklung der Datennetze Sorgen. Das Technikmonopol der Geheimdienste schwindet.

[265] James BAMFORD, aaO., S. 458.

[266] Zit. nach: ebd., S. 456.

Allein das Internet wächst (Stand: 2002) jedes Jahr um 20 Prozent. Vor vierzig Jahren, 1960, gab es gerade einmal 5000 selbständige Computer, keine Faxgeräte, keine Handys. 1999 gab es der stellvertretenden NSA-Direktorin Barbara McNamara zufolge mehr als 420 Millionen Computer, die meisten davon vernetzt, rund 14 Millionen Faxgeräte und 468 Millionen Handys.[267] Der Siegeszug von Breitband-Glasfaserkabeln bedeutet weitere exponentielle Leistungszuwächse in der weltweiten Kommunikation. Am renommierten Massachusetts Institute of Technology (MIT) gilt die Faustregel, daß sich die Übertragungskapazität von Glasfaserkabeln alle zwölf Monate verdoppelt. Dank der Entwicklung der sogenannten WDM-Technologie (wavelength division multiplexing) verfügt die neueste Generation von Glasfaserkabeln über eine Kapazität, die 1000mal so groß ist wie die des ersten Glasfaserkabels, das erst vor rund zehn Jahren in Dienst gestellt wurde. Insgesamt 168 000 Kilometer dieses Kabels sollen nach Planungen der Telekommunikationsunternehmen verlegt werden.

Allerdings: Trotz der rasanten Diversifizierung der Informationsstränge und der explosionsartigen Zunahme des Datenverkehrs waren die Nachrichtendienste bislang recht erfolgreich darin, mit der technischen Entwicklung Schritt zu halten. Wie überall, so entfaltete der technologische Wettlauf auch an der Informationsfront eine eigene Dynamik. Auf die Explosion der in den Kommunikationsnetzen kursierenden Datenmengen reagierten die Geheimdienste mit inflationären Steigerungen ihrer Speicher- und Verarbeitungskapazitäten. Als die NSA 1993 ein neues Rechnersystem (Codename: ›Normalizer‹) einführte, schrumpfte die Verarbeitungszeit für eingegangene Daten dadurch von mehr als einer Stunde auf zehn Minuten. Und 2001 wurde die Speicherkapazität der NSA-Rechner auf ein Volumen von bis zu fünf Billionen Textseiten geschätzt. Auf Papierseiten umgerechnet, käme das einem Blätterstapel von 240 Kilometern Höhe gleich.[268]

Bei alledem ist die quantitative Seite noch das geringste Problem. Aufwendiger als das bloße Abgreifen von Daten ist die Gewichtung des eingesammelten Materials. Das Herausfiltern relevanter Informationen aus dem elektronischen Ozean gleicht der berühmten Nadel im Heuhaufen. Im Fall eines konkreten Verdachts läuft das Procedere im Normalfall so ab, daß beispielsweise die CIA, das Außenministerium oder andere ›Kun-

[267] Nach: ebd.

[268] Nach: ebd., S. 424.

den‹ dem Geheimdienst NSA detaillierte Suchlisten mit bestimmten Schlüsselbegriffen, Namen, Redewendungen, Telefon- und Faxnummern übergeben. Diese Daten werden in das Echelon-Computersystem eingespeist, wo unter Millionen von Nachrichten, die die Abhörantennen passieren, nach den vorgegebenen Zahlen- und Buchstabenkombinationen fahnden. »Das geschieht etwa auf die gleiche Weise, wie Computer Suchmaschinen wie etwa Alta Vista nutzen, um Schlüsselbegriffe und Telefonnummern in dem riesigen Internet fast augenblicklich zu orten.«[269]

Jedoch sind die NSA-Suchmaschinen um einiges leistungsfähiger. Für den Direktor des bislang mächtigsten Geheimdienstes der Welt, den Drei-Sterne-Admiral William O. Studeman, betreiben die amerikanischen Nachrichtendienste die »vermutlich umfangreichste Verarbeitungsmaschinerie der Welt. (...) Allein ein einziges Beschaffungssystem eines Nachrichtendienstes kann pro halbe Stunde eine Million Eingaben schaffen. Filter werfen alles weg bis auf 6500 Eingaben. Nur 1000 Eingaben entsprechen den Kriterien für eine Weiterverarbeitung. Zehn Eingaben werden normalerweise von Analytikern ausgewählt, und am Ende wird nur ein Bericht angefertigt.«[270]

Mit TIAS werden die schieren Datenmengen nicht länger das Problem sein. Der Schlüssel zum vermeintlichen Erfolg ist die Systematik, die Aufbereitung des uferlosen Datenmaterials, eine Art hochkomplexe, zig-fach vernetzte Rasterfahndung, die jedes noch so kleine elektronische Detail verwertet, verrechnet, von Fehlerquellen reinigt und in den automatisierten Entscheidungsprozeß miteinbezieht – ganz wie in *Minority Report*.

Nur ein Beispiel: Ein Signal wird von zwei verschiedenen Satelliten in unterschiedlicher Position im Erdorbit aufgefangen. Dies führt zu einer gewissen Ungenauigkeit bei der genauen Lokalisierung der Signalquelle. Um die Fehlerbreite zu minimieren, werden zusätzliche Informationen benötigt. Die mutmaßliche Position des Zielobjekts wird daraufhin nach weiteren verwertbaren Signalen abgetastet, zum Beispiel nach menschlichen Signalen oder Infrarotmessungen des in Frage kommenden Geländeausschnitts. Sämtliche Daten werden miteinander verrechnet, das Ergebnis ist ultragenau.

Über die Sub-Programme, mit denen TIAS die erforderlichen Daten sammeln und aufbereiten soll, ist bislang nicht viel an die

[269] Ebd., S. 405.

[270] Zit. nach: ebd., S. 407.

Echelon-Abhörstation Menwith Hill in Großbritannien. Trotz fortgeschrittener Überwachungstechnik sind relevante Informationen im Datenozean so schwer zu finden wie die Nadel im Heuhaufen.

Öffentlichkeit gelangt. Das Information Awareness Office macht allerdings kein Hehl daraus, daß sich die Parameter der Erfassung praktisch kreuz und quer durch die Existenz jedes Erdenbürgers ziehen werden. Das Spektrum der Überwachung reicht von automatisierten Spracherkennungs- und Übersetzungsprogrammen über Biometrie-Software bis hin zur automatisierten Erstellung von Kommunikations- und Beziehungsnetzen sowie von Verhaltensmodellen, die jedes auffällige oder abweichende Verhalten unverzüglich anzeigen.[271] »Wer also (...) bei seinen E-mails, Kreditkarten-Legenden, Bucheinkäufen und den übrigen Spuren seiner Datenexistenz gefährliche Interessen signalisiert, sich etwa zu auffällig für Amerikas Antiterrorkampf interessiert, könnte morgen bereits in Sicherungshaft geraten.«[272]

In der Vergangenheit der elektronischen Datenverarbeitung war der Input von Daten stets die Achillesferse jeder computergestützten Rechenoperation. Denn das Ergebnis der Berechnung - etwa bei Simulationen oder Prognosen - hing immer von den Vorgaben, Gewichtungen und Entscheidungen des menschlichen Bedienungspersonals ab. Computer waren deshalb nie wirklich ›intelligent‹, sondern bestenfalls ein Hilfsmittel menschlicher Bedienergehirne. Auf dieses grundsätzliche Dilemma wies u. a. Erich FROMM in seinem 1968 erschienenen Buch *Revolution der Hoffnung* hin:

[271] Nach: Peter ULBER, »Information Awareness Office - nur noch wenige Jahre bis zum Überwachungsstaat«, http://www.dergrossebruder.net/main.php?id=100211iao

[272] Goedart PALM, »Das Orakel der DARPA«, http://www.heise.de/tp/deutsch/inhalt/te/13074/1.html

»›Tatsachen‹ sind Deutungen von Ereignissen; und eine Deutung setzt immer bestimmte Wertungen voraus, an denen die Bedeutsamkeit eines Ereignisses gemessen wird. (...) Aber nicht nur die Tatsachen selbst sind auf Grund von Wertvorstellungen ausgewählt und geordnet; auch die Programmierung der Computer beruht auf eingebauten und häufig unbewußten Wertbegriffen. (...) Jegliches Planen, mit und ohne Computerhilfe, hängt von den Normen und Werten ab, die ihm zugrunde liegen.«[273]

Für TIAS existiert dieses Dilemma nicht mehr. Denn das Programm selbst ist es, das sich seine ›Normen‹ aus der vorhandenen Datenfülle und im Abgleich mit der Natur nachempfundenen Modellen schafft. Bestimmte Subprogramme – etwa das Projekt GENOA II – sollen in der Lage sein, selbständig hierarchische Gewichtungen der gesammelten Informationen vorzunehmen, um Wahrscheinlichkeiten, Szenarien und Hypothesen zu berechnen. Dabei kommen ›genetische Algorithmen‹ zur Verwendung, also Rechenregeln, die sich nach Prinzipien selbst weiterentwickeln, die von biologischen Prozessen wie Mutation und Evolution abgeleitet wurden. Diese ›Softwareverstärker‹ gehen einen entscheidenden Schritt über bisher bekannte Rechenoperationen hinaus: Sie stellen ›Überlegungen‹ zur Plausibilität bestimmter Entwicklungen an und extrapolieren mögliche zukünftige Entwicklungen aus den Daten vorhandener Ist-Zustände. Selbst komplexe und ungewöhnliche Situationen sollen so schnell und umfassend verarbeitet werden, um menschlichen Entscheidungsträgern in Realzeit ein möglichst breites Spektrum an Entscheidungshilfen an die Hand zu geben.

Von menschlichen Ermittlerteams allein sind derart komplexe Analysevorgänge nicht mehr zu leisten. In Zukunft fällen Mensch und Maschine Entscheidungen gemeinsam. Die Zauberformel heißt ›think together‹. Da mutet es fast wie ein Anflug von Cowboyromantik an, wenn der Chef einer der wichtigsten Geheimdienstbehörden der USA, CIA-Direktor George Tenet, behauptet: »Wenn es darauf ankommt, werden die Männer und Frauen der amerikanischen Nachrichtendienste unsere kostbarsten Aktiva sein – und nicht Satelliten, Sensoren und Hochgeschwindigkeitscomputer.«[274] Doch diese Aussage stammt aus dem Jahre 1999, und Tenet wußte noch nichts von TIAS. Die Zukunft gehört der

[273] Erich Fromm, *Die Revolution der Hoffnung. Für eine humanisierte Technik*, Reinbek bei Hamburg [5]1979, S. 49 ff.

[274] Zit. nach: James Bamford, aaO., S. 475.

Automatisierung. Und da Zeit kostbar ist, werden sich die Operatoren des Systems lieber einmal zu viel als zu wenig auf die Vorschläge des Rechners verlassen.

Noch ist die Vorstellung mehr als gewöhnungsbedürftig, daß Entscheidungen von weltpolitischer Tragweite künftig von hochkomplexen Computeranalysen mitbestimmt sein werden. Allerdings deutet bereits die 1996 vorgelegte Luftwaffen-Studie *2025* derlei an. Im Kapitel »Frontier Missions: Peacespace Dominance« wird das Konzept einer datengestützten digitalen ›Welt-Kulturkarte‹ entwickelt, über die entweder der Nationale Sicherheitsrat oder die Vereinten Nationen verfügen und in die zahlreiche Indikatoren – wie politische Stabilität, Bodenschätze, Infrastruktureinrichtungen usw. – Eingang finden.[275] Droht in einer Region Instabilität, dann leuchten auf der digitalen Weltkarte sofort Warnlampen auf, womit die Region zum Kandidaten für eine Intervention wird. Nun setzt ein automatisierter Prüfvorgang ein, wobei die Kriterien u. a. sind: Kostenintensität einer möglichen Intervention, Erfolgsträchtigkeit, nationales Interesse. Auch umgekehrt kann die elektronische Weltkarte anzeigen, wenn zum Beispiel die Kosten einer militärischen Intervention den möglichen Nutzen zu übersteigen beginnen oder wenn eine Aktion aus dem Ruder zu laufen droht. Schließlich soll das System noch in der Lage sein, für jede Problemsituation einen maßgeschneiderten Mix an Krisenbewältigungsmaßnahmen zu entwerfen. Umfang und Zusammensetzung der Interventionsstreitkräfte sollen dabei ebenso automatisiert berechnet werden wie die voraussichtliche Dauer des Einsatzes, der logistische Aufwand, die Erfolgsaussichten, ja selbst erforderliche Begleitmaßnahmen psychologischer Kriegführung. »Wirkungsweise und Effizienz werden von einer ganzen Bandbreite nichttödlicher, sub-letaler und tödlicher Technologien abhängen, die zusammen mit einem effektiven ›Command and Control‹-Management zum Einsatz kommen, um eine Umgebung zu schaffen, die einer langfristigen Entwicklung förderlich ist.«[276]

Dieses Konzept hat nur dann Sinn, wenn die für die Entscheidungsfindung herangezogenen Informationen einesteils umfassend genug, anderenteils aber so weit qualifiziert sind, daß sie überhaupt aussagekräftig sind. Genau dies soll TIAS ermögli-

[275] *Frontier Missions: Peacespace Dominance*, http://www.au.af.mil/au/2025/volume3/chap01/v3c1-1.htm

[276] Ebd.

chen. Die elektronische Weltkarte aus den neunziger Jahren verlangt geradezu zwingend nach jenen Unmengen aufbereiteter, vorsortierter und gewichteter Informationen, wie sie erstmals dank TIAS verfügbar sein werden – allerdings nicht mehr für die Vereinten Nationen, was 1996 noch in Erwägung gezogen wurde, sondern ausschließlich für die USA.

Die letztere Akzentverschiebung ist von erheblicher Tragweite, denn sie spiegelt nicht nur eine Verschiebung der weltpolitischen Gewichte hin zur unipolaren Weltordnung wider. Im Zusammenhang mit den computergestützten Prozessen der Entscheidungsfindung im 21. Jahrhundert verwendet *2025* gelegentlich den Begriff ›Wisdom‹ – Weisheit, Klugheit. So ist geradezu von ›Wisdom Warfare‹ die Rede, und in einer der Teilstudien über das künftige integrierte Informationssystem werden ›weise‹ Planungen und Entscheidungen skizziert, zu denen es fähig sein soll.[277]

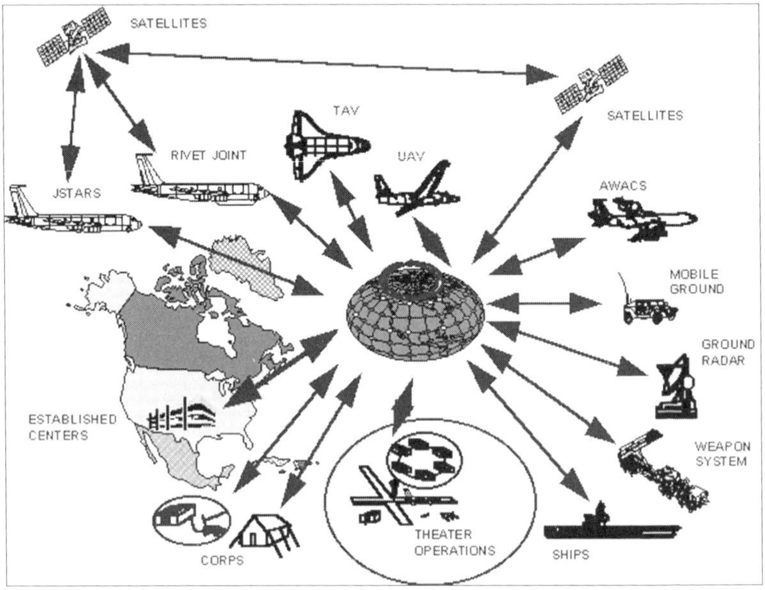

Schematisierte Darstellung des globalen Datenpools, der für automatisierte Entscheidungsprozesse im digitalen Zeitalter unerläßlich ist. Wie aus dieser Darstellung aus der Studie 2025 *ersichtlich ist, sind an der Datengewinnung zahlreiche Aufklärungs- und Überwachungssysteme beteiligt. Das aufbereitete Datenmaterial steht politischen Entscheidungszentren ebenso zur Verfügung wie örtlichen Stäben bei der lokalen Konfliktbewältigung.*

[277] *2025 In-Time Information Integration System (I^3S),* http:// www.au.af.mil/au/2025/volume1/chap03/v1c3-1.htm

Die interessante Frage dabei ist nicht, ob Computer überhaupt jemals ›weise‹ Ergebnisse werden liefern können, mögen sie auch noch so leistungsfähig und technisch hochgerüstet sein. Interessanter ist der Umstand, daß weise Entscheidungen im Sinne der Autoren von *2025* Ergebnisse sind, die übergeordneten und langfristigen Zielen der USA und ihrer Verbündeten dienlich sind. Wörtlich:

»Niemals zuvor ist in der Geschichte der Welt eine Nation mit der überwältigenden Macht, Stärke, dem Willen und Führungsanspruch aufgetaucht, wie sie die USA besitzen. Dieser einzigartige Supermacht-Status heischt ein Blickfeld von ›ganz oben‹ [top sight], ein Konzept, das verschiedene ›Spieler‹ mit unterschiedlichem Hintergrund integriert, die ihre persönlichen Wünsche und die Sonderanliegen ihrer Organisationen zu überwinden vermögen und ihre riesigen Ressourcen an Information, Fähigkeiten, Klugheit und Erfahrung vereinigen, um ›gemeinschaftliche‹ Ziele zu erreichen. Dieser Blick von ›ganz oben‹ kann nur das Ergebnis kollektiver Einsicht sein, die sich auf einem diversifizierten Informations-Netzwerk mit integrierten Ressourcen, offener Denkweise, gemeinsamen Analyse-Anstrengungen und fortgeschrittenen Kommunikations- und Support-Systemen aufbaut.«[278]

Mit anderen Worten: Führungsmacht erfordert überlegene Aufklärungsfähigkeiten, zu denen die beteiligten strategischen Partner ihren Beitrag in Gestalt von Information und technischen Kapazitäten leisten sollen. Aber das war 1996. Inzwischen ist von der Teilhaberschaft anderer an der überlegenen Informations-Verarbeitungsmaschine der USA keine Rede mehr. Das ist der zweite entscheidende Aspekt, in dem sich die Planungen von 1996 und von heute unterscheiden. TIAS ist eine rein amerikanische Angelegenheit, und die Mitwirkung ausländischer Behörden und Datenbestände wird, wie die ersten Vereinbarungen zwischen der US-Regierung und den europäischen Justiz- und Innenministerien zeigen, von der amerikanischen Seite nunmehr ohne Gegenleistung eingefordert. Die Vision einer transatlantischen Welt-Führung, ein Erbe der Ära Clinton, gehört der Vergangenheit an. Das neue Marschziel heißt amerikanische Globalherrschaft. Kollektive Führungsstrukturen sind da überflüssig, und kollektive ›Klugheit‹, die aus dem Beitrag vernetzter Partner erwächst, ist erst recht überflüssig. TIAS kennt Partner nur noch in Gestalt von Informationslieferanten.

---

[278] Ebd.

Rohstoff Information oder: Der Datenozean lebt

Die Beschaffung der für TIAS entscheidungsrelevanten Datenbestände soll von zahlreichen hochspezialisierten, hochleistungsfähigen Sub-Programmen übernommen werden. Um ein möglichst vollständiges Abbild der Realität zu erhalten, sollen in Zukunft auch zahlreiche Größen in den ständigen Überwachungsprozeß einbezogen werden, die die Geheimdienste bislang noch nicht interessierten; zum Beispiel bestimmte Umwelt-Meßwerte, denn auch dahinter können sich feindliche Aktivitäten verbergen. Bereits *2025* regt »exotische Typen von Informationskollektoren« an: Sensoren für seismische, akustische, atmosphärische Vorgänge sowie für Veränderungen im Erdmagnetfeld.[279] Einige konventionelle Datenlieferanten wurden bereits erwähnt. Daß ihre Nutzung mit (noch) geltenden Datenschutzbestimmungen kollidieren könnte, ist für *2025* kein Thema. An einer Stelle wird ungeniert vorgeschlagen, beispielsweise die Datenbestände des Londoner Schiffs-Versicherers Lloyd abzugreifen, die »wertvolle Einblicke in den Seeverkehr« liefern könnten.[280] In der Praxis hat der große US-Bruder auch solche Mätzchen inzwischen längst hinter sich gelassen. Ganz legal, berichtete der *Spiegel* im Mai 2003, habe die amerikanische Firma Choice Point die kompletten Melde- und Wählerregister von insgesamt zehn lateinamerikanischen Staaten angekauft und sie dann an die US-Einwanderungsbehörde weiterverkauft. Keines der betroffenen Länder hat dem gigantischen Datentransfer, der die Personendaten von etlichen Millionen Südamerikanern betrifft, zugestimmt. »Nun haben FBI, CIA und andere Sicherheitsbehörden Zugriff auf die Daten, die sie angeblich bei der Bekämpfung von Drogenhandel und Terrorismus verwenden wollen.«[281] Das mag glauben, wer will.

Viele der TIAS-Subprogramme, die die hochkomplexe Aufklärungsarbeit leisten sollen, sind der Kategorie ›intelligenter‹, lernfähiger Software zuzurechnen. Ein intelligentes Programm vermag nicht nur zu ›lernen‹, indem es vorhandene ›Erfahrungen‹

---

[279] *Information Operations: Wisdom Warfare For 2025*, http:// www.au.af.mil/au/2025/volume1/chap01/v1c1-1.htm

[280] *2025 In-Time Information Integration System (I^3S)*, aaO.

[281] »Zweifelhaftes Daten-Geschäft«, in: *Der Spiegel*, Nr. 21/2003.

auf neuartige Situationen und Probleme anwendet. Es ist überdies in der Lage, auch dort Informationen zu extrahieren, wo diese nicht bereits in binärer Form vorliegen. Hierher gehört zum Beispiel Bild- oder Spracherkennungs-Software, die über ein erhebliches Maß an Abstraktionsvermögen verfügen muß, um etwa aus dem komplexen Bild einer Landschaftsoberfläche die richtigen Informationen herauszufiltern. »Bilderkennung [Image understanding] sucht Mechanismen zu entwickeln, mit denen sich anhand von Sensorbildern eine ›Abbildung‹ der Welt für diverse Zwecke erzeugen läßt. Die Herausforderung besteht in der Identifizierung ›unabhängig von der Nähe zum Objekt, von Schatten, Reflexionen und anderen Störfaktoren‹. Ein Weg, den Bilderkennungsprozeß zu verbessern, könnte darin liegen, Kontextinformationen einzurechnen. Bilderkennung ist eine Schlüsseltechnologie, da die Cyber-Situation dem Anwender jederzeitige Gewärtigkeit der Situation vermitteln muß.«[282]

Was für die Bilderkennung gilt, trifft auch auf andere Bereiche der Datengewinnung zu. Im Zusammenhang mit TIAS wurden mittlerweile einige der wichtigsten ›intelligenten‹ Subprogramme bekannt, mit deren Hilfe künftig ›Informationsprodukte‹ aus dem Datenozean extrahiert werden sollen:

- **Das Bio-Surveillance-System.** Es dient der Überwachung bestimmter biologischer Indikatoren, um möglichst frühzeitig Anzeichen für einen biologischen Angriff zu erkennen. Dazu werden u. a. tierische Verhaltensmuster und zahlreiche medizinische sowie prädiagnostische Daten unter Beobachtung gestellt. Die hieraus gewonnenen Informationen werden mit verschiedenen Katastrophenmodellen gekoppelt, so daß Anomalien im Gesundheitszustand tierischer und menschlicher Populationen, die auf einen Angriff mit biologischen Waffen hindeuten, zum frühestmöglichen Zeitpunkt entdeckt werden können. Das System setzt stillschweigend voraus, daß der gesamte Datenbestand des amerikanischen und letztlich aller nationalen Gesundheitssysteme für TIAS verfügbar gemacht wird.

- **Das Human ID-System**, ein Verbund automatisierter biometrischer Identifikationssysteme, der das Aufspüren von Individuen auch aus großer Distanz ermöglichen soll. Es genügt, bestimmte Kenndaten einer Person zu besitzen, um sie beispielsweise

[282] *Information Operations: A New War-Fighting Capability*, http://www.au.af.mil/au/2025/volume3/chap02/v3c2-1.htm

in einer großen Menschenansammlung aufzuspüren. Dazu reichen bereits die biometrischen Daten des Gesichts, über die staatliche Stellen in Zukunft automatisch verfügen, wenn der biometrische Ausweis zur Regel wird. Auch das individuelle Stimmprofil von Milliarden Menschen läßt sich ohne größere Schwierigkeiten erfassen und speichern. Dabei sind äußere Merkmale nur das Sahnehäubchen auf dem Datenberg zur individuellen biologischen Ausstattung. Unmengen weiterer – hochsensibler – Informationen sind in den Computern der Krankenkassen und Krankenhäuser gespeichert. Auch die Zahl der per genetischem Fingerabdruck erfaßten Menschen steigt rapide. Wird eine Reihe dieser Werte zusammengekoppelt, ist auch Fernaufklärung möglich, so daß sich mit einer gewissen Trefferwahrscheinlichkeit der Aufenthalt einer Person auch über Kontinente hinweg feststellen läßt.

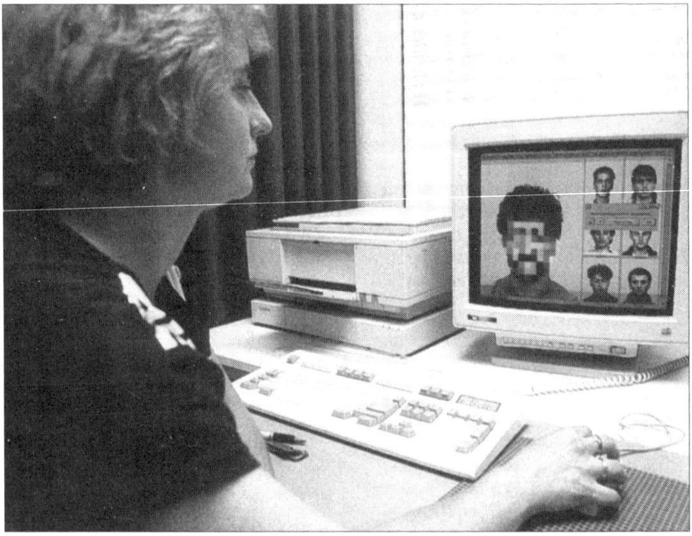

Bilder wie dieses werden dank automatisierter biometrischer Erkennungssysteme bald der Vergangenheit angehören. Die ersten Feldversuche, einzelne Individuen nur aufgrund biologischer Merkmale ausfindig zu machen, sind in den USA und Großbritannien bereits im Gange. Den menschlichen Operator braucht es dazu nicht mehr.

• **Das EARS-System**, ein hochkomplexes Programm zur automatisierten Spracherkennung und -übersetzung. Es soll erheblich leistungsfähiger und treffsicherer als alle bisherigen Spracherkennungsprogramme sein, weil es in der Lage ist, automatisch als wichtig erachtete Informationsgehalte aus erfaßten Gesprächen herauszufiltern, zusammenzufassen und zu übersetzen.

Direktes Mithören und Nachbearbeiten von Kommunikations-Files durch menschliche Operatoren wird damit überflüssig. Auch fremdsprachige Gesprächsmitschnitte sollen dabei kein Hindernis mehr sein, und zwar dank

- **TIDES.** Das Kürzel steht für Translingual Information Detection, Extraction and Summarization, also: Entdecken, Extrahieren und Zusammenfassen von Informationen über die Sprachgrenzen hinweg. Da die rund 170 000 Mitarbeiter des Information Awareness Office zum weitaus überwiegenden Teil Amerikaner sein dürften, ist dieser gigantische Übersetzungsdienst eine Einbahnstraße: Er übersetzt nur ins Englische. Und bis dahin dürfte TIDES zu den schwersten Nüssen gehören, die die Forschungslabore im Rahmen des TIAS-Projekts zu knacken haben. Denn jede Sprache hat zwar ihre Regeln, aber der Transport von Information per Sprache ist weitaus komplexer, als daß er sich durch die Nachbildung syntaktischer Modelle nachvollziehen ließe. Sollte TIDES einmal funktionieren, wird das System zweifellos zu den Meisterstücken künstlicher Intelligenz zählen – und zu einem der größten Arbeitsplatzvernichter bei den Geheimdiensten, die bislang auf die Mitarbeit Tausender von Sprachspezialisten angewiesen sind. »Nehmen wir einmal an«, zitiert Experte James BAMFORD einen höheren Beamten der NSA, »man übermittelt die gesamte Kommunikation Chinas in die Vereinigten Staaten. Dann brauchen Sie jemanden, der das ganze Zeug verarbeitet. Sie brauchen einen Linguisten, der sich alles anhört. Und die Aussichten, daß man unter dem Stapel von Informationen gerade das ausgräbt und entdeckt, was wichtig ist, sind praktisch gleich null. (...) Wir haben nicht die linguistischen Ressourcen, mit dieser Art Problem fertig zu werden.«[283] Hier soll TIDES Abhilfe schaffen. Aber als ob es nur um das Bespitzeln der Chinesen ginge: Die NSA verfügt derzeit über Sprachexperten für mindestens 95 verschiedene Idiome, außerdem alle arabischen Dialekte.

Überhaupt, die arabischen Dialekte: eine besondere Herausforderung, nicht nur in Zeiten islamistischer Bombenleger. Denn schon in ihrer Schriftform bieten arabische Namen und Begriffe eine große Fülle von Verwechslungsmöglichkeiten und Fehlerquellen. Die Vokale werden in arabischen Texten normalerweise nicht mitgeschrieben, was zur Folge hat, daß geschriebene arabische Wörter mehrere Interpretationsmöglichkeiten zulassen (das gleiche gilt für das Hebräische, aber da Israel im Krieg ge-

---

[283] Zit. nach: James BAMFORD, aaO., S. 457.

gen den ›Terror‹ mit im Boot der Guten sitzt, sind hebräische Messages natürlich nicht von nachrichtendienstlichem Interesse). Dabei ist nicht einmal die Wiedergabe der Konsonanten eindeutig. Im Januar 2003 ging denn auch die Meldung durch eine Handvoll Internet-Magazine, das FBI habe erhebliche Schwierigkeiten mit den verschiedenen Schreibweisen nahöstlicher Namen. »In der Tat ist das Arabische eine undankbare Sprache für Terroristenjäger. (...) Heißt Mr. Most Wanted nun Osama, Usama, Ossama, Ussama - bin, ibn - Laden, Ladin?«[284] Hier wartet noch viel Arbeit auf die Computersprachler.

- **EELD**. Die Abkürzung steht für Evidence Extraction and Link Discovery. EELD ist der große Daten-Staubsauger, der automatisch alle irgendwie zugänglichen elektronischen Quellen abtastet, um automatisch verwertbare Hinweise auf anormale und möglicherweise kriminelle Aktivitäten festzustellen bzw. durch Verknüpfung verschiedenster Datenreihen aufzuspüren. EELD rastert zu diesem Zweck E-Mails, Textdokumente, Finanztransaktionen, die Inhalte von Webseiten, Reisebuchungen und Millionen anderer elektronischer ›Fingerabdrücke‹ ab, die allein durch das Leben in den vernetzten, hochtechnisierten Gesellschaften der Industrieländer entstehen. EELD soll fähig sein, Beziehungsgeflechte, Kommunikationsmuster und Vernetzungsstrukturen einzelner Personen und Organisationen abzubilden und durch Selbstlernprozesse potentielle Bedrohungen zu erkennen, die sich zum Beispiel aus der Kooperation von Experten auf sicherheitsrelevanten Forschungsgebieten ergeben könnten. Es liegt auf der Hand, daß für EELD jeder schnell zur potentiellen terroristischen Bedrohung werden kann. Man muß sich nur für Waffentechnologie interessieren, an der Volkshochschule einen Arabischkurs belegen und die Dummheit begehen, seinen E-mail-Verkehr durch ein Verschlüsselungsprogramm wie Pretty Good Privacy (PGP) abzuschirmen. »Grob gesagt, stellt EELD (...) eine erweiterte und autonom arbeitende Version der in Deutschland bekannten ›Rasterfahndung‹ dar.«[285]

- **FutureMAP**. Dieses System stellt eine Erweiterung bekannter Analyseprogramme aus der Wirtschaft dar. Es kommt der Vorstellung von der ›digitalen Weltkarte‹ schon recht nahe. FutureMAP soll die Plausibilität bestimmter wirtschaftlicher, po-

---

[284] Peter RIEDLBERGER, »Terrorismus und Transkription«, http://www.heise.de/tp/deutsch/inhalt/co/13961/1.html

[285] (o. Verf.), »Scientia est Potentia«, aaO.

litischer und wissenschaftlicher Entwicklungen errechnen. Zu diesem Zweck werden die Bewegungen und Datenströme der Finanz-, Technologie- und Informationsmärkte überwacht und analysiert. Das nötige Datenmaterial, schlug *2025* schon 1996 vor, sollen Einrichtungen wie beispielsweise die Weltbank, der Internationale Währungsfonds, staatliche Ministerien, aber auch Organisationen wie ›Ärzte ohne Grenzen‹ oder ›Greenpeace‹ beisteuern.[286]

So sollen zum einen mögliche gefährliche Entwicklungen – etwa eine drohende Wirtschaftskrise, Schieflagen an den Börsen usw. – frühzeitig erkannt werden. Zum anderen liefert FutureMAP alle Informationen, die nötig sind, um umgekehrt auf die Märkte Einfluß zu nehmen, ehe es überhaupt zu solchen Bedrohungsszenarien kommt. Zweckmäßigerweise findet dieser Einfluß möglichst dezent statt, um nicht durch offensichtliches Manipulieren unerwünschte Reaktionen zu provozieren.

Ein Programm namens ›Autonomy‹

Die maßgeschneiderte Lösung für alle Probleme, mit denen sich die 170 000 Mitarbeiter des Information Awareness Office einmal herumschlagen sollen, bietet eine neuartige ›Infrastruktur-Software‹, die laut Medienberichten vom FBI für über eine Million Dollar angekauft wurde.[287] Es handelt sich um das ›Autonomy‹-Programm vom Hersteller gleichen Namens, einem renommierten Software-Unternehmen mit Sitz in Großbritannien, das zu seinen Kunden Dutzende internationaler Firmen zählt, darunter auch das US-Verteidigungsministerium, zahlreiche *global players* wie Siemens und General Motors (und neben vielen anderen auch den Öl-Zulieferer Halliburton, dem eine Schlüsselrolle bei der amerikanischen Intervention in Afghanistan zukommt).

Laut firmeneigener Homepage hat sich Autonomy der Vision verschrieben, die Welt ›sinnvoller‹ zu machen. Dazu dient das gigantische Software-Paket, das sich klarerweise nicht nur zur Terrorbekämpfung einsetzen läßt, sondern exakt der Aufgaben-

[286] *Frontier Missions: Peacespace Dominance*, aaO.

[287] Dirk Delbrouck, »US-Geheimdienste nutzen Infrastruktursoftware gegen Terror«, http://news.zdnet.de/story/0,,t101-s2127829,00.html

stellung des Total Awareness Information System Rechnung trägt: Erfassung, Verknüpfung und Aufbereitung möglichst umfassender Datenbestände. Die Stärke von ›Autonomy‹ liegt dort, wo bisherige Informationsverarbeitungstechnologien kapitulieren mußten. Das Programm ist darauf spezialisiert, Informationen aus ganz verschiedenen Datenquellen zu extrahieren, also etwa

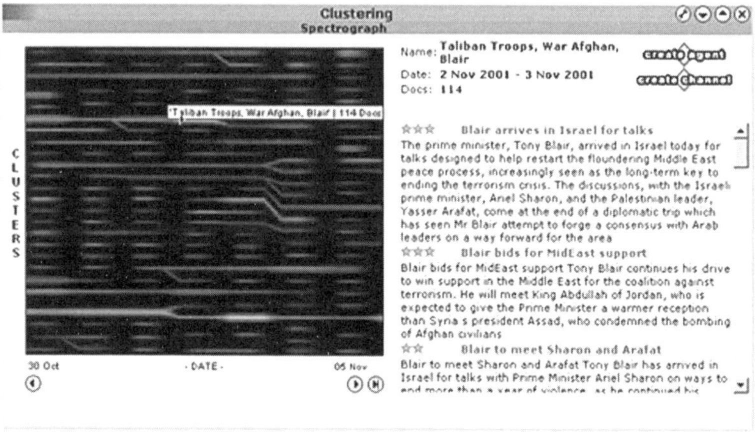

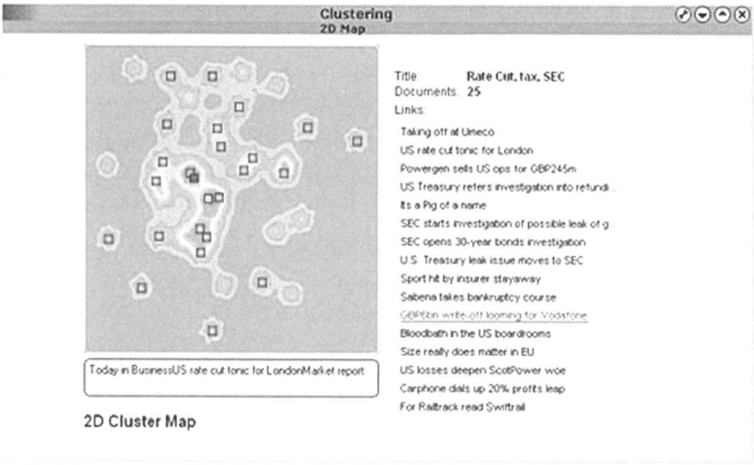

Zwei Beispiele für die Leistungsfähigkeit von Autonomy*:*
Oben: *Graphische Darstellung von Informationen ›clustern‹ im Datenozean.*
Unten: *Digitale Landkarten kann »Autonomy« mithilfe der vorhandenen Datenbanken zu jedem beliebigen Thema und unter Verrechnung nahezu beliebig vieler Parameter errechnen. Auch soziales Unruhepotential und biologische Attacken lassen sich so frühzeitig erkennen.*

aus Text-, Bild- und Tonaufzeichnungen, und sie selbständig zu analysieren. Insgesamt mehr als 200 verschiedene Datenformate sind les- und verwertbar. Die Palette reicht von herkömmlichen Textdateien im Word-Format über HTML-Dateien und SMS-Texten bis zu verschiedenen Audio- und Videoformaten.

›Autonomy‹ bietet ein beeindruckendes Beispiel dafür, was ›intelligente‹ Software in Zukunft alles können wird. Eine der Fähigkeiten des Programms liegt etwa in der Erstellung von ›Collaboration Networks‹, also Netzwerken der Zusammenarbeit. Das bedeutet, ›Autonomy‹ erstellt automatisch Tätigkeits- und Interessenprofile von Mitarbeitern, die an einem ähnlichen Projekt arbeiten – auch wenn sie Tausende von Kilometern voneinander entfernt sind – und vernetzt sie miteinander. Sogenannte ›Agenten‹ kennen auch gängige Internetprogramme bereits: ›Agenten‹ können zum Beispiel kleine, lernfähige Suchprogramme sein, die sich ›merken‹, welche Informationen der Anwender regelmäßig sucht, welche Homepages er häufig aufsucht, um anhand dieser Gewohnheiten ein personalisiertes Benutzerprofil zu erstellen und selbständig zusätzliche Angebote zu suchen, die den Benutzer ebenfalls interessieren könnten. Im Internet tätige Firmen machen sich solche Profile längst zunutze, um potentielle Kunden zu identifizieren und ihnen gezielte Werbe-E-mails zuzusenden.

Die von ›Autonomy‹ erstellten Benutzerprofile sind ungleich komplexer, was es ermöglicht, Sachbearbeiter, die mit einem ähnlichen spezifischen Problem beschäftigt sind, zu identifizieren und miteinander ins Gespräch zu bringen. So kann doppelter Arbeitsaufwand vermieden werden.

Individuelle Profile können aber nicht nur von Benutzern erstellt werden, sondern auch von den Informationen selbst. Der Trumpf dabei sind ›Umgebungsprofile‹, das heißt, eine Information wird nicht nur durch ihren Inhalt, sondern auch durch ihren Kontext interessant. Schon diese Operation erlaubt es, das Datenmaterial auf mannigfache Weise zu hierarchisieren und zu gewichten, denn ein und dieselbe Information wird oft nur dadurch zu einer heißen Spur, daß auch der spezifische Kontext – zum Beispiel der gleiche E-mail-Absender, das gleiche Bankinstitut, das gleiche Netz von Kommunikationspartnern – stimmt. In solchen Fällen übernimmt ›Autonomy‹ die automatische Klassifikation von Daten, weist auf auffällige Muster hin. Auf der Firmen-Homepage heißt es dazu: »›Autonomy‹ gibt den [Benutzer-] Organisationen Klassifikations-Tools an die Hand, die ihnen ein unverzügliches Verständnis der Informationen ermöglichen, in deren Besitz sie sind.«[288]

Die Kontextualisierung von Information ist im übrigen auch der Lösungsansatz, mit dem ›Autonomy‹ der Sprachenvielfalt im Datenozean zu begegnen sucht. Die Suchmaschinen müssen keine exakten Kenntnisse der unzähligen grammatischen Systeme verinnerlichen, um an den Informationsgehalt nichtenglischer Dokumente zu gelangen. Der Abgleich mit dem syntaktischen Kontext soll ausreichend sein, um Bedeutung und Wichtigkeit von Sprachbrocken zu erkennen, auch wenn die wortwörtliche Bedeutung zunächst verschlüsselt bleibt.

Auch Lernprozesse sind anhand einmal erkannter Informations-Strukturen möglich: Abweichungen, neue Trends, spezifische Häufungen von Anomalien lassen sich rasch erkennen und als ›cluster‹ – spezifische Informations-›Bündel‹ – darstellen. Solche Entwicklungen lassen sich in Gestalt von Graphiken und Karten veranschaulichen, eine Funktion, die beispielsweise für Marktanalysen sehr nützlich ist: Konkurrenten und etwaige Änderungen ihres Marktverhaltens werden so automatisch auf dem Bildschirm sichtbar. Die analoge Nutzanwendung im militärischen Bereich ist offenkundig, mehr noch diejenige im Bereich der Terrorbekämpfung. So lassen sich terroristische Aktivitäten bzw. ihre Vorbereitung tatsächlich aus dem Datenozean herausrechnen, indem nur eine hinlängliche Zahl von Parametern und Indikatoren miteinander verrechnet wird.

Auch die Schnelligkeit, mit der ›Autonomy‹ arbeitet, ist beeindruckend. Firmenangaben zufolge kann das System mehr als 100 verschiedene Anfragen pro Sekunde auf einer Rechnereinheit mit vier CPUs bearbeiten, wobei gleichzeitig Millionen verschiedene Inhalte miteinander verrechnet werden.[289] Das ganze System ist praktisch unendlich vernetzbar und ausbaufähig.

Der Teufel steckt freilich auch bei ›Autonomy‹ im Detail. Das System wird sich über kurz oder lang dem gleichen kräftezehrenden Wettlauf mit immer neuen Dateiformaten und Kommunikationswegen ausgesetzt finden wie vordem schon alle menschlichen Vorläuferorganisationen, mochten sie Stasi oder CIA heißen. Allein gegen die Vielfalt der Sprachen ist kein Software-

[288] http://www.autonomy.com/Content/Products/IDOL/f/Classification#01

[289] http://www.autonomy.com/Content/Technology/Technology_Benefits/Scalability

kraut gewachsen. Keine ›Kontextualisierung‹ hilft gegen die schlampige Aussprache eines mutmaßlichen Terroristen. Auch für ›Autonomy‹ sind endlose Update-Schlachten vorprogrammiert, ungeachtet der Tatsache, daß sich die Leistungsfähigkeit der Computerchips alle 19 Monate verdoppelt. Der große Trumpf des Information Awareness Office ist vermutlich nur der Umstand, daß ›Autonomy‹ lediglich eines unter vielen erfolgversprechenden Software-Projekten ist, von denen jedes seine spezifischen Stärken und seine spezifischen Schwächen hat. Neue, immer gigantischere Architekturen von Meta-Speichern und Meta-Rechenoperationen kündigen sich an. Die eine Million Dollar, die das FBI in die Anschaffung von ›Autonomy‹ investiert haben will, ist nicht einmal ein Trinkgeld, gemessen an der titanischen Aufgabe, der sich das IAO verschrieben hat: der restlosen Überwachung des Planeten.

Die neuen Gehilfen des Großen Bruders

Das Projekt TIAS wird nicht nur das perfekteste, effizienteste, intelligenteste Überwachungs- und Bespitzelungssystem sein, das jemals existiert hat. Dank TIAS werden in Zukunft Kriege geführt, humanitäre Interventionen vom Zaun gebrochen, verdächtige Politiker und Organisationen ausgeschaltet werden, ehe sie auch nur entfernt die Möglichkeit haben, den Interessen der USA gefährlich zu werden. TIAS wird zwar selbst keine Entscheidungen fällen; aber die von ihm errechneten Modelle und Szenarien, die auf größeren Informationsmengen beruhen, als sie jemals ein menschliches Gehirn berücksichtigen könnte, werden so ›intelligent‹ und zwingend sein, daß TIAS oft genug das letzte Wort haben wird.

Wenn TIAS zu der Auffassung gelangt, ein ausländischer Politiker müsse eliminiert werden, weil er 1. im Erfolgsfall ein hochmodernes Industrieland regieren würde, das 2. von einer Wirtschaftskrise bedroht und 3. wegen zahlreicher US-Einrichtungen auf seinem Territorium unentbehrlich für die strategischen Interessen Washingtons ist, dann wird sich kein amerikanischer Entscheidungsträger der Stimme des Orakels widersetzen. Die offizielle Version eines solchen Szenarios wurde – Seite 208 – bereits zitiert. Die inoffizielle kam mit Steven Spielbergs *Minority Report* im Herbst 2002 in die deutschen Kinos.

Wer mit Blick auf das Terrorist Information Awareness System einen zutiefst verbrecherischen, inhumanen Anschlag auf Freiheit, Unversehrtheit und informationelle Selbstbestimmung von Milliarden Erdenbürgern befürchtet, liegt nach Lage der Dinge richtig. Aber TIAS ist nicht verbrecherischer und inhumaner, als es andere Projektionsfelder amerikanischer Machtpolitik längst sind. TIAS ist integraler Bestandteil einer Überlegenheitsmaschine, die ›Amerika‹ heißt und kein Hehl mehr daraus macht, daß ihr Ziel die Welthegemonie ist.

Geheimdienstroutinier mit zwielichtigem Hintergrund: John M. Poindexter, hier mit Ex-Präsident Ronald Reagan.

Deshalb ist es auch nur folgerichtig, daß im Zusammenhang mit dem TIAS-Projekt eine Figur wieder nach oben gespült wurde, die man auch nach amerikanischen Maßstäben nur als kriminell bezeichnen kann. Die Rede ist vom ehemaligen Admiral John M. Poindexter, der Mitte der achtziger Jahre unfreiwillig ins Rampenlicht der Öffentlichkeit geriet, weil er der Hauptverantwortliche in der Iran-Contra-Affäre war. Poindexter, 1985/86 Nationaler Sicherheitsberater Ronald Reagans, hatte angeblich ohne Wissen des Präsidenten und des Kongresses den Verkauf von Raketensystemen an den Iran organisiert und mit den Gewinnen die ›Contra‹-Rebellen in Nicaragua finanziert. Beides war durch das Boland Amendment, das vom Kongreß verabschiedet und vom Präsidenten unterzeichnet worden war, ausdrücklich verboten. Als einer der verantwortlichen Drahtzieher wirkte Poindexter außerdem an der amerikanischen Invasion auf Grenada und am ›Vergeltungsschlag‹ gegen Libyen 1986 mit. Doch das Maß war erst voll, als er Ende desselben Jahres zusammen mit seinem Mitarbeiter Oliver North 5000 belastende E-mails von den Servern des Weißen Hauses löschte – allerdings ihre Kopien auf den Backup-Bändern vergaß. Poindexter wurde überführt, entlassen und 1990 wegen Verschwörung, Behinderung der Justiz und Vernichtung von Beweismaterial verurteilt. Die Regierung von Costa Rica schloß sich der Anklage an und beschuldigte den umtriebigen Admiral auch noch, im Kokainhandel mitgemischt zu haben, um Gelder für die Contras zu beschaffen.

Die Verurteilung wurde fallengelassen, weil ihm für seine Zeugenaussagen vor dem Kongreß Immunität zugebilligt worden war. Auch ansonsten fiel POINDEXTER ausgesprochen weich. Er begann eine neue Karriere bei Syntek Technologies, ein Unternehmen, das eng mit dem Pentagon zusammenarbeitet und Projekte für die DARPA sowie für verschiedene Geheimdienste durchführt. GENOA, eines der wichtigsten Sub-Programme von TIAS und speziell für das Durchsuchen großer Datenmengen entwickelt, stammt aus dem Hause Syntek Technologies. Im übrigen machte POINDEXTER schon 1987 mit einem zukunftsweisenden Vorschlag von sich reden. Er forderte eine Ausweitung der Kompetenzen des Nachrichtendienstes NSA auf die gesamte Computer- und Kommunikationssicherheit der Regierung und der Privatwirtschaft. »Sicherheitsstandards für Computer, die vom National Institute of Standards and Technology festgelegt werden, hätten dann von der NSA, überdies unter der Bedingung der Geheimhaltung, verordnet werden können, was wahrscheinlich bedeutet hätte, daß überall Hintertüren zum Belauschen eingebaut worden wären.«[290]

Bis Anfang 2002 bekleidete POINDEXTER bei Syntek Technologies den einträglichen Posten eines Vizepräsidenten. Inzwischen hatten sich die Anschläge vom 11. September 2001 ereignet, und seine Qualifikationen waren für den uneingeschränkten Krieg gegen den ›Terror‹ genau das Richtige. Seit dem 14. Februar 2002 ist POINDEXTER Leiter des IAO. Präsidentensprecher Ari FLEISCHER diktierte den Journalisten dazu eine sehr amerikanische Begründung in die Mikrophone, die vermutlich noch nicht einmal geheuchelt war: Der Chef der neuen Behörde sei ein »Mensch, den die Regierung für einen außergewöhnlichen Amerikaner« halte, und ein ebenso außergewöhnlicher Mitbürger, der seinem Vaterland gute Dienste geleistet habe.[291] Von 2005 an, wenn das System läuft, hat dieser Mitbürger die Gewalt über TIAS. ORWELLS Großer Bruder hat spätestens dann einen Namen: John M. POINDEXTER.

Es gehört zu den Eigentümlichkeiten der Washingtoner Szene seit dem Amtsantritt George W. BUSHS, daß sich in seinem Gefolge eine Clique von Politikern und Hintergrundfunktionären das Weiße Haus angeeignet hat, die alle aus dem gleichen Stall kom-

[290] Florian RÖTZER, »Totale Überwachung«, aaO.

[291] http://www.whitehouse.gov/news/releases/2002/02/20020225-16.html#2

men. Auch Richard PERLE gehört zu diesem Kreis, bis März 2003 Vorsitzender des Defense Policy Board, das Präsident BUSH und Verteidigungsminister RUMSFELD berät. Es ist keine allzu große Überraschung, auch PERLE im Netzwerk der amerikanischen Überwachungsindustrie an maßgeblicher Stelle wiederzufinden, für die im Gefolge des 11. September goldene Zeiten angebrochen sind. PERLE ist Mitglied im Aufsichtsrat bei Autonomy. Als würde das noch nicht genügen, hat er außerdem einen Aufsichtsratsposten bei der israelischen Firma Onset inne, die digitale Kommunikation verkauft.[292] PERLE kann geradezu als Schaltstelle jener ›Israel-Connection‹ im Weißen Haus betrachtet werden, deren perfektes Funktionieren der israelische Ministerpräsident SCHARON vor Augen hatte, als er sich im Oktober 2001 seinem Außenminister PERES gegenüber zu der entwaffnenden Feststellung hinreißen ließ: »Jedes Mal, wenn wir etwas tun, erzählst du mir, Amerika wird dies oder das tun. (...) Ich will dir etwas sehr klar sagen: Mach dir keine Sorgen über den amerikanischen Druck auf Israel. Wir, die Juden, kontrollieren Amerika, und die Amerikaner wissen das.«[293]

Die Kontrolle läuft über Drahtzieher wie PERLE und erfolgt aus einer schwer durchschaubaren Grauzone zwischen Firmeninteressen, persönlicher Vorteilsnahme und auswärtigen, in diesem Fall israelischen Vorgaben. Auch im Fall PERLES liegt die Brisanz in der Tatsache begründet, daß einem exponierten Vertreter der Washingtoner Machtclique aus der Verbindung zur Überwachungsindustrie und zu israelischen Geheimdienstkreisen eine Fülle außergewöhnlicher – halblegaler bis krimineller – Einflußmöglichkeiten erwächst. Der Verdacht, er besorge als ›Doppelt-Loyaler‹ eigentlich das Geschäft Israels, begleitet PERLE schon von den Anfängen seiner Karriere an, die er bei dem ultrakonservativen Senator Henry JACKSON begann. Er mußte damals gehen, weil er geheime Informationen in der israelischen Botschaft ausgeplaudert hatte. Das FBI war dahintergekommen, weil die Botschaft abgehört wurde. Seit damals wird PERLE immer wieder verdächtigt, ein Spion des Mossad, des israelischen Geheimdienstes, zu sein.

Tatsache ist, daß er sich israelischen Interessen gegenüber seither stets loyal zeigte. 1993 geriet er erneut in die Schußlinie,

[292] Nach: Eva SCHWEITZER, »›Prinz der Finsternis‹ tritt zurück«, in: *Berliner Zeitung*, 29. 3. 2003.

[293] Hier zitiert nach: Mathias BRÖCKERS, *Verschwörungen, Verschwörungstheorien und die Geheimnisse des 11.9.*, Frankfurt/Main [16]2002, S. 239.

Doppelt-Loyaler mit Israel-Connections: Richard Perle (Mitte), *eine der einflußreichsten Figuren im Schatten der* Bush*-Regierung*

als bekannt wurde, daß er von einer israelischen Rüstungsfirma Zahlungen erhielt, während er gleichzeitig für das Pentagon arbeitete. Bei den Waffenkontrollverhandlungen zwischen den USA und der Sowjetunion in den achtziger Jahren ging er sogar so weit, Verhandlungserfolge davon abhängig zu machen, daß Moskau die Ausreise von 60 000 Juden nach Israel genehmigte. 1996 schrieb er zusammen mit dem Unterstaatssekretär Douglas Feith ein Papier für den damaligen israelischen Premier Benjamin Netanjahu, in dem ausdrücklich der Sturz des irakischen Staatschefs Saddam Hussein gefordert wurde. Nicht genug damit, gehört Perle (Stand: Frühjahr 2003) auch dem Aufsichtsrat der Pro-Israel-Lobby JINSA (Jewish Institute of National Security Affairs) an, deren erklärtes Ziel es ist, einen Palästinenserstaat zu verhindern. Gleichzeitig gilt er als einer der prominentesten Köpfe jener Gruppe von Ultrakonservativen, die 1998 das ›Project for an American Century‹ ausarbeiteten, in dem lange vor dem Amtsantritt George W. Bushs das Fernziel amerikanischer Welthegemonie festgeschrieben wurde. Wie an solchen Details zu sehen ist, schließen amerikanische und israelische Interessen einander keineswegs aus.

Perle, der seit den achtziger Jahren wegen seiner beinharten Haltung den Sowjets gegenüber den Spitznamen ›Prinz der Finsternis‹ weghat, mußte im März 2003, eine Woche nach Beginn des US-Überfalls auf den Irak, überraschend einen herben Karriereknick einstecken. Er trat zurück, als ihm Seymour Hersh, langjähriger Reporter des *New Yorker*, neuerlich in zwei besonders schweren Fällen die Verquickung privater Interessen mit seinen politischen Aufgaben nachweisen konnte. Im einen Fall ging es um den Verkauf der bankrotten Kommunikationsfirma Global

Crossing an eine asiatische Company. PERLE, der einen Beratervertrag mit Global Crossing hatte, sollte 600 000 Dollar erhalten, wenn der Verkauf über die Bühne ginge, doch dafür mußten Pentagon und FBI erst dazu gebracht werden, der Veräußerung sensibler amerikanischer Sicherheitstechnik an die asiatischen Geschäftspartner zuzustimmen.

Im zweiten Fall ging es schlicht und einfach um Erpressung. HERSH enthüllte, daß sich PERLE nicht nur mit dem international berüchtigten Waffenhändler KASHOGGI getroffen hatte – auch er wie John M. POINDEXTER eine der Hauptfiguren in der Iran-Contra-Affäre –, sondern auch mit einem saudischen Geschäftsmann, den er ziemlich rigide bearbeitete, um die saudische Regierung zur Beteiligung an einer anderen Firma, Trireme, zu veranlassen, an der er selbst beteiligt ist. Wenn Saudi-Arabien einsteige, würden die USA das Land »in Ruhe lassen«, das wegen der Attentäter des 11. September ins Visier des Weißen Hauses geraten war. »Tatsächlich sprach sich PERLE später öffentlich dagegen aus, gegen Saudi-Arabien vorzugehen.«[294] Gegen andere Länder, die seinen Firmeninteressen offenbar im Weg stehen, macht PERLE aber unverdrossen mobil, durch seinen unvermeidlichen Rücktritt im März 2003 in keiner Weise beeindruckt. Wenige Wochen nach der Erledigung des Irak, im Juni, kündigte er Nordkorea einen amerikanischen Präventiv-Angriff an und erklärte die UNO für »weitgehend irrelevant«. Auch Deutschland ist dem ›Prinzen der Finsternis‹ ein Dorn im Auge. Germany habe sich »auf die Seite SADDAMS gestellt – anders kann man die deutsche Position nicht bezeichnen«.[295]

Biographien wie diejenigen John M. POINDEXTERS und Richard PERLES führen schlaglichtartig vor Augen, wie in den USA des Jahres 2003 (und wahrscheinlich noch auf längere Sicht hinaus) internationale Politik gemacht wird: immer nach Maßgabe des größtmöglichen persönlichen Profits und/oder der Interessen Israels. Der Öffentlichkeit wird dieses Amalgam als ›Kampf gegen den Terror‹ oder als ›Projekt für ein amerikanisches Jahrhundert‹ verkauft. Beides ist gleich verlogen. Eine Bedrohung für die übrige Welt wird daraus, wenn Figuren wie die genannten die Machtmittel der größten Militärmacht auf dem Globus in die Hand bekommen.

---

[294] Eva SCHWEITZER, aaO.

[295] »US-Präventivschlag gegen Nordkorea ist möglich«, *AP*, 6. 6 .2003, zit. nach: http://www.20min.ch/news/ausland/story/1771844

Es ist nur eine Fußnote in der Geschichte der US-Geheimdienste, daß zumindest der janusköpfige IAO-Chef inzwischen selbst Opfer boshafter Bespitzelungsaktionen wurde. Engagierte Datenschützer und Bürgerrechtler haben als Reaktion auf seine Ernennung begonnen, alle greifbaren Informationen über ihn zusammenzutragen und ins Internet zu stellen. Sie wollen so darauf aufmerksam machen, was dank TIAS schon bald auch jedem anderen Amerikaner blühen kann. Im WWW sind demzufolge nicht nur POINDEXTERS Telefonnummer und Privatadresse (10 Barrington Fare, Rockville, Md.) abrufbar, sondern auch seine Nachbarn, der Wert seines Hauses (269700 US-Dollar), Satellitenaufnahmen seines Wohnviertels und die unschuldige Frage, ob ein Donald Douglas POINDEXTER, der in Maryland als Sexualstraftäter geführt wird, irgend etwas mit dem ehemaligen Admiral zu tun habe.[296] Für den Betroffenen mag das alles ärgerlich sein. Im Vergleich zu dem, was TIAS einmal völlig routinemäßig über Milliarden von Erdenbürgern zusammentragen soll, ist es die reine Belanglosigkeit.

Weder John M. POINDEXTER noch seine Washingtoner Vorgesetzten machen ein Hehl daraus, daß TIAS ein Instrument amerikanischer Kriegführung im 21. Jahrhundert sein wird. Auch in diesem Fall liefert der Anti-Terror-Krieg nur den Vorwand für die konsequente Ausweitung der Kampfzone: Da potentiell jeder Erdenbürger zum Sicherheitsrisiko für die USA werden kann, muß die totale Informationskontrolle angestrebt werden. Das bedeutet nicht nur einen weiteren Schritt hin zur Aufweichung der Grenzen zwischen Krieg und Frieden, sondern auch eine beispiellose Erweiterung des Feindbegriffs. Anders als in der Vergangenheit geht es künftig nicht mehr nur um die Erringung der Informationsüberlegenheit über den Gegner in einem jeweiligen Konfliktfall. Bis auf weiteres sehen sich die USA im permanenten Krieg gegen alle anderen. Für POINDEXTER und Konsorten geht es um die Erringung der totalen Informationsüberlegenheit über den Rest der Menschheit.

[296] Nach: Florian RÖTZER, »Aufklärung über die Aufklärer«, http://www.heise.de/tp/deutsch/inhalt/te/13840/1.html

Information Warfare: Eine Chimäre nimmt Gestalt an

Das Projekt TIAS stellt lediglich die bislang letzte Stufe, vielleicht den Abschluß eines militärisch-technologischen Prozesses dar, der seit den achtziger Jahren im Gange ist. Seit dieser Zeit sind verschiedene militärische und zivile Stellen in den USA damit beschäftigt, die Möglichkeiten der Computerkriegführung auszuloten, wobei es zunächst vor allem um das gezielte Eindringen in fremde Computersysteme (›hacking‹) ging. In der Folge dieser Bemühungen hat seit Anfang der neunziger Jahre das Wort vom ›Informationskrieg‹ (Information Warfare; Infowar) Eingang in die Stategiediskussion gefunden. Im Gefolge des zweiten Golfkrieges konnte dabei bereits auf erste frontnahe Erfahrungen verwiesen werden. Es erstaunt nicht, daß auch diese Diskussion in Deutschland – wie üblich – mit Verspätung eingesetzt hat und seither »sehr deutlich von dem Vorbild USA geprägt«[297] ist.

Unter ›Infowar‹ können inzwischen sehr verschiedene Dinge verstanden werden, und man geht vermutlich nicht fehl, die Unschärfe der Begriffe zumindest als nützlichen Begleiteffekt der Debatte zu interpretieren, denn die ungeschminkte Wahrheit über das, was im Zeichen des ›Informationskrieges‹ auf die Welt zukommt, ist selbst angesichts fortgeschrittener Orwell-Verhältnisse starker Tobak. Die Wahrheit ist, daß es für den Krieg um und mit Mitteln der Information letztlich keine Grenzen, keine Beschränkungen, keine Hindernisse gibt. Information ist alles, Lieferant von Information ist potentiell jeder, eigene Staatsangehörige, aber erst recht alle anderen.

Tatsächlich ist eine der ersten Auswirkungen des Informationskrieges, der der Welt in den letzten zehn Jahren nach und nach und unter Vermeidung größeren Aufsehens erklärt worden ist, der zunehmend fließende Übergang zwischen Krieg und Frieden. Nicht nur in Europa ist es höchste Zeit, sich die Frage zu stellen, wie partnerschaftlich vermeintliche Verbündete eigent-

[297] Ralf Bendrath, Militärpolitik, »Informationstechnologie und die Virtualisierung des Krieges«, in: *Texte zur Sicherheitspolitik in der Informationsgesellschaft 1997–1999* (= FoG:IS-Arbeitspapier Nr. 1, Hg. Forschungsgruppe Informationsgesellschaft und Sicherheitspolitik), http://userpage.fug-berlin.de/~bendrath/fogis/fogis-ap1.rtf.

lich sind, die ihre Partner im tiefsten Frieden nach Strich und Faden ausspähen (Stichwort: Echelon), und das mit dem erklärten Ziel, der eigenen Wirtschaft klare Vorteile gegenüber der ausländischen Konkurrenz zu verschaffen. ›Heißer‹ Frieden – oder schon ›kalter‹ Krieg?

Tatsache ist: »Im Datennetz (...) kann überhaupt nicht mehr unterschieden werden, ob ein Eindringling ein Angehöriger der Streitkräfte, ein Krimineller mit Profitabsichten oder einfach ein jugendlicher Hacker ist. Beim ›Informationskrieg‹ werden (...) die völkerrechtlichen Normen der Kriegführung außer Kraft gesetzt. Diese basieren auf der Unterscheidung von legitimen staatlichen Kriegern und illegitimen nichtstaatlichen Kriegern (...). Diese Unterscheidung in Kombattanten und Nicht-Kombattanten ist beim Krieg im Datennetz nicht mehr möglich. Kurz gesagt: Im Cyberkrieg sind Militär und Polizei, staatliche und nichtstaatliche Akteure gleich.«[298]

Wozu das führen kann, zeigt ein Vorfall vom Februar 1998. Während die US-Streitkräfte am Golf im Zuge wachsender Spannungen mit dem Irak verstärkt wurden, kam es zu mehr als 500 Einbrüchen in Computersysteme des Verteidigungsministeriums, der Regierung und der Industrie. Natürlich stand der Bösewicht sofort fest. Eingehende Untersuchungen ergaben aber, daß nicht die irakische Regierung, sondern zwei Jugendliche aus Kalifornien und mehrere Israelis für die Hackerattacken verantwortlich waren. Ein Szenario, das in Verbindung mit der amerikanischen Erstschlagsdoktrin – die die Verwendung von Atomwaffen vorsieht – den Stoff für unruhige Träume abgibt. Denn in den einschlägigen Studien der US-Planer wird immer wieder auf das rasante Tempo militärischer Abläufe in Zeiten des computerisierten Krieges aufmerksam gemacht; es zwinge zu ›angemessenen‹ Reaktionen innerhalb kürzester Zeit. Nur: Auf das elektronische Dickicht des Krieges im World Wide Web läßt sich dieses Axiom nur beschränkt anwenden. Der Vorfall vom Februar 1998 hätte eigentlich eine Warnung sein müssen: nämlich »daß erst eine eingehende Untersuchung eindeutige Rückschlüsse auf den Urheber von Cyber-Angriffen ermöglicht und daß militärische Mittel nicht unbedingt die geeignete Antwort sind«.[299]

---

[298] Ebd.

[299] Dirk ECKERT, *Theorie und Praxis der Information Warfare in den USA* (= Kölner Arbeitspapiere zur internationalen Politik, Nr. 1), Köln 2001, S. 37.

Die Schauplätze des Informationskrieges sind unspektakulär, aber umkämpft. Blick in eine Rechnerzentrale in Kalifornien.

Lückenlose Datenerfassung und präemptives Vorausberechnen von Szenarien und möglichen Bedrohungen – was der zentrale Zweck des TIAS-Projekts sein wird – wird in der laufenden Strategiediskussion offenbar noch nicht als eine der Hauptaufgaben des Informationskrieges betrachtet. In der Praxis wird es aber genau dazu kommen, sobald TIAS erst einmal in Dienst gestellt sein wird. Die für TIAS zuständige Behörde, das IAO, ist schließlich eine Unterabteilung des US-Verteidigungsministeriums, und TIAS selbst wird der Öffentlichkeit als Wunderwaffe im Kampf gegen den ›Terror‹ verkauft.

An der einstweiligen Bedeutungsverengung mag die Macht des Faktischen schuld sein: Solange TIAS noch nicht zeigen kann, wozu es imstande ist, ist ›Informationskrieg‹ eben das, was mit den vorhandenen technischen Mitteln möglich ist. Und weil diese Möglichkeiten den Militärs erst seit gut einem Jahrzehnt zur Verfügung stehen, gibt es auch den theoretischen Diskurs darüber erst seit Anfang der neunziger Jahre.

So erschien 1993 eine vielbeachtete Studie der den Streitkräften nahestehenden RAND-Corporation, eines der zahlreichen ›think tanks‹ des militärisch-industriellen Komplexes der USA, deren Autoren ›Cyberwar‹, den Krieg in den Datennetzen, als eine der künftigen Formen militärischer Auseinandersetzung ankündigten. Im selben Jahr erschien das Buch *War and Anti-War*, verfaßt von den beiden Zukunftsforschern Alvin und Heidi Toffler, in dem ebenfalls eine neue Domäne des Militärischen definiert wurde, die auf der Beherrschung von Information basiert. Das Buch wurde innerhalb kurzer Zeit zum Bestseller in den Streitkräften

und ist an den meisten US-Militärakademien noch immer Pflichtlektüre. Alvin Toffler ist seit dem Erfolg seines Buches Gastprofessor an den War Colleges der Army und der Air Force.

Bereits 1994 kam es dann zur Gründung der School for Information Warfare and Strategy an der National Defense University in Washington – ein eindrucksvolles Beispiel für die Schnelligkeit, mit der jenseits des Atlantiks neue Erkenntnisse in praktische Nutzanwendung umgesetzt werden. Wieder ein Jahr später hatte sich ›Information Warfare‹ im Sprachgebrauch des Pentagon weitgehend durchgesetzt und wurde zum festen Bestandteil aktueller Forschungs- und Entwicklungsvorhaben der US-Streitkräfte. 1996 schließlich wurde die Führung des Informationskrieges in die bereits erwähnte Planungsstudie *Joint Vision 2010* aufgenommen. Auch *2025*, im selben Jahr veröffentlicht, sieht in ›Information Operations‹ eine »neue Fähigkeit der Kriegführung«.[300] Inzwischen hat ›Information Warfare‹ Eingang in die Truppenpraxis gefunden; es gibt zahlreiche Dienstanweisungen, eigene Einsatzzentralen und zahlreiche defensive und offensive Doktrinen des Informationskrieges.[301]

[300] *Information Operations: A New War-Fighting Capability*, aaO.

[301] Nach: Ralf Bendrath, »Postmoderne Kriegsdiskurse. Die Informationsrevolution und ihre Rezeption im strategischen Denken der USA«, in: *Texte zur Sicherheitspolitik in der Informationsgesellschaft 1997– 1999* (= FoG:IS-Arbeitspapier Nr. 1, Hg. Forschungsgruppe Informationsgesellschaft und Sicherheitspolitik), http://userpage.fug-berlin.de/~bendrath/fogis/fogis-ap1.rtf.

Gegenwärtig umfaßt der Begriff ›Information Warfare‹

- Krieg unter Einsatz von Information (auch Desinformation und Manipulation von Information),
- Maßnahmen gegen die Informationsmittel des Gegners,
- Maßnahmen zur Erringung von Informationsüberlegenheit (Krieg *um* Information).

Auch das offizielle Wörterbuch des Pentagon bietet eine sehr weitgefaßte Definition. Unter ›Informationskrieg‹ fallen demzufolge »Aktionen, die unternommen werden, um die Informationsüberlegenheit zu erlangen, indem die Informationen, informationsbasierten Prozesse, Informationssysteme und computerbasierten Netze beeinträchtigt werden, während die eigenen Informationen, informationsbasierten Prozesse, Informationssysteme und computerbasierten Netze ausgenutzt und verteidigt werden«.[302] Darunter läßt sich ein ganzes Bündel computergestützter Maßnahmen verstehen, die von der gezielten Störung gegnerischer Nachrichtennetze über die Manipulation von Informationen bis hin zur totalen Datenüberwachung reichen. »Das Ziel ist die Kontrolle der globalen Informationssphäre und aller ihrer Teilbereiche im Umfeld eines Krieges.«[303]

Eine sehr breite Definition des Informationskrieges findet sich bereits in der *2025*-Studie. Er wird dort umschrieben als »Handlungen mit dem Ziel, eine relativ größere Einsicht in die Stärken, Schwächen und Schwerpunkte der militärischen, politischen, sozialen und wirtschaftlichen Infrastruktur eines Gegners zu gewinnen, um ihm informationsgestützte Aktivitäten durch ›Command and control‹-Kriegführung und Informationsangriffe zu verweigern, sie auszubeuten, zu beeinflussen oder zu verfälschen«.[304]

Wie die Erfahrung der letzten zehn Jahre zeigt, standen in der Praxis zunächst unmittelbar militärische Erfordernisse im Vordergrund. Während des Golfkrieges 1991 gehörten Kommunikationseinrichtungen des Gegners zu den ersten Zielen der amerikanischen Luftangriffe: Sendemasten, Telefonzentralen und Brücken, in denen Kommunikationskabel verliefen, außerdem

---

302 Zit. nach: ders, »Der Kosovo-Krieg im Cyberspace«, in: ebd., http://userpage.fug-berlin.de/~bendrath/fogis/fogis-ap1.rtf.

303 Zit. nach: ebd.

304 *Information Attack: Information Warfare In 2025*, http:// www.au.af.mil/au/2025/volume3/chap02/v3c2-1.htm

zahlreiche irakische Kommandobunker. »Viele irakische Einheiten waren so von der Verbindung zu ihren Führungsebenen abgeschnitten und wurden handlungsunfähig.«[305] Beabsichtigter Nebeneffekt: Die Iraker mußten zur Befehlsübermittlung auf Rundfunkfrequenzen ausweichen. Diese wurden - dazu unten mehr - sofort von amerikanischen ›PsyOps‹-Spezialisten manipuliert.

Experten sind sich heute darin einig, daß die US-Streitkräfte während des zweiten Golfkrieges erstmals C2-Warfare praktizierten. ›C2‹ steht für ›Command and Control‹. Dabei geht es neben der Störung der Lenk- und Ortungssysteme gegnerischer Waffen auch um die direkte Einwirkung auf gegnerische Aufklärungs- und Entscheidungsprozesse, etwa durch gezielte Manipulation gegnerischer Computersysteme oder Einspeisen von Computerviren. Die Folgen liegen auf der Hand. Der Krieg wandert in die Netze, erobert sich neues Terrain, verlangt neue Spezialisten. »Aufgrund der hohen Bedeutung von Computern für die Wahrnehmungs- und Entscheidungsprozesse aller Streitkräfte werden auch Computernetze jetzt als Teil des Kampfraumes verstanden.«[306]

Gleichzeitig verließen die Informationskrieger des Pentagon 1991 erstmals die engere Domäne des Militärischen und erweiterten ihren Einsatzraum - was für künftige Konflikte kennzeichnend sein wird - stillschweigend auf das Umfeld des Gefechtsgeschehens: Information wurde selektiv als Waffe eingesetzt: zur Desinformation der eigenen Öffentlichkeit ebenso wie zur Demoralisierung und Irreführung des Gegners. In diesem Fall wird ›Information Warfare‹ zu einem Bestandteil dessen, was nach landläufigem Verständnis mit ›psychologischer Kriegführung‹ umschrieben wird. So ließen die US-Streitkräfte Meldungen veröffentlichen, denen zufolge es gelungen sei, ein Computervirus in das irakische Kommunikationssystem einzuspeisen. Es handelte sich um eine bewußte Falschmeldung, die das Vertrauen der irakischen Kommandeure in ihre militärische Führung untergraben sollte. Der Erfolg dieser Ente ist, daß sie noch immer vereinzelt als Beispiel für erfolgreiche Informationskriegführung angeführt wird, obwohl sie inzwischen mehrfach widerlegt wurde.

Eine andere ›Waffe‹ dagegen, die ebenfalls in der Grauzone zwischen psychologischer Kriegführung und ›Infowar‹ anzusie-

---

[305] Ralf BENDRATH, »Militärpolitik, Informationstechnologie und die Virtualisierung des Krieges«, aaO.

[306] Ebd.

Schwergewicht an der elektronischen Front: Blick ins Innere der EC-130. Sie ist mit Elektronik vollgestopft und optimal für den Kampf der Frequenzen ausgestattet. Maschinen dieses Typs spionieren vor der chinesischen Küste und sollen im Irak und in Afghanistan ›PsyOps‹ durchgeführt haben.

deln ist, wurde 1991 erstmals mit Erfolg in der Praxis getestet. Sie hatte zwar nicht die irakischen Computernetze zum Ziel, wohl aber die irakischen Rundfunkfrequenzen. Die irakische Seite mußte nach der Ausschaltung ihrer Kommandostrukturen auf einen anderen Weg der militärischen Kommunikation zurückgreifen, und zwar auf die Sendefrequenzen des staatlichen Rundfunks.[307] Die Übermittlung von Befehlen und Informationen an die Truppe lief so ab, daß der militärische Kurzwellensender des Oberkommandos in Bagdad verschlüsselte Nachrichten auf der Rundfunkfrequenz ausstrahlte, die in zahlreichen Empfangsstationen zwischen Bagdad und der Landesgrenze aufgefangen, verstärkt und direkt an die in Kuwait stehenden Truppen weitergesendet wurden. Da die Frequenz bekannt war – exakt 100.00 MHz –, hörte der Feind alles mit.

Damit nicht genug, einem Team von ›PsyOps‹-Experten, das dem amerikanischen Zentralkommando in Dahran angegliedert

[307] ITV News Bureau, »High Tech Psychological Warfare Arrives in The Middle East Dharan, Saudi Arabia«, 23.03.1991, http://www.raven1.net/silsound.htm

war, gelang es, das Programm einschließlich der kodierten Nachrichten zu manipulieren. Die Truppe installierte in der verlassenen Ortschaft Al-Khafdji auf kuwaitischem Territorium einen mobilen Kurzwellensender mit Generator und improvisiertem Aufnahmestudio und strahlte von hier aus ständig ein Konkurrenzprogramm auf der irakischen Frequenz aus. Es war dem offiziellen Programm des irakischen Rundfunks nachempfunden, enthielt patriotische und religiöse Musik - und »absichtlich ungenaue, verwirrende und widersprüchliche militärische Orders und Informationen für die irakischen Soldaten auf dem kuwaitischen Kriegsschauplatz. Die Stärke und Kampfkraft der gegnerischen Truppen wurde ständig vorsätzlich übertrieben, und es wurde nahegelegt, zu kapitulieren.«[308]

Die Desinformationsleistung dieses Störsenders muß erheblich gewesen sein. Denn das Wüstennest Khafdji fand Eingang in die Medienberichterstattung als Schauplatz eines der heftigsten Gefechte während des ganzen Golfkrieges. Öffentlichkeit und Militärexperten wunderten sich seinerzeit über die Vehemenz des irakischen Vorstoßes, aber auch über die taktische Absicht hinter dem scheinbar irrationalen Manöver. Inzwischen weiß man, daß es dem amerikanischen Störsender galt, der für die irakische Führung offenbar ein echtes Problem darstellte. Allerdings gehörte der getürkte Militärfunk aus Khafdji noch zu den harmloseren Errungenschaften der amerikanischen Psycho-Kriegführung im Golfkrieg.

Uncle Sam lügt – die Wiedergeburt der Propaganda

Schon der Golfkonflikt 1990/91 machte in bestürzender Weise deutlich, wie sehr von den Auswirkungen des Informationskrieges auch das gesamte zivile Umfeld des Krieges betroffen wurde. Desinformation und Propaganda, schon immer unvermeidliche Begleiterscheinungen anglo-amerikanischer Kriegführung, erlebten im Umfeld des Irak-Krieges 1991 eine ungeahnte Auferstehung. Die Streitkräfte beanspruchten nichts weniger als das Monopol auf Informationskontrolle und Meinungslenkung - und konnten es durchsetzen. Der vorgebliche Meinungsplura-

[308] Ebd.

lismus der westlichen Gesellschaften schrumpfte im Krieg gegen den Irak auf sein tatsächliches Maß: Er wurde zur Farce. Das Grundrecht auf Information endete – und endet seither regelmäßig – bei den Presseoffizieren.

In der heißen Phase des Krieges sorgten diese dafür, daß die Journalisten nur das zu sehen bekamen, was sie sehen sollten, und belieferten die Medien gleichzeitig mit Bildern und Nachrichten aus eigener Produktion. Über die Verluste von 18 alliierten Maschinen während des Krieges erfuhr die westliche Öffentlichkeit bis heute nichts Offizielles. Wer es wissen will, muß sich die Fakten aus dem Internet zusammensuchen. Colin POWELL, heute US-Außenminister, damals Chef der Vereinigten Stabschefs, brachte es auf die bündige Formel: »Wenn alle Truppen in Bewegung sind und die Kommandeure an alles gedacht haben, richte deine Aufmerksamkeit auf das Fernsehen, denn du kannst die Schlacht gewinnen oder den Krieg verlieren, wenn du mit der Story nicht richtig umgehst.«[309]

Ersichtlich ist: Das Konzept vom Informationskrieg ist schon in seinen einzelnen Komponenten verheerend und entfaltet perfide Wirkung, die auf Verwirrung der Köpfe und Vergiftung des Meinungsklimas hinausläuft. Der Mythos der informationellen Selbstbestimmung, eines der Lieblingspflänzchen liberaler Demokratiediskurse, ist eines der ersten Opfer der amerikanischen Informations-Kriegführung. Zwar gehörte die propagandistische Aufbereitung des Kampfgeschehens schon seit jeher zu den Begleiterscheinungen des Krieges. Neu am Konzept des Informationskrieges ist aber die technokratische Perfektion, die Systematik der Manipulation. Sie braucht keinen, aber auch gar keinen Vergleich mit den Methoden des Dr. Joseph G. zu scheuen. Ralf BENDRATH, einer der führenden Infowar-Experten in der Bundesrepublik, trifft das Richtige, wenn er feststellt:

»›Information Warfare‹ geht (...) noch weiter. Im Rahmen dieses Konzepts wird auch die Öffentlichkeit immer mehr als ein Mittel der Kriegführung angesehen (...). Militärische Einsätze finden nach diesem Verständnis in einer globalen Informationsumgebung statt, die für die Zwecke des Einsatzes beeinflußt werden muß. Die Informationsumgebung wird dabei als Teil des Schlachtfeldes gesehen.«[310]

[309] Zit. nach: Ralf BENDRATH, »Postmoderne Kriegsdiskurse«, aaO.
[310] Ders., »Militärpolitik«, aaO.

Auch Andrea SZUKALA vom Lehrstuhl für Internationale Politik der Universität Köln bemerkt: »Die meisten Staaten (vor allem aber die USA und Großbritannien) sehen (...) heute in der ›Public-Affairs‹-PR einen inhärenten Bestandteil von Außenpolitik und militärischer Doktrin.«[311]

Bei Feststellungen wie diesen handelt es sich nicht um Anwürfe boshafter Amerikagegner. Die Bestätigung kommt aus den USA selbst. Spätestens nach dem 11. September 2001 hat Washington freiheraus institutionalisiert, was amerikanische Regierungen schon seit jeher praktizierten, in der Vergangenheit aber stets mehr oder weniger heftig dementierten: gezielte Desinformation. Auch auf diesem Feld der Auseinandersetzung zeichnete sich der Trend schon in den neunziger Jahren ab. Im Oktober 1998 legten die Vereinigten Stabschefs die erste offizielle Doktrin für den Informationskrieg vor (*Joint Doctrine for Information Operations*). Im Januar 2002 folgte die Air Force mit einer eigenen Doktrin. Im einen wie im anderen Fall ist es das klar formulierte Ziel der Militärs, die »alleinige Informationsinitiative zu erringen und zu erhalten« sowie zu verhindern, daß sich amerikanische Medien möglicherweise gegnerischer Informationsquellen bedienen. Gebündelt wurden diese Anstrengungen in einer bislang unveröffentlichten Richtlinie des Verteidigungsministeriums (DoDD 3600.1, *Information Operations Policy*), die offenbar die Grundlage eines »überwölbenden Informationskonzepts des Pentagon für die nächsten Jahre«[312] bilden soll.

Im Januar 2003 erfuhr die internationale Öffentlichkeit eher nebenher von der Gründung eines direkt dem Präsidenten unterstellten ›Büros für globale Kommunikation‹ (Office of Global Communications, OGC). Es nahm seine Tätigkeit sogleich mit einem Bericht über den ›Lügenapparat‹ SADDAM Husseins auf. Titel: *Apparatus of Lies: Saddam's Disinformation and Propaganda, 1990 - 2003*. Will man den dort gemachten Enthüllungen glauben, verfügte der irakische Diktator über ein »hochentwickeltes, gut diszipliniertes und von Experten organisiertes Programm, das durch direkte Täuschung Unterstützung für das irakische Regime gewinnen soll«. Und weiter: »In ihren Desinformations- und Propagandakampagnen verwenden die Iraker ausgefeilte Tricks und offensichtlich Falsches, verdeckte Aktionen und ge-

---

311 Andrea SZUKALA, »Medien und öffentliche Meinung im Irakkrieg«, in: *Aus Politik und Zeitgeschichte*, 10. 6. 2003, S. 26.

312 Ebd., S. 29.

fälschte Aussagen bei Aufnahmen sowie eine ausgeklügelte Vorbereitung und spontane Ausbeutung von günstigen Gelegenheiten.«[313]

Das hätten die irakischen Propagandaspezialisten allerdings auch von Uncle Sam lernen können. Denn in den USA hat das, was das ›Office of Global Communications‹ der Bagdader Führung attestierte, schon viel länger Tradition. Und auch das Office selbst macht kein Hehl daraus, daß seine Hauptaufgabe darin besteht, die öffentliche Meinung, insbesondere in den mit den USA befreundeten Ländern, im Sinne Washingtons zu manipulieren. Man wolle sich, heißt es, vor allem an Menschen richten, die »für die Wahrheit offen sind, aber gegenüber einigen Aspekten Amerikas unsicher oder kritisch eingestellt sind. (...) Eine bessere Koordination unserer internationalen Kommunikation wird dabei helfen, die Wahrheit über Amerika und die Ziele, die wir mit den Menschen auf der ganzen Welt teilen, zu vermitteln«. Mit den »leistungsstärksten Mitteln« solle die Position der US-Regierung nachvollziehbar gemacht werden, um »die Interessen der USA im Ausland zu fördern, Mißverständnisse zu verhindern, Unterstützung für und unter den Koalitionspartnern der USA aufzubauen und die internationale Öffentlichkeit zu informieren«.[314]

Ein aktuelles, nicht einmal sonderlich originelles Beispiel ORWELLscher Sprachvernebelung. Auf der Washingtoner Pressekonferenz am 21. Januar 2003, auf der Regierungssprecher Ari FLEISCHER über die Gründung des Office for Global Communications informierte, klang vielleicht auch deshalb alles so bekannt, weil amtliche Desinformation im Land der unbegrenzten Möglichkeiten ohnehin keine neue Errungenschaft ist und sich in Zeiten des Krieges gegen den ›Terror‹ auch keineswegs auf das neue Büro des Präsidenten beschränkt.

Gegenwärtig ist bereits eine ganze Reihe von offiziellen und halboffiziellen Institutionen damit beschäftigt, die amerikanische Sicht der Dinge unter das Medienvolk zu bringen. Im Dezember 2002 berichtete sogar die *New York Times* auf der Titelseite von »Geheimplänen« des Pentagon, mit Mitteln der Propaganda unsichere Verbündete auf die eigene Seite zu ziehen. »So sollen

---

[313] Hier zit. nach: Florian RÖTZER, »Bush hat jetzt seine eigene Propaganda-Abteilung«, http://www.heise.de/tp/deutsch/inhalt/co/14013/1.html

[314] Zit. nach: ebd.

Propaganda hat eine lange Tradition in den USA. Die BUSH-Regierung hat die Manipulation der Öffentlichkeit zur Chefsache erklärt. Seit dem 11. September 2001 findet Kritik am offiziellen Patriotismus in amerikanischen Medien kaum noch statt (Bild: Ausschnitt aus CNN).

etwa Journalisten mit ein paar freundlichen Worten nebst Honorar dazu ermuntert werden, eher Nettes als Abträgliches über Amerika zu verbreiten.«[315] Auch die potentiellen Adressanten für derartige Aktionen ließen sich in der *New York Times* nachlesen: zum Beispiel Koranschulen mit moderaterer Ausrichtung, die mit finanzieller Unterstützung oder gar mit der Aussicht auf neue Lehreinrichtungen geködert werden sollen, aber auch die Organisatoren »ebenso spontaner wie proamerikanischer Kundgebungen«.[316] Damit fallen die bundesdeutschen Unionsparteien eindeutig unter die potentiellen Nutznießer dezenter Pentagon-Zuwendungen, ein Befund, den ferngesteuerte Transatlantiker wie Friedbert PFLÜGER, Volker RÜHE oder Wolfgang SCHÄUBLE ein ums andere Mal eindrucksvoll bestätigen.

Psychologische Kriegführung mit Hilfe von Propaganda wird in den USA seit mindestens einem Jahrhundert betrieben. Einer der bekanntesten und folgenschwersten Fälle war die herbeimanipulierte Versenkung des US-Kriegsschiffes ›Maine‹ im Februar 1898, der Washington den Vorwand für den längst geplanten Krieg gegen Spanien lieferte. Daß dieser Krieg zustande kam, ging maßgeblich auf das Konto der örtlichen US-Pressekorrespondenten. Berühmt-berüchtigt wurde das Telegramm, das der Journalist William Randolph HEARST in den entscheidenden Wochen der Eskalation an den nach Havanna entsandten Presse-

[315] Jordan MEJIAS, »Sie wollen uns erzählen«, in: *FAZ*, 18. 12. 2002.
[316] Ebd.

zeichner Frederic REMINGTON sandte: »Bitte bleiben Sie. Liefern Sie Bildmaterial, ich liefere den Krieg.«[317]

Washington bekam den Krieg gegen Spanien. Es bekam 1917 den Eintritt der USA in den Ersten Weltkrieg (Stichwort: ›Lusitania‹), 1941 den in den Zweiten. Nach 1945 folgten – ohne jeden Anspruch auf Vollständigkeit – der Tonkin-Zwischenfall (1964), REAGANS ›Anti-Drogen-Krieg‹ gegen Panama 1989, das kuwaitische Brutkasten-Märchen (1990), die Serbien-Lüge (1999), die BIN-LADEN-Lüge (2001 ff.), der Mythos der irakischen Massenvernichtungswaffen (2003). Was wäre Washington in allen diesen Fällen ohne seine Propaganda gewesen?

Systematisiert wurde sie während des Kalten Krieges, als eine Direktive des Nationalen Sicherheitsrates vom 10. Juli 1951 die Zielrichtung der psychologischen Kriegführung mit den Worten umschrieb: Sie solle »ausgewählte Meldungen beziehungsweise ein bestimmtes Gedankengut vermitteln (...), um so Meinungen, Sichtweisen, Gefühle und das Verhalten ausländischer Gruppen in einer Weise zu beeinflussen, die das Erreichen nationaler Ziele fördert«.[318]

Wie man das macht, dazu sollte im selben Jahr 1951 das neugegründete Psychological Strategy Board (PSB) Strategien entwickeln. Es war die große Zeit der ›Charakterwäscher‹, wie Caspar VON SCHRENCK-NOTZING die alliierten Umerzieher in Deutschland bezeichnete. Allesamt geschult in Theorie und Praxis eines linksmaterialistisch eingetönten Vulgär-Freudianismus, überschwemmten Hunderte von amerikanischen ›Re-education‹-Spezialisten das besiegte Deutschland, suchten – und fanden – willige Mitarbeiter bei der Demokratisierung des geschlagenen Gegners. Diese war im Kern nichts anderes als die Installation einer gefügigen, charakterlich geeigneten Kaste von Heloten. Wie sehr dabei auf die menschliche Triebstruktur und ihre Eignung zu Zwecken der Beherrschung gesetzt wurde, macht das plakative Beispiel des CSU-Mitbegründers Joseph MÜLLER alias ›Ochsensepp‹ deutlich. Als dieser sich bei den amerikanischen Dienststellen um eine Zeitungslizenz für die CSU bemühte, sah er sich zu seiner Überraschung mit der Frage konfrontiert, in welchem Alter er mit dem

[317] Hier zit. nach: Mansur KHAN, *Die geheime Geschichte der amerikanischen Kriege*, aaO., S. 93. Dort auch ausführlich über die Hintergründe.

[318] Zit. nach: Florian RÖTZER, »Das Pentagon will für bessere Propaganda sorgen«, http://www.heise.de/tp/deutsch/special/info/11882/1.html

Geschlechtsverkehr begonnen habe. MÜLLER wies die Frage barsch zurück - und die CSU mußte auf ihre Presselizenz warten.[319]

Kein Einzelfall, wie ein Beispiel aus jüngster Zeit zeigt. Im März 2002 rückten israelische Soldaten in Ramallah, den Hauptsitz der palästinensischen Autonomiegebiete, ein und übernahmen im Zuge der Besetzung auch mehrere palästinensische Rundfunkstationen. Wenig später wurde dort mit der Ausstrahlung pornographischer Sendungen begonnen. Westliche Medien berichteten über diese Aktion nichts, sehr wohl dagegen eine australische Zeitung und die arabische Nachrichtenagentur Islamic Association for Palestine (IAP). Letztere ging der israelischen Kampagne - die im übrigen erst nach Protesten orthodoxer jüdischer Siedler wieder gestoppt wurde - nach und stieß auf eine Absprache zwischen dem israelischen Geheimdienst Shin Beth und der amerikanischen CIA. Beide Seiten waren IAP zufolge darin übereingekommen, daß es sinnvoll sei, die »relativ konservative palästinensische Gesellschaft (...) mit Pornographie, Drogen und Glücksspiel« zu überfluten, um palästinensische Jugendliche davon abzuhalten, sich dem Widerstand gegen die israelische Besatzung anzuschließen.[320] Der Vorschlag soll zuerst von den israelischen Geheimdienstlern ins Gespräch gebracht worden sein.

Wenn es um Desinformation und Manipulation ging, war der CIA von jeher jedes Mittel recht. Die Agentur fälschte und denunzierte, schmierte und finanzierte, was das Zeug hielt. 1967 verfügte Präsident Lyndon B. JOHNSON zwar, daß keine Geheimdienstmittel mehr an Bildungseinrichtungen und private Organisationen gehen sollten, doch die CIA sponserte nach wie vor in großem Stil. Ihre Bestechungsgelder gingen jetzt verstärkt an kommerzielle und internationale Organisationen mit Sitz im Ausland.

Unter Präsident REAGAN schwand die Zurückhaltung weiter. Er rief in den achtziger Jahren das Programm ›Project Truth‹, später ›Project Democracy‹ ins Leben, das von einem ehemaligen CIA-Mitarbeiter, Walter RAYMOND, geleitet wurde. Die gezielte Manipulation der Öffentlichkeit - der amerikanischen wie der ausländischen - wurde wieder zur Chefsache. Im Januar 1983

[319] Mitgeteilt bei: Armin MOHLER, »Sex und Politik«, in: ders., *Liberalenbeschimpfung. Drei politische Traktate*, Essen 1990, S. 26.

[320] Hier zit. nach: E. Michael JONES, »Sex, Revolution & Political Control«, in: *The Barnes Review* Nr. 6/2002, S. 9 f.

gab REAGAN eine Weisung zur nationalen Sicherheit heraus, die »Gesamtplanung, Richtlinien, Koordination und Überwachung von Aktivitäten im Rahmen der ›öffentlichen Diplomatie‹« ausdrücklich unter die Zuständigkeit des Nationalen Sicherheitsrates stellte.[321]

Daß George W. BUSH REAGAN in vielerlei Hinsicht als Vorbild betrachtet, ist ein offenes Geheimnis. Die gezielte Lenkung der öffentlichen Meinung stand von Anfang an sehr weit oben auf der Prioritätenliste von BUSH jun. Zielstrebig ging die neue Administration daran, die psychologische Kriegführung aus dem größeren Zusammenhang des Informationskrieges herauszulösen und als eigenen Kriegsschauplatz mit eigenen Institutionen zu etablieren. Nach dem 11. September 2001 wurde beim Pentagon ohne viel Aufsehen ein ›Office for Strategic Influence‹ (OSI) eingerichtet. Es wurde nach wenigen Monaten wieder geschlossen, nachdem Presseberichte aufgetaucht waren, wonach das Büro die Medien mit gezielten Falschinformationen beliefern sollte.

Verteidigungsminister RUMSFELD erwies sich bei dieser Gelegenheit einmal mehr als Meister der geglückten Formulierung, indem er den taktischen Rückzug damit begründete, die Abteilung sei durch die übertriebene Medienberichterstattung »so stark beeinträchtigt, daß sie nicht mehr effektiv arbeiten könne«.[322] RUMSFELD bewies mit diesem Eingeständnis aber auch, daß er die erwähnte Informationsdoktrin seiner Luftwaffe vom Januar 2002 zumindest quergelesen hatte. Dort wird nämlich ausdrücklich vor allzu durchsichtigen Manövern gewarnt: »Desinformationsoperationen sollten nicht bewußt auf die amerikanische Öffentlichkeit, den Kongreß oder die Medien gerichtet sein (...), um nicht die Glaubwürdigkeit der ›Public-Affairs‹-Operationen in den nationalen Medien zu unterminieren.«[323] Diese Konsequenz hatten die Militärs aus der Informationspolitik während des zweiten Golfkrieges gezogen. Zehn Jahre später ist man schlauer: Zumindest der Anschein der Transparenz soll gewahrt bleiben.

Ein großer Verlust für die Desinformationsfähigkeit des Pentagon war die Schließung des OSI nicht. Denn einerseits sind

---

[321] Karen DEYOUNG, »Bush to Create Formal Office To Shape U.S. Image Abroad«, in: *Washington Post*, 30. 7. 2002.

[322] Zit. nach: Florian RÖTZER, »Aus für die Propaganda-Abteilung des Pentagon«, http://www.heise.de/tp/deutsch/special/info/11952/1.html

[323] Zit. nach: Andrea SZUKALA, aaO., S. 26.

unter dem Dach des Pentagon noch andere Dienststellen angesiedelt, die sich mit Aufgaben der psychologischen Kriegführung beschäftigen, so etwa das Psychological Operations Command der Army. Und andererseits zog Präsident BUSH die Beeinflussung der öffentlichen Meinung schon wenige Monate später an sich und erteilte den Auftrag zur Schaffung des erwähnten ›Office of Global Communications‹ (OGC).

So oder so: Washington betrachtet den Kampf um die Seelen als legitime Fortsetzung des Militärischen mit anderen, perfideren Mitteln. Während sich SADDAM Hussein in der ersten offiziellen Publikation des OGC vom Januar 2003 jede erdenkliche Perfidie attestieren lassen mußte, wirbt Amerika noch immer mit dem Nimbus der großen Versuchung: eine Masche, die nach 1945 bei den Krauts zog und die heute bei traditionellen Moslemgesellschaften mit rigider Moral nicht weniger zieht.

Zum Auftakt der Intervention in Afghanistan wurde am 1. Oktober 2001 die Werbeexpertin Charlotte BEERS von US-Außenminister POWELL zur neuen Unterstaatssekretärin für ›öffentliche Diplomatie‹ (public diplomacy) ernannt. Frau BEERS gilt als ›Große Dame‹ der amerikanischen Reklamewelt und konnte unter anderem mit Werbekampagnen für ›Uncle Ben's Rice‹ und als Vorsitzende bei J. Walter THOMPSON – »the world's first global brand communications company« – globale Erfahrungen sammeln.[324] Das Zauberwort, das auch unter deutschsprachigen Soziologen bekannt ist, lautet ›interkulturelle Kommunikation‹. Wenn dahinter ein machthungriges Regime mit der mächtigsten Militärmaschine der Welt als Auftraggeber steckt, bedeutet das: Brechen der gegnerischen Moral durch Einseifen und Korrumpieren. Wie bei den Krauts, die umerzogen werden mußten, und wie bei der israelischen Porno-Kampagne in den besetzten Palästinensergebieten.

Als erstes ließ Frau BEERS, was noch kein sonderlich origineller Einfall war, eine Broschüre über das globale Netzwerk des ›Terrors‹ und die Rolle von Weltbösewicht Osama BIN LADEN verteilen. Dann wurde ein früherer US-Botschafter mit Arabischkenntnissen reaktiviert, der in islamischen Medien auftreten und dort dem Sender Al-Dschasira Paroli bieten sollte. Journalisten wurden in die USA eingeladen und anheimelnde Filme über das Leben arabischstämmiger Menschen in den USA gedreht. Als

[324] Nach: Goedart PALM, »Zur Aufrüstung der Wahrheit«, http://www.heise.de/tp/deutsch/special/auf/11099/1.html

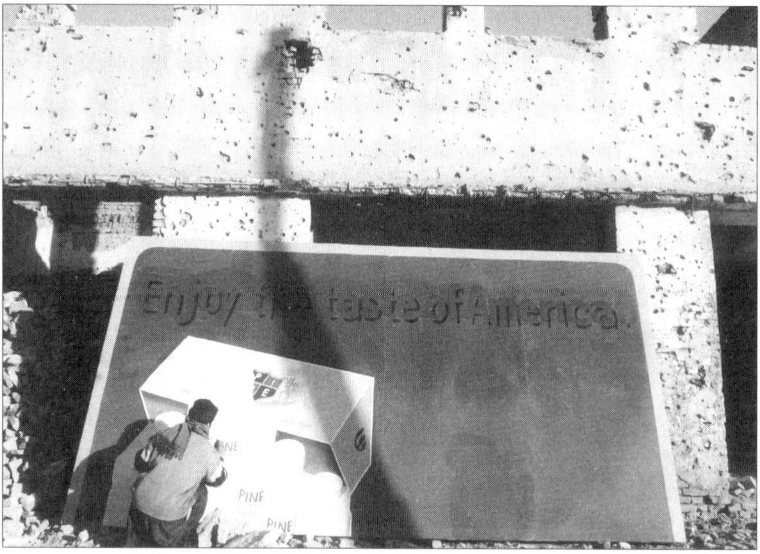

Fließende Grenzen zwischen Karikatur und Realität.
Oben: *Die Amerikanisierung Afghanistans in einer US-Karikatur.*
Unten: *Straßenszene aus dem ›befreiten‹ Kabul, Sommer 2003.*

flankierende Maßnahme wurde eine stimmungsvolle Fotoausstellung mit Aufnahmen von Ground Zero um die Welt geschickt. Ganz in ihrem Element war Frau Beers allerdings erst, als im März 2002 der auf arabische Jugendliche zugeschnittene Propagandasender ›Radio Sawa‹ (arab. ›Zusammen‹) seinen Betrieb aufnahm. 24 Stunden am Tag verbreitet der Sender seither eine fragwürdige Mischung aus Hedonismus, Regierungspropaganda und arabisch-amerikanischem Pop-Brei. Dabei wird über ständige Befragungen des jugendlichen Publikums die aktuelle Hitliste ermittelt.[325]

Araber, wie sie Amerika gern hätte: westlich, liberal, konsumorientiert. Das seit Sommer 2003 erscheinende arabischsprachige Jugendmagazin hi *ist die Printausgabe des US-Propagandasenders ›Radio Sawa‹.*

Wäre es nach Charlotte Beers gegangen, hätten sich auch alle US-Diplomaten im Ausland zu Marketing-Experten in Sachen amerikanischer Werte umschulen lassen müssen; sie sollen »unerachtet ihres Ranges ein extensiveres Training in bezug auf die amerikanische ›Botschaft‹ von Demokratie, persönlicher Freiheit und freien Märkten erhalten und lernen, wie man diese Botschaft in lokalen Gesellschaften an den Mann bringt«.[326] Allerdings ver-

[325] Karen DeYoung, aaO.
[326] Ebd.

schwand Frau BEERS mittlerweile wieder von der Front. Ihr Stern begann zu sinken, als sich herumsprach, daß ihre Videoclips bei der islamischen Zielgruppe nicht der Renner waren. In Jordanien ergaben Umfragen, daß das Publikum völlig unbeeindruckt blieb, vermutlich weil die amerikanischen Werte einfach zu propagandistisch daherkamen. Im März 2003 trat Charlotte BEERS unerwartet zurück, aus »gesundheitlichen Gründen«, wie es hieß. Selbst die US-Medien weinten ihr kaum eine Träne nach.[327]

Die hochdotierte Werbeexpertin war nicht die einzige Geheimwaffe im Krieg um die Seelen. Ebenfalls im Herbst 2002 hatte das Pentagon die Werbeagentur Rendon Group unter Vertrag genommen, die für 100 000 Dollar monatlich den Auftrag bekam, ein besseres Image der USA in islamischen Ländern zu produzieren. Auch hier handelt es sich um Spezialisten ihres Faches, die schon seit längerem vom diskreten Zusammenwirken mit US-Sicherheitsorganen profitieren. In den neunziger Jahren war Rendon bereits für die CIA tätig.

Wie überall, wo privatwirtschaftliche Profitinteressen im Spiel sind, so entwickelt auch das Geschäft mit der Propaganda leicht, allzu leicht Eigendynamik, entzieht sich der Kontrolle, der Nachprüfbarkeit – dies um so eher, als die staatlichen Geldgeber bestrebt sein müssen, nicht allzu auffällig als Sponsoren der Desinformation in Erscheinung zu treten. In Wolfgang PETERSENS halbdokumentarischer Serie über die CIA, die im Januar 2003 auf RTL II anlief (*The Agency*), bringt es ein Mitarbeiter der ›Firma‹ auf den Punkt: »Jeder Tag, an dem wir nicht in den Nachrichten sind, ist ein Sieg für uns.« Doch an der Medienfront ist jeder Sieg der CIA und der ihr vorgelagerten Medienagenturen eine Niederlage für die Wahrheit und in der Regel auch für den Frieden.

Einer der bekanntesten Fälle von kriegsstimulierender Wirkung der Medien war in neuerer Zeit die Lüge um die angeblichen irakischen Brutkasten-Morde in Kuwait (1990). Den Streifen hatte die PR-Agentur Hill & Knowlton gedreht. Die Story war von Anfang bis Ende erstunken und erlogen, und die vermeintliche Hauptzeugin, ein 15jähriges kuwaitisches Mädchen, entpuppte sich wenig später als Tochter des kuwaitschen Botschafters in Washington. Als Kriegsgrund paßte die Geschichte allerdings hervorragend ins Bild. Sogar Amnesty International fiel darauf herein. Amerikanische Medienspezialisten stimmten

[327] (o. Verf.), »Charlotte Beers«, http://www.disinfopedia.org/wiki.phtml?title=Charlotte_Beers

darin überein, daß »keine der vielen Anschuldigungen gegen Saddam Hussein mehr Einfluß auf die öffentliche Meinung in den USA [hatte] als die von den ermordeten Babys in Kuwait City«.[328]

Da die Lüge in diesem Fall besonders kurze Beine hatte und die Fälschung schon nach wenigen Monaten bekannt wurde, fragt man sich, warum sie das ZDF zehn Jahre später, am Vorabend des nächsten US-Krieges gegen den Irak, noch einmal zu bester Sendezeit unters Medienvolk bringen mußte. Die ›Forschungsgruppe Informationsgesellschaft und Sicherheitspolitik‹ (FOGIS) kritisierte die Ausstrahlung am 24. 2. 2003 in einer Presseerklärung, in der sie darauf hinwies, »daß die Bevölkerung hier, ebenso wie in vielen anderen Staaten, mehrheitlich gegen einen neuen Golfkrieg ist und daß es nicht in ihrem Sinne und nicht im Sinne einer kritischen Auseinandersetzung mit Krieg, Kriegspropaganda und der mehr als problematischen Rolle der Medien dabei sein kann, daß hier ein Greuelmärchen, das 1990/91 zur Legitimation des damaligen Krieges beigetragen hat, gerade jetzt in dieser Form nachträglich und fälschlich noch einmal als Tatsache dargestellt wird«. Das ZDF habe sich mit der Ausstrahlung des Films das Etikett »Vorsicht: Propaganda« verdient und alle Befürchtungen schon im voraus bestätigt, »daß es den etablierten Medien auch diesmal nicht gelingen wird, sich den ›Einflußoperationen‹ zu entziehen, mit denen die Protagonisten des Krieges uns, den Kriegszuschauern - vermittelt über die Berichterstattung der Massenmedien - den Krieg ›verkaufen‹ wollen«.[329]

Schon im Krieg gegen Serbien mußten professionelle ›Medienhaubitzen‹ einspringen. Wiederholt gerieten die offiziellen NATO-Sprecher wegen sich häufender ›Kollateralschäden‹ unter der Zivilbevölkerung in die Bredouille. US-Präsident Clinton und der britische Premierminister Blair kamen gemeinsam zu der Auffassung, daß die Öffentlichkeitsarbeit der NATO die Achillesferse im laufenden Waffengang war. Im April 1999 sahen sie sich genötigt, erfahrene PR-Profis gegen die unbequemen Fragen der Öffentlichkeit in Stellung zu bringen. Die Wahl fiel auf Alastair Campbell, den überaus erfolgreichen Wahlkampfmanager Tony Blairs. Er richtete in Brüssel das Media Operation Centre (MOC) ein, um »jede erdenkliche Front« abzudecken. Campbell machte den Propagandisten ihrer Krone in beiden Weltkriegen

---

[328] Elvi Classen, »Am Anfang stand die Lüge«, http://www.telepolis.de/deutsch/special/irak/14271/1.html

[329] Ebd.

alle Ehre. Seine Agentur koordinierte nicht nur Presseauftritte von Politikern und Militärs, sie ging vielmehr bald dazu über, griffige Sätze für NATO-Sprecher Jamie SHEA vorzuformulieren, ja sogar Zeitungsartikel für Politiker zu verfassen, die diese dann unter ihrem Namen in der Presse ihrer Heimatländer erscheinen lassen konnten. Auch den gegnerischen Medien wandte sich das MOC zu: Mit Argusaugen verfolgte es die Verlautbarungen der jugoslawischen Nachrichtenagentur Tanjug, um sie sogleich mit eigenen Statements zu kontern.[330]

Alastair CAMPBELL erwies sich als das richtige Instrument im Medienkrieg. Ein Bericht des britischen Parlaments kam zu dem Ergebnis: »Nachdem die NATO einmal ihre Medien-Operationszelle [Media Operation Cell] etabliert hatte (...), wurde die Medienkampagne der NATO sehr viel effektiver.« Auch NATO-Sprecher SHEA hielt CAMPBELLS Arbeit im Rückblick für einen entscheidenden Faktor beim Sieg über den serbischen Präsidenten MILOSEVIC. Und: »Kosovo war der erste Medienkrieg. Der Umgang mit den Medien, die Schlacht um die öffentliche Meinung waren genauso wichtig wie die Luftangriffe. (...) Die Journalisten waren gleichsam Soldaten, in dem Sinne, daß sie der Öffentlichkeit erklären mußten, warum dieser Krieg wichtig war.«[331]

Der »Öffentlichkeit erklären, warum dieser Krieg wichtig war«: In der Mediengesellschaft sind die Mittel dazu schier unbegrenzt. In den Monaten vor dem Irak-Krieg 2003 wurde das gesamte Programm abgespult: in den offiziellen Verlautbarungen die anrührende Leier von den angeblichen ›Massenvernichtungswaffen‹ SADDAM Husseins, von denen bis zum Redaktionsschluß dieses Buches nicht eine Spur auftauchte; für die UNO hübsch kolorierte Folien, auf denen mobile Biowaffen-Labors der Iraker zu sehen sein sollten. Der britische Premierminister Tony BLAIR wiederum verkaufte der Öffentlichkeit eine Geschichte, wonach die irakischen Massenvernichtungswaffen einschließlich weitreichender Trägersysteme innerhalb von 45 Minuten einsatzbereit gemacht werden könnten. Das angebliche Geheimdienstdossier war über ganze Passagen hinweg aus der Seminararbeit eines Studenten abgekupfert, der in den Fernsehberichten plötzlich seinen Text wiedererkannte.

Besorgten im Jugoslawien-Krieg noch einzelne hochprofessionelle Desinformanten wie Mister CAMPBELL (der im August 2003

[330] Nach: Dirk ECKERT, *Theorie und Praxis der Information Warfare*, aaO., S. 51 f.

über die KELLY-Affäre stolperte und zurücktreten mußte) die Irreführung der öffentlichen Meinung, so wurde seit dem 11. September eine wahre Lügenindustrie mobilisiert.

Auch das hat in den USA Tradition. Nahezu jeder amerikanische Waffengang der Vergangenheit wurde durch breit orchestrierte Medienkampagnen vorbereitet. Präsident ROOSEVELT stand in den dreißiger Jahren ein weitverzweigtes Presse-Netzwerk zur Verfügung, das es ihm erlaubte, die amerikanische Öffentlichkeit gezielt auf den Eintritt der USA in den Zweiten Weltkrieg einzustimmen. Zu seinen Verbündeten »zählten die großen Rundfunkgesellschaften CBS und NBC, die *New York Times* (deren Herausgeber Arthur SULZBERGER mit ROOSEVELTS Finanzminister Henry MORGENTHAU befreundet war), die neuen Nachrichtenmagazine *Today* (später *Newsweek*) und *Time*, die Scrips-Howard-Zeitungskette, das Gallup-Umfrageinstitut und eine unübersehbare Zahl von Kolumnisten, Fotoreportern und Rundfunkkommentatoren«.[332]

Dieses Netzwerk gestattete es ROOSEVELT, selbst die dicksten Propagandakeulen zu schwingen, ohne daß er mit Widerspruch rechnen mußte. Ein besonders dralles Beispiel dafür bietet - neben seiner berüchtigten ›Quarantänerede‹ von 1937, in der er Japan, Italien und Deutschland als ›Gangster-Staaten‹ bezeichnete - eine andere Rede vom 27. Oktober 1941, deren Konzept man im nachhinein nur als hollywoodreif bezeichnen kann. Noch immer waren die USA offiziell neutral, auch wenn US-Schiffe längst Weisung hatten, auf den Ozeanen deutsche Schiffe und U-Boote ohne Vorwarnung anzugreifen, und amerikanische Hilfslieferungen an Großbritannien längst auf Hochtouren liefen. ROOSEVELTS Rede im Oktober war derart skurril, daß sie keinen Vergleich mit der Mär von den irakischen Massenvernichtungswaffen zu scheuen braucht, die sein spätgeborener Amtskollege George W. BUSH 60 Jahre später verbreitete.

ROOSEVELT wörtlich: »Ich besitze eine geheime Karte, hergestellt in Deutschland von HITLERS Regierung. Es ist eine Karte von Süd- und zum Teil von Mittelamerika, und sie zeigt, wie HITLER die Region reorganisieren will. Heute gibt es in diesem Gebiet vierzehn unabhängige Staaten. Die Geographie-Experten in Berlin aber haben rücksichtslos die bestehenden Grenzen ausradiert und Südamerika in fünf Vasallenstaaten aufgeteilt, um den gesam-

---

[331] Zit. nach: ebd., S. 52 f.

[332] Walter POST, aaO., S. 104.

ten Kontinent unter ihre Herrschaft zu bringen. Und sie planen, in das Territorium eines dieser Marionettenstaaten auch Panama einzugliedern – unsere große Lebensader, den Panama-Kanal.«

Natürlich gab es weder die ominöse Karte noch den deutschen Plan, Südamerika zu erobern. Das hinderte ROOSEVELT nicht, noch eins draufzusetzen. Die Nazis, fabulierte er weiter, planten nämlich nicht nur die militärische Eroberung der Welt, sondern auch die ideologische. Man sei im Besitz eines weiteren »Geheimplans«, dem zufolge alle Religionen von der NS-Regierung verboten werden sollten – die protestantische, katholische, muslimische, hinduistische, buddhistische und jüdische. Das Kreuz und alle anderen religiösen Symbole sollten verboten werden. Berlin plane die Errichtung einer weltweiten »Nazi-Kirche«, die der Welt HITLERS *Mein Kampf* als heiliges Buch aufzwingen wolle.

Wie sich die Bilder gleichen. Die irakischen Massenvernichtungswaffen des Jahres 2003 waren exakt vom gleichen Holz, und wieder konnte die Story gar nicht hanebüchen genug sein, daß sich nicht erneut ein US-Präsident als Sprachrohr fand. Die Zeithistoriker kennen mittlerweile sogar den Fälscher, der 1941 die Karte mit den angeblichen NS-Eroberungsplänen anfertigte.[333]

Auch der Irak-Krieg 2003 wurde durch eine breit orchestrierte Medienkampagne vorbereitet. Selbst ein Blatt wie die linkslinke *Süddeutsche Zeitung* kam nicht umhin, das Meinungs- und Propagandakartell zu kritisieren, das den Waffengang gegen SADDAM Hussein herbeilog. Die CNN-Reporterin Christiane ANAMPOUR, die nicht mitziehen wollte, wurde von der *New York Post* wörtlich als »Kriegs-Schlampe« denunziert. Das selbe Blatt hetzte gegen Frankreich, dessen Präsident CHIRAC ebenfalls nicht mitzog, und ging dabei bis ganz tief unter die Gürtellinie. Eine Ausgabe im Februar 2003 zeigte auf der Titelseite einen amerikanischen Soldatenfriedhof in der Normandie. Schlagzeile: »Sie starben für Frankreich, doch Frankreich hat dies vergessen.«

A. SZUKALA sieht denn auch in der nominellen Vielzahl der Multiplikatoren keine Gewähr für die Vielfalt der Meinungen. Im Gegenteil: Infolge immer raffinierterer Einflußmöglichkeiten wächst die »Steuerbarkeit von Angstvorstellungen und die Erzeugung von wenig greifbarem Schrecken und von Bedrohungswahrnehmungen gegenüber der internationalen Umwelt. Wenn langfristig eine diffuse Bedrohung – wie etwa durch Terrorismus – entlang wechselnder politischer Opportunität flexibel instru-

---

[333] Der Fall nach: »Kriegsgründe«, in: *FAZ*, 15. 7. 2003.

mentalisiert wird, kann eine weltweite Interventionspolitik gegen jede politische Bewertung immun gemacht werden.«[334]

Anders ausgedrückt: Die Präsidenten kommen und gehen, das Feindbild bleibt. Für diesen Mechanismus gibt es einige schwerwiegende logische Gründe, zum Beispiel langfristige strategische Ziele oder Rüstungsvorhaben. Doch das ist ein eigenes Thema.

Im Amerika des Jahres 2003 starb die Wahrheit längst vor dem ersten Schuß am Golf. Die Freiheit der Medien starb noch früher. »175 Zeitungen und zahlreiche Fernsehstationen«, notierte die *Süddeutsche Zeitung*, »gehören zum weltweiten Imperium des Medientycoons Rupert Murdoch (...). Seine Medien machen in diesen Tagen Jagd auf jeden, der nicht für den Waffengang gegen Saddam Hussein ist. (...) Wer nicht zur Fahne steht, wird niederkartätscht. (...) Das alles erinnert an die McCarthy-Zeit Anfang der Fünfzigerjahre, als die Gedankenpolizei in der Medien- und Unterhaltungsindustrie nach Verrätern und Abweichlern fahndete.«[335]

Schweinejournalismus auf amerikanisch: Die New York Post *hetzte im Vorfeld des jüngsten Irak-Krieges auf unterstem Niveau gegen das kriegsunwillige Frankreich.*

McCarthys Waffe waren Denunziationen und Berufsverbote. Solche Zurückhaltung erlegt sich Uncle Sam im Zeitalter seiner konkurrenzlosen Alleinherrschaft nicht mehr auf. Spätestens seit ›Enduring Freedom‹ machte sich der arabischsprachige Sender Al-Dschasira als Störfaktor bemerkbar, mauserte sich zum Angstgegner der amerikanischen Medien, drohte, »einen alternativen Interpretationsrahmen vorzugeben«.[336] Das Wort vom ›Al-Dschasira-Effekt‹ machte die Runde. Die amerikanischen Medienhaubitzen schossen zurück, diesmal scharf. Am 13. November 2001 schlug im Kabuler Büro des Senders eine US-Rakete ein.

334 Andrea Szukala, aaO., S. 34.

335 Hans Leyendecker, »Waschlappen. Wiesel. Wurm«, in: *Süddeutsche Zeitung*, 12. 3. 2003.

336 Andrea Szukala, aaO., S. 26.

Als im Frühjahr 2003 der Irak-Krieg heiß wurde, gab es kein Halten mehr. Beobachter registrierten, daß die Dämonisierung des Gegners wie am Schnürchen klappte und sich die Medien fast durchgehend an die Sprachregelung des Weißen Hauses hielten. Während die alliierten Truppen die ›Befreier‹ gaben, wurden irakische Fedajin-Kämpfer ausnahmslos als ›death squads‹, Todesschwadronen, bezeichnet. Der gleiche Mechanismus der Dämonisierung hatte schon 1999 im Umgang mit der Person des jugoslawischen Präsidenten Slobodan MILOSEVIC gegriffen. Nach dem 11. September war alles noch viel einfacher, weil sich nun bequem die kulturellen Differenzen ausspielen ließen. Wahlweise al-Qaida oder SADDAM Hussein wurden zu Chiffren des Weltbösen.

Der Fall Jessica LYNCH wird, wie die Brutkastenlüge von 1990, einmal in die Lehrbücher der Desinformation eingehen. Bei dieser Geschichte fällt es besonders schwer, die Handschrift Hollywoods übersehen zu wollen, denn der Plot war fast buchstäblich in dem Erfolgsstreifen *Wag the Dog* (deutsch etwa: »Wenn der Schwanz mit dem Hund wedelt«) aus dem Jahr 1998 vorweggenommen worden, in dem ein amerikanischer Präsident einen fiktiven Krieg gegen Albanien führen läßt, der von den Medien mit vielen rührseligen Details unterfüttert wird. Eines davon ist der in feindliche Gefangenschaft geratene US-Soldat SHOEMAN, der die Fernsehnation zu hysterischer Anteilnahme treibt. In Wirklichkeit findet sowohl der Krieg wie die SHOEMAN-Episode nur in den Medien statt.

Der Krieg im Frühjahr 2003 fand zwar tatsächlich statt, die Gefangennahme und Befreiung der Obergefreiten Jessica LYNCH aber allem Anschein nach nicht – jedenfalls nicht so, wie es die amerikanischen Medien weismachen wollen. Der offiziellen Version zufolge geriet die 20jährige Soldatin bei der Ortschaft Nassirija auf eine falsche Abzweigung, wurde in ein Feuergefecht mit Irakern verwickelt, schwer verwundet und gefangengenommen. In einem »sogenannten Krankenhaus« (O-Ton Donald RUMSFELD) sei sie von den Irakern schwer bewacht worden und (laut ihrem soeben erschienenen Buch) sogar vergewaltigt worden, bis sie durch eine amerikanische Spezialeinheit – ebenso riskant wie telegen – befreit wurde.

Doch an dieser Darstellung stimmt offenbar überhaupt nichts. Das »sogenannte Krankenhaus« erwies sich als eine der besten Kliniken im Irak, die behandelnden Ärzte waren keine Schergen SADDAM Husseins, sondern behandelten Jessica LYNCH, so gut es

Zu schön, um wahr zu sein: die Legende von der Soldatin Jessica LYNCH*, das passende Medienmärchen zum Irak-Krieg 2003. Die Hollywood-Kinosatire* Wag the Dog *hatte die Geschichte 1998 fast wörtlich vorweggenommen.*

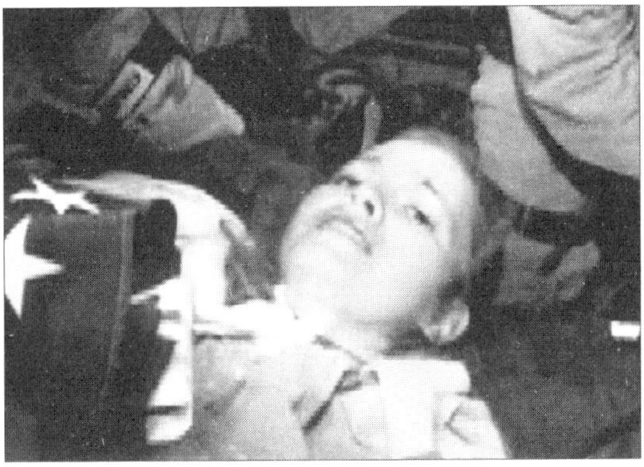

ging, wobei sie nach eigenem Bekunden keine Schußverletzungen zu behandeln hatten. Auch die dramatische Befreiung fand augenscheinlich nicht statt. »Ärzte und Schwestern aus dem Krankenhaus in Nassirija sagen, irakische Kämpfer und Funktionäre der Baath-Partei, die zuvor das Krankenhaus als Basis und Unterschlupf benutzt hatten, hätten sich zu diesem Zeitpunkt längst aus dem Staub gemacht, weil die amerikanischen Truppen immer näher rückten. Man hätte Jessica LYNCH (...) – so ein Arzt des Krankenhauses – ohne großen Aufwand einfach mit einem Sanitätsfahrzeug abholen können.«[337] So oder so: Jessica LYNCH wurde zur bekanntesten US-Soldatin des Krieges. Die Medien bleiben bei ihrer Legende. Mindestens ein Doku-Drama, etliche Light-Versionen für verschiedene Unterhaltungs- und Musikkanäle, sogar Buchprojekte wurden konzipiert. Das alles hat natürlich nur Sinn, wenn die wahre Geschichte niemals ans Licht kommt. Die Aussichten dafür stehen gut, denn Jessica LYNCH leidet seit ihrer ›Befreiung‹ an einem »partiellen Gedächtnisverlust«, wie es heißt.

[337] Matthias RÜB, »Zweifel an Rettung von Jessica Lynch«, in: *FAZ*, 18. 6. 2003.

Noch eine Neuerung ließen sich die amerikanischen Propagandakrieger an der Irakfront einfallen: die vielzitierten ›embedded‹, also ›eingebetteten‹ Journalisten. Über 600 Reporter, davon 500 amerikanische, erhielten Gelegenheit, an einem einzigartigen Pentagon-Experiment teilzunehmen. Ganz vorne von der Front sollten sie blitzaktuelle Berichte und Bilder vom Geschehen an ihre Sender funken und so den Fehler vermeiden helfen, den die Militärs 1991 begangen hatten, indem sie die Sender ausschließlich – und allzu auffällig – nur mit eigenen und vorgefilterten Informationen gefüttert hatten. Die ›eingebetteten‹ Reporter sollten dem Waffengang jene Aura von Transparenz und Authentizität verleihen, deren Fehlen den Streitkräften im zweiten Golfkrieg und noch in Jugoslawien zum Teil heftig angekreidet worden war.

Jetzt gab sich die Army demonstrativ offen. Es gab eigens eingerichtete Vorbereitungscamps, in denen die Front-Journalisten nicht nur adäquates Verhalten im Gefecht und beim – nie erfolgten – Giftgasalarm lernten, sondern auch den »richtigen Umgang mit den Soldaten«.[338] Ein geschickter Zug der Psychologen, denn augenscheinlich verstärkte die Präsentation des Krieges durch bekannte TV-Gesichter die Glaubwürdigkeit der Berichterstattung und damit die Legitimität der amerikanischen Position. Tatsächlich ließ sich beobachten, »daß sich die Tendenz der Rezipienten verbesserte, Schlußfolgerungen zu akzeptieren und nicht als Propaganda abzutun«.[339] In Wirklichkeit aber wurde durch die ›Einbettung‹ der Reporter in die kämpfende Truppe objektive Berichterstattung vom ersten Kampftag an zur Illusion. Altgediente Medienveteranen bestätigten dies, so etwa Craig COPETAS von *Bloomsberg News*: »Einige Kollegen sind vom Auftreten und den Waffen der Militärs so beeindruckt, daß sie kaum noch Distanz halten.«[340]

Spiegel-Reporter Claus Christian MALZAHN war einer von ihnen. In einem Report für das Hamburger Nachrichtenmagazin gibt er unumwunden zu: »Ich sitze in einem Offiziersfahrzeug oder auf einem Mannschaftswagen. Ich bin mitten unter den Angreifern. Ich gehöre zu einer Kriegspartei. Ich bin jedenfalls ganz nah dran. Zu nah? Diesen Krieg habe ich abgelehnt –

---

[338] Michael REMKE u. Miriam HOLLSTEIN, »Die Macht der Propaganda«, in: *Welt am Sonntag*, 12. 1. 2003.

[339] Andrea SZUKALA, aaO., S. 27.

[340] Christian LIEBIG, »›Eine tolle Story‹«, in: *Focus*, Nr. 12/2003.

zumindest ohne Uno-Mandat und zu diesem Zeitpunkt. Doch je länger er dauert, desto sympathischer werden mir die Leute, die ihn führen.«[341]

Genau das war beabsichtigt. Das Zauberwort der Pentagon-Propagandisten hieß: »Dezentralisierte Kontrolle der Presse«.[342] Kontrolle blieb es dennoch, und objektive Berichterstattung war auch an der Irakfront nicht im Sinne ihrer Erfinder. Im übrigen griff das Pentagon auch mit den ›embedded journalists‹ nur auf eine bewährte deutsche Erfindung zurück. Im Zweiten Weltkrieg hießen die ›eingebetteten‹ Reporter ›Kriegsberichterstatter‹, seit 1938 waren sie in eigens dafür aufgestellten ›Propagandakompanien‹ zusammengefaßt. Der erste, dem diese Genealogie auffiel, war Peter SCHOLL-LATOUR. Es erstaunt deshalb auch nicht, daß der Medienkrieg im Frühjahr 2003 so ziemlich nach den Richtlinien geführt wurde, die 1938/39 im *Abkommen für die Durchführung der Propaganda im Kriege* niedergelegt wurden. Dort heißt es: »Der Propagandakrieg wird als wesentliches, dem Waffenkrieg gleichrangiges Kriegsmittel anerkannt.«[343] Es dauerte 65 Jahre, bis auch die demokratische Führungsmacht auf den Trichter kam.

Wie auch immer man den Medienkrieg des 21. Jahrhunderts bezeichnen mag – neu sind allenfalls Namen und Begriffe sowie

›Embedded‹, also ›eingebettete‹ Journalisten während des Irak-Krieges 2003. Die Idee ist nicht neu. Sie geht zurück auf die Propagandakompanien der Wehrmacht.

[341] Claus Christian MALZAHN, »Im Camp der Irrtümer«, in: *Der Spiegel*, Nr. 13/2003.

[342] Michael REMKE u. Miriam HOLLSTEIN, aaO.

[343] Hier zitiert nach: Georg SCHMIDT-SCHEEDER, *Reporter der Hölle. Kriegsberichterstatter im 2. Weltkrieg*, Stuttgart 2003, S. 36.

eine Reihe technischer Neuerungen. ›Infowar‹ klingt besser, keimfreier als ›Propagandakrieg‹. Aber alle Methoden der Desinformation, der Verunsicherung des Gegners, der Irreführung der Öffentlichkeit sind geblieben und um neue, technisch bessere ergänzt worden. Wie von jeher werden im Kampf um die Seelen die Grenzen zwischen Krieg und Nicht-Krieg, zwischen Kombattanten und Nicht-Kombattanten hinfällig. Hierher gehört, daß das Arsenal des Informationskrieges zahlreiche Misch- und Übergangsformen hervorbringt. Angriffe auf gegnerische Computernetzwerke sind beispielsweise eindeutig der Kategorie ›Information Attack‹ zuzuordnen. Aber mit etwas Fingerspitzengefühl auf seiten der Angreifer können daraus schnell Desinformationskampagnen oder Aktionen der psychologischen Kriegführung werden. So erhielten irakische Regierungsangehörige und Militärs zur Jahreswende 2002/2003 massenhaft E-mails aus dem Pentagon, in denen sie unter Hinweis auf die Zwecklosigkeit militärischen Widerstandes zu Sabotage und Desertion aufgerufen wurden.[344]

CNN berichtete, es habe sich bei der Aktion um die erste Operation dieser Art gehandelt. Als Absender der Mails traten gefälschte Adressen in Erscheinung. Ob sich die Infokrieger davon einen besonderen psychologischen Effekt versprachen oder ob so einfach etwaige Spam-Filter umgangen werden sollten, ist unklar.

In einer der E-Mails heißt es mit Blick auf die imaginären Massenvernichtungswaffen des Irak: »Wenn Sie sich am Gebrauch dieser häßlichen Waffen beteiligen, werden Sie als Kriegsverbrecher betrachtet. Wenn Sie die Möglichkeit haben, diese Waffen unwirksam zu machen, dann tun Sie dies. Wenn Sie die Position von Massenvernichtungswaffen durch Lichtsignale anzeigen können, dann tun Sie dies. Wenn dies alles nicht möglich ist, dann weigern Sie sich zumindest, sich an Handlungen oder Befehlen zum Einsatz von Massenvernichtungswaffen zu beteiligen.«[345]

Die Masche ist so alt wie die Erfindung des Propagandakrieges. Neu ist lediglich das Medium ihrer technischen Umsetzung. Tatsächlich liegt im Internet-Zeitalter nichts näher, als dem Gegner Appelle zum Aufgeben gleich auf seinen E-mail-Account zu schikken, wo früher Flugblätter oder Lautsprecher nötig waren, mit

[344] Florian RÖTZER, »E-mails an irakische Regierungsangehörige und Militärs«, http://www.heise.de/tp/deutsch/special/irak/13945/1.html

[345] Zit. nach: ebd.

denen die feindlichen Schützengräben beschallt wurden. Die Tatsache, daß die letztere Methode sowohl in Afghanistan wie im Irak noch immer zur Anwendung kam, zeigt einmal mehr, daß Kriegführen auch im High-Tech-Zeitalter mit technischen Standards rechnen muß, die – theoretisch – längst der Vergangenheit angehören.

Nicht nur die technischen, sondern auch die menschlichen Standards sind bisweilen erstaunlich konstant. Auf beiden Kriegsschauplätzen wurden Entscheidungsträger der Gegenseite schlicht und einfach bestochen. Der US-Publizist Bob WOODWARD berichtet in seinem Buch *Bush at war*, daß die CIA vor Beginn des Afghanistan-Feldzugs Taliban-Funktionäre mit zweistelligen Millionenbeträgen schmierte. Und nach dem jüngsten Irak-Krieg tauchten Gerüchte auf, wonach einer der höchsten Vertrauten SADDAM Husseins, General Mahere SUFIAN AL-TIKRITI, gegen ein Entgelt von 25 Millionen Dollar die Verteidigung Bagdads abgeblasen habe.[346] Der irakische Widerstand bestätigt solche Vermutungen. Er beharrt darauf, »daß sich viele hochrangige Militärführer von den Amerikanern kaufen ließen, darunter drei

Propaganda nach bewährtem Muster: US-Flugblatt, das vor dem Irak-Krieg 2003 zum Einsatz kam. Der Text lautet: »Bevor Du auf ein alliiertes Flugzeug schießt, denk an die Konsequenzen. Denk an Deine Familie. Mach alles, um zu überleben.«

[346] Hans LEYENDECKER, »Erkaufte Kapitulation«, in: *Süddeutsche Zeitung*, 28./29. 5. 2003.

Befehlshaber der Republikanischen Garden. Truppenteile wurden durch falsche Befehle an die Oberfläche gelockt, wo sie von den Amerikanern abgeschlachtet wurden.«[347]

Natürlich werden derart pikante Geschäfte heute ebensowenig per E-mail abgewickelt wie früher durch unverschlüsselte Brieftauben-Botschaften. Auch im High-Tech-Krieg gibt es Nischen des Archaischen. CIA-Agent ›Gary‹ soll seine Verhandlungen mit den Taliban immer damit begonnen haben, daß er Stapel von Hundert-Dollar-Scheinen auf den Tisch legte. Ein Argument, mit dem keine E-mail konkurrieren kann.

Ganz abgesehen davon, daß sowohl in Afghanistan wie im Irak die Masse der Adressaten keinen Internet-Anschluß besitzt. In Afghanistan hatte sich der Gegner praktischerweise »selbst, einst mit der Unterstützung der Sowjetunion und dann mit der der USA, in einen vormedialen Zustand zurückgeschraubt (...). Kurz vor dem Krieg hatte das Taliban-Regime die Benutzung des Internets selbst noch für Regierungsangehörige verboten.«[348] Diese Kategorie von ›Rezipienten‹ muß wie seit eh und je mit Unmengen traditioneller Flugblätter bombardiert werden. Allerdings wurde registriert, daß sich die westlichen Texter mitunter im Tonfall vergriffen und ihre Message allzu propagandistisch verpackt hätten.[349] Eine unverständliche Nachlässigkeit. Denn daß sie es besser, subtiler, perfider kann, hat die angloamerikanische Propaganda oft genug bewiesen. Zumal ihr inzwischen ein technisches Instrumentarium zur Verfügung steht, von dem sich frühere Gehirnwäscher nicht einmal hätten träumen lassen.

---

[347] Werner PIRKER, »US-Besatzer in Bedrängnis: Wer leistet Widerstand im Irak?« in: *junge Welt*, 22. 7. 2003.

[348] Florian RÖTZER, »Wahrheit und Lüge«, in: Goedart PALM, Florian RÖTZER (Hg.), *MedienTerrorKrieg. Zum neuen Kriegsparadigma des 21. Jahrhunderts*, Hannover 2002, S. 143.

[349] »Sind Sie stolz darauf, von den Taliban regiert zu werden? Sind Sie stolz darauf, ein Leben in Furcht zu führen? Sind Sie glücklich, den Ort, der seit Generationen im Besitz Ihrer Familie war, als Trainingseinrichtung für Terroristen zu sehen? Wollen Sie ein Regime, das Afghanistan in die Steinzeit zurückversetzt und den Namen des Islam beschmutzt? Sind Sie stolz darauf, unter einer Regierung zu leben, die Terroristen Schutz bietet? Sind Sie stolz darauf, in einem Land zu leben, das von extremen Fundamentalisten regiert wird?« Zit. nach: Brigitte ZARZER, »On Air: US-Propaganda für Afghanistan«, http://www.heise.de/tp/deutsch/special/auf/9858/1.html

Infowar – Krieg ohne Kriegserklärung

Der erste offizielle Großversuch der US-Army in Sachen Infowar fand im Januar 2001 statt, und zwar im Rahmen eines virtuellen Manövers der ›verbundenen Waffen‹ – jener nämlich, mit denen im 21. Jahrhundert an der Computerfront Konflikte ausgetragen werden. Rund 250 High-Tech-Krieger verschanzten sich auf der Schriever Air Force Base östlich von Colorado Springs in modernen Hochsicherheitsbunkern und simulierten Angriff und Verteidigung am Bildschirm. »Ziel dieses Spiels war es, einmal genau zu sehen, wie wir wirklich im All kämpfen würden«, erklärte Generalmajor William LOONEY gegenüber der *Washington Post*.[350] Und Präsident George W. BUSH steuerte den kryptischen Kommentar bei, die USA wollten den »Frieden fördern«, indem sie »die Art und Weise ändern, in der Kriege ausgefochten werden«, und dabei »alle Vorzüge revolutionärer neuer Technologien ausnutzen«.[351]

Dabei war das Instrumentarium bereits während des Jugoslawien-Krieges 1999 relativ ausgefeilt. Die Desinformation der Öffentlichkeit war lückenlos, und am Kriegsschauplatz selbst erreichten die Bomben- und Cyberangriffe auf Einrichtungen des Gegners neue Dimensionen. In ganz Serbien wurden einige Dutzend Sendeanlagen und Transmitter mehrmals bombardiert, um ihre Ausschaltung sicherzustellen. Bombardiert wurde unter anderem der Sendeturm auf dem Berg Avala, eines der Wahrzeichen Belgrads, sowie das Geschäftshaus ›Usce‹ in der Hauptstadt, das mehrmals angegriffen wurde, weil in dem Gebäude private Radio- und Fernsehsender untergebracht waren.[352] Kommunikationsanlagen, Raketen- und Radarstellungen wurden mit speziell ausgerüsteten Flugzeugen, die als fliegender Störsender fungierten, attackiert. Zusätzlich wurden auch die Methoden der Informationsgewinnung erheblich ausgeweitet. Neben Satelliten und Drohnen wurden auch örtliche Kombattanten zur Datenbeschaffung herangezogen. Die CIA überließ der UCK mindestens 250 GPS-Satellitenortungssysteme und schickte sie zur Zieler-

[350] Thomas E. RICKS, »Space Is Playing Field For Newest War Game«, in: *Washington Post*, 29. 1. 2001.

[351] Zit. nach: Stefan SCHAAF, »Krieg im Jahr 2017«, in: *tageszeitung*, 2. 2. 2001.

[352] Nach: Dirk ECKERT, *Theorie und Praxis der Information Warfare*, S. 49.

fassung hinter die serbischen Linien.[353] Nach Auffassung von William CHURCH, Managing Director des Centre for Infrastructural Warfare Studies, setzten die ›Information Operations‹ der NATO in Jugoslawien neue Maßstäbe für künftige Konflikte: »Die Kosovo-Aktion erlaubte der NATO den Einsatz des vollen Arsenals von IO-Waffen. Sie benutzte Graphit-Bomben gegen die Infrastruktur, (...) offizielle Stellen der Air Force berichten von ausgedehnten Hacker-Eingriffen in das jugoslawische Luftabwehrsystem.«[354]

Der stellvertretende US-Verteidigungsminister John HAMRE bezeichnete den Krieg gegen Jugoslawien als ersten ›Cyberkrieg‹, den die USA führten. Hintergrund ist die Tatsache, daß es die amerikanische Seite diesmal nicht mehr bei Luftangriffen gegen die gegnerische Flugabwehr und Einrichtungen der militärischen Kommunikation beließ. Mehrere Monate nach dem Waffengang gab das Pentagon allerdings nur zu, es seien auch Aktionen zur elektronischen Täuschung des serbischen Luftabwehrsystems und Störungen des Telefonnetzes durchgeführt worden. Ein anderer Coup wurde dagegen abgestritten. Demzufolge soll Präsident CLINTON Hackern der CIA die ausdrückliche Erlaubnis erteilt haben, über das Internet Angriffe auf die internationalen Bankkonten des jugoslawischen Staatspräsidenten MILOSEVIC zu führen.

Mittlerweile gibt es genügend Indizien dafür, daß im Frühjahr 1999 ein vernichtender elektronischer Schlag gegen Belgrad geplant war. Computerspezialisten des US-Militärs hätten sich, sickerte aus dem Pentagon durch, in jugoslawische Computersystene einwählen und dort möglichst viel Chaos anrichten sollen, indem sie etwa die Telefonverbindungen, aber auch die Energieversorgung der serbischen Armee hätten lahmlegen sollen. Die Pläne seien schließlich fallengelassen worden, weil die Folgen der Manipulation nicht absehbar gewesen seien. Rechtsexperten im Verteidigungsministerium hätten zudem darauf hingewiesen, daß der geplante Eingriff in die gegnerischen Computersysteme womöglich den Tatbestand eines Kriegsverbrechens erfülle, weil

[353] Nach: ebd., S. 47.

[354] Zit. nach: Elvi CLASSEN, »Konstruktion von Medienrealität im Kosovo-Krieg«, in: *Texte zur Sicherheitspolitik in der Informationsgesellschaft 1997–1999* (= FoG:IS-Arbeitspapier Nr. 1, Hg. Forschungsgruppe Informationsgesellschaft und Sicherheitspolitik), http://userpage.fug-berlin.de/~bendrath/fogis/fogis-ap1.rtf.

auch in diesem Bereich der Kriegführung nur militärische Ziele angegriffen werden dürften und jeder zusätzliche Schaden vermieden werden müsse.

Ein fadenscheiniges Argument, denn Kriegsverbrechen waren noch nie ein Hinderungsgrund für das Pentagon. Der Grund für die Zurückhaltung der Army-Hacker lag schlicht und einfach darin, daß die Waffen für den Cyber-Krieg im Frühjahr 1999 noch nicht effizient genug waren. Und daß ihr Einsatz »ethisch fragwürdig« sei, weil dadurch das Leben von Zivilisten riskiert werde – etwa, indem Züge zum Entgleisen und das gegnerische Finanzsystem per Knopfdruck zum Einsturz gebracht werden –, räumen die Militärs freimütig ein.[355] Was der Tatsache keinen Abbruch tut, daß solche Szenarien geplant und geübt werden. »Ein von den USA verursachter vollständiger Ausfall der Datennetze eines Landes«, berichtet der Infowar-Experte Ralf Bendrath unter Berufung auf die Zeitschrift *Aviation Week & Space Technology*, »könnte nach Aussagen von Pentagon-Mitarbeitern als elektronischer Warnschuß in einer zugespitzten Krisensituation dienen, um einen Staat doch noch zum Einlenken zu bewegen«.[356]

Im nachhinein ist es unerheblich, was während des Jugoslawien-Krieges tatsächlich an Cyberwar-Maßnahmen ausgeführt wurde und was nicht. Denn so oder so ist der Computerkrieg seit Jahren offizieller Bestandteil amerikanischer Militärdoktrinen und wird in den nächsten Konflikten eine immer größere Rolle spielen. Und er wird dazu beitragen, daß die Grenzen zwischen Krieg und Nicht-Krieg, zwischen Kobattanten und Zivilbevölkerung fließender werden. Wenn es gelingt, beim Gegner die Strom- oder Wasserversorgung durch Manipulieren der Computernetze lahmzulegen, sind davon zwar auch militärische Einrichtungen betroffen, aber die Beeinträchtigungen für die Zivilbevölkerung sind weitaus größer. Dabei verfügte die serbische Armee im Kosovo-Krieg über ihre eigene Stromversorgung, die von den Graphitbomben-Angriffen der NATO nicht in Mitleidenschaft gezogen wurde.

Mittlerweile haben die Net-Krieger des Pentagon ihr Arsenal für den Kampf im World Wide Web kategorisiert. Unter die Ru-

[355] Nach: »Beim Gegner das Licht ausknipsen«, in: *Nation & Europa*, Nr. 1/2000, S. 10.

[356] Ralf Bendrath, »Krieger in den Datennetzen. Die US-Streitkräfte erobern den Cyberspace«, http://www.heise.de/tp/deutsch/html/result.xhtml?url=/tp/deutsch/special/info/7892/1.html

brik ›Computernetzwerkangriffe‹ fallen passive Abhörangriffe, aktive Netzwerkangriffe (darunter sind Einbrüche in gegnerische Computersysteme unter Verwendung ›boshafter Codes‹ zu verstehen) sowie ›Hardware-/Software-Distributionsattacken‹. Letztere umfassen zum Beispiel das Einschleusen von Viren, die sich an andere Programme anhängen, von ›Würmern‹, die sich selbst verbreiten, oder von ›trojanischen Pferden‹, die als normale Programme im Hintergrund unerwünschte Aktivitäten starten wie etwa das unbemerkte Kopieren von Festplatteninhalten. Auch sogenannte ›elektronische Bomben‹ sind bekannt, die heimlich in gegnerischen Netzwerken plaziert und bei Bedarf aus der Ferne ›gezündet‹ werden.

Und die Entwicklung geht weiter. Auch der Krieg im WWW soll möglichst so geführt werden können, daß erkannte Ziele – zum Beispiel gegnerische Netzwerkknoten – präzise bekämpft werden können, ohne unkalkulierbare Kollateralschäden anzurichten. Ein Oberst am Joint Information Operations Center (JIOC) in San Antonio, Texas, formulierte es so: »Die nationalen Befehlshaber wollen sicher sein, daß man das System oder den Netzknoten genau identifiziert hat, gegen die man solche Technologien einsetzen will.«[357] Gesucht wird – analog zu immer präziseren Raketen und Geschossen der anderen Teilstreitkräfte – die elektronische Präzisionswaffe für den Krieg im weltweiten Netz. Die Forschung läuft auf Hochtouren. 1997 wurde beim Air Force Information Warfare Center (AFIWC) in San Antonio, dem luftwaffeneigenen Planungsbüro für den Informationskrieg, ein Versuchslabor eingerichtet, das Information Warfare Battlelab. Allein diese Einrichtung untersuchte innerhalb von nur zwei Jahren über 270 verschiedene Konzepte für elektronische Präzisionsangriffe im Netz. 37 davon kamen in die engere Auswahl.

Inzwischen ist man weiter. Schon 1999 sollte die Army die Fähigkeit besitzen, in gängige kommerzielle Netzwerke potentieller Gegner einzudringen. Dieses Ziel wurde während des Kosovo-Krieges knapp verfehlt, zum Teil allerdings auch deshalb, weil die wirtschaftliche und industrielle Infrastruktur Jugoslawiens noch bei weitem nicht im gleichen Maße wie die westlichen Wirtschaften von funktionierenden elektronischen Datennetzen abhängig war. Der weitere Fahrplan, der im letzten öffentlich zugänglichen *Army Science and Technology Master Plan* von 1997 aufgestellt wurde, sah vor, daß bis 2002 die Kapazität

[357] Zit. nach: Ralf Bendrath, »Krieger in den Datennetzen«, aaO.

erreicht sein sollte, ausgewählte Bereiche der Informationssysteme eines beliebigen Gegners lahmzulegen oder zu stören. Für 2003 war die Fähigkeit zur gezielten Beeinflussung gegnerischer Datennetze durch elektronische Täuschungsmanöver und Datenmanipulationen vorgesehen. Ab 2004 sollen dann die geforderten Präzisionstechnologien zur Verfügung stehen, mit denen sich Informationssysteme gezielt zerstören lassen.

Das moderne Gesicht des elektronischen Krieges: E-Bomben sollen künftig neben einer Sprengladung einen elektromagnetischen Impulssender und einen Mikrowellenstrahl zum Einsatz bringen und dadurch Kommunikationsanlagen und Computer des Gegners lahmlegen (Bild: schematische Darstellung eines E-Angriffs auf Bagdad).

Zumindest in diesem Bereich will sich die Army offenbar nicht in die Karten schauen lassen. Niemand - außer den Programmierern in den Labors - vermag zu sagen, wie weit die Offensivfähigkeiten der US-Cyberkrieger mittlerweile gediehen sind. Unter Ernstfallbedingungen konnten sie jedenfalls nicht getestet werden, weil die Gegner seit 1999 entweder nicht über Datennetzwerke verfügen (wie die Taliban in Afghanistan) oder Uncle Sam einfach keinen Grund zum Cyberwar liefern wollten (Irak).

Seit Ende der achtziger Jahre beteiligen sich die US-Streitkräfte aktiv und unter Einsatz erheblicher Finanzmittel an der Entwicklung und Erforschung von Computerviren. Im Mittelpunkt der elektronischen Aufrüstung steht wieder einmal der Nachrichtendienst NSA, der unter anderem für die Sicherheit der Computersysteme des nationalen Sicherheitsapparates der USA zuständig ist. NSA-Mitarbeiter beobachten sehr aufmerksam die weltweiten Aktivitäten von Computerhackern. Dabei ist eine zivil-militärische Grauzone entstanden, die es im Einzelfall schwer macht, zwischen militärischen Auftraggebern und Sponsoren auf der einen Seite, zivilen Hobby-Hackern und Auftragstätern im Dienst der NSA auf der anderen Seite zu unterscheiden. In Zusammenarbeit mit zahllosen Hackern unterhält die NSA nicht nur eine zentrale Datenbank mit Informationen über sämtliche bekannten Computer-Sicherheitsprobleme (das National Security Incident Response Center; NSIRC). Auch auf der praktischen Ebene findet ein umfangreicher, größtenteils informeller Austausch von Tools und Tricks statt. Offiziell dienen sowohl diese Kooperation als auch der Aufbau der entsprechenden Datenbanken nur der Abwehr von Netzangriffen auf die USA. Aber natürlich lassen sich sämtliche bei der NSA zusammenfließenden Programme, Tools und Informationen auch für offensive Maßnahmen verwenden. Im Bedarfsfall macht es der inoffizielle Sumpf zwischen Hacker- und Geheimdienstszene schon heute möglich, daß US-Regierungsstellen Krieg im Internet führen – mit allen möglichen Folgen, von denen oben die Rede war –, ohne dabei überhaupt offiziell in Erscheinung treten zu müssen. Ein Szenario, das aus ungezählten Hollywood-Thrillern vertraut ist.

Ein Fall geisterte Anfang Februar 2001 durch die Medien. Es war publik geworden, daß sich die CIA die Anonymisierungssoftware einer Privatfirma zunutze macht, um die Spuren ihrer Aktivitäten im Internet zu verwischen. Partner der CIA ist in diesem Fall das Software-Programm Safeweb, das tagtäglich von mehr als einer Million Nutzer verwendet wird, um Datenspuren, die beim Surfen entstehen, zu löschen und Kommunikation zu verschlüsseln. Ein gefundenes Fressen für halblegale Cyberkrieger. Denn auch Agenten können dank Safeweb rund um die Welt mit ihren Einsatzzentralen kommunizieren, ohne auf ihren Rechnern in den Gastländern problematische Datenspuren zu hinterlassen. Zudem, mutmaßt der Geheimdienstexperte Udo ULFKOTTE, kann beispielsweise die CIA »künftig die Rechner von ›Sorgenstaaten‹ oder anderen politisch Unliebsamen gezielt mit Viren bombardieren, ohne einen Verdacht auf sich zu lenken«.[358]

Solche Aktionen werden im Informationskrieg des 21. Jahrhunderts, der ein permanenter Krieg sein wird, vermutlich an der Tagesordnung sein. »Man muß davon ausgehen«, warnt auch Ralf BENDRATH, »daß die Computerspezialisten der NSA in der Lage sind, mit den Standardmethoden der freien Hackerszene in allen weltweit zugänglichen Datennetzen Computereinbrüche zu verüben. Was dies allerdings um ein Vielfaches brisanter macht als die Freizeithacker, sind die immensen Ressourcen, die zur Unterstützung solcher Maßnahmen zur Verfügung stehen. Das gesammelte Wissen über alle bekannten Sicherheitslücken, verbunden mit technischen Informationen über weltweite Kommunikationssysteme aus der ›Constant Web‹-Datenbank, ungeheuren Rechenkapazitäten für Password-Tests und Entschlüsselungen sowie einer komfortablen Personaldecke macht die NSA weitaus gefährlicher als die wichtigtuerischen Script-Kiddies, die ahnungslose Politiker gerne für eine Bedrohung der nationalen Sicherheit halten.«[359]

Zum Teil wurden die halblegalen Aktivitäten der NSA in der Zwischenzeit institutionalisiert, doch das bedeutet alles andere als eine Entwarnung. 1997 wurde bei der NSA eine Unterabteilung zur Durchführung von Missionen im Bereich der Informationskriegführung eingerichtet, das Information Operations Technical Center (IOTC), unter dessen Dach verschiedene Spezialabteilungen aus Geheimdiensten und Streitkräften zusammenarbeiten: die P42-Information Warfare Support Cell der NSA (deutsch: P42-Unterstützungszelle für die Informationskriegführung), die Critical Defense Technologies Division der CIA und die Abteilung J-33 ›Special Technology Operations‹ des Pentagon. Allein J-33 »verwaltet Dutzende von ›schwarzen Programmen‹ der US-Streitkräfte und rüstet Spezialteams für verdeckte Operationen aus«.[360]

Hier haben die Fronten des permanenten Datenkrieges erste Konturen angenommen. Es ist bezeichnend, daß sich dabei nicht nur die Grenzen zwischen Legalität und Illegalität, zwischen militärischen Dienststellen und zivilen Entwicklungsfirmen

---

[358] Udo ULFKOTTE, »CIA-Agenten anonym im Netz«, in: *FAZ*, 14. 2. 2001.
[359] Ebd.
[360] Ebd.

verwischen; auch die militärische Hierarchie selbst erscheint für die Anforderungen an der Informationsfront als unzweckmäßig und zeigt Tendenz zur Mimikry: Aus Bataillonen und Regimentern werden ›Zellen‹, die sich hinter kryptischen Kürzeln verbergen. Und niemand außer anonymen Vorgesetzten weiß, welche personellen Kapazitäten eigentlich im Spiel sind: Kompaniestärken – oder nur kleine, geheime Trupps von Hackern in abhörsicheren Bunkern? Die Fronten werden unübersichtlich. Ständig werden umtriebige Cyberkrieger im vermeintlichen Frieden – und selbstverständlich ohne jeden offiziellen Befehl – elektronische Wühlarbeit in fremden Datennetzen betreiben, um deren Schwachstellen für den Fall eines ›heißen‹ Konflikts herauszufinden. Wenn ein Konflikt dann tatsächlich ›heiß‹ wird, müssen die elektronischen Waffen – die erwähnten ›trojanischen Pferde‹, Viren-Bomben usw. – längst in den gegnerischen Netzwerken in Stellung gebracht sein. ›Frieden‹ und ›Krieg‹ werden in Zukunft keine klar definierten Zustände mehr sein, wie sie in früheren Epochen bekannt waren. An der Informationsfront wird immerzu latenter Kriegszustand herrschen.

Das Janusgesicht des Informationskrieges – ein Kapitel Clausewitz

Kein Feldherr kommt ohne Information aus. Das ist eine Binsenweisheit, seit es bewaffnete Konflikte gibt. Informationen werden benötigt über den Gegner, das Gelände, die eigenen Truppen, außerdem über Nachschubwege, Wetterverhältnisse, passierbare Straßen, Flußübergänge und vieles mehr. Ein Feldherr ohne zureichende Informationen ist meist schon so gut wie geschlagen.

Umgekehrt ist Information auf dem Gefechtsfeld nur dann von Nutzen, wenn sie sich rechtzeitig in militärisch richtigen Entscheidungen niederschlägt. Information und militärische Entscheidungsfindung sind nicht voneinander zu trennen.

In früheren Jahrhunderten war der Prozeß der Entscheidungsfindung auf dem Schlachtfeld meist relativ unkompliziert. Er lag ausschließlich in den Händen des militärischen Führers. Oft genügte es, wenn er selbst sich ein Bild von der Lage machte und daraufhin seine Anordnungen traf. Von Alexander dem Grossen wird berichtet, daß er vor einer Schlacht einen erhöhten Aussichtspunkt bezog, Gelände und Gegner in Augenschein nahm und nach einer Schwachstelle in seiner Aufstellung suchte. Sein Führungsstil war einfach. Argumenten aus seiner Umgebung verschloß er sich nicht, aber im »Umgang mit seinem Stab war er gebieterisch und eigensinnig«.[361] Vor einer Schlacht instruierte er die Handvoll seiner Unterführer, dann ritt er vor die Front seiner Soldaten und wiederholte seine meist kurze Ansprache mehrmals an verschiedenen Stellen, so daß sie auf der ganze Breite der Front gehört und ihr Inhalt von den weiter vorn Stehenden an die hinteren Reihen durchgegeben werden konnte.

Im Gefecht selbst kämpfte ALEXANDER dann in eigener Person mit, in der Regel bei der Reiterei. Weiterer Informationsfluß während der Schlacht war reiner Zufall. Nur wenn ihn von einem anderen Teil des Schlachtfeldes bedrohliche Meldungen erreichten, gab er neue Anweisungen oder griff mit seiner Reiterei direkt an der bedrohten Stelle ein. Der Größe der Armee ALEXANDERS war dieser Führungsstil durchaus angemessen; sie reichte an 50 000 Mann heran, lag aber meist darunter.

Nach dem Verschwinden der römischen Militärmaschinerie, die bereits ein relativ komplexer und ausdifferenzierter Organismus war, führten spätestens die wachsenden Heere der Neuzeit dazu, daß die Informationswege zum Feldherrn immer länger wurden und immer mehr Zeit in Anspruch nahmen. Umgekehrt wurde auch der Befehlsweg immer länger. Die Zeitspanne, bis eine Beobachtung auf dem Schlachtfeld zu einer Entscheidung des Feldherrn wurde und diese zu einer angemessenen Aktion im Gefecht, wurde immer größer. Der ›Feldherrnhügel‹, wo Informationen zusammenliefen und Entscheidungen getroffen wurden, wurde zur stehenden Einrichtung. Gleichzeitig wuchs die Zahl der Zuarbeiter, die den Feldherrn durch vorverarbeitete Informationen in seiner Befehlsgebung unterstützten.

NAPOLEON, der von seinem Genie überzeugt war, war für seinen monomanen Führungsstil bekannt. Auch er vertraute im wesentlichen dem Bild, das er sich selbst von der Lage machte. Aber die Größe der Heere machte den ununterbrochenen Informations- und Befehlsfluß praktisch unmöglich, was die Heranbildung selbständiger, eigenverantwortlicher Unterführer geradezu erzwang. NAPOLEON versäumte sie. Selbst in einer siegreichen Schlacht wie der von Jena (1806) verlor er zeitweilig die

[361] John KEEGAN, *Die Maske des Feldherrn. Alexander der Große, Wellington, Grant, Hitler*, Reinbek bei Hamburg 2000, S. 69.

Napoleon während des Feldzugs von 1814: Ein militärisches Genie wird Opfer logistischer Sachzwänge. Die Antwort auf das Informations-Dilemma im Zeitalter der Massenheere hieß Dezentralisierung und Auftragstaktik.

Kontrolle über die Hälfte seiner Armee, und in der Völkerschlacht von Leipzig entglitt ihm die Kontrolle über sein 180 000 Mann-Heer sogar völlig. Bei Waterloo fehlte ihm seine gesamte Reserve, die starr nach Befehl die Preußen verfolgte, ohne bei Belle Alliance die Entscheidung zu erzwingen.

Auf Napoleon folgte das Zeitalter des Generalstabs, das mit der Industrialisierung zusammenfiel. Der Ausbau der Eisenbahnnetze vergrößerte Reichweite und Beweglichkeit der Heere, und der Telegraph revolutionierte den Kommunikationsfluß. Während des amerikanischen Bürgerkrieges (1861–1865) gehörte der Nordstaatengeneral Ulysses S. Grant zu den ersten Befehlshabern überhaupt, die sich des Telegraphen virtuos zur Übermittlung von Nachrichten und Befehlen bedienten. Seine »Fernmeldeorganisation arbeitete so effizient, daß nach dem Vorrücken seiner Armee fast unverzüglich permanente Verbindungen eingerichtet wurden. Er selbst hatte, wie ein Besucher in seinem Hauptquartier in Nashville 1863 notierte, ›einen Telegraphen in seinem Büro und verwendete ein Gutteil seiner Zeit darauf, mit allen Einheiten unter seinem Befehl Kontakt zu halten‹.«[362]

[362] Ebd., S. 305.

Bei allem Nutzen, den sowohl der Telegraph als auch die späteren Nachrichtenmittel Fernsprecher und Funk mit sich brachten, wohnte allen diesen Kommunikationsinstrumenten ein schleichendes Verhängnis inne. Sie ermunterten die oberste Führung, auch über riesige Entfernungen hinweg und weitab vom Geschehen auf strikter und umfassender Befehlsgewalt zu beharren. Während die riesigen Heere längst gebieterisch die Abtretung von Kompetenzen an selbständig handelnde taktische Führer auf den unteren Ebenen der Befehlshierarchie nahelegten, implizierten die verbesserten Kommunikationsmöglichkeiten eine entgegengesetzte Versuchung. Viele verhängnisvolle Entscheidungen der Führungsstäbe im Ersten, ja noch im Zweiten Weltkrieg sind nur durch die Illusion umfassender Informiertheit zu erklären, die in den Stäben weit hinter der Front herrschte. Tatsächlich stimmten die beiden Wirklichkeiten – die an der Front und die in den Hauptquartieren – nicht mehr überein. Und noch während des Zweiten Weltkrieges wachten die Hauptquartiere aller kriegführenden Parteien eifersüchtig über ihrem Befehlsmonopol. HITLER dirigierte aus seinen Befehlsbunkern über viele Hunderte von Kilometern hinweg die Bewegungen einzelner Bataillone. Aber auch auf alliierter Seite waren Kompaniechefs keine Seltenheit, die sich zu den Zügen in vorderster Front flüchteten – vor dem Telefon, weil der Bataillonskommandeur alle fünfzehn oder zwanzig Minuten einen neuen Lagebericht verlangte. »So erwies sich die Informationstechnologie, indem sie die Mittel für eine stärker zentralisierte Führung bot, als recht verführerisch.«[363]

Bei den amerikanischen Streitkräften hielt dieser Trend erstaunlicherweise noch Jahrzehnte nach dem Krieg an. Während des Vietnam-Krieges kam es immer wieder vor, daß Generale vom Hubschrauber aus in die Gefechtsführung am Boden eingriffen – eine Folge des Funks und seiner Möglichkeiten. Dagegen hatte sich in den preußisch-deutschen Streitkräften bereits im 19. Jahrhundert jener Führungsstil herausgebildet, der als ›Auftragstaktik‹ bekannt ist: Er sieht weitgehende Handlungs- und Entscheidungsfreiheit der unteren Ebenen vor, während die Führung lediglich den groben Rahmen des militärischen Auftrags vorgibt. Für seine Ausführung sind die Führer auf dem

[363] *The Command or Control Dilemma: When Technology and Organizational Orientation Collide*, http://www.au.af.mil/au/2025/volume1/chap04/v1c4-1.htm

Gefechtsfeld verantwortlich, in deren Zuständigkeit demzufolge auch Logistik, Erkundung usw. fallen. Der Vorteil ist naheliegend: Die Informations- und Befehlswege von der Front zum Entscheidungsträger und zurück werden kürzer, was auf dem Schlachtfeld einen Zuwachs an Schnelligkeit bedeutet.

Schnelligkeit war auch NAPOLEONS Maxime. Sie ruhte bei ihm allerdings auf einem unsicheren Fundament, denn NAPOLEON entschied und führte ›zentralistisch‹. Waren seine Weisungen erst einmal ergangen, erwies sich sein System der Führung als relativ unbeweglich in der Reaktion auf neue Entwicklungen. Das war hinnehmbar, solange dieser Führungsstil auch bei den gegnerischen Heeren gepflegt wurde und NAPOLEON einfach der überlegene Feldherr war. Doch dieser Vorsprung war in den Befreiungskriegen 1813/15 dahin, denn nun stand dem Genius des Korsen ein weitaus moderneres ›Management‹ von Information und Führung gegenüber, das der preußischen Armee größere Flexibilität und Spannkraft verlieh. Sie hatte ihre Lektion aus den Niederlagen von 1806 gelernt. 1815 besiegelte sie NAPOLEONS Sturz.

Eine klassische Formulierung der Auftragstaktik begegnet bereits 1806, sie stammt aus dem preußischen Exerzierreglement und berücksichtigt ausdrücklich den Informationsfaktor: »Weitläufige Dispositionen sind vor einer Bataille nicht zu geben. Man übersieht so viel als möglich das Terrain, gibt den Divisionsgeneralen, wenn hierzu die Zeit ist, die Generalidee mit wenigen Worten an, zeigt ihnen en gros das Terrain, wo sich die Armee formieren soll. Die Art des Aufmarsches bleibt ihnen überlassen; nur der schnellste ist der beste. Für das Weitere sind sie verantwortlich zu machen. Der kommandierende General kann nicht allgegenwärtig sein; er muß stets das Ganze im Auge behalten und dieses leiten.«[364]

Dabei ist es bis 1945 geblieben. Das Verfahren machte die deutsche Armee zur besten der Welt, ein Urteil, das längst außer Zweifel steht. Unter amerikanischen Militärtheoretikern gilt es inzwischen als klassisches Vorbild der Truppenführungspraxis. *2025* weist auf das interessante Detail hin, daß die in der Auftragstaktik geschulte Wehrmacht im Durchschnitt 30 Minuten brauchte, um nach dem Verlust einer Stellung zum Gegenangriff überzugehen, während dies bei den Alliierten im Normal-

[364] Zit. nach: Franz UHLE-WETTLER, *Höhe- und Wendepunkte deutscher Militärgeschichte*, Hamburg–Berlin–Bonn 2000, S. 242 f.

fall Stunden dauerte.[365] Und schon mit Blick auf den Ersten Weltkrieg heißt es 1993 in der angesehenen *International Military and Defense Encyclopedia* (New York): »Die Übertragung [devolution] von taktischer Verantwortlichkeit stellte vielleicht den tiefgreifendsten organisatorischen Wandel des Krieges dar«. LUDENDORFF selbst hatte das Prinzip mit den Worten umrissen:

»Da wir fordern, daß die Stäbe weit vorn und oft persönlich bei der Truppe sind, muß die obere und oberste Führung mehr als bisher bewußt auf die Möglichkeit dauernder Verbindung verzichten.«[366]

Bei den US-Streitkräften setzte der Umdenkprozeß sehr spät ein. Während des Zweiten Weltkrieges waren Kommandeure wie General PATTON die große Ausnahme, dessen Führungsstil dem deutschen erstaunlich nahe kam. »Meiner Meinung nach sollen Armeebefehle nicht über anderthalb Schreibmaschinenseiten hinausgehen«, schrieb er einmal, und: »Man sage nie, wie etwas zu tun sei. Man sage vielmehr, was zu tun ist, und man wird über den Einfallsreichtum seiner Untergebenen überrascht sein.«[367] Aufs Ganze gesehen, setzten sich solche Ansichten in der amerikanischen Armee allerdings erst in den achtziger Jahren durch. Die Erfahrungen in Vietnam und spätestens bei der fehlgeschlagenen Geiselbefreiung im Iran 1980 machten das bisherige Command-and-control-Schema hinfällig. Die explosionsartig angewachsene Informationsflut durch bessere Rechner und Aufklärungsmöglichkeiten tat ihr übriges, um seither auch die US-Army von den Vorteilen dezentralisierter Entscheidungsfindung zu überzeugen.

Inzwischen hat der Krieg des 21. Jahrhunderts seine Schatten vorausgeworfen. Information und Geschwindigkeit sind seine zentralen Momente. Beide begünstigen die weitere Auslagerung von Entscheidungskompetenz und die Dezentralisierung der militärischen Maschinerie. Zahlreiche Studien der neunziger Jahre sprechen sich denn auch für ›vernetzte‹, weniger hierarchische Strukturen des militärischen Managements aus. *2025* unterstreicht: »In einer vernetzten Organisation wird der Prozeß der Informationssammlung gleichmäßiger verteilt sein, und mehr

---

365 *The Command or Control Dilemma: When Technology and Organizational Orientation Collide*, aaO.

366 Zit. nach: Franz UHLE-WETTLER, *Höhe- und Wendepunkte deutscher Militärgeschichte*, aaO., S. 245.

367 George S. PATTON, *Krieg, wie ich ihn erlebte*, Bern 1950, S. 255 f.

Information wird rascher auf allen Ebenen der Befehlshierarchie zur Verfügung stehen. Kommandeure werden Information lieber teilen als kontrollieren, wenn dies auf allen Kommandoebenen zu schnelleren Entscheidungen führt.«[368]

Als weiterer Faktor tritt die Komponente ›Maschine‹ hinzu. Denn das Tempo der Informationsübermittlung nähert sich tendenziell der Lichtgeschwindigkeit und läßt das für Entscheidungen verfügbare Zeitfenster gegen Null gehen. Und: Während Information früher vage, lückenhaft und widersprüchlich war, sind Informationen, die durch ein vernetztes, ›intelligentes‹ System wie TIAS erfaßt und aufbereitet worden sind, tendenziell immer richtig.

»Ein großer Teil der Nachrichten«, schrieb CLAUSEWITZ, »die man im Kriege bekommt, ist widersprechend, ein noch größerer ist falsch und bei weitem der größte einer ziemlichen Ungewißheit unterworfen.«[369] Das ist Vergangenheit. Allerdings auch die Zeiten des Feldherrn, der seine Informationen über Gelände und Gegner souverän beherrschte und genialer Herr seiner Entscheidungen war. »Was man hier vom Offizier fordern kann«, fährt CLAUSEWITZ fort, »ist ein gewisses Unterscheiden, was nur Sach- und Menschenkenntnis und Urteil geben können.« Aber nicht in Minuten oder gar Bruchteilen von Sekunden. Der Informationskrieg des 21. Jahrhunderts übersteigt die Fähigkeiten von Feldherrn und Stäben bei weitem. Die Lösung des Problems heißt Automatisierung.

Implantate und Bio-Chips: Die Mensch-Maschine wird frontreif

Um die Möglichkeiten des Informationskrieges ermessen zu können, muß man sich nicht ins Dickicht der weltweiten Datennetze begeben. Schon mit Blick auf die landläufigen Komponenten der Gefechtsführung leuchtet ein, daß jeder Informationsvorsprung vor dem Gegner Überlegenheit auf dem Schlachtfeld schafft. Je schneller je mehr Information über den

[368] *The Command or Control Dilemma: When Technology and Organizational Orientation Collide*, aaO.

[369] Carl VON CLAUSEWITZ: *Vom Kriege. Ungekürzter Text*, Augsburg 1990, S. 75.

Schematisiertes Grundmodell des militärischen Entscheidungsprozesses: die OODA-Schleife (Graphik aus der Luftwaffenstudie 2025*). Im Vorteil ist derjenige, der die einzelnen Stationen – Beobachten, Orientieren, Entscheiden, Handeln – schneller durchläuft als der Gegner.*

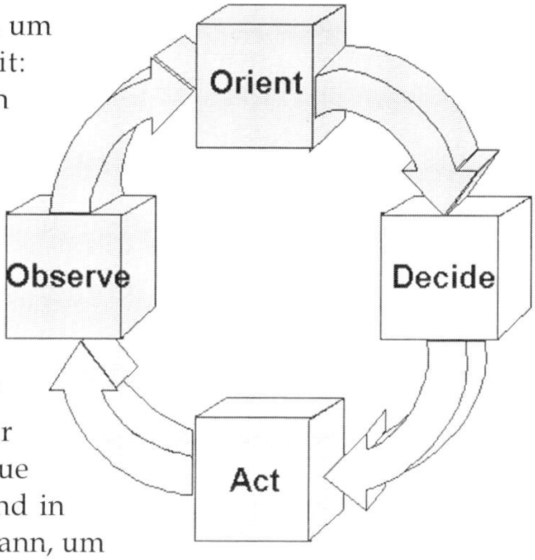

Gegner zur Verfügung steht, um so größer die Überlegenheit: eine Binsenweisheit, die den Militärs seit den Anfängen der Infowar-Debatte klar vor Augen stand. Sie prägten dafür den Begriff der ›OODA‹-Schleife: observe, orient, direct, act; zu deutsch: beobachten, orientieren, befehlen, handeln.[370] Je schneller ein Kommandeur die ›Schleife‹ durchlaufen, neue Informationen verarbeiten und in taktische Schritte umsetzen kann, um so größer fällt sein Vorteil aus. »So wie im Falle ALEXANDERS DES GROSSEN, zeigt die Geschichte, daß der militärische Führer, der am besten analysiert, entscheidet und das Tempo des Gefechts kontrolliert, nahezu in jedem Konflikt die Oberhand behalten wird.«[371]

Noch im zweiten Golfkrieg, 1991, betont *2025*, war der schnelle und umfassende Informationsfluß vom Gefechtsfeld in die Kommandozentralen und umgekehrt alles andere als selbstverständlich. Zwar waren sämtliche Informationen über den Gegner theoretisch verfügbar, aber wertvolle Zeit ging verloren, bis zum Beispiel Satellitenbilder den Weg in die Stäbe an der Front fanden. Nicht selten mußten Satellitenaufnahmen von zivilen Unternehmen beschafft und dann per Fax in die Lagezentren weiterbefördert werden. Ein geradezu vorsintflutliches Verfahren der Nachrichtenübermittlung – langsam, stör- und abhöranfällig, zeitraubend. Die Folge: Entscheidungen erfolgten oft auf der Grundlage veralteter Informationen. Allerdings ist dies ein Problem, mit dem Feldherren seit den Anfängen der Kriegsgeschichte zu kämpfen haben.

370 *Information Operations: A New War-Fighting Capability*, aaO.
371 Ebd.

Der zweite Golfkrieg machte noch ein weiteres Erfordernis deutlich: Damit adäquate Entscheidungen auf dem Gefechtsfeld schnell getroffen werden können, müssen die Informationen dem Entscheidungsträger mundgerecht und bereits aufbereitet vorgelegt werden. Also: Schluß mit der Unmenge verschiedenster ›Datei‹formate, mit denen sich die Generalstäbler früherer Zeiten herumschlagen mußten – Meldezettel, Aufnahmen der Luftaufklärung, abgehörte Funksprüche des Gegners, Aussagen von Gefangenen usw. »Kommandeure sind darauf angewiesen«, belehrt die *2025*-Teilstudie über ein weltweites Informations-Kontrollsystem (*Worldwide Information Control System*), »daß sie diese Angaben zu Gesicht bekommen, nachdem sie in ein logisches, einfaches, nachvollziehbares und vollständiges Format umgewandelt wurden. ›Information‹ ließe sich demnach definieren als Daten, die gesammelt, systematisch verarbeitet und in ein Format gebracht worden sind, das für den Benutzer leichtverständlich ist. Dieser Prozeß wird als ›Datenfusion‹ bezeichnet.«[372]

Inzwischen sind die Rechnerleistungen größer und die Kommunikationskanäle zahlreicher geworden. Damit tritt ein neues Problem auf den Plan. Nicht nur haben sich infolge schnellerer und präziserer Waffensysteme die Reaktionszeiten für die militärischen Entscheidungsträger drastisch verkürzt. Überdies droht paradoxerweise ausgerechnet im Zeitalter immer ausgefeilterer Informationsbeschaffungssysteme der ›informationelle Overkill‹, d. h. es droht eine Situation einzutreten, in der mehr Informationen zur Verfügung stehen, als berücksichtigt werden können. »Neue Studien enthüllen eine alarmierende Zahl ungelesener Nachrichten wegen Informations-Überlastung. Traditionellerweise versuchten die Militärs dieses Problem in den Griff zu bekommen, indem sie die Zahl der Kommunikationsknoten erhöhten. Die optimale Lösung muß die Funktionsabläufe innerhalb der OODA-Schleife integrieren und es dem Kommandeur erlauben, den Schwung des Zyklus zu bestimmen.«[373]

Die Lösung heißt Datenfusion und nimmt gegenwärtig mit dem TIAS-Projekt Gestalt an. TIAS ist ziemlich genau das, was sich die Informationskrieger des Jahres 1996 unter ihrem weltweiten Informations-Kontrollsystem vorstellten: ein gigantischer Daten-Staubsauger plus automatisierter Daten-Aufbereitung als umfas-

---

372 *Worldwide Information Control System (WICS)*, http:// www.au.af.mil/ au/2025/volume1/chap02/v1c2-1.htm

373 *Information Operations: A New War-Fighting Capability*, aaO.

sende Entscheidungshilfe für den Kommandeur neuen Typs. Das System muß den militärischen Entscheidungsträger in die Lage versetzen, sich einen Überblick über das Gefechtsfeld zu verschaffen, den Charakter des Gefechts und seine Risiken abzuschätzen, einen maßgeschneiderten Mix der erforderlichen Waffensysteme zu erstellen, und das alles möglichst ohne Zeitverzug, um so rasch wie möglich den nächsten ›Zug‹ spielen zu können. Im Vorteil ist derjenige, der die OODA-Schleife schneller durchlaufen kann als der Gegner.

Da die Waffensysteme des 21. Jahrhunderts ultraschnell und mutmaßlich auch Gegner der USA in ihrem Besitz sein werden, wird ›schnell‹ aber nicht mehr genug sein. Im Extremfall werden Entscheidungen innerhalb von Sekunden, ja Bruchteilen von Sekunden getroffen werden müssen. Die Gehirne menschlicher Generalstäbler sind damit überfordert. Die Entscheidungskompetenz geht zwangsläufig auf die rechnergestützte Entscheidungs›hilfe‹ über. Nur in langsamen Konfliktsituationen wird überhaupt noch Platz für menschliche Entscheidungskompetenz bleiben. In allen anderen Auseinandersetzungen - solchen, in denen mit dem Einsatz fortgeschrittener Waffensysteme zu rechnen ist - wird die automatisierte Entscheidung des integrierten Informationssystems das letzte Wort behalten.

Einen Vorgeschmack lieferte während des Golfkrieges 1991 ein Programm namens *Dynamic Analysis and Replanning Tool*; also eine Art Dienstprogramm zur automatisierten Auswertung von Gefechtsfeldinformationen. Ein aktuelles Beispiel ist das *Air Campaign Planning Tool*, ein Programm für die automatisierte Planung von Lufteinsätzen, das es erlaubt, Angriffsziele nach Priorität und voraussichtlichem Zeitaufwand zu ordnen.[374]

2025 schlägt ein vielfach vernetztes Informations-Verarbeitungssystem (Information Integration Center, IIC) vor, das stark an das TIAS-Projekt erinnert. Es müsse abhör- und störungssicher sein und In-Time-Kommunikation auf verschiedenen militärischen Ebenen ermöglichen. Es muß Zugriff auf große Datenmengen haben und anhand ihrer jederzeit visualisierbare (!) Modelle des Gefechtsfeldes liefern können, aus denen etwa Schwerpunkte sowie Schwachstellen des Gegners ersichtlich seien.

Das System müsse zudem intelligent und lernfähig sein: intelligent, um beispielsweise verschiedene Szenarien in einen laufenden Entscheidungsprozeß einzuspielen (vorausgesetzt, dafür

[374] Ebd.

Kriege gewinnen wie im Computerspiel: Diese Graphik aus der Studie 2025 veranschaulicht, daß der Kommandeur des 21. Jahrhunderts auch Problemlösungen und Herangehensweisen ›klassischer‹ Feldherren wie SUN TSU, CLAUSEWITZ *und* NAPOLEON *in aktuelle Konfliktszenarien einspeisen können soll.*

ist genügend Zeit vorhanden), anhand derer die Kommandeure verschiedene Entwicklungen einer Situation schon im vorhinein hochrechnen können. So ist etwa daran gedacht, bestimmte Entscheidungsparameter, ja bestimmte Typen militärischen ›Temperaments‹ in eine gegebene Situation einzuspeisen, um zu sehen, wie zum Beispiel General PATTON oder ROMMEL oder MACARTHUR eine gegebene taktische Aufgabe lösen würde (eine Funktion, die bei PC-Strategiespielen längst gang und gäbe ist). Auch die gegnerische Seite kann nach diesem Muster hochgerechnet werden, ähnlich wie bei einem Schachcomputer, der für jeden Zug die mögliche Spielentwicklung nach einer bestimmten Zahl von weiteren Zügen vorausberechnet.

In diesen Kontext gehört auch die Forderung nach Lernfähigkeit des Systems. Analog zum menschlichen Entscheidungsprozeß muß das System fähig sein, auch dort Entscheidungshilfen zu liefern, wo die erforderlichen aktuellen Daten fehlen, indem aktuelle Daten mit schon bekannten Situationen abgeglichen werden. Verhaltensbiologen kennen inzwischen die Mechanismen solcher vereinfachten Entscheidungsstrategien im menschlichen Gehirn, das sich – beispielsweise unter Zeitdruck oder Streß – auch in komplexen Situationen auf einige wenige Schlüsselindikatoren beschränkt. Kognitionswissenschaftler sprechen von einer »Reduktion der Variablen«, die auch Künstliche Intelligenz lernfähig machen soll.[375] Auf diese Weise soll es unter anderem

[375] Antonia RÖTGER, »Die Qual der Wahl: Wie finde ich den richtigen Partner fürs Leben«, in: *Die Welt*, 6. 7. 2000.

möglich sein, daß das System gezielte Störversuche von seiten des Feindes – etwa durch Input falscher Daten – automatisch erkennt, indem es Falschinformationen mit den eigenen Datenbanken verrechnet und ungewöhnliche oder unplausible Werte gar nicht erst berücksichtigt.

Vorgeschlagen wird ferner, die militärischen Entscheidungsträger durch implantierte Mikrochips direkt mit dem IIC zu verlinken (!), um ihnen eine computergenerierte Sicht auf das Gefechtsfeld zu vermitteln. Auch die verfügbaren und benötigten Waffensysteme müßten direkt mit dem IIC gekoppelt werden, so daß sie im Bedarfsfall unmittelbar aus dem virtuellen Gefechtsstand heraus angefordert und zum Einsatz gebracht werden können. Und: Die Entscheidungsträger ihrerseits müssen miteinander vernetzt sein. Auch über größere Entfernungen hinweg muß es möglich sein, dem taktischen Führungspersonal, ja selbst den unmittelbar am Kampfgeschehen beteiligten Soldaten eine identische virtuelle Ansicht des Schlachtfeldes zu präsentieren. *2025* verwendet für diese Art Kriegführung den Begriff ›Cyber Situation‹.

Mag auch der Gefechtsstand der Zukunft noch so virtuell sein, das Gefechtsgeschehen selbst wird es keineswegs sein. Lediglich die militärischen Entscheidungsprozesse und das Bild der Ent-

So soll die Mensch-Maschine-Schnittstelle im Krieg des 21. Jahrhunderts aussehen: Die Kommandeure sind über Gehirnimplantate und Datenhandschuhe mit einer virtuellen Abbildung des Gefechtsfeldes verbunden und können durch Handbewegungen und Gehirnimpulse ihre Entscheidungen auf das reale Schlachtfeld übertragen (Graphik aus: 2025*).*

scheidungsträger werden sich radikal verändert haben. Folgt man *2025*, muß man sich den Kommandeur des 21. Jahrhunderts – zumindest den amerikanischen – als eine Art Mensch-Maschine vorstellen, die ihre Entscheidungen unter maßgeblicher Mitwirkung computergenerierter Informationen fällt; wobei ›Mitwirkung‹ eine dezente Umschreibung dafür ist, daß diese Informationen mittels einer noch in Entwicklung begriffenen Bio-Technologie direkt ins Gehirn des Kommandeurs eingespeist werden und seinem Entscheidungsprozeß so schneller und vollständiger zur Verfügung stehen, als wenn er sich die Lagevorträge seiner Stabsoffiziere anhören müßte.

Die Schnittstelle zwischen Gehirn und Computer (Neurokompatibilität), mutmaßlich in Gestalt eines implantierten Mikrochips, gehört zu den ehrgeizigsten Forschungszielen der Biologen und Neurologen. Sobald sie einmal operabel ist, wird das US-Militär unter ihren ersten Nutzanwendern sein. Dieser Augenblick ist voraussehbar, denn mehr oder weniger offiziell wird nach der Mensch-Maschine-Schnittstelle schon seit Jahrzehnten gesucht. »Das menschliche Gehirn ist ein großer Prozessor, und es sollte in größtmöglichem Ausmaß genutzt werden.«[376] Dieser Auffassung sind Psychologen und Gehirnforscher mindestens seit den dreißiger Jahren des 20. Jahrhunderts, als der Schweizer Physiologe Walter Rudolf Hess erstmals feine, elektrisch leitende Drähte in das Gehirn betäubter Katzen einführte, um bestimmte Gehirnregionen elektrisch zu stimulieren.[377] Die Katzen wurden dadurch zu Berserkern. Der Beweis, daß sich das Gehirn durch elektrische Impulse manipulieren läßt, war damit erbracht. Außer Hess beschäftigten sich in den dreißiger Jahren auch E.L. Chaffee und R.U. Light mit diesem Thema. In ihrer 1934 vorgelegten Arbeit *A Method for the Remote Control of Electrical Stimulation of the Nervous System* leisteten sie wertvolle Grundlagenarbeit.

Einen Schritt weiter ging in den fünfziger und sechziger Jahren der spanische Mediziner José Delgado, der nach dem Krieg in die USA ging und an der Yale University Direktor der Neuropsychiatrie wurde. Er war von der Möglichkeit der elektronischen Steuerung des Gehirns fasziniert. Schon in den fünfziger Jahren bestückte er reihenweise die Köpfe von Versuchskaninchen mit

---

[376] *Information Operations: Wisdom Warfare For 2025*, http:// www.au.af.mil/au/2025/volume1/chap01/v1c1-1.htm

[377] Nach: Helmut Lammer u. Marion Lammer, *Schwarze Forschungen. Geheime Versuche unter Ausschluß der Öffentlichkeit*, München 1999, S. 224 f.

metallischen Klammern und führte lange, feine Nadeln in die verschiedenen Gehirnbereiche ein, um diese zu stimulieren. In späteren Versuchsreihen wurden die Nadeln durch kleine Elektroden ersetzt, die durch Radiowellen angeregt wurden. Der Vorteil lag auf der Hand, denn die drahtlose Lösung vergrößerte den Aktionsradius der Tiere, die sich zudem nicht mehr von der Apparatur losreißen konnten. Das Implantat kam ohne Batterien aus und war praktisch während der gesamten Lebensdauer ihrer Träger verwendbar.

DELGADO nannte sein Implantat ›Stimoceiver‹, stellte es in einem Buch der Fachwelt vor und demonstrierte seine Wirksamkeit mit einem beeindruckenden Versuch in Madrid. Er hatte es einem Stier eingepflanzt, den er per Fernsteuerung präzise kontrollieren konnte. Auf Knopfdruck bewegte sich der Stier, auf Knopfdruck blieb er stehen.[378] Im Laufe der Jahre arbeitete sich DELGADO bei seinen Experimenten im Stammbaum der Evolution immer höher. Schließlich verwendete er auch Affen, wobei er implantierte Tiere mit unbehandelten innerhalb der gleichen Kolonie zusammenbrachte. Während er die manipulierten Exemplare gelegentlich stimulierte, beobachtete er das Verhalten des Rudels.

Diese Versuchsreihen hatten einen naheliegenden Hintergrund, den DELGADO auch nicht verheimlichte. Im Gegenteil, in seinem Buch *Physical Control of the Mind. Toward a Psychocivilized Society* (1969) übertrug er die Forschungsansätze seiner Vorgänger unumwunden auf den Menschen. Er war der festen Meinung, daß Programme vonnöten seien, um die Gesellschaft mit psychochirurgischen Mitteln unter Kontrolle zu halten. Allzu individuell denkende Menschen hielt er für eine Gefahr für die nationale Sicherheit. Mit solchen Ideen war DELGADO, der seine Sozialisierung im faschistischen Spanien erhalten hatte, in den USA der fünfziger Jahre der Mann der Stunde. Sein ›Stimoceiver‹ lieferte womöglich die entscheidende Waffe im Kampf gegen ›unamerikanische Umtriebe‹, denen der republikanische Senator MCCARTHY seit 1950 unerbittlich auf der Spur war. Es bedeutete deshalb auch keinen Widerspruch, daß DELGADO nicht nur einen renommierten Posten an der Yale University bekleidete und eine angesehene Kapazität auf dem Gebiet der Epilepsieforschung war, sondern auch für das Office of Naval Intelligence (ONI), die CIA und andere Regierungsinstitutionen tätig war.

---

378 Nach: Helmut LAMMER u. Marion LAMMER, *Verdeckte Operationen. Militärische Verwicklungen in Ufo-Entführungen*, München 2000, S. 86.

Er hatte herausgefunden, daß gegen die fremdinduzierte Manipulation der Gehirnströme praktisch kein Widerstand möglich ist. »Durch elektrische Stimulation können motorische Reflexe ausgelöst werden, der freie Wille kann ohne Skrupel gebrochen werden, und durch die Stimulation der Frontallappen können in einer Person Halluzinationen ausgelöst werden.«[379]

Begreiflicherweise bekundeten die Militärs großes Interesse am ›Stimoceiver‹. Mit DELGADOS Technologie rückte der Robotersoldat in theoretische Nähe, der auf Knopfdruck auf Befehle reagiert, keinen Schmerz und keine Angst kennt: die ideale Kampfmaschine, zudem billig im Unterhalt. Kampfauftrag und Verhalten im Gefecht müssen nicht mehr ›gebrieft‹ und mühsam angedrillt werden, sondern lassen sich unmittelbar ins Gehirn einprogrammieren.

Bislang gibt es das nur im Film. Doch es gibt hinreichende Indizien dafür, daß die Forschungen in den Labors der Militärs und Geheimdienste nicht beim ›Stimoceiver‹ stehengeblieben sind. Schon im November 1961 referierte ein CIA-Memorandum einige der Fortschritte, die im Rahmen des MKULTRA-Projekts erzielt wurden. Dabei handelte es sich um ein breitangelegtes Programm unter Ausschluß der Öffentlichkeit, bei dem in den fünfziger und sechziger Jahren mit Drogen, Hypnose, ja selbst mit Methoden zur Genmanipulation und höchstwahrscheinlich auch zur Manipulation des Gehirns experimentiert wurde. In dem CIA-Dokument von 1961 heißt es:

»Anfängliche biologische Arbeiten an Techniken für Gehirnbereiche, die zu Konditionierung und Kontrolle von Tieren führen, wurden abgeschlossen. Die Möglichkeiten einer Kontrolle aus der Entfernung wurde bei mehreren Tierarten demonstriert. Die gegenwärtigen Untersuchungen verfeinern diese Techniken und werden eine präzise Kartographierung der brauchbaren [sic] Gehirnbereiche in ausgewählten Spezies liefern. Das ultimative Ziel dieser Forschungen ist es, Verständnis über die Kontrolle von Tieren zu erlangen und praktische Systeme zu liefern (...).«[380]

Das war 1961. Zeitsprung. Im Mai 2002 berichtete das Wissenschaftsmagazin *Nature* über eine Arbeitsgruppe der New Yorker Universität, die dort weitermachte, wo DELGADO vor vierzig Jahren stand. Die Forscher hatten fünf Laborratten funkgesteuerte ›Mikrostimulatoren‹ eingepflanzt, von denen Elektro-

[379] Dies., *Schwarze Forschungen*, S. 227.

[380] Zit. nach: ebd.

den zu verschiedenen Regionen des Rattengehirns liefen. Damit stimulierten sie sowohl die Bewegungsmuster der Tiere als auch den Hypothalamus, der bestimmte positive Reize wie etwa das Sättigungsgefühl verarbeitet. Führten die Ratten einen funkgesteuerten Richtungsbefehl korrekt aus, wurden sie mit einem Sättigungsreiz ›belohnt‹. Diese Versuche erinnern auffallend an DELGADOS ›Stimoceiver‹. Projekleiter Tanjiv TALWAR behauptet: »So kann man die Tiere fast in der Art von intelligenten Robotern dirigieren« - auch gegen ihren eigenen Willen.[381] TALWAR und sein Team liefern die militärische Nutzanwendung seiner funkgesteuerten Ratten gleich mit: »So ist bekannt, daß Ratten sich gut zum Suchen von Minen und Bomben eignen, weil sie wie Spürhunde die Ausgasungen von Sprengstoff wahrnehmen können. Da die Reichweite der Funksteuerung bei ungefähr 500 Metern liegt, wäre eine dressierte Ratte viel mobiler als alle derzeit verfügbaren Roboter und könnte zum Minenräumen eingesetzt werden.«[382]

Aber noch immer ist das große ungelöste Problem die Schnittstelle zwischen Nervenzelle und Elektrode. Immerhin rückt die Lösung mittlerweile in den Bereich des Vorstellbaren. Es ist wie mit der Gentechnik: Vor 30 Jahren hätte niemand auch nur theoretisch zu sagen vermocht, wie das Klonen von Menschen einmal funktionieren könnte. Heute streiten sich die Experten- und Ethik-Kommissionen bereits über die Details, auch wenn es vielleicht noch Jahre oder Jahrzehnte dauern wird, bis die Technik tatsächlich so weit ist.

Nicht anders verhält es sich mit der Neurokompatibilität zwischen Mensch und Computer. Der Forschungsdruck ist enorm, und der Öffentlichkeit gegenüber werden vor allem die beachtlichen medizinischen Fortschritte herausgestellt, die möglich sein werden, wenn es gelingt, Mensch und Elektrode miteinander zu vernetzen. Weltweit wird an einer elektronischen Augenprothese für Blinde geforscht, an einer elektronisch-biologischen Gehhilfe für Querschnittgelähmte, und die ersten neuronalen ›Hörprothesen‹ für Gehörlose sind bereits auf dem Markt.

Anfang 2003 meldete das Max-Planck-Institut für Biologie im bayerischen Martinsried einen weiteren Erfolg: Zusammen mit der Firma Infineon sei ein ›Neurochip‹ entwickelt worden, der erstmals die Bezeichnung ›Schnittstelle‹ verdient.[383] Auf einem

---

381 Holger KROKER, »Ferngesteuerte Ratten zur Minensuche«, in: *Die Welt*, 2. 5. 2002.

382 Ebd.

quadratmillimetergroßen Silziumchip wurden dabei mehrere Neuronen aus dem Hirn einer Schlammschnecke aufgebracht, die durch eine Nährlösung am Leben gehalten werden. Die Übertragung elektrischer Signale funktioniert in beide Richtungen, sowohl von der Nervenzelle zum Chip als auch umgekehrt. Sogar mehrere Neuronen können gleichzeitig auf einem Chip aufgebracht werden, und jeder seiner insgesamt 16 384 Kontaktsensoren kann mindestens zweitausend Zellsignale pro Sekunde verarbeiten. Die Nervenzellen bleiben bis zu mehreren Wochen lebensfähig. Auch mit »größeren Gewebeteilen«, zum Beispiel mit mehreren tausend Zellen eines Rattenhirns, ist die Verknüpfung bereits geglückt.[384] »Mit den Versuchen wollen Peter FROMHERZ und seine Kollegen neue Erkenntnisse über die Funktionsweise des Gehirns gewinnen, etwa über die Wahrnehmung, Verarbeitung und Speicherung von Informationen. Die Vorstellung, ein ins Gehirn eingepflanzter Neurochip könne die Intelligenz verbessern oder gar eine Steuerung durch einen Computer ermöglichen, gehört für FROMHERZ aber ins Reich der Science fiction.«[385]

Seine Kollegen in den Forschungsinstituten der US-Streitkräfte haben offenbar mehr Phantasie. Vielleicht haben sie auch nur das visionäre Buch *The Age of Spiritual Machines* quergelesen, das der MIT-Computerspezialist Ray KURZWEIL 1999 veröffentlicht hat. KURZWEIL gilt heute als einer der prominentesten Köpfe in Sachen künstlicher Intelligenz, und natürlich spielt auch in seinen Überlegungen die Vernetzung von Gehirn und Chip eine zentrale Rolle. KURZWEIL ist überzeugt davon, daß schon um das Jahr 2029 überaus leistungsfähige neuronale Schnittstellen für den Datenaustausch zwischen Gehirn und Computer zur Verfügung stehen werden. »Das erlaubt es, bestimmte neuronale Regionen im Gehirn (...) zu umgehen und die Funktionen dieser Regionen durch Rechenoperationen zu verbessern oder zu ersetzen, die entweder in neuronalen Implantaten oder extern ausgeführt werden. Eine Vielzahl von neuronalen Implantaten wird angeboten, die die Fähigkeiten der visuellen und akustischen Wahrnehmung und Interpretation, des Gedächtnisses und des logischen Denkens steigern können.«[386]

---

383 »Nervenzelle und Silzium im Zwiegespräch«, in: *FAZ*, 19. 2. 2003.

384 Christian SCHWÄGERL, »Abrakadabra«, in: *FAZ*, 2. 6. 2003.

385 »Nervenzelle und Silzium im Zwiegespräch«, aaO.

386 Ray KURZWEIL, *Homo s@piens. Leben im 21. Jahrhundert. Was bleibt vom Menschen?* München [4]2001, S. 339.

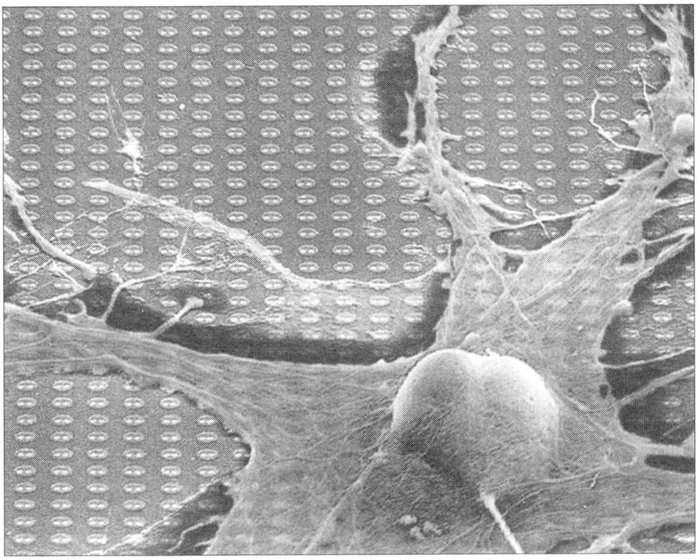

Die Mensch-Maschine-Schnittstelle in einem wissenschaftlichen Versuch des Max-Planck-Instituts für Biologie. Dabei wird ein Siliziumchip von Nervenzellen einer Schneckenart überwachsen, was die Übermittlung elektrischer Potentiale in beide Richtungen erlaubt.

Auch an eine andere Schnittstelle zwischen Mensch und Maschine denkt Kurzweil: das menschliche Auge. Er hält es für realistisch, daß in den nächsten 25 Jahren der Einsatz verschiedenster Displays ins Auge an der Tagesordnung ist, wobei die direkt auf die Retina projizierten Bilder eine hochaufgelöste optische Überlagerung über die reale Welt bieten. Diese implantierten Displays fungieren aber zugleich als Kameras, mit denen sich visuelle Eindrücke des Trägers aufzeichnen lassen; sie sind damit gleichzeitig Input- und Output-Geräte.[387]

Die militärischen Anwendungsmöglichkeiten dieser Technologie sind frappierend. Es ist naheliegend, daß solche künstlichen Augen-Displays zur Standardausstattung künftiger Soldaten gehören werden, weil sich dadurch sowohl das Gefechtsfeld unmittelbar auf die Monitore in den Stäben übertragen als auch wichtige Informationen über das Gelände, den Feind, Hinterhalte usw. direkt in die Wahrnehmung des kämpfenden Infanteristen einblenden lassen. Zusätzlicher Kameras wird es nicht mehr bedürfen. Eine Vorläufer-Technologie dieser Augen-Displays existiert

[387] Ebd.

bereits: in der Zieloptik des ›Apache‹-Kampfhubschraubers. Sie erfordert vom Piloten eingehendes Training, und der Vorteil liegt – wie bei Kurzweil – darin, daß Informationen über das überflogene Gefechtsfeld in Echtzeit in den Blick des Piloten integriert werden.

Noch weitergehende Fortschritte in Richtung ›verlinkter‹ Intelligenz erwartert Kurzweil für das Ende des 21. Jahrhunderts. Um das Jahr 2099 wird das menschliche Denken seiner Auffassung nach auf breiter Front mit der künstlichen Maschinenintelligenz verschmelzen: Es werden maschinelle ›Äquivalente‹ zum menschlichen Gehirn existieren, und bahnbrechende Fortschritte in der Nanotechnologie werden es erlauben, künstliche physische Körper zu konfigurieren, in denen sich die prozessorgestützte Intelligenz der Zukunft nach Belieben manifestieren kann. »Selbst unter denjenigen Menschen, die noch immer kohlenwasserstoffbasierte Neuronen benutzen, ist der Einsatz von Neuroimplantaten weit verbreitet, die ihre Wahrnehmungs- und Erkenntnisfähigkeiten enorm vergrößern. Menschen, die auf solche Implantate verzichten, sind nicht mehr in der Lage, sinnvoll mit solchen zu kommunizieren, die sie benutzen. Das Verständnis dessen, wer – oder was – ein Mensch ist, hat sich grundlegend gewandelt.«[388]

2025 gibt der Implantationslösung ausdrücklich den Vorrang vor anderen Konfigurationen wie speziellen Brillen oder Helmen, weil sich der Benutzer in diesem Fall nicht der Prozedur einer zeitraubenden persönlichen Identifikation unterziehen muß. Auch soll das Risiko vermieden werden, daß sich der Gegner der hochsensiblen Ausrüstung bemächtigt und so womöglich selbst Zugang zum Information Integration Center (IIC) oder gar Kontrolle über die verlinkten Waffensysteme erlangt. Ethische Bedenken scheinen den Konstrukteuren der künftigen brain-machine dagegen vernachlässigbar. Denn innerhalb der nächsten Jahrzehnte werde die zivile Medizin ohnehin längst zum Einsatz computerisierter ›Ersatzteile‹ des menschlichen Körpers – künstliche Nervenknoten zum Beispiel – übergegangen sein. »Die Gesellschaft wird so weit sein, die meisten dieser Implantate als ein Faktum des Lebens zu akzeptieren. (...) Die Masse der Zivilbevölkerung wird einen implantierten, mikroskopisch kleinen Chip wahrscheinlich akzeptieren, der es Angehörigen des Militärs erlaubt, lebenswichtige nationale Interessen zu verteidigen.«[389]

---

[388] Ebd., S. 359.

[389] *Information Operations: A New War-Fighting Capability*, aaO.

Auch der Gefechtsstand wird sich in künftigen Kriegen erheblich von heutigen Lagezentren unterscheiden. Statt riesiger Wandkarten, auf denen bunte Fähnchen eigene und gegnerische Einheiten markieren, werden die Stabsoffiziere des 21. Jahrhunderts ein dreidimensionales Abbild des Schlachtfeldes vor sich haben, das ultraleistungsfähige Computer aus gigantischen Datenmengen errechnen und mittels einer neuartigen Projektionstechnik erzeugen. Es enthält eine Vielzahl von Informationen über eigene und gegnerische Einheiten, ihre Bewegungen, ihren Kampfwert sowie logistische Daten über Versorgungsstränge, ausgebaute Stellungen usw. Jeder Funktionsbereich wird von einem eigenen Offizier betreut, der ›seine‹ Aufklärungsmittel – Satelliten, Mikroroboter, unbemannte Aufklärungsdrohnen – ständig im Blick hat und die fortwährende Aktualisierung der Daten überwacht. Eigene Einheiten und Waffensysteme können durch Handbewegungen oder sogar durch Gedanken, die in elektronische Impulse umgewandelt werden, gelenkt werden.

Weiter: Eine abgespeckte Version des dreidimensionalen Schlachtfeldes wird auf Anforderung über leistungsfähige Kommunikationskanäle auf die Bildschirme der Führer auf dem Gefechtsfeld übertragen. Sie können auf ihren tragbaren Laptops Karten ihres Geländeausschnitts empfangen, in die alle relevanten Informationen eingerechnet sind, also beispielsweise örtliche Feindkräfte, Wetter- und Bodenverhältnisse, befahrbare Straßen, Nachschubwege, logistische Einrichtungen, Möglichkeiten der eigenen Feuerunterstützung.[390] Damit weiß selbst der Unterführer ungleich mehr als jeder mutmaßliche Gegner auf dem Gefechtsfeld des Jahres *2025*, ohne deshalb mit dem kompletten Informations-Cocktail belastet zu sein, der seinen Vorgesetzten im virtuellen Gefechtsstand zur Verfügung steht. Der abgestuften Teilhabe an entscheidungsrelevanten Informationen entsprechen exakt abgestufte Zugriffsbefugnisse auf das gesamte Informationssystem, die in grober Relation zu Dienstgrad und militärischer Kompetenz stehen. Jeder erhält genau den Anteil an Information, den er zur Beurteilung seines Lageausschnitts braucht.

2025 macht in diesem Zusammenhang auf einen bemerkenswerten Wandel der militärischen Befehlsstruktur aufmerksam, der sich aus den Möglichkeiten der ›Cyber Situation‹ geradezu zwangsläufig ergebe. Seine revolutionären Vorteile – Geschwin-

[390] *2025 In-Time Information Integration System* (*I*^{3}*S*), aaO.

digkeit, hochvernetzte Informationen – könne das System nämlich nur ausspielen, wenn durch Dezentralisierung der taktischen Entscheidungen und mehr Eigenverantwortlichkeit der Unterführer lange und zeitraubende Befehlsketten vermieden würden. Deutlicher formuliert: »Zentralisierte Kontrolle, die von hierarchischen Organisationen ausgeübt wird, kann im Hochgeschwindigkeitskrieg nicht länger möglich oder wünschenswert sein.«[391] Es sei deshalb ratsam, die hierarchische Kommandostruktur insgesamt auszudünnen. Es genüge, wenn es künftig nur noch Gefechtseinheiten (Basic Action Units) und ein zentrales Operationszentrum gebe, die direkt miteinander kommunizierten. Weitere Ebenen dazwischen seien unzweckmäßig.

2025 erinnert ausdrücklich an das historische Vorbild: die deutsche Auftragstaktik. »Diese Methode der Führung auf dem Gefechtsfeld befähigte kleinere Kräfte, weit überlegene durch die Fähigkeit, im richtigen Augenblick die Initiative zu ergreifen und abgestimmt auf eine präzise Lageerfassung zu handeln, zu besiegen. Der deutsche Durchbruch bei Sedan, der zur Niederlage Frankreichs 1940 führte, bietet ein bekanntes Beispiel erfolgreicher Anwendung dieser beweglichen Führungs-Philosophie. (...) Diese Organisationsstruktur gestattet es, in der ›Cyber Situation‹ mit einem Maximum an Effizienz zu operieren. Sie erlaubt es den Kommandeuren aller Ebenen, mit mehr Handlungsspielraum und Selbständigkeit als Bestandteilen einer integrierten Operation zu agieren – einer Operation der wirklich ›verbundenen Waffen‹ [combined arms].«[392]

Ein anderes Schlagwort, das *2025* in diesem Kontext verwendet, ist ›Dominant Maneuver‹, was sich deutsch als ›Überlegenes Manövrieren‹ übersetzen ließe. Auch dabei geht es um nichts anderes als um die Erringung von Überlegenheit durch Initiative auf allen Ebenen des Gefechts und unter Einsatz des gesamten zur Verfügung stehenden Waffenspektrums. »Überlegenes Manövrieren sieht vor, weit verstreute, miteinander verbundene Kräfte zusammenzuführen, um den Feind in der Höhe, Breite und Tiefe des Gefechtsfeldes anzugreifen, indem alle Ebenen der feindlichen Schwerpunktbildung gleichzeitig angegriffen werden. Es ist klar, daß jene Technologien, die Überlegenes Manövrieren erlauben, in der wachsenden Präzision der Waffen und

---

[391] *The Command or Control Dilemma: When Technology and Organizational Orientation Collide*, aaO.

[392] *Information Operations: A New War-Fighting Capability*, aaO.

der Möglichkeiten ihrer Ausbringung, in der wachsenden Auswahl von Waffenwirkungen – von traditioneller Tödlichkeit bis hin zu nichttödlichen Technologien –, in den wachsenden Stealth-Eigenschaften sowohl der Angriffsplattformen als auch unsichtbarer eigener Kräfte liegen und außerdem in den Verbesserungen bei der Integration der Informationssysteme.«[393]

Immer wieder drängt sich bei solchen Visionen SPIELBERGS *Minority Report* auf. Die außerordentliche Bandbreite der Möglichkeiten wird nicht nur für das Schlachtfeld im Jahre 2025 kennzeichnend sein, sondern auch für die gesamte zivile Lebenssphäre, in der es ihrerseits wesentlich ungemütlicher zugehen wird als heute. Ein Gutteil der erwähnten Technologien, von denen etliche noch Zukunftsmusik sind, wird im 21. Jahrhundert militärischen wie zivilen Sicherheitskräften gleichermaßen zu Gebote stehen. Das hat damit zu tun, daß die Grenzen zwischen Sicherheit und Instabilität, zwischen Krieg und Frieden fließend sind, auch im zivilen Biotop. Marodierende Banden junger Farbiger gehören noch zu den harmloseren Belästigungen. Die Theoretiker des *2025*-Projekts heben immer wieder hervor, daß die Streitkräfte der Zukunft fähig sein müssen, auf ein riesiges Spektrum von Bedrohungen zu reagieren, das von hochgefährlichen Terroranschlägen bis zum Dauerkrieg mit Drogenkartellen und bewaffneten Bauern irgendwo in der Dritten Welt reicht. Aber die Bedrohung wird künftig nicht mehr ›draußen‹ sein, sondern sich in die Binnenräume der industrialisierten Gesellschaften einschleichen, wo sie in der Unübersichtlichkeit der postmodernen, präapokalyptischen Lebensräume ideale Bedingungen vorfindet. Die Metropolen des 21. Jahrhunderts werden ständige Unruheherde sein, in denen die Behörden ihre Autorität nur durch hochmobile und schlagkräftige Sicherheitskräfte werden aufrechterhalten können. In Filmvisionen wie *Minority Report* oder *Blade Runner* ist das urbane Szenario der Zukunft vermutlich recht treffend vorweggenommen.

Mit der Bedrohung wachsen die technologischen Möglichkeiten der Herrschenden – im Inneren der Behörden, im globalen Rahmen die der USA – und werden so ihrerseits zu einer ständigen und völlig asymmetrischen Bedrohung für jeden wirklichen oder potentiellen Gegner. Die Cyber-cops, die in *Minority Report* mit Hilfe gigantischer Datenbanken und dreier in Trance liegen-

---

[393] *Information Attack: Information Warfare In 2025*, http: // www.au.af.mil/au/2025/volume3/chap02/v3c2-1.htm

der menschlicher ›Orakel‹ zukünftige Verbrechen bekämpfen, finden in *2025* ihre Entsprechung in allwissenden Cyber-Generalen, deren Gehirne mit Computern vernetzt sind. Ein Fingerschnippen im War Room des 21. Jahrhunderts kann für ganze Panzerbataillone des Gegners das Verdampfen im atomaren Blitz bedeuten.

Noch mutet das futuristisch an. Aber an den erforderlichen Sub-Technologien wird mit Hochdruck gearbeitet und geforscht. Das Endprodukt wird die Kriege der Vergangenheit als harmlose Sandkastenspiele dastehen lassen und Heerführer wie NAPOLEON und ROMMEL bestenfalls als talentierte Dinosaurier. Denn dem Feldherrn des 21. Jahrhunderts werden im Augenblick der Entscheidung alle erdenklichen Informationen zu Gebote stehen, die Tausende von High-Tech-Sensoren im All, in den Datennetzen, hinter den feindlichen Linien für ihn eruiert haben. Sie werden über die Mensch-Maschine-Schnittstelle direkt an sein Gehirn übermittelt. Der Kommandeur der Zukunft wird dadurch schneller, angemessener und risikoloser als jeder Feldherr der Vergangenheit entscheiden können. Einem Gedankenimpuls aus seinem Gehirn, einer Handbewegung über dem visualisierten Gefechtsfeld wird mehr Vernichtungskraft innewohnen als jemals einem Befehl DSCHINGHIS KHANS. Der Kommandeur des 21. Jahrhunderts wird Halbgott, zumindest Magier sein, aber möglicherweise kein Mensch mehr.

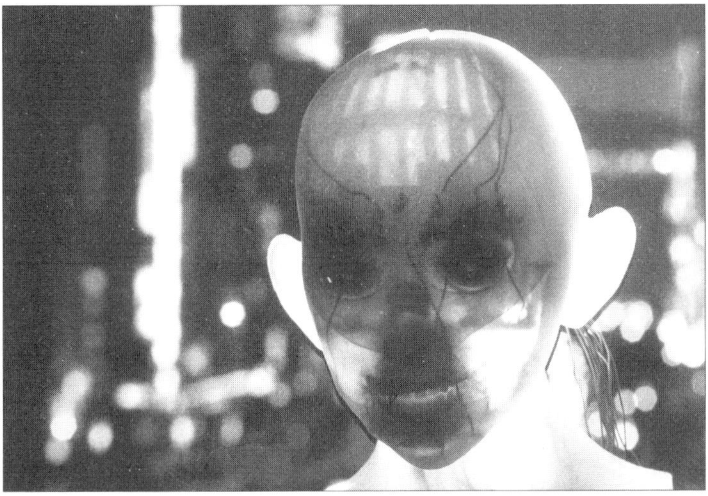

Dritter Teil

Der Krieg der Wellen

»Das All und die Wetterkontrolle haben die Straße von Suez und Gibraltar als Schlüsselelemente der Strategie ersetzt.«

Zbigniew Brzezinski

❖

»Die grauenvollste Aussicht ist die der Technokratie, einer kontrollierten Herrschaft, die durch verstümmelte und verstümmelnde Geister ausgeübt wird.«

Ernst Jünger

Im Krieg der Zukunft wird die Vision vom gläsernen Menschen Wirklichkeit. Umwelt und Biologie des Menschen drohen zum Schlachtfeld zu werden – mit apokalyptischen Konsequenzen.

Experimentierfeld Spaßgesellschaft

Am 30. Dezember 2001, einen Tag vor Silvester, veröffentlichte der Berliner Privatsender r.s.2 eine Pressemeldung. Ihr war zu entnehmen, daß es das Silvesterprogramm am folgenden Tag »in sich« haben würde. Wörtlich hieß es:

»Der private Berliner Radiosender 94,3 r.s.2 wird an Silvester ein Glückssignal über das Radioprogramm auf allen Berliner und Brandenburger UKW-Frequenzen von 18.00 - 2.00 Uhr ausstrahlen. ›Wir werden im Programm jeweils nach dem Verkehrsblock eine Glückssignal-Pause von ca. 3 sec haben. Mit sehr empfindlichen Boxen ist es dann sogar hörbar‹, sagte 94,3-r.s.2-Programmdirektor Stephan HAMPE.

Diese Glückssignal setzt sich aus einer bestimmten Kombination von Hochfrequenztönen zusammen. Amerikanische Wissenschaftler haben in Langzeituntersuchungen festgestellt, daß derartige Hochfrequenztöne beim Menschen Glücksgefühle erzeugen können. Denn motiviert durch die Töne, setzt der Körper Endorphine (Glückshormone) frei. Diesen Umstand macht sich der private Berliner Radiosender 94,3 r.s.2 zunutze.«[394]

Wie viele Berliner von dieser Verlautbarung Kenntnis erhalten haben, ist eine Frage für sich. Einen Tag vor Silvester studieren die wenigsten Normalbürger Pressemeldungen. So blieb wenig Zeit für Nachfragen, und Widerstand gegen die eigentümliche Programmgestaltung formierte sich erst recht nicht. Dazu bestand vorderhand auch kein Grund. Frequenzen sieht und hört man nicht. Und daß der guten Laune der Rundfunkhörer zur Jahreswende mit einem ›Glückssignal‹ auf die Sprünge geholfen wird, dagegen können nur Miesepeter etwas haben. »Wir wollen«, heißt es in der Pressemitteilung weiter, »daß alle Berliner und Brandenburger in diesem Jahr ein glückliches Silvester erleben werden, und sehen dieses Glückssignal als unseren Beitrag für einen guten Start mit Hoffnung auf ein besseres 2002.«

Die große r.s.2-Party beginnt wie geplant um 18 Uhr. Millionen Radiohörer sind live dabei, von den Hunderttausenden gar nicht zu reden, die sich an verschiedenen Plätzen in der Stadt einfinden, wo riesige Lautsprecher die Straße zur Disco machen: am Pariser Platz vor dem Brandenburger Tor, an der Straße des

---

[394] Zit. nach: Grazyna FOSAR u. Franz BLUDORF, *Zaubergesang. Frequenzen zur Wetter- und Gedankenkontrolle*, Marktoberdorf 2002, S. 182 f.

17. Juni, Unter den Linden nahe der Schadowstraße und der Wilhelmstraße, an der Entlastungsstraße und im Tiergarten, am Großen Stern rund um die Siegessäule. Die Leute sind ausgelassen, tanzen, um 0.05 Uhr holt Finanzminister EICHEL vor laufenden Kameras offiziell die ersten Euro-Scheine ab, die Menschen sind glücklich. Vielleicht ein wenig glücklicher als auf ›normalen‹ Silvesterpartys.

Den beiden Wissenschaftspublizisten Grazyna FOSAR und Franz BLUDORF läßt die r.s.2-Radioparty keine Ruhe. Sie halten die ganze Veranstaltung für ein großangelegtes Experiment in Sachen Bewußtseinskontrolle. Auffällig ist immerhin, daß sich die Pressemitteilung des Senders nirgendwo in der Medienberichterstattung niederschlägt. BLUDORF und FOSAR fragen bei r.s.2 nach, wollen nähere Informationen, vor allem, was die »amerikanischen Wissenschaftler« und ihre »Langzeituntersuchungen« angeht. Aber Programmdirektor HAMPE bleibt zugeknöpft und verweist an Pressesprecher Michael WEILAND, der schließlich nur mitteilt, daß es nichts mitzuteilen gibt. Erst auf langes Nachbohren hin rückt WEILAND mit Informationen heraus:

»Wir haben das mitbekommen aus den USA, aus einer Studie, die noch nicht veröffentlicht war, und wir haben das einfach mal ausprobiert.«

»Wissen Sie, wer die Untersuchung in den USA gemacht hat?«

»Nein, weiß ich nicht.«

»Wer weiß das denn dann?«

»Das sind eigentlich Interna, die unserem Haus zugänglich waren über unsere amerikanischen Berater, die an diese Studie, die noch nicht veröffentlicht war, herangekommen sind.«

»Ist das also geheim?«

»Es ist noch nicht veröffentlicht, aber wir haben es einfach mal ausprobiert.«

»Ist r.s.2 immer noch mit den Amerikanern in Verbindung, so wie früher der RIAS?«

»Nein, das hat damit nichts zu tun. Das ist eine amerikanische Beratergesellschaft, die unser Haus berät.«

»Die haben Zugang zu dieser Studie?«

»Genau.«

»Kann man Kontakt zu dieser Beratungsfirma aufnehmen?«

»Eher nicht. Das sind interne Geschichten, die auch nicht für die breite Öffentlichkeit gedacht sind.«

»Aber das Signal ist ja an die breite Öffentlichkeit ausgestrahlt worden.«

»Haargenau.«

»Insofern ist es ja auch von öffentlichem Interesse. Durch diese Frequenzen werden Endorphine ausgeschüttet?«

»Das war es, was uns da vermittelt worden ist. Es regt die Endorphinproduktion an.«

»Also die gleichen Glückshormone, die auch z. B. bei Marathonläufern freigesetzt werden.«

»Ich bin kein Arzt, aber wenn Sie das sagen, wird das wohl so sein.«

»Wissen Sie Genaueres über Langzeitwirkungen?«

»Nein. Wir haben diese These übernommen, haben sie publiziert in dieser Form und das technisch umgesetzt.«

»Sie wissen keinen, der uns genauere Details über diese Studie geben könnte?«

»Es war eine Geschichte, die uns von unseren amerikanischen Beratern angetragen worden ist, die halt dort das mitbekommen haben, was dort gemacht wurde, eine derartige Studie, und das haben wir dann einfach mal probiert.«

»Wissen Sie, ob das in Amerika auch schon ausprobiert worden ist?«

»Nein, weiß ich nicht.«[395]

Silvesterfeier auf dem Pariser Platz vor dem Brandenburger Tor. Während der Silvesterparty 2001/2002 strahlte der private Rundfunksender r.s.2 ein elektromagnetisches ›Glückssignal‹ aus.

[395] Zit. nach: Grazyna Fosar u. Franz Bludorf, »Impuls ›Happy Holiday‹. Berliner Radiosender strahlte eine Frequenzdroge aus«, http://www.acolina.de/content/secret/happyholiday.htm

Auf dieses Interview hin wird die Sache immer mysteriöser. Nochmals wird der Programmdirektor persönlich kontaktiert, der zwar darauf beharrt, es habe sich bei der Ausstrahlung des ›Glückssignals‹ um einen Silverstergag gehandelt, sicherheitshalber aber zwei Psychologieprofessoren befragt, die beide abwiegeln: Auswirkungen von Frequenzen auf das Gehirn seien allenfalls ›Placebo-Effekte‹. Allerdings ist den beiden bekannt, daß elektromagnetische Niedrigfrequenzen (ELF) sehr wohl Wirkungen auf das Gehirn haben können. Der Programmdirektor teilt daraufhin zwar den Frequenzbereich des ausgestrahlten ›Wobbelsignals‹ mit, muß aber einräumen, daß von den ›amerikanischen Beratern‹ nichts Näheres in Erfahrung zu bringen sei. Auch der technische Leiter des Senders verwickelt sich plötzlich in Widersprüche. Am Ende weiß niemand, was in der Silvesternacht eigentlich ausgestrahlt wurde. Für die beiden Berliner Wissenschaftler ein beunruhigender Befund:

»Hatte sich der Sender (...) nicht an die amerikanischen Vorgaben gehalten (...), oder soll nur niemand Gelegenheit bekommen, das Originalsignal nachzuvollziehen und möglicherweise auf Risiken und Nebenwirkungen zu untersuchen? (...) Alle Aussagen von r.s.2-Mitarbeitern, die mit uns gesprochen haben, weisen darauf hin, daß keiner von ihnen auch nur ansatzweise über die Wirkungsweise der Frequenzdroge informiert war. Keiner hat laut Aussage des Senders die Studie gelesen (die ja nur diesen ominösen ›amerikanischen Beratern‹ vorlag), und keiner konnte uns Angaben über mögliche Wirkungen und Nebenwirkungen machen. Keiner machte auch aus seinem Unwissen über die wissenschaftlichen Fakten ein Hehl.«[396]

Die Ausschüttung von Glücksgefühlen infolge des r.s.2-Silvesterprogramms ist bei alledem nicht das Entscheidende. Schwerer wiegt in der Tat der Umstand, daß die Öffentlichkeit über das unterschwellig gesendete Frequenzsignal zwar nominell informiert worden war, faktisch aber zum ungefragten Objekt eines gigantischen Freilandversuchs wurde, dessen Initiatoren – ganz offensichtlich ausländische Kreise – anonym sind und dessen Folgen völlig unkalkulierbar waren. Niemand weiß, welche weiteren Experimente in wessen Auftrag seither unternommen worden sind. Und diesmal vielleicht nicht mit ›Glückssignalen‹, sondern mit ganz anderen Botschaften.

---

[396] Ebd.

Mindestens einem weiteren Großversuch ist das Berliner Forscherpaar seither auf die Spur gekommen. Schon wenige Monate nach der Silvesterpremiere in der Bundeshauptstadt, am 10. April 2002, startete ein weiterer Privatsender ein flächendeckendes Experiment. Diesmal übertrug der Stuttgarter Sender ›Antenne 1‹ einen ganzen Tag lang während seines Musikprogramms einen tieffrequenten Brummton. In diesem Fall war die Absicht der bewußtseinsverändernden Manipulation mit Händen zu greifen – und besonders gravierend. Die ausgestrahlte ›Frequenzdroge‹ sollte nämlich nach eigener Aussage des Senders die sexuelle Lust der Hörer steigern, indem sie die Ausschüttung von Sexualhormonen stimulierte. ›Antenne 1‹ machte kein Hehl daraus, daß es sich bei der Ausstrahlung um »Deutschlands größtes Sex-Experiment« gehandelt habe.[397]

Nach dem Berliner Hochfrequenz-›Glückssignal‹ nun also ein tieffrequenter ›Sex-Brummton‹. Zumindest im letzteren Fall ist der wissenschaftliche Vorlauf rekonstruierbar. Der Stuttgarter Sexualtherapeut Karl-Heinz Bauer hatte vor einigen Jahren an der gynäkologischen Klinik der Universität Frankfurt/Main eine Studie durchgeführt, um herauszufinden, wie Menschen auf bestimmte Musik- und Klangformen reagieren. Dabei hatte er festgestellt, daß als ›angenehm‹ oder ›unangenehm‹ empfundene Musik bei vielen Testpersonen zu einem erhöhten Spiegel des Sexualhormons Prolaktin im Blut führte. Bauer zog daraus den Schluß, daß bestimmte Klänge das limbische System im Zwischenhirn stimulieren und zu einer verstärkten Ausschüttung von Prolaktin veranlassen, was wiederum dazu führt, daß die Produktion der Geschlechtshormone Östrogen (bei der Frau) und Testosteron (beim Mann) gesteigert wird. »Die entsprechenden Frequenzen, die diesen Prozeß auslösen, können also als elektromagnetische Aphrodisiaka angesehen werden.«[398] Als besonders stimulierend erwiesen sich im weiteren Verlauf der Studie Töne im tieffrequenten Bereich; die stärksten Wirkungen ergaben sich im extrem niederfrequenten (ELF) Bereich unterhalb von 100 Hertz.

Anders als im Fall des Berliner Silvesterexperiments regte sich im Stuttgarter Sendegebiet beizeiten Widerspruch. Nicht nur

---

[397] Zit. nach: Grazyna Fosar u. Franz Bludorf, »Der ›Sex-Brummton‹. Stuttgarter Radiosender überträgt tieffrequentes Stimulationssignal«, http://www.buergerwelle.de/d/doc/aktuell/sex-puls.htm

[398] Ebd.

Polizei und ADAC meldeten Bedenken an, Autofahrer könnten durch das ausgestrahlte Signal in ihrer Konzentration beeinträchtigt werden. Ärzte wiesen wiederholt darauf hin, eine unkontrollierte Aussendung des Frequenzimpulses auf eine große Menschengruppe sei gefährlich, weil die Wirkung nicht bei jedem Menschen positiv stimulierend sei; bei Angstpatienten oder psychisch Kranken könne es zu Herzrhythmusstörungen kommen. Selbst Initiator Karl-Heinz Bauer, der ›Antenne 1‹ einen Tag lang als riesiges Versuchslabor benutzen durfte, mußte schließlich einräumen, daß das ausgeschüttete Sexualhormon Prolaktin nicht nur sexuell stimulierend wirke, sondern auch eine wichtige Rolle bei der Schmerzentstehung spiele. »Jede Veränderung des Prolaktin-Spiegels (...) kann bei den Betroffenen Schmerzzustände auslösen.«[399] Das baden-württembergische Innenministerium bezeichnete die ganze Aktion in einer ersten Stellungnahme denn auch als »unverantwortlich«.

Das ist sie zweifellos. Denn unabhängig von möglichen gesundheitlichen Gefährdungen ist die bewußte Manipulation von Gehirnfunktionen bei einem größeren Teil der Bevölkerung geradezu verbrecherisch. Schon die sexuelle Stimulation von Millionen Bürgern ohne oder gegen ihren Willen ist schlechtweg kriminell. Sie öffnet weiteren – und möglicherweise noch gravierenderen – Eingriffen in die Privatsphäre, ja in die Persönlichkeit Tür und Tor. Zu Recht mutmaßen Fosar/Bludorf: »Frequenzdrogen sollen offenbar zum neuesten Trend gemacht werden. Es ist eine moderne Entwicklung des Elektronikzeitalters, auf diese Weise das Unterbewußtsein sehr vieler Menschen simultan zu beeinflussen, meist auf dem emotionalen Sektor.«

Aber es geht nicht nur um einen Trend in der Spaßgesellschaft. Weniger harmlose Nutzanwendungen von ›Frequenzdrogen‹ im militärischen Bereich und zu repressiven Zwecken liegen viel zu sehr auf der Hand, als daß ihr Einsatz nicht zu befürchten stünde. Er ist längst im Gange.

---

[399] Ebd.

Achillesferse Gehirn – wie ›Prozeßkontrolle‹ funktioniert

Wechselwirkungen zwischen elektromagnetischen Frequenzen und menschlichen Körperfunktionen sind inzwischen eine anerkannte Tatsache. Angesichts des explosionsartig zunehmenden Mobilfunkverkehrs wird seit Jahren erforscht, welche Wirkungen auf den menschlichen Organismus sowohl von den zahllosen Sendemasten als auch vom einzelnen Handy ausgehen. Da statistisch relevante Untersuchungszeiträume bislang noch fehlen, sind aussagekräftige Studien, die Zusammenhänge zwischen Mobilfunk und Erkrankungen an Augenkrebs oder Gehirntumoren belegen könnten, vorerst noch dünn gesät. Die Indizien, daß Mobilfunk krank macht, häufen sich aber. Im Mai 2000 kam eine von der Telekom-Tochter T-Mobile in Auftrag gegebene Studie des Ecolog-Instituts in Hannover zu der Erkenntnis, daß Mobilfunkstrahlung Krebserkrankungen fördern, das Immunsystem schwächen, bestimmte Hirnleistungen stören und das Erbgut schädigen kann. Angesichts dieses Befundes empfahl das Institut eine drastische Senkung der Grenzwerte für die Strahlenbelastung durch Mobilfunkanlagen von den üblichen 2 bis 9 Watt auf 0,01 Watt pro Quadratmeter, insbesondere in der Nähe von Wohnungen, Schulen, Kindergärten und Krankenhäusern. Besonders gefährdet seien Kinder und Jugendliche, da deren Organismus noch in der Entwicklung begriffen sei und auf Strahlenschäden besonders sensibel reagiere. Mobilfunk als Waffe?

Entscheidend ist, soviel weiß man mittlerweile, nicht nur die Stärke, sondern auch die Art der Strahlung. ›Gepulste‹, sozusagen ›strukturierte‹ Strahlung ist ungleich wirksamer als ungepulste, wie sie von der Steckdose ausgeht. Als besonders problematisch schätzen Wissenschaftler die sogenannte ›Powerline‹-Technologie ein. Dabei werden hochfrequente Daten über das niederfrequente Stromnetz übertragen, ein Verfahren, für das auch in Deutschland geworben wird (Stichwort: Internetanschluß über die Steckdose). Der Haken ist, daß dabei gepulste Hochfrequenzstrahlung über alle unabgeschirmten Stromleitungen, von Hochspannungsleitungen bis zur kleinsten Nachttischlampe, großräumig an die Umgebung abgegeben wird. Eine der inzwischen erkannten Wirkungen besteht darin, daß dadurch bei Mensch und Tier die ›Blut-Gehirn-Schranke‹ durchlässig wird und mitgeführte Giftstoffe ungehindert ins Gehirn eindringen können.

Die Folge ist unter anderem ein erhöhtes Meningitis-Risiko. Meningitis ist Gehirnhautentzündung.

Im Schweizer Greyerzerland wurde ein Powerline-Pilotprojekt durchgeführt. Eine der ersten Folgen war, daß die Kurzwellenamateure protestierten, weil sie plötzlich weder senden noch empfangen konnten. Allein das deutete auf eine beachtliche elektromagnetische Verseuchung der ganzen Region hin. Dann brach im Greyerzerland eine regelrechte Meningitis-Epidemie aus. Öffentlichkeit und Bevölkerung wurden über das Projekt weder von den Behörden noch von den Stromkonzernen informiert, weshalb es an örtlichen Bürgerinitiativen hängenblieb, den Zusammenhang zwischen dem Powerline-Versuch und den sich häufenden Meningitis-Erkrankungen zu dokumentieren.

Im Mai 2001 schlugen auch in Köln die Ärzte Alarm. In diesem Fall nahmen die Medien die Spur auf. »Dieses Jahr schon acht Fälle allein in Köln«, hieß es im Untertitel einer *Express*-Schlagzeile vom 1. Mai. Und weiter: »Immer mehr Dauertelefonierer und Menschen, die in Funkkeulen von Mobilfunksendeanlagen wohnen, berichten den Bürgerinitiativen über Kopfschmerzen, Schwindel, Konzentrationsstörungen, Schlafstörungen, Tinnitus u.a.« Kein Einzelfall. Wenige Monate vorher, im Januar, waren in Baden-Württemberg Berichte aufgetaucht, wonach es nach der Aufstellung eines 40 Meter hohen Sendemasten zu Mißbildungen und anderen Auffälligkeiten im Rinderbestand mehrerer Landwirte gekommen sein soll. »Früher war das Vieh kaum zu halten, wenn es ins Freie ging«, zitierte die *Badische Zeitung* am 29. 1. 2001 betroffene Bauern, »heute müssen wir es regelrecht hinaustreiben. Und wenn es draußen ist, drängt es wieder in den Stall zurück, da die Ställe mit Strahlenschutzvorrichtungen ausgestattet sind.«[400]

Es geht bei alledem aber nicht ›nur‹ um Zellschädigungen, Meningitis-Erkrankungen und Fehlbildungen. Neurobiologen ist das menschliche Gehirn seit langem als überaus sensibles Organ bekannt, und zwar jenseits der Möglichkeiten rein organischer Einwirkungen. Das Gehirn entwickelt bei seiner Tätigkeit ›Wellenmuster‹, die bestimmten Gemütszuständen, aber auch Krankheiten entsprechen können. So gelang es amerikanischen Wissenschaftlern bereits vor Jahren, die Gehirnwellenmuster von Depressionskranken zu analysieren – und mit Hilfe einer Fre-

[400] Alle Zitate nach: http://members.fortunecity.de/buntefarbe/x/Mobilfunk_EMF_.html

quenzmodulation künstlich nachzuahmen. Die Nutzanwendung solcher Experimente ist offenkundig: Bestimmte natürliche Gehirnwellenmuster - wie zum Beispiel die bei Depressionen auftretenden - lassen sich auf künstlichem Wege imitieren und von außen in das Gehirn induzieren, etwa durch Aussendung der entsprechenden Frequenzmuster. Der Betroffene merkt davon nichts.

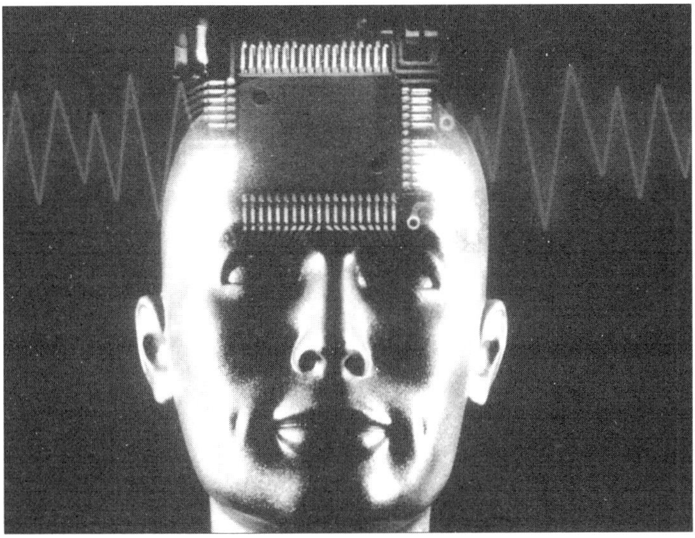

Implantierte Mikrochips zur Fremdbeeinflussung der menschlichen Gehirnströme werden womöglich bald der Vergangenheit angehören. Die Induktion von Frequenzmustern hat sich als mindestens ebenso wirkungsvoll, vor allem aber unauffälliger erwiesen.

Nicht nur das Gehirn, sondern auch andere menschliche Organe entwickeln eigene ›Frequenzen‹. Diese liegen nicht nur im Hochfrequenzbereich - wo sie, wie in Berlin praktiziert, zur Endorphinproduktion anregen können -, sondern auch am anderen Ende der Frequenzskala, unter 100 Hertz. Die Induzierung solcher Niedrigfrequenzen (ELF-Frequenzen; Längstwellen) ist besonders problematisch.

Neurobiologen konnten vier Frequenzbänder menschlicher Gehirnwellen feststellen, die sich verschiedenen Bewußtseinszuständen zuordnen lassen. Die Skala reicht vom Beta-Band (14–40 Hz), das dem normalen Wachzustand entspricht, über den Alpha- und Theta-Bereich bis zum Delta-Band (1–3 Hz). In dieser Frequenz arbeitet das Gehirn im Tiefschlaf oder im Koma. Bekannt ist außerdem, daß das Gehirn mit extern auftretenden Wellen im gleichen Frequenzbereich interagiert, d.h. eine über die Umgebung ›angebotene‹ Frequenz nach einiger Zeit übernimmt – die sogenannten ›athermischen‹ Effekte von ELF-Wellen, die unter anderem an der Medizinischen Hochschule Lübeck erforscht und nachgewiesen werden konnten. Wird eine Versuchsperson beispielsweise einer Frequenz im Theta-Bereich ausgesetzt (4–7 Hz; Traumschlaf, Hypnose, Trance), dann schwingt sich ihr Gehirn nach einiger Zeit auf diesen Wellenbereich ein, der Proband wird schläfrig. »Tatsache ist, daß ein ELF-Signal (...) durch seine Pulsfrequenz unterhalb von 10 Hertz direkt die Gehirnströme von Menschen nachhaltig beeinflussen kann und auf diese Weise auch krankmachende Informationen in das Gehirn einspeisen kann, die dann von dort an die entsprechenden Körperregionen weitergeleitet werden.«[401]

Die US-Zeitschrift *Aviation Week and Space Technology* bestätigte im August 1994 in einem Beitrag von Ex-Colonel William B. Scott, daß bei der Army schon seit den sechziger Jahren intensiv mit Möglichkeiten der Gehirnwellenmanipulation experimentiert worden sei. Konkret sei es dabei um mögliche Verfahren gegangen, Raketen oder Flugzeuge aus der Ferne durch Gehirnwellen zu steuern. Diese Experimente führten offenbar nicht zu den erwünschten Ergebnissen bzw. wurden durch die Fortschritte im Bereich der elektronischen Datenverarbeitung und der Mikrochiptechnologie überholt: Flugzeuge und Raketen lassen sich heute durch GPS, Hochleistungsrechner und zunehmend ›intelligente‹ Datenverarbeitung zuverlässiger steuern als durch Gehirnwellen. Daß das menschliche Gehirn aber nach wie vor ein ›heißes‹ Forschungsobjekt für die Militärs ist, konnte im Abschnitt über den ›virtuellen Feldherrnhügel‹ des 21. Jahrhunderts gezeigt werden.

Andere Erkenntnisse dagegen erwiesen sich rascher als operabel. Die Neurobiologen fanden schnell heraus, daß das menschliche Gehirn mit seinen vielen Milliarden Nervenzellen im Prinzip ähnlich funktioniert wie ein Großrechner, der in jeder Sekunde eine Vielzahl von Datenprozessen leistet. Jedes Gefühl, jeder Gedanke, jede Regung basiert auf feinsten elektronischen und biochemischen Impulsen. Man weiß längst, daß sich Absich-

---

[401] Grazyna Fosar u. Franz Bludorf, »Codename ›Teddybär‹. Geheime militärische Anlage in Berlin-Tempelhof gefährdet die Gesundheit der Berliner«, http://www.fosar-bludorf.com/Tempelhof/index.htm

ten und Gedanken ›elektronisch‹ bis zu einer Sekunde früher im Gehirn nachweisen lassen, als sie ihrem Träger bewußt werden.

Noch etwas weiß man seit den sechziger Jahren: daß das Gehirn nicht nur ein hochkomplexer Großrechner, sondern auch ein leistungsstarker und sensibler Empfänger ist. Auch dieser Erkenntnis liegt die Tatsache zugrunde, daß menschliche Körperorgane bestimmte Eigenfrequenzen besitzen und sich durch künstlich erzeugte Wellen des gleichen Zuschnitts in Resonanz versetzen bzw. stimulieren lassen. Bahnbrechend wirkten sich in diesem Zusammenhang die Forschungen des Biophysikers Dr. Allan FREY vom General Electric Advanced Electronic Center der Cornell-Universität aus, der nachweisen konnte, daß auch das menschliche Gehörsystem auf eine bestimmte elektromagnetische Frequenz reagiert. Wurden Probanden mit niederfrequenten elektromagnetischen Wellen bestrahlt, hörten sie Summ- und Klopfgeräusche in ihren Köpfen – Geräusche, die nicht über das Gehörsystem an das Gehirn vermittelt wurden. Auch taube Menschen konnten diese Töne wahrnehmen. FREY publizierte seine Erkenntnisse in der Zeitschrift *Aerospace Medicine*. Seither weiß man, daß ›Hören durch Mikrowellen‹ nicht nur möglich, sondern auch praktikabel ist.

Vermutlich lag diese Entdeckung in der Luft. Denn schon vor FREY, Anfang der sechziger Jahre, hatte ein talentierter 15jähriger, Patrick FLANAGAN, ein elektronisches Gerät erfunden, das Töne oder Botschaften über die Haut ins Gehirn übertragen kann. FLANAGAN machte sich für seinen Apparat, den er ›Neurophone‹ nannte, die Beobachtung zunutze, daß sich an der menschlichen Haut piezoelektrische Effekte messen lassen, wenn sie vibriert oder gerieben wird. Sie erzeugt elektrische Signale und Skalarwellen, die sich auffangen, analysieren und kopieren lassen. Auch umgekehrt werden Wärme, Elektrizität und andere Empfindungen durch die Haut vom Nervensystem aufgenommen und in elektrische Signale umgewandelt, die an das Gehirn weitergeleitet werden. Dort werden sie dekodiert und wieder in Informationen umgewandelt. »Das ›Neurophone‹ nutzt diese Funktionsweise aus, um Töne in das Gehirn einspielen zu können. Die so erhaltenen Töne sind viel klarer, als wenn sie mit den Ohren aufgenommen werden. Eine Testperson nimmt diese Töne war, als ob sie wie bei Telepathie im Gehirn entstehen würden.«[402]

---

[402] Helmut LAMMER u. Marion LAMMER, *Verdeckte Operationen*, aaO., S. 60.

Der medizinische Nutzen des ›Neurophone‹ lag auf der Hand. FLANAGAN dachte vor allem an Gehörgeschädigte, denen sein Gerät einen vom Ohr unabhängigen Weg zum Hören eröffnete. Eine Vorführung des Apparats vor Gutachtern des Patentamts verlief erfolgreich, als ein tauber Angestellter der Behörde bei der Präsentation tatsächlich hören konnte. FLANAGAN erhielt sein Patent. Er konnte sich darüber jedoch nicht lange freuen, denn schon kurze Zeit später wurde seine Erfindung von der Defense Intelligence Agency (DIA) konfisziert. Mehr noch, FLANAGAN wurde zur Auflage gemacht, über das ›Neurophone‹ weder zu

United States Patent [19]
Stocklin

[11] Patent Number: 4,858,612
[45] Date of Patent: Aug. 22, 1989

[54] HEARING DEVICE

[76] Inventor: Philip L. Stocklin, P.O. Box 2111, Satellite Beach, Fla. 32937

[21] Appl. No.: 562,742

[22] Filed: Dec. 19, 1983

[51] Int. Cl.⁴ A61N 1/36
[52] U.S. Cl. .... 128/422; 178/419 S
[58] Field of Search .... 128/419 R, 419 S, 422, 128/653, 771, 732, 741, 746, 791, 804; 340/407

[56] References Cited

U.S. PATENT DOCUMENTS

3,490,458	1/1970	Allison	128/421
3,751,605	8/1973	Michelson	128/1 R
3,951,134	4/1976	Malech	128/131
4,428,377	1/1984	Zollner et al.	128/419 R

FOREIGN PATENT DOCUMENTS

893311	2/1972	Canada	128/422
2811120	9/1978	Fed. Rep. of Germany	128/419 R
591196	1/1978	U.S.S.R.	128/419 R

OTHER PUBLICATIONS

Gerkin, G., "Electroencephalography & Clinical Neurophysiology", vol. 135, No. 6, Dec. 1973, pp 652-653.
Frye et al., "Science", vol. 181, Jul. 27, 1973, pp. 356-358.
Bise, William, "Low Power Radio-Frequency and Microwave Effects on Human Electroencephalogram and Behavior", Physiol. Chem. & Physics 10 (1978).

Primary Examiner—William E. Kamm
Attorney, Agent, or Firm—Wegner & Bretschneider

[57] ABSTRACT

A method and apparatus for simulation of hearing in mammals by introduction of a plurality of microwaves into the region of the auditory cortex is shown and described. A microphone is used to transform sound signals into electrical signals which are in turn analyzed and processed to provide controls for generating a plurality of microwave signals at different frequencies. The multifrequency microwaves are then applied to the brain in the region of the auditory cortex. By this method sounds are perceived by the mammal which are representative of the original sound received by the microphone.

29 Claims, 7 Drawing Sheets

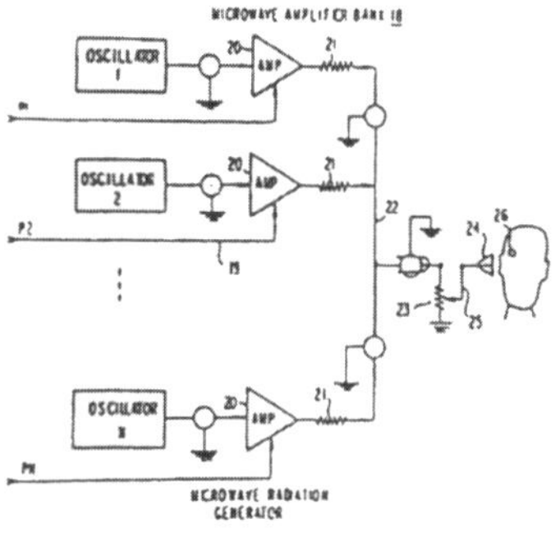

Das ›Neurophone‹ des Patrick FLANAGAN war kein Einzelfall. Auch in dieser US-Patentschrift von 1989 wird eine Apparatur beschrieben, die die drahtlose Übertragung von Geräuschen und Stimmen mittels gepulster Mikrowellen in das menschliche Gehirn ermöglicht.

sprechen noch weiter daran zu arbeiten. Seine Patentschrift erhielt einen Geheimhaltungsvermerk und verschwand von der Bildfläche. Zumindest für einige Zeit, denn mittlerweile ist ›Neurophone‹ ein zugelassener Markenartikel, und eine Firma namens Earthpulse vertreibt das Gerät auf dem freien Markt. Offensichtlich brauchten die Militärs Zeit, die bahnbrechende Erfindung in aller Ruhe auszuwerten.

Der nächste Durchbruch wurde 1973 erzielt. In diesem Jahr führte Dr. Joseph SHARP Versuche mit gepulsten Mikrowellenaudiogrammen durch. Ein Audiogramm ist die Umwandlung gesprochener Wörter und Laute in eine computergenerierte Version, also eine elektronische Imitation. SHARP wählte eine Versuchsanordnung, bei der er sich in eine isolierte Kammer sperren und mit den Audiogrammen bestrahlen ließ. Der Effekt war verblüffend. SHARP behauptete, die fraglichen Wörter in seinem Kopf gehört zu haben. Auch in diesem Fall erfolgte die Wahrnehmung unter Umgehung des Gehörs. Schon damals wies ein Kollege, Dr. Robert O. BECKER von der Advanced Research Project Agency (ARPA), darauf hin, daß SHARPS Experimente für verdeckte militärische Operationen von Bedeutung sein könnten: Einen Feind könnten die künstlich erzeugten Stimmen im Kopf verrückt machen.

Die Entwicklung ging ungebremst weiter. Zivile Forschungsteams, die die ›friedliche‹ Nutzanwendung des ›Neurophone‹-Prinzips vor Augen hatten, arbeiteten an marktverträglichen Anwendungsmöglichkeiten, von denen später noch die Rede sein wird. Im August 1989 wurde die US-Patentnummer 4,858,612 für die Erfindung eines Philip L. STOCKLIN auf Florida vergeben, der ebenfalls einen Mechanismus zur Marktreife gebracht hatte, der ›Hörsimulation‹ mit Hilfe von Mikrowellen-Übertragung ins Hörzentrum des Gehirns ermöglicht. Auch in diesem Fall werden Tonsignale mit einem Mikrophon aufgenommen, in Wellenimpulse umgewandelt und direkt an das Gehirn gesendet. »Durch diese Methode«, heißt es in der Patentschrift, »werden Töne wahrgenommen, die den Originaltönen entsprechen, welche mit dem Mikrophon aufgenommen wurden.«[403]

Natürlich waren und sind solche Entdeckungen viel zu verlokkend, um damit nur Taube wieder hörend zu machen. Die Forschungslabors der Teilstreitkräfte und der Geheimdienste stürzten sich – es herrschte ja Kalter Krieg – mit Heißhunger auf die

---

[403] Zit. nach: ebd., S. 61.

neuen Technologien, und dies um so mehr, als sie davon ausgehen mußten, daß auch die sowjetische Seite mit ihnen herumexperimentierte. Es war die Geburtsstunde einer neuen, raffinierten und heimtückischen Waffe: der sogenannten ›Prozeßkontrollwaffe‹. Ihre Konstrukteure machten sich die neuen gehirnbiologischen Erkenntnisse zunutze. Und diesmal ging es nicht um die drahtfreie Übertragung von Werbebotschaften ins Konsumentengehirn, sondern um eine neue Dimension der Beherrschung, der Manipulation zu alles anderem als friedlichen Zwecken. Wenn sich biologische Prozesse einschließlich der Gehirntätigkeit durch elektromagnetische Wellen manipulieren ließen, dann eröffnete dies einen neuen Kriegsschauplatz: den Körper, das Gehirn, die Haut des Gegners. Prozeßkontroll-Technologie macht sich bestimmte Wellenlängen des elektromagnetischen und akustischen Frequenzspektrums zunutze, um durch zielgerichtete Stimulierung von Organen und Nervensystem das Verhalten des Opfers zu beeinflussen. ORWELLS Großer Bruder hätte davon 20 Jahre früher nur träumen können.

Das Spektrum der Möglichkeiten ist erdrückend und erschreckend. Sie reicht von der unauffälligen Schädigung des Gegners durch ›krankmachende‹ Frequenzen – wie bei der ›friedlichen‹ Nutzung des Mobilfunks – bis zum gezielten Terror mittels induzierter ›Botschaften‹ oder Geräusche (wobei der Begriff des ›Gegners‹, man kann es nicht oft genug unterstreichen, immer schwammiger wird: Was ehedem den militärischen Gegner und, schlimm genug, seine Bevölkerung meinte, hat sich längst schleichend auf die eigene Bevölkerung und die verbündeter Länder erweitert. Die Entwicklung im Bereich der Information Warfare und die Wiederkehr der Desinformation sind nur symptomatisch für eine Art von Konfliktmanagement, das zwischen Krieg und Frieden nicht mehr unterscheidet und das auch die eigene Bevölkerung, die von der Richtigkeit der eigenen Politik überzeugt werden muß, als Gegner betrachtet).

Prozeßkontrolle: Gemeint sind biologische Prozesse wie zum Beispiel Herz- und Lungentätigkeit, Muskelbewegungen, Gehirnfunktionen (wie etwa Schmerzempfindungen – siehe die Prolaktin-Ausschüttung durch den Stuttgarter ›Sex-Brummton‹!) und ihre Fremdbeeinflussung. Der Anwendung sind praktisch keine Grenzen gesetzt. »Die dabei auftretenden Effekte«, warnt Harlan GIRARD, Gründer des International Committee on Offensive Microwave Weapons (ICOMW), »sind so pervers, daß sie nicht nur den menschlichen Verstand beeinflussen, sondern auch die biologischen

Prozesse im Organismus zu kontrollieren und steuern vermögen.«[404]

Die zugrunde liegenden neurobiologischen Mechanismen erschlossen sich den Forscherteams in Ost und West in den Jahrzehnten nach dem Zweiten Weltkrieg unabhängig voneinander. Bis in die sechziger Jahre hatte man sich mit Vorliebe auf PSI-Experimente, etwa Versuche mit Hypnose oder Telepathie, gestürzt. Sowjetischen Wissenschaftlern kam dabei der Umstand entgegen, daß sie ›mystische‹ Faktoren im Zusammenhang mit sogenannten ›parapsychologischen‹ Phänomenen grundsätzlich ausklammerten und sich auf den Standpunkt stellten: »Wenn es eine Person kann, können es andere auch.« Schon in den zwanziger und dreißiger Jahren hatte sich der Psychologe Leonid L. WASSILIEW an einer Erklärung telepathischer Fähigkeiten versucht und dabei mit elektromagnetischen Wellen experimentiert.

Diese Arbeitsgrundlage blieb bis in die sechziger Jahre hinein unverändert, als der tschechische Biochemiker Milan RYZL, der 1967 sowjetische Psi-Labors besuchen konnte, berichtete: »Die neuzeitliche Telepathieforschung in Rußland befaßt sich vor allem mit der Übertragung von Verhaltensimpulsen oder damit, das Verhalten eines Menschen im Unterbewußtsein zu kontrollieren. (...) Die UdSSR besitzt die Mittel, die Ergebnisse einer derartigen Forschung vor der übrigen Welt geheimzuhalten, und es besteht kein Zweifel, daß die Sowjetunion die praktische Anwendung dieser Resultate einsetzt, sobald dies möglich sein wird.«[405]

Währenddessen machte auch in der Sowjetunion die Gehirnforschung bedeutende Fortschritte. Sie führte auch im Ostblock zur Entwicklung biologischer Prozeßkontrollwaffen. Einem Bericht des *Herald* (Glasgow) zufolge gelang es den Sowjets in den siebziger Jahren, ein ›psychotronisches‹ System der Menschenbeeinflussung herzustellen, das auf dem Einsatz von Hypnose und hochfrequenten Radiowellen beruhte. Es sei imstande, ferngesteuerte »menschliche Waffen« zu erzeugen und habe inzwischen, warnt das Blatt, seinen Weg auf den freien Markt gefunden, wo sich unter anderem private Sicherheitsfirmen seiner bedienten.[406]

---

[404] Harlan GIRARD, *Nachwort*, in: Helmut LAMMER u. Marion LAMMER, *Schwarze Forschungen*, aaO., S. 246.

[405] Zit. nach: Sheila OSTRANDER u. Lynn SCHROEDER, *PSI. Die Geheimformel für die wissenschaftliche Erforschung und praktische Nutzung übersinnlicher Kräfte des Geistes und der Seele*, Bern - München ²1985, S. 117.

[406] Hier mitgeteilt nach: Arlene TYNER, »High-Tech Crimes and Electromagnetic Madness«, http://www.raven1.net/arlene4.htm#N_24_

Da den Sowjets nicht verborgen blieb, daß auch die amerikanische Seite offenbar mit Erfolg ›Prozeßkontrollwaffen‹ entwickelte, drang der langjährige sowjetische Außenminister Andrej GROMYKO bei der UNO darauf, solche Systeme als Massenvernichtungswaffen zu deklarieren und verbieten zu lassen. Bei den Abstimmungen enthielten sich die USA regelmäßig der Stimme und erklärten, daß es keine solchen Waffen gebe.

Das war natürlich rundweg gelogen, denn Psychowaffen beschäftigten auch im Land der unbegrenzten Möglichkeiten schon seit Jahrzehnten die Wissenschaftler und Militärs. Bereits Ende der fünfziger Jahre schien es, als hätten die Amerikaner die Nase vorn, als in der französischen Presse phantastische Berichte von Experimenten rund um das Atom-U-Boot ›Nautilus‹ die Runde machten, dem 1958 die Unterquerung des Nordpols gelungen war. »US-Marine arbeitet auf Atom-Unterseeboot mit Telepathie«, verkündete im Februar 1960 das Magazin *Science et Vie* und behauptete, daß die telepathische Gedankenübertragung zwischen dem Festland und dem U-Boot sogar dann funktioniere, wenn das Schiff getaucht sei. Eine Reihe von Fragen drängte sich auf: »Ist Telepathie eine neue Geheimwaffe? Wird Psi in der künftigen Kriegführung ein entscheidender Faktor sein? Hat das amerikanische Militär das Geheimnis paranormaler Seelenkräfte gelöst?«[407]

Offiziell dementierte Washington, daß es überhaupt Telepathie-Tests an Bord der ›Nautilus‹ gegeben habe. Doch eine der Testpersonen, die damals 10jährige Carol RUTZ, brach das Schweigen und schockiert die Öffentlichkeit mittlerweile auf einer eigenen Internet-Homepage mit der beklemmenden Tatsache, daß die CIA tatsächlich ausgiebige Psycho-Experimente an Bord der ›Nautilus‹ durchführte. Die CIA wollte damals unter anderem die Möglichkeit von Telepathie-Attentaten erproben. Carol RUTZ berichtet, sie sei darauf trainiert worden, psychische Energie an eine »bestimmte hochrangige Persönlichkeit« zu senden, um bei ihr eine tödliche Arterienerweiterung auszulösen.[408]

Doch das war 1960, und die Telepathie scheint sich, wie bereits erwähnt, nicht als gangbarer Weg der Fernsteuerung von Menschen und Maschinen erwiesen zu haben. Als aussichtsreicher, weil präziser und leichter zu handhaben, kristallisierte sich die Nutzung von Radiofrequenzen heraus.

---

[407] Zit. nach: Sheila OSTRANDER u. Lynn SCHROEDER, aaO., S. 17.

[408] http://www.2.dmci.net/users/casey/

1991 bereiste die amerikanische Science-Fiction-Autorin Janet Morris, die auch Forschungsdirektorin im Global-strategischen Rat der USA ist, zusammen mit mehreren Kollegen Rußland. Sie ist inzwischen fest davon überzeugt, daß russische Gehirnforscher den perfekten Dreh zur Bewußtseinsmanipulation mit Hilfe von Radiofrequenzen gefunden haben. Mehrere militärwissenschaftliche Publikationen veröffentlichten Anfang 1993 Berichte einer ›Demonstration‹, deren Zeugin Janet Morris in Rußland gewesen sein will. Demzufolge sei eine unwissende Gruppe von Arbeitern auf dem Gelände vor einem Krankenhaus mit einer Infraschall-Botschaft auf sehr niedriger Frequenz »bestrahlt« worden. Die Forscher bezeichneten das Verfahren als ›Psychokorrektur‹-Botschaft und wiesen die Arbeiter über ihre Apparatur an, ihre Werkzeuge niederzulegen, an die Tür des Krankenhauses zu klopfen und zu fragen, ob es noch etwas für sie zu tun gebe. Die Opfer verhielten sich völlig erwartungsgemäß. Die russischen Forscher sollen sogar zugegeben haben, daß sie diese Technologie für die Auswahl spezieller Einsatzteams und zur Verfahrensverbesserung anwendeten sowie zur Leistungssteigerung bei Olympiasportlern und bei einem arktischen Forschungsteam. Die Botschaft werde über die Knochen weitergeleitet und auf akustischem Wege nicht wahrgenommen, weshalb Ohrstöpsel wirkungslos seien. Die ausgestrahlten Befehle würden innerhalb einer Minute nach der Beschallung ausgeführt.[409]

Neuester Stand der Dinge: Die Patentrechte an der sowjetischen Psycho-Technologie, die bereits in den fünfziger Jahren erprobt und als LIDA-Maschine Verwendung gefunden haben soll, liegen inzwischen bei einer Firma in Richmond, Virginia, die sich Psychotechnologies Corporation nennt. Die alte Sowjet-Worthülse, ein klassisches Neusprech-Beispiel, wurde gleich mitübernommen: ›Psychokorrektur-Technologie‹.

Mind Control, die neue Bedrohung

Damit ist der Ball wieder in der amerikanischen Hälfte. Ist er schon seit längerem, nicht nur wegen der desolaten wirtschaftlichen Situation der russischen Konkurrenz seit dem Ende der Sowjetunion. Wie seit eh und je entfalteten der private Kon-

409 Nach: Ursula Seiler, »Die Mikrowelle – eine Waffe mit Zukunft«, http://members.fortunecity.de/buntefarbe/x/mikrowellen_bk_mc.html

kurrenzdruck und die traditionelle Nähe zwischen Industrie und Militär in den USA auch in Sachen Psychotechnologie einen kontinuierlichen Entwicklungsschub, der sich in einer Fülle von Projekten und Institutionen widerspiegelt, von denen viele allerdings geheim sind und zum Teil bis heute in Abrede gestellt werden. Wer mehr wissen will, ist auch bei diesem Thema auf die Recherchen unabhängiger Personen und Institutionen angewiesen, die ihre Nachforschungen auf sich gestellt und ohne staatliche Fördergelder anstellen müssen. Nebenbei ist diese Tätigkeit auch nicht ganz ohne Risiko.

Inzwischen häufen sich die Berichte über sogenannte ›Mind control‹-Opfer. In vielen Fällen mögen Schizophrenie und Verfolgungswahn im Spiel sein, zumal es für den Nachweis von ›Strahlen‹, Frequenzsignalen und Mikrowellenangriffen mehr braucht als einen Experimentierbaukasten aus dem Spielwarenladen. Andere Fälle dagegen – und es sind überraschend viele – sind gut dokumentiert. Darunter sind engagierte Forscher, Aufklärer und Journalisten, in der Mehrzahl aber willkürlich ausgewählte Durchschnittsmenschen – Testpersonen für hochgeheime Programme, über deren Drahtzieher nur spekuliert werden kann.

Einer der prominenteren Fälle ist der des Schweden Robert NAESLUND. Er erlangte traurige Berühmtheit, weil er vermutlich eines der ersten Opfer gezielter ›Psychokorrektur‹-Maßnahmen wurde. NAESLUND hatte plausible Gründe für die Annahme, daß er seit den sechziger Jahren als Versuchskaninchen für medizinische Experimente mißbraucht wurde. Er konnte nämlich anhand von Röntgenaufnahmen nachweisen, daß ihm während eines Krankenhausaufenthaltes in einem Stockholmer Hospital mehrere Implantate durch sein rechtes Nasenloch ins Gehirn eingeführt worden waren.[410] Erst 1978 und 1982 gelang es ihm, in Griechenland ein Ärzteteam zu finden, das sich bereit erklärte, die Implantate zu entfernen. Seit diesen Erlebnissen engagierte sich NAESLUND im Kampf gegen Bewußtseinskontrolle und Psycho-Manipulation, informierte die Öffentlichkeit, verdächtigte den schwedischen Geheimdienst SÄPO – und machte sich Feinde.

Ab April 1985 sah er sich plötzlich in seiner Wohnung ständiger Bestrahlung mit elektromagnetischen Wellen ausgesetzt. Er bildete sich dies nicht ein, denn Papierblätter, die am Boden lagen, rollten sich von selbst auf, und Batterien verloren ihre La-

---

[410] Der Fall Naeslund hier nach: Helmut LAMMER u. Marion LAMMER, *Verdeckte Operationen*, aaO., S. 102 ff. u. 269 f.

dung. Und an seinem Körper zeigten sich jeden Morgen die unverkennbaren Symptome eines Sonnenbrandes, gerötete Hautpartien im Gesicht, auf den Schultern und auf dem Rücken. Offenbar wurde die Dosis der Bestrahlung kontinuierlich gesteigert, denn NAESLUNDS Gesundheitszustand wurde immer bedenklicher. Auch schienen die verwendeten Frequenzen zu wechseln, denn die Krankheitssymptome wechselten. NAESLUNDS Gaumen, Rachen und Schlund begannen zu dehydrieren, seine Stimme wurde heiser und schmerzte beim Sprechen. Weil er es nicht mehr aushielt, wechselte er die Wohnung, doch auch dort setzte sofort die Bestrahlung ein. NAESLUND kapitulierte, weil sein Körper nicht mehr mitmachte. Die Strahlenattacken wurden eingestellt.

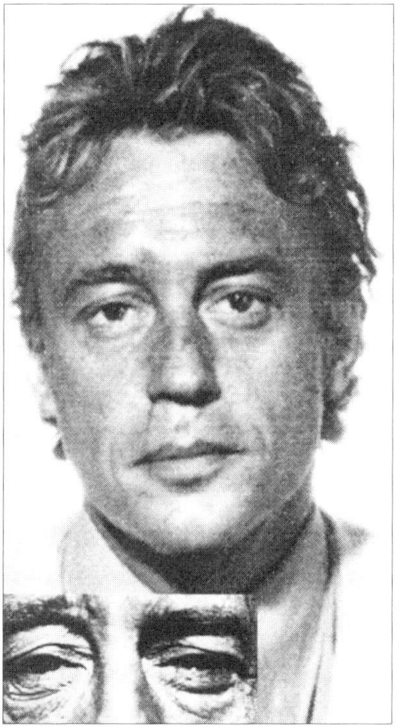

Der Schwede Robert NAESLUND *gilt als eines der prominentesten Mind Control-Opfer. Er behauptete, seit Ende der sechziger Jahre mit Energiewaffen terrorisiert worden zu sein.*

Anfang 1992 kam NAESLUND mit dem International Network against Mind Control in Kontakt. Er nahm seinen Kampf wieder auf, begann erneut damit, die Öffentlichkeit über seine Recherchen zu informieren – und im Oktober 1992 war das Strahlenbombardement wieder da. Die Symptome waren schlimmer als je zuvor. Einmal erwachte er, weil offenbar sein Blutkreislauf gestört war. Seine Hände und Teile seiner Beine schwollen an, bis sie taub wurden. Aber auch die ›normalen‹ Tage und Nächte wurden zur Hölle. Nachts fand er kaum Schlaf, weshalb er tagsüber in ständigen Halbdämmer verfiel. Sein Gesundheitszustand verschlimmerte sich infolge des fortgesetzten Schlafmangels und der dauernden Strahlenattacken zusehends. Dennoch konnte er diesmal einen Erfolg erringen. Es gelang ihm, die Strahlenquelle – wer auch immer sie dort plaziert hatte – in einer Wohnung im Haus gegenüber ausfindig zu machen, deren Bewohner vor geraumer Zeit verstorben war. Er konnte die Wirkung der Apparatur sogar dokumentieren, indem er einige Zimmerpflanzen direkt ins Fenster stellte, die kurz darauf eingingen. Als er die Maschine photographierte, zogen es die Drahtzieher offenbar vor, NAESLUND nicht länger als Versuchskaninchen zu benutzen. Sowohl das Gerät als auch der Strahlenbeschuß verschwanden aus der Wohnung.

Der Fall NAESLUND – nur einer unter vielen ganz ähnlich gelagerten – zeigt mehrerlei: zum einen, daß interessierte und technisch hinreichend ausgestattete Organisationen offenbar anscheinend schon seit Jahrzehnten gezielt Experimente mit Psycho-Waffen durchführen; dabei ist der Einsatz von winzigen Implantaten nur eine von mehreren getesteten Varianten. Es leuchtet ein, daß es ungleich praktischer ist, wenn die Zielperson nicht erst aufwendig operiert, sondern nur entsprechenden Funkfrequenzen ausgesetzt werden muß, um bestimmte Wirkungen zu erzielen. Zum anderen: Das Ausmaß solcher Versuchsreihen wird in der Öffentlichkeit unterschätzt. Die Gründung verschiedener Selbsthilfe- und Betroffenenorganisationen in aller Welt (auch in der Bundesrepublik) ist Indiz genug dafür, daß die Zahl der Vorfälle groß und das Problem aktuell ist.

Auch ein weiteres Mysterium, darauf machen H. und M. LAMMER im Rahmen ihrer Recherchen aufmerksam, findet möglicherweise im Umfeld der Psychowaffen-Forschungen seine höchst reale und höchst irdische Lösung. Die Rede ist von einer Vielzahl vermeintlicher ›UFO-Entführungen‹. Mittlerweile sind Tausende von Fällen seit den sechziger Jahren dokumentiert. Immer geht es darum, daß Menschen angeblich von Außerirdischen entführt und im Inneren von Raumschiffen medizinischen Experimenten unterzogen werden. Das Implantieren von winzigen Fremdkörpern im Körper, meist im Gehirn oder in der Nackengegend, ist bei diesen Vorfällen geradezu ein Leitmotiv. Die Betroffenen, sofern sie sich überhaupt an den Eingriff erinnern können, leiden häufig unter Gedächtnisschwund und berichten übereinstimmend von ›Außerirdischen‹, die mit ihnen experimentiert hätten.

Doch die kleinen grauen Männchen braucht es dazu nicht unbedingt. Der Astronom und Informatiker Jacques VALLÉE lieferte eine interessante Arbeitshypothese, indem er das Phänomen der vermeintlichen ›UFO-Entführungen‹ mit militärischen Psychowaffen-Experimenten in Verbindung brachte: »Das Ufo-Phänomen könnte verwendet werden, um neuartige Waffensysteme zu testen oder Mind Control-Experimente mittels Drogen an nichtsahnenden Personen zu testen.«[411]

---

[411] Zit. nach: ebd., S. 255.

Völlig an den Haaren herbeigezogen ist diese Behauptung nicht. Denn einige der Symptome vorgeblicher Opfer von UFO-Entführungen ähneln auffallend den Folgen einer Mikrowellen-Bestrahlung wie im Fall NAESLUND, der sein Implantat – ausnahmsweise – nicht von Außerirdischen, sondern von überaus irdischen Ärzten in einem Stockholmer Krankenhaus eingepflanzt bekam. »Dr. Thomas BULLARD fand bei seiner UFO-Entführungsstudie heraus, daß viele Entführungsopfer ähnliche Beschwerden unmittelbar nach einer UFO-Entführung aufweisen. (...) Diese Symptome sind identisch mit den Symptomen von Personen, die mit elektromagnetischen Waffen bestrahlt wurden. Der UFO-Entführte Harrison BAILEY behauptet, daß Mediziner feststellten, daß seine inneren Organe viel älter aussahen, als sie sein sollten. (...) Möglicherweise wurden seine inneren Organe durch Mikrowelleneinwirkung gekocht. Bei einem Interview mit dem renommierten *Wall Street Journal* am 4. Januar 1993 behauptete der Laserfachmann Dr. Myron WOLBARSHT von der Duke-Universität, daß die US Special Forces Waffen besitzen, die mit Leichtigkeit die inneren Organe ihrer Gegner zum Kochen bringen können. Die Ähnlichkeiten mit den bei Harrison BAILEY auftretenden Symptomen sind faszinierend.«[412]

Es gibt aber noch mehr Hinweise, die Rückschlüsse auf ganz irdische, allerdings nicht weniger beunruhigende Ursachen von

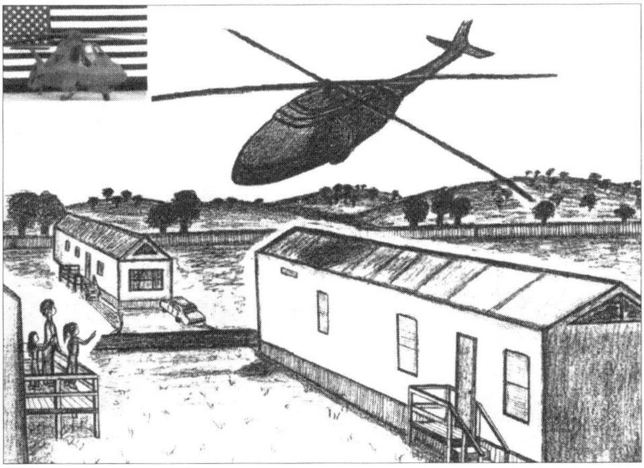

Die berühmten ›unmarkierten‹ Helikopter ohne Hoheitszeichen, die seit vielen Jahren immer wieder in Berichten über mysteriöse Tierverstümmelungen in den USA auftauchen. Vieles spricht dafür, daß im Rahmen verschiedener Geheimprojekte Pseudo-Szenarien wie etwa ›Ufo-Entführungen‹ suggeriert werden, um von den tatsächlichen Forschungsvorhaben abzulenken.

[412] Ebd., S. 270 f.

vermeintlichen UFO-Entführungen zulassen. Seit Anfang der neunziger Jahre häufen sich Berichte von ›Mind Control‹-Opfern, die aussagen, sie hätten an Hypnoseprogrammen teilgenommen, die UFO-Entführungsszenarien entsprechen. H. und M. LAMMER berichten über einige Fälle, in denen sogar UFO-Landungen inszeniert wurden, um Beteiligte und Öffentlichkeit irrezuführen. Auch die ehemalige US-Nachrichtendienstlerin Julianne McKINNEY, die Anfang der neunziger Jahre die Association of National Security Alumni gründete, behauptet anhand eigener Befragungen von Betroffenen, daß das UFO-Phänomen von Planern der psychologischen Kriegführung gezielt ausgenutzt werde, um Spuren zu verwischen.

Eines der von McKINNEY befragten ›Mind Control‹-Opfer gab zu Protokoll, »Teil eines UFO-Programmes gewesen zu sein. Die Frau ist etwa vierzig Jahre alt und soll als Kind bei einem Militär-Projekt ein Kostüm eines kleinen grauen Wesens getragen haben. Diese Ganzkörpermaskierung entsprach genau den Beschreibungen, an die sich UFO-Entführte unter Hypnose erinnern. Sie behauptet, daß der Nacken des Kostüms mit elektronischen Verfahren manipulierbar war, da der Alien-Kopf höher angebracht war als ihr eigener.«[413]

Natürlich ist der UFO-Aspekt im Zusammenhang mit dem ›Mind Control‹-Thema nur ein Detail, allerdings ein sehr sprechendes, denn es beweist, wie zielstrebig die interessierten Militär- und Geheimdienstkreise die Aufrüstung an der Psychowaffen-Front betreiben und dabei gewieft genug sind, sich zu Verschleierungszwecken eines massenwirksamen Psycho-Phänomens zu bedienen, eben der seit den fünfziger Jahren zu beobachtenden UFO-Welle. Die Wahrheit, soll CHURCHILL einmal gesagt haben, sei ein so kostbares Gut, daß man sie mit einer Leibwache von Lügen umgeben müsse. Die schleichende und seit Jahrzehnten vorangetriebene Entwicklung von immer präziseren, immer perfideren Methoden der Bewußtseinskontrolle bietet ein Paradebeispiel dafür. Julianne McKINNEY jedenfalls ist der festen Überzeugung, »daß Teile des US-Militärs das UFO-Phänomen künstlich aufrechterhalten, um unter seinem Deckmantel die (...) experimentellen Drogen, Mind Control-Experimente, Hologrammtechnologien, gerichteten Energiewaffen, Implantate, experimentellen Flugkörper, Kostüme und ähnliches entwickeln und testen zu können«.[414]

[413] Ebd., S. 262.
[414] Zit. nach: ebd., S. 262.

Zumindest einiges davon geschieht mittlerweile sogar mit Wissen und Billigung des amerikanischen Gesetzgebers, der schließlich die Gelder für derart ehrgeizige Projekte zur Verfügung stellen muß. Im September 1995 erhielt der US-Kongreß eine tabellarische Übersicht[415] über künftige Waffensysteme, ihre Einsatzgebiete (I = Immateriell, M = Materiell, P = Personen) und die voraussichtliche Entwicklungsdauer:

Kategorien	Waffentypen	Einsatz gebiete	Entwicklungs-dauer
Elektromagnetisch (EMP)	Hochpulsierte Mikrowellen	I, M	1–4 Jahre
	Nichtatomare EMP-Waffen	I, M	1–4 Jahre
	Leitende Bänder	I, M	einsatzbereit
Gerichtete Energie	Partikelstrahlen	I, M	3–5 Jahre
Thermisch	Counter-Sniper	M, I, P	1–4 Jahre
	Counter-Mortar	I, M, P	1–4 Jahre
	Barrieren	P	1–4 Jahre
Akustisch	Hochfrequenztöne	P	einsatzbereit
	Infra- und Ultraschall	P	einsatzbereit
Elektrisch	Stun Guns, Taser	P	einsatzbereit
Optisch	Niederenergetische Laser	M, P	einsatzbereit
	Stroboskoplichter	P	einsatzbereit
	Hologramme	P	1–4 Jahre
	Leuchtbomben	M, P	2 Jahre
Informatorisch	Computer Software	I, M	einsatzbereit
	Voice Cloning	P	2 Jahre

[415] *Non-Lethal Weapons and Operations*, Congressional Research Service, 95-974S, CRS-Report for Congress, 14. September 1995, hier wiedergegeben nach: ebd., S. 258.

Dieser Übersicht läßt sich entnehmen, daß Verfahren und Waffensysteme im Bereich der psychologischen Kriegführung und der Bewußtseinsmanipulation bereits im Jahre 1994, also vor zehn Jahren, offizielles Thema im amerikanischen Kongreß waren. Da einige der erwähnten Waffensysteme der Tabelle zufolge ›einsatzbereit‹ sind – beziehungsweise es 1994 bereits waren –, drängen sich weitere Fragen auf. Um ›Frontreife‹ zu erlangen, mußten die genannten Methoden getestet werden. An wem? Eine Antwort darauf geben möglicherweise die erwähnten ›Inszenierungen‹ um UFO-Entführungen und Fälle wie der des schwedischen Implantationsopfers Robert NAESLUND. Und: Welche Fortschritte wurden seither gemacht? Wie effektiv sind die Methoden der Bewußtseinskontrolle, der ›Psycho-Korrektur‹ inzwischen? Welche Rolle spielen dabei Experimente wie die Brummton-Versuche in Berlin und Stuttgart?

Schon die offiziellen Antworten sind beklemmend genug und vermitteln eine Ahnung davon, mit welchen Methoden von Herrschaftsausübung und Gewaltanwendung von seiten der US-Militärmacht künftig zu rechnen sein wird. Eine dieser offiziellen Stimmen ist die *2025*-Studie, aus der im Vorangehenden schon ausgiebig zitiert wurde. Aber nicht nur dort wird – Stand: 1996! – freimütig über die Möglichkeit beispielsweise künstlich erzeugter Hologramme zu Zwecken der psychologischen Kriegführung spekuliert. Zwei Jahre vorher, im Juli 1994, legten Steven METZ und James KIEVIT, beide vom Strategic Studies Institute des US Army War College, ihren Report unter dem Titel *The Revolution in Military Affairs and Conflict Short of War*[416] vor, in dem die Auffassung vertreten wird, daß sich künftige Militäroperationen nicht nur verstärkt gegen Dritte Welt-Staaten, Terroristen, paramilitärische Gruppierungen und regierungsfeindliche Organisationen im eigenen Land richten würden, sondern daß auch ›psychologisch‹ ausgerichtete Militäreinsätze (PSYWAR) in Zukunft eine immer größere Rolle spielen werden. Spätestens im Licht des 11. September 2001 muß man die Fleißarbeit der beiden Strategen für ausgesprochen hellsichtig halten.

Es überrascht auch nicht, daß sie in ihrer Studie detailliert die Möglichkeiten von Implantaten erörtern, freilich eher zur präventiven Gefahrenabwehr als zum Zweck der Bewußtseinskon-

[416] Steven METZ u. James KIEVIT, *The Revolution in Military Affairs and Conflict Short of War*, US Army War College, Strategic Studies Institute, SSI, 1994; http://www.datafilter.com/mc/rmaWarCollege.html

trolle. Allerdings kann man nicht alles, was man für machbar und plausibel hält, in eine offizielle Studie schreiben. So bewegen sich die Vorschläge von Metz und Kievit auf dem gängigen Level des eben noch Zuträglichen und auch hierzulande Diskutierten: Amerikanische Staatsbürger, die einem besonderen Risiko ausgesetzt sind, würden demzufolge schon bald mit einem individuellen, unter die Haut implantierten Positionslokalisator ausgestattet (Individual Position Locator Device, IPLD) werden, der ständig mit einer zentralen Datenbank in Verbindung steht und automatisch seine Sendetätigkeit aufnimmt, sobald sein Träger das Territorium der Vereinigten Staaten verläßt. Ebenso könnten ›Terroristen‹, falls erkannt und rechtzeitig ›behandelt‹, mit Hilfe von Implantaten aus dem Verkehr gezogen oder an der Flucht aus den USA gehindert werden. Und beim Militär könnte der implantierte IPLD zur Freund-/Feind-Identifikation dienen. Das lästige ›Friendly fire‹ würde so der Vergangenheit angehören.

Ausdrücklich wird auch die Möglichkeit in Erwägung gezogen, durch den Einsatz der psychologischen Waffe den Gegner zu verunsichern und seine Widerstandskraft zu schwächen. »Verhaltensänderung [behaviour modification] ist eine Schlüsselkomponente bei der Schaffung von Frieden«, schreiben Metz und Kievit. An anderer Stelle unterstreichen sie, daß der Biotechnologie-Sektor - einschließlich Gentechnologie und Entwicklung »fortgeschrittener verhaltensändernder Drogen« - sogar eine Hauptdomäne der militärisch-technologischen Revolution sei. Mit Blick auf ein fiktives Szenario aus dem Jahr 2005 ist die Rede davon, daß sich die USA in Fällen, in denen sich ein offenes Eingreifen verbiete, gleichwohl auf »aggressivere Schritte wie zum Beispiel drogengestützte subliminale Konditionierung«[417] verlegen könnten. Dabei handelt es sich um Bewußtseinsmanipulation mit Hilfe unbewußter Botschaften (subliminal = unterhalb der Bewußtseinsschwelle), ein Verfahren, das bereits für Diskussionen sorgte, als in den achtziger Jahren bekannt wurde, daß verschiedene Hard-Rock-Gruppen unterschwellige, für das Ohr nicht hörbare Botschaften in ihre Lieder hineinmixten. Eine der dabei verwendeten Techniken ist das sogenannte ›backmasking‹, wobei am Mischpult einer der Klangkanäle, der die suggerierte Botschaft enthält, umgekehrt zur normalen Aufnahmerichtung bespielt wird. Die Gehirnforschung konnte nachweisen, daß die auf diese Weise verschlüsselten Nachrichten dennoch ›dekodiert‹

[417] Ebd.

Die Technik, durch ›backmasking‹ subliminale Botschaften an das Gehirn zu senden, die dem Hörer unbewußt bleiben, ist seit langem bekannt und findet seit den achtziger Jahren bei Heavy-Metal-Bands Anwendung. Bild: Plattencover der Gruppe ›Iron Maiden‹.

und vom Gehirn aufgenommen werden. Drogenkonsum erleichtert das Verständnis dieser Botschaften.[418]

Man sieht: Mikrowellenwaffen und die Methode, ›Mind control‹ mit Hilfe von Frequenzen und Strahlen auszuüben, sind zwar zweifellos der elegantere Weg der Bewußtseinskontrolle. Daneben spielen aber offenbar noch immer Forschungen mit Implantaten eine gewisse Rolle. In diesen Zusammenhang gehört auch das interessante Detail, daß der ›Oklahoma-Attentäter‹ Timothy McVeigh fest davon überzeugt war, das Militär habe einen Mikrochip in sein Gesäß implantiert. McVeigh war Teilnehmer am Golfkrieg 1991. Nach seiner Rückkehr wurde er einer psychologischen Untersuchung für die Special Forces unterzogen. Seither litt er an einer Persönlichkeitsstörung und behauptete fest, daß ihn die Militärs mit Hilfe des Implantats während seiner Einsätze überwachen und lokalisieren konnten. »Möglicherweise wurde McVeigh während seines Einsatzes am Golf wirklich ein Prototyp eines IPLD in sein Gesäß implantiert.«[419]

Es gibt noch ein weiteres Dokument aus der Twilight-Zone zwischen Militär, Geheimdiensten und Regierungskreisen, das

[418] Nach: Fernando Salazar Bañol, *Die okkulte Seite des Rock*, München 1987, S. 55.

[419] Helmut Lammer u. Marion Lammer, *Verdeckte Operationen*, aaO., S. 260.

über den unverminderten Fortgang der ›Mind Control‹-Forschung zu militärischen Zwecken informiert. Experten ist das Papier seit 1992 unter dem Titel *Mind Control Operations/Aquarius Group Activities* bekannt, gelegentlich auch unter dem Kürzel ›COM-12-Dokumente‹. Eine Bestätigung für ihre Echtheit gibt es bis heute nicht, die Gerüchte über mögliche Urheber reichen von ultrarechten Geheimdienstlern bis hin zu deutschen Psycho-Wissenschaftlern, die nach dem Krieg im Rahmen des amerikanischen Unternehmens ›Paperclip‹ in die USA gebracht wurden und dort ihre Forschungen fortsetzten.

Über Bewußtseinskontrolle unter Verwendung elektromagnetischer Strahlung heißt es in dem COM-12-Bericht:

»Elektromagnetische Mind Control-Prozeduren sind die neuesten und effektivsten Methoden, die es zur Zeit gibt. Elektromagnetische Radiowellen und gepulste Mikrowellen haben große Vorteile in der Kriegführung, da eine Person oder die Einwohner eines Gebietes kein Wissen über die durchgeführte Prozedur besitzt bzw. besitzen. Wenn man nicht weiß, daß so ein Prozeß angewendet wird, bleibt auch das Unterbewußtsein uninformiert. Diese Tatsache wird von Behörden, die sich mit Mind Control befassen, sehr geschätzt, da kein Risiko einer Konfrontation zwischen den beteiligten Personen besteht. Diese Prozeduren sind nicht nur erfolgreicher als frühere Methoden, sondern erlauben es den Benutzern, völlig anonym zu bleiben.«[420]

Bestätigt wird in dem Dokument auch die hilfreiche Wirkung von Drogen bei der Bewußtseinsmanipulation: »Es wurde festgestellt, daß die Einnahme oder das Ausgesetztsein von bestimmten Chemikalien und Drogen (Polypharmazeutika) die Programmierfähigkeit unter Hypnose gewaltig verstärkt. Das wiederum ist für Hypnoseprogramm-Einsätze sehr wichtig.«[421]

Es ist nicht ohne Pikanterie, daß ein solches Szenario in der zitierten – und faktisch offiziellen – Studie von Steven Metz und James Kievit von 1994 durchgespielt wird. Dabei werden für das Jahr 2005 bürgerkriegsartige Unruhen auf Kuba angenommen, die ein verdecktes Eingreifen der USA erforderlich machen. Damit bedrohte US-Bürger evakuiert werden und das von Washington installierte Satellitenregime (2005!) wieder die Oberhand gewinnen kann, werden die Randalierer mit großflächig ausgebrachten Sedativa ruhiggestellt, deren Wirkung extra lange vor-

[420] Zit. nach: ebd., S. 266.
[421] Zit. nach: ebd., S. 272.

hält. Bezeichnenderweise leisten bei der »Kontamination« der Bevölkerung amerikanische und internationale humanitäre Organisationen Hilfe, die in den Unruhegebieten Nahrungsmittel verteilen. »Dies dämpfte die lokalen Leidenschaften«, heißt es in der Studie, »und führte zu einem sofortigen Abflauen der regimegegnerischen Aktivitäten.«[422] In Gegenden, die für die offiziellen Hilfslieferungen schwer erreichbar sind, wird die Beruhigungschemikalie von Cruise Missiles ausgebracht, und Zentren der Unruhe werden mit einer erhöhten Dosis besprüht.

Ob Mikrowellen oder chemische Keule, es ist immer die gleiche verräterische Handschrift, die auffällt: der Vorteil der völlig anonymen Manipulation, wobei tendenziell kein Unterschied zwischen Kombattanten einer gegnerischen Macht und der eigenen Zivilbevölkerung gemacht wird. Inzwischen ist hinlänglich bekannt, daß die US-Bevölkerung seit Kriegsende immer wieder für heimtückische Freilandversuche mißbraucht wurde, sei es, um die Wirkung radioaktiver Strahlung oder die von chemischen Stoffen zu testen. Von den Behörden erfuhren die Betroffenen nichts. ›COM-12‹ bestätigt ausdrücklich: »Chemische und polypharmazeutische Anreicherung wurde während der letzten zwanzig Jahre an der Bevölkerung in verdeckter Weise durchgeführt.«[423]

Man muß annehmen, daß dies auch für die Psycho-Waffe gilt. Auch sie ist, nach allem, was sich an Hinweisen zusammentragen läßt, seit Jahrzehnten an der eigenen Zivilbevölkerung getestet worden, und dies nicht nur in den Vereinigten Staaten. Die Zahl der Opfer wird niemals ans Tageslicht kommen. Und niemand vermag zu sagen, wieviele Krebs- und Psychosekranke in Wahrheit auf das Konto skrupelloser Geheimprojekte gehen. Es muß nicht immer der Elektrosmog sein.

Genau hier verlaufen die Konfliktlinien des 21. Jahrhunderts: nicht mehr Land gegen Land, Armee gegen Armee wie in den klassischen Kriegen der Vergangenheit, sondern Ordnungsmacht gegen innere Opposition – wobei letztere in Zeiten des weltweiten ›Krieges gegen den Terror‹ auch die Bevölkerung eines ›befriedeten‹ Landes sein kann, gegen das von der ›Weltgemeinschaft‹ bzw. von den USA interveniert wird. Aber mindestens die gleiche Priorität wird in den Augen des Machtkartells die

---

[422] Steven METZ u. James KIEVIT, aaO.

[423] Zit. nach: Helmut LAMMER u. Marion LAMMER, *Verdeckte Operationen*, aaO., S. 272.

Niederhaltung der eigenen Bevölkerung haben. Es ist das bekannte ORWELL-Szenario, das mit dem globalen Anti-Terror-Krieg reale Gestalt annimmt: Während einerseits Kriege nur noch in Ausnahmefällen ›heiß‹ werden und das Ausmaß regionaler Großkonflikte annehmen, herrscht andererseits unterhalb dieser Schwelle und zunehmend auch innerhalb der Gesellschaften des Westens ständiger Konflikt. Zu seiner Bewältigung sind die großen Armeen der Vergangenheit nicht mehr zweckmäßig. Längst trägt die Etikettierung den neuen Frontverläufen Rechnung. Militäroperationen, auch begrenzte, werden immer seltener, an ihre Stelle treten humanitäre Interventionen und ›Befriedungsaktionen‹. Die großen Armeen der Vergangenheit sind dafür nicht mehr geeignet. Im permanenten ›low intensity‹-war der Zukunft sind leichtbewegliche, hochspezialisierte Einheiten viel erfolgreicher. Sie nennen sich in bestem Neusprech etwa ›implementation forces‹ oder ›stabilization forces‹ und verfügen über ein breites Spektrum abgestufter Gewaltoptionen, das zahlreiche nichttödliche Komponenten einschließt. Strahlen- und Mikrowellenwaffen gehören ebenso dazu wie Methoden der Bewußtseinskontrolle.

Der Mikrowellenkrieg hat längst begonnen

Anfang des Jahres 2001 konfrontierte das US-Militär die Öffentlichkeit mit der wenig überraschenden Mitteilung, man habe eine völlig ungefährliche, aber hochwirksame ›Strahlenwaffe‹ entwickelt, mit der Gegner bereits außerhalb der Schußweite von Feuerwaffen auf Distanz gehalten werden könnten.[424] Das System, das auf einem Fahrzeug montiert ist, setzt einen elektromagnetischen Energiestrahl mit einer Wellenlänge von einem Millimeter ein, der angeblich nur 1,5 Millimeter tief in die Haut des Opfers eindringt, diese erhitzt und so Schmerzen auslöst. »Die Technologie«, heißt es in einer offiziellen Pressemitteilung, »nutzt einen natürlichen Schutzmechanismus: den Schmerz, der entstanden ist, um den menschlichen Körper vor Schaden zu bewahren.« Anhaltende Schäden gebe es nicht. Das System (Vehicle Mounted Active Denial System) sei auch an Menschen getestet worden, 72 Probanden wurden über 6500 Mal den Strah-

---

[424] Florian RÖTZER, »Angeblich harmlose, aber weitreichende Strahlenwaffe«, http://www.heise.de/tp/deutsch/inhalt/co/7052/1.html

len ausgesetzt. Ab 2009 soll es zur Verfügung stehen und auch auf Flugzeugen und Schiffen installiert werden. Eines von vielen Beispielen, wie man der Öffentlichkeit die Wahrheit in wohldosierten Häppchen verabreicht: mit vagen Andeutungen der groben Richtung, aber im Tonfall der Beruhigung.

Zwei Fälle, in denen Mikrowellenwaffen gezielt gegen die eigene Zivilbevölkerung eingesetzt wurden, erlangten Bekanntheit, weil sie geradezu exemplarisch die künftigen Konfliktlinien und das Strickmuster der Auseinandersetzung vor Augen führten. Beide ereigneten sich bereits in den achtziger Jahren.[425] Der eine Vorfall betraf das Ehepaar VERNEY in der englischen Grafschaft Kent. Zwischen September 1983 und Januar 1984 nahmen die beiden zahlreiche ungewöhnliche Phänomene in der Umgebung ihres Wohnhauses wahr wie etwa seltsame Geräusche, hohe Töne, Störungen der Elektrogeräte, aber auch leuchtende, hufeisenförmige Erscheinungen am Morgenhimmel. Gesundheitsstörungen stellten sich ein, Kopfschmerzen, Symptome von Desorientierung, Schlafstörungen. Außerdem verstummten die Tiere in der Umgebung. Die VERNEYS mußten ihr Haus verlassen, weil sie es nicht mehr aushielten. Sie fanden noch heraus, daß in der Nähe eine eigenartige ›Farm‹ betrieben wurde, die mit einem hohen Zaun umgeben war, und die Telefonnummer war geheim. Mehr war nicht in Erfahrung zu bringen. Außerdem hatten die VERNEYS inzwischen andere Sorgen. Mrs. VERNEY mußte bald nach ihrem Auszug eine Chemotherapie über sich ergehen lassen, an deren Spätfolgen sie 1996 starb. Ihrem Mann begannen die Zähne auszufallen, und sein Körper produzierte viel mehr rote Blutkörperchen als weiße. Natürlich blieben alle Schadensersatzklagen erfolglos, da kein Urheber der rätselhaften Beschwerden ausgemacht werden konnte. Auch Antony VERNEY starb.

Der zweite Fall ereignete sich ebenfalls in den achtziger Jahren in England, bezeichnenderweise im Umfeld der Proteste gegen die Stationierung amerikanischer Mittelstreckenraketen. Ein Zentrum des Protests war Greenham Common. Immer wieder kam es um den US-Stützpunkt, auf dem im Herbst 1983 die ersten Cruise Missiles eintrafen, zu heftigen Auseinandersetzungen zwischen Sicherheitskräften und Demonstranten. Bekannt wurde vor allem das Frauenlager, das Friedensaktivistinnen eingerichtet hatten. Als auf dem Stützpunkt Antennen installiert

---

[425] Hier wiedergegeben nach: Helmut LAMMER u. Marion LAMMER, *Verdeckte Operationen*, aaO., S. 267 f.

Friedensaktivistinnen, die in den achtziger Jahren gegen die Stationierung amerikanischer Mittelstreckenraketen in Greenham Common/Großbritannien demonstrierten. Offenbar wurden gegen die Demonstrantinnen Frequenzwaffen eingesetzt.

Leichtes Einsatzfahrzeug des Bundesgrenzschutzes. Von solchen Fahrzeugen aus können mobile Mikrowellenwaffen problemlos zur Bekämpfung innerer Unruhen eingesetzt werden.

wurden, häuften sich bei vielen Frauen auffällige Beschwerden. Die Aktivistin Sarah Green berichtete 1986 in einem britischen Magazin darüber:

»Nachdem die Antennen errichtet wurden, bekamen mehrere Frauen Kopfschmerzen, Ohrenschmerzen und Unwohlsein. In den darauffolgenden Monaten erkrankten einige Frauen an Durchfall, Migräne, unregelmäßiger Periode usw. Sobald die Frauen das Friedenslager verließen, besserten sich ihre Zustände wieder. Unabhängige Wissenschaftler stellten 1986 fest, daß das Lager der Friedensaktivisten mit elektromagnetischen Wellen bestrahlt wurde.«[426]

Das war vor fast zwanzig Jahren. Seither sind die Waffen auch an der Psychofront kleiner, leistungsfähiger und präziser geworden. Will man dem bereits mehrmals zitierten Berliner Mathematiker und Physiker Franz Bludorf glauben, dann werden Mikrowellenwaffen zumindest in den Vereinigten Staaten

[426] Ebd.

mittlerweile standardmäßig gegen renitente Bürger verwendet. »Selbst bei Demonstrationen wie Sitzblockaden«, sagt BLUDORF, »nutzten die Amerikaner bereits kleine Pistolen mit Niedrigfrequenzen, nach deren Einsatz die Leute Durchfall bekommen und nach Hause gehen.«[427]

Immerhin: Noch gibt es weltweit genügend widerspenstige Journalisten, ja selbst Politiker, die noch nicht ruhiggestellt sind. Hunderte von Selbsthilfegruppen haben dazu beigetragen, das heiße Thema ›Mind control‹ bzw. Strahlenwaffen zu popularisieren, in den USA ebenso wie in Europa. Journalisten, gelegentlich sogar politische Parteien und Gruppierungen greifen das Thema auf, organisieren vereinzelten Bürgerprotest. Hierzulande ist etwa an die ›Deutschlandbewegung‹ des ehemaligen Friedensforschers und Grünen-Bundestagsabgeordneten Alfred MECHTERSHEIMER zu denken, die in den letzten Jahren wiederholt Demonstrationen gegen die amerikanische Sendeanlage im oberbayerischen Bad Aibling veranstaltete, die für Mißbildungen und Umweltschäden in der Umgebung verantwortlich gemacht wird.

Schon im Mai 1996 berichtete die Nachrichtenagentur REUTERS darüber, daß sich auch das Rote Kreuz in einer offiziellen Stellungnahme für die Ächtung von Mikrowellen- und Akustikwaffen ausgesprochen habe.[428] 1998 meldeten sich französische Wissenschaftler mit Warnungen vor dem Mißbrauch von Gehirnkontroll-Technologien zu Wort. Im Wissenschaftsmagazin *Nature* machte ein Neurobiologe des angesehenen Pariser Pasteur-Instituts auf Fortschritte beim ›zerebralen Imaging‹, also beim Erzeugen von Bildern im Gehirn, aufmerksam, die es erlaubten, die entsprechenden Technologien auch auf Distanz anzuwenden, und die »Wege zum Mißbrauch wie das Eindringen in die persönliche Freiheit, Verhaltenskontrolle und Gehirnwäsche eröffneten«. Ein anderer Forscher, aus der französischen Atomenergiekommission, wies darauf hin, daß die entsprechenden Techniken der Bilderzeugung [imaging] mittlerweile so weit fortgeschritten seien, daß »wir beinahe die Gedanken der Leute lesen können«.[429]

Forscher des US-Militärs haben das möglicherweise inzwischen geschafft. Im Juli 2000 legte ein langjähriger ranghoher Mitarbeiter des ›Büros für nichttödliche Waffen‹ (Office of Non-Lethal

---

[427] Annette KÖGEL, »Dem Brummen auf der Spur«, in: *Tagesspiegel* (Berlin), 5. 3. 2001.

[428] Nach: Arlene TYNER, aaO.

[429] Zit. nach: ebd.

Weapons) am Naval Surface Weapons Center, Eldon Byrd, einen Bericht vor, in dem er einen Generalmajor der Special Forces mit der Aussage zitiert, wonach die amerikanischen Streitkräfte an ›künstlicher Telepathie‹ arbeiteten, genauer gesagt an der »Fähigkeit, mittels Magnetlaser über Distanzen hinweg Gedanken zu lesen«. Byrd erwähnte in diesem Zusammenhang auch, daß bei den Marines bereits einsatzfähige Geräte zum zerebralen ›Imaging‹ existieren.[430]

Im Gegensatz zur synthetischen Bilderzeugung ist die künstliche Tonerzeugung durch Mikrowellen schon seit Jahren kein Geheimnis mehr. Im Oktober 2002 berichtete die *Welt am Sonntag* über ein angeblich neues Überschallverfahren, mit dem sich Geräusche über eine Entfernung von bis zu 140 Metern zielgenau ins Gehirn des Empfängers projizieren lassen. Das Verfahren nennt sich ›Hypersonic Sound System‹ (HSS) und ermöglicht es, über eine spezielle ›Modulation‹ Tonsignale zielgerichtet und ohne den Umweg der akustischen Wahrnehmung ›abzufeuern‹. Dabei wird die niederfrequente Klangwelle des Originalgeräusches mit zwei hochfrequenten Wellen ›ummantelt‹, deren Frequenzen geringfügig voneinander abweichen. Sie dienen dazu, das Originalgeräusch punktgenau zu transportieren und »dem O-Klang eine Richtung zu geben. Der Effekt ist nach Erfahrungsberichten überwältigend: Der Schall trifft eine Zielperson exakt - einen halben Meter daneben ist nichts mehr wahrzunehmen. Der Originalklang kommt außerdem nicht einfach ans Ohr, sondern entfaltet sich im Schädel. Es klingt, als wäre der Klang direkt im Kopf, so präsent, daß die Zielperson nicht ahnt, woher der Klang kommt. Der Strahl reicht bei 30 000 Schwinungen pro Sekunde fast 140 Meter weit - ohne Qualitäts- und Lautstärkeverlust.«[431]

Natürlich ist das Prinzip, nach dem HSS funktioniert, alles andere als neu. Vom ›Hören durch Mikrowellen‹, das Allan Frey schon Anfang der sechziger Jahre in einer Publikation erläuterte, war weiter oben bereits die Rede, ebenso von den gepulsten Mikrowellenaudiogrammen des Joseph Sharp in den siebziger Jahren. HSS macht sich lediglich eine verfeinerte technische Umsetzung zunutze: spezielle Überschall-Lautsprecher, bei denen piezoelektrische Kristalle zur Verwendung kommen. Sie werden von

[430] Ebd.

[431] Thomas Jüngling, »Werbung direkt ins Ohr gelenkt«, in: *Welt am Sonntag*, 20. 10. 2002.

der Firma American Electronic Corporation (ATC) mit Sitz im kalifornischen Poway vertrieben.

Bei dem Unternehmen, das in der Vergangenheit schon zahlreiche Patente für ausgefallene Akustik-Technologien anmeldete, dachte man zunächst an den Einsatz von HSS zu Werbezwecken oder in der Unterhaltungsindustrie. So könnten Kunden im Supermarkt punktgenau mit Werbebotschaften beschallt werden, Discobesucher mit Musik, die nur sie hören, Museumsbesucher mit Informationen zu Kunstwerken, wenn sie direkt vor ihnen stehen. Das ›Media Lab‹ am renommierten Massachusetts Institute of Technology (MIT) hat das Verfahren beizeiten perfektioniert und im Jahre 2002 sein ›Audio Spotlight‹ vorgestellt: »Es soll z.B. möglich sein, daß Kinder und Eltern unterschiedliche Musiken während einer Autofahrt hören. (...) Das System kam (...) in Segas Joyopolis in Tokio und im Boston Museum of Science zum Einsatz; im Museum ist es z.B. nützlich, wenn ein Besucher einer Audioerklärung lauschen kann, ohne daß andere Besucher dadurch gestört werden. (...) Außerdem könnte, wie die *New York Times* berichtete, das Audio Spotlight auch in anderen kommerziellen Anwendungen eingesetzt werden und – zumindest in den USA – für große Verwirrung auf öffentlichen Straßen sorgen, wenn beispielsweise Getränkeautomaten bald Passanten ansprechen werden.«

Wieder einmal gibt die Fun-Gesellschaft das optimale Versuchsfeld ab. Möglicherweise aber muß im Fall des Hypersonic Sound System dieser Umweg nicht mehr beschritten werden, denn die ungleich effizienteren Nutznießer des Systems klopften prompt bei American Technology an: Schon im August 1998 konnte das Unternehmen einen ersten Vertragsabschluß zur militärischen Nutzung von HSS melden. »Weil HSS die erste Technologie ist, die es erlaubt, Klang zielgerichtet zu projizieren, denken wir, daß dies der Anfang weiterer Verträge über eine militärische Nutzung ist«, verkündete ATC-Generaldirektor Con Brosnan.[432] Die Rechnung ging auf. Im Januar 2002 veröffentlichte die Firma eine Presseerklärung über eine erweiterte Zusammenarbeit mit der Army im Bereich »militärischer Anwendungen der Sound-Technologien des Unternehmens«.[433]

---

432 »American Technology Corporation Awarded. First Military Contract For HSS Technology«, http://www.raven1.net/atcag982.htm

433 »American Technology Corporation Announces Cooperative Research And Development Agreement With U.S. Army«, http://www.atcsd.com/PressReleases/01_25_02.html

In der Tat ein weites Feld. Dem Vernehmen nach testet die Army derzeit die ersten Geräte. Die militärischen Vorteile von HSS sind einleuchtend: »Mit dem Überschall-System geben Vorgesetzte ihre Befehle direkt an ihre Mannschaft in den Schützengräben, ohne daß der Feind mithören könnte. Doch auch der darf erreicht werden - mit simulierten Panzergeräuschen oder Explosionen, die ihn vielleicht demoralisieren.«[434]

Das ist aber noch nicht alles. Denn mit sehr hohen Frequenzen, die ihren Weg unmittelbar ins Gehirn feindlicher Soldaten finden, lassen sich Schmerzen zufügen. 150 Dezibel starke Klangwellen machen den Gegner kampfunfähig, und die bewährten Ohrstöpsel helfen gegen gezielten HSS-Beschuß nicht. Der Schädel beginnt zu vibrieren, eine Attacke, der kein Soldat standhalten kann. HSS ist die ideale ›nichttödliche‹ Waffe. Und wenn der Psychotroniker in Uniform den Regler noch ein wenig weiterdreht, wird daraus sogar eine tödliche Waffe.

Davon will ATC freilich nichts wissen. In der Presseerklärung vom Januar 2002 ist nur von neuen Möglichkeiten der Kommunikation und der Befehlsübermittlung an Bord von Schiffen die Rede.

Im Arsenal der psycho- und bioaktiven Verfahren, die den US-Streitkräften inzwischen zur Verfügung stehen oder mit denen sie experimentieren, ist HSS noch eine vergleichsweise harmlose Nummer. Die Vielzahl tatsächlich vorhandener oder mutmaßlicher Psycho- und Prozeßkontrollsysteme sorgte aber in den letzten Jahren zunehmend für Unruhe in der Bevölkerung. Diesseits des Atlantiks sah sich sogar das Europäische Parlament genötigt, Stellung zu der neuen Bedrohung zu beziehen. Im Januar 1999 verabschiedete das EU-Parlament eine Resolution, in der eine internationale Konvention zur »weltweiten Ächtung der Entwicklung und Anwendung von Waffen« gefordert wird, »die zur Manipulation menschlicher Wesen in jedweder Form befähigen«. Der gleiche Tenor auch in der Erklärung einer von den Vereinten Nationen geförderten Konferenz über das menschliche Bewußtsein im selben Jahr, die Wissenschaftler dazu aufrief, Sorge dafür zu tragen, daß ihre Erkenntnisse dem »menschlichen Wohlergehen, niemals aber der Kriegführung« zugute kämen.

Nichts könnte deutlicher unterstreichen, daß Berichte vermeintlicher Betroffener nicht von vornherein als Produkte von Verfolgungswahn oder Schizophrenie abgetan werden können.

---

[434] Thomas Jüngling, »Werbung direkt ins Ohr gelenkt«, aaO.

*Plenarsaal des Europäischen Parlaments in Straßburg.
Das EU-Parlament sah sich 1999 zur Verabschiedung einer Konvention veranlaßt, in der Waffen zur Psycho-Manipulation geächtet werden.*

Diese gibt es sicherlich ebenfalls in Hülle und Fülle. Aber eine beunruhigende Dunkelziffer an Fällen bleibt, in denen sich Zusammenhänge zwischen plötzlich auftretenden Verhaltensänderungen oder gesundheitlichen Beeinträchtigungen auf der einen und Fremdeinwirkung auf der anderen Seite nachweisen oder zumindest mit großer Plausibilität annehmen lassen. Die im Vorangehenden aufgeführten Beispiele gehören zu dieser Kategorie.

Die Betroffenen werden im Fachjargon als ›Wavies‹ bezeichnet – von ›wave‹, dem englischen Wort für ›Welle‹. Niemand weiß, wie viele ›echte‹ wavies es gibt und wie viele sich ihre Manipulation nur einbilden. Einige ließen sich röntgen und konnten tatsächlich nachweisen, daß ihnen Implantate eingesetzt worden waren; andere konnten dies nicht und werden – vorausgesetzt, es handelt sich um Fälle von Fremdeinwirkung – offenbar durch elektromagnetische Wellen manipuliert. So oder so: Wavies hören plötzlich Töne und Stimmen in ihrem Kopf, erhalten Befehle, werden bedroht, beschimpft, oft auch ›nur‹ terrorisiert. Häufig stammen die Botschaften angeblich von ›Außerirdischen‹, was an die schon erwähnten UFO-Entführungs-Szenarien denken läßt. Fälle von Selbstmord sind nicht selten. Ein Entrinnen gibt es nicht, der Terror durchdringt Wände und ist völlig zeitunabhängig. Viele sprechen von ›Besessenheit‹, was den Symptomen durchaus gerecht wird. Nur daß es früher der Teufel, unreine Geister oder Dämonen waren und heute möglicherweise die PSYOP-Abteilung irgendeines Geheimdienstes, eine höchst irdische Quelle des Irrsinns.

Noch einmal: Mit Fehlerquoten muß gerechnet werden, Fällen von Verfolgungswahn, Schizophrenie und so weiter. Aber ein Rest bleibt, und er ist nicht so klein, wie man meinen sollte. Auf immerhin zwei bis fünf Prozent veranschlagte das österreichische Wissenschaftsmagazin *Modern Times* im Januar 1997 den Anteil jener Menschen, die ›Stimmen‹ oder Töne in ihrem Kopf hören, die andere nicht hören.[435] Der Großteil davon mag auf das Konto schizophrener Erkrankungen gehen (die im übrigen ebenfalls durch Fremdeinwirkung induziert sein können). Und die übrigen?

Harlan GIRARD, Jahrgang 1936, gilt als einer der prominentesten Experten in Sachen Bewußtseinskontrolle und Mikrowellenwaffen. 1990 gründete er das International Committee on Offensive Microwafe Weapons (ICOMW), das unter anderem mit UN-Einrichtungen in Verbindung steht und sich als unabhängige Institution zur Aufklärung der Öffentlichkeit versteht. 1999 vertrat das ICOMW die Interessen von rund 100 Personen, die glauben, daß sie menschliche Versuchskaninchen für Tests von biologischen Prozeßkontrollwaffen waren oder sind, die ihr Zentralnervensystem beeinflussen. GIRARD veranschlagt die Zahl der Opfer weltweit auf etwa 300 Menschen.[436] Aber er selbst relativiert diese Zahl auf erschreckende Weise, indem er von einem Gespräch mit einem ranghohen Militär berichtet:

»1993 hatte ich ein zufälliges Treffen mit General Carl STINER, der zuvor als Commander in Chief des United States Special Operations Command in Pension gegangen war. Als ich mitbekam, daß General STINER mit meiner Arbeit vertraut war, erklärte ich ihm im Detail, daß ich schätze, im Laufe der Jahre seien etwa 30000 Menschen an den Forschungen, Entwicklungen und Tests von biologischen Prozeßkontrollwaffen gestorben. Als ich diese Zahlen nannte, starrte mir General STINER in die Augen und sagte: ›Ich habe keine Probleme mit diesen Erkenntnissen.‹ Diese Zah-

[435] Nach: Ursula SEILER, »Die Mikrowelle – eine Waffe mit Zukunft«, aaO.

[436] Nach: Helmut LAMMER u. Marion LAMMER, *Verdeckte Operationen*, aaO., S. 70.

len bedeuten, daß auf jeden Betroffenen, der sich bei mir meldete, hundert andere bei den Tests und Experimenten umkamen.«[437]

Den USA, ihren Geheimdiensten und Streitkräften steht heute, am Beginn des 21. Jahrhunderts, augenscheinlich ein beachtliches Arsenal an Psychowaffen zur Verfügung. Jahrzehntelang wurden die verschiedensten Methoden der Bewußtseins- und Verhaltenskontrolle erprobt. Inzwischen sind die gangbarsten und effizientesten Verfahren frontreif und warten auf ihren Einsatz im Welt-Bürgerkrieg. Visionen, wie sie Steven METZ und James KIEVIT vor zehn Jahren entwickelten, sind längst auf der Zielgeraden zu ihrer Verwirklichung.

Die Publizistin Judy WALL enthüllte im australischen *Nexus magazine* in den Jahren 1998 und 1999, daß die US-Army seit längerem routinemäßig ›Mind control‹-Waffen einsetzt, ohne daß darüber öffentlich diskutiert wird.[438] Kernstück ist das mit High Tech vollgestopfte Spionageflugzeug EC-130 E ›Commando Solo‹. Die Maschine ist offenbar nicht nur für hochsensible Abhörmissionen ausgelegt, sondern auch in der Lage, gegnerischen Funkverkehr – aber auch Rundfunkprogramme – mit besonderen Signalen zu ›infizieren‹, die psychoaktive Wirkung entfalten. Die dabei zur Anwendung kommende Technologie läuft unter der Bezeichnung ›Silent Sound Spread Spectrum‹ (SSSS) und kann »die Gehirnströme des Hörers in einen gewünschten emotionalen Zustand« versetzen sowie subliminale Botschaften verbreiten. Maschinen vom Typ ›Commando Solo‹ wurden bereits 1983 bei der US-Invasion auf Grenada eingesetzt, später in Panama und Haiti, aber auch in Bosnien-Herzegowina und im Irak. Zu Recht sieht Judy WALL in der »luftgestützten Bewußtseinskontrolle« durch die EC-130 eine »Bedrohung bürgerlicher Freiheiten«.[439]

Eine dezente Umschreibung für die Manipulation ganzer Gesellschaften mittels subliminaler Psycho-Botschaften. Wenn man Bob FLETCHER Glauben schenken will, der 1998 eine Videodokumentation über *Exotische Waffen zur Kontrolle der Massen* (Exotic weapons of Mass Control) vorlegte, gehören solche Maßnahmen mittlerweile zur Routine amerikanischer Militäroperationen. FLETCHER behauptet, daß die EC-130 sowohl in Haiti 1994/95 als

---

[437] Harlan GIRARD, aaO., S. 249.

[438] Arlene TYNER, aaO.

[439] Judy WALL, »Aerial-Mind Control: A Threat to Civil Liberties«, in: *Nexus magazine*, Oktober/November 1999, http://www.raven1.net/commsolo.htm

auch in Bosnien 1995 eingesetzt worden sei, um die betroffene Bevölkerung durch die regelmäßige Ausstrahlung subtiler Signale aus der Luft zu erwünschten Verhaltensänderungen zu bewegen. »Es bedurfte fast eines Jahres dieser heimlichen Umprogrammierung«, heißt es in der Zusammenfassung zu FLETCHERS Dokumentation über die Haiti-Mission, »um sie dazu zu bringen, ihr Bewußtsein zu ändern. Anstatt eine Bevölkerung physisch niederzumetzeln [butchering], können wir sie nun mental manipulieren, indem wir durch ein Kreuz-und-Quer-Muster von EC-130-Flügen praktisch ihre Gedanken versklaven.«[440]

FLETCHERS Recherchen zufolge wurde die gleiche Methode 1995 in Bosnien angewandt, um eine gewünschte Wahlentscheidung herbeizuführen. In diesem Fall soll die Psycho-Berieselung aus der Luft ›nur‹ eine Woche gedauert haben.

Auch in mindestens einem weiteren Fall muß zumindest die Frage gestellt werden, ob nur Propaganda im Spiel ist oder ob die Botschaft womöglich durch zusätzliche Wellensignale verstärkt wird. Die Rede ist von dem erwähnten arabischsprachigen Jugendsender ›Sawa‹, der im Frühjahr 2002 unter der Ägide der Werbeexpertin Charlotte BEERS seinen Sendebetrieb aufnahm und seither mit Popmusik für die amerikanische Wertewelt wirbt. Was Werbepsychologen und Konsumforschern recht ist, kann dem Weißen Haus nicht unbillig sein. Längst werden auf dem freien Markt ›Silent Sound‹-Anwendungen für Kaufhäuser, Meditationsprogramme und Autogenes Training angeboten. »Weit davon entfernt, zwangsläufig als Waffe gegen Personen eingesetzt zu werden«, urteilt Judy WALL, »verfügt das System über unbeschränkte positive Anwendungsmöglichkeiten. Nichtsdestoweniger macht die Tatsache, daß die Töne unterbewußt [subliminal] sind, sie praktisch unentdeckbar und damit zu einer potentiellen Gefahr für die allgemeine Öffentlichkeit.«[441] Ein idealeres Medium zum Manipulieren jugendlicher Gehirne im konditionierbaren Alter ist schwer vorstellbar.

Britische Berichte erwähnten die Anwendung von ›Silent Sound Spread Spectrum‹ während des Golfkrieges bereits 1991. Die Technologie sei gezielt zur Demoralisierung des Gegners angewandt worden, indem irakische Soldaten in ein »ständiges Gefühl von Furcht und Hoffnungslosigkeit« versetzt worden sei-

[440] Zit. nach: ebd.

[441] Judy WALL, »Military Use of Mind Control Weapons«, http://www.raven1.net/silsoun2.htm

en. Auch Judy WALL bestätigt, daß die erwähnten ›Prozeßkontrollwaffen‹, mittels derer sich biologische und psychische Vorgänge fremdinduzieren lassen, offenbar zu den am frühesten einsatzfähigen Psycho-Waffensystemen zählen. Die spezifischen Frequenzmuster, die im Gehirn bei bestimmten Gefühlszuständen auftreten, lassen sich aufzeichnen, abspeichern und über Radio- und Funkwellen bequem verbreiten. Prozeßkontrollwaffen sind auch deshalb ideal, weil sie ihrem Anwender ein riesiges Spektrum an Einwirkungsmöglichkeiten eröffnen, das von der Manipulation von Körperfunktionen über die Suggestion von Klang- und Bildinhalten bis zur mentalen Beeinflussung reicht. In einem akuten Konflikt können die Truppen des Gegners damit terrorisiert, aber auch die Zivilbevölkerung demoralisiert werden. Beides kann dazu führen, daß die Ordnung zusammenbricht und koordinierte Verteidigung nicht mehr möglich ist.

Daß ›Silent Sound‹ 1991 mit Erfolg im Irak-Krieg angewandt wurde, ist im übrigen keine Unterstellung. Die Information kommt direkt aus der Chefetage. Edward TILTON, Präsident von Silent Sounds, Inc., äußerte sich im Dezember 1996 freimütig über das breitgefächerte Wirkungsspektrum seiner Firma, wobei er freilich einräumte, daß er aus Geheimhaltungsgründen keine Einzelheiten bekanntgeben dürfe. Was TILTON dann sagte, reicht

Die US-Firma ›Silent Sounds Inc.‹, die sich auf Programme zur Verbreitung subliminaler Botschaften spezialisiert hat, räumte ein, auch für die Bundesregierung Aufnahmen angefertigt zu haben. Um welche Botschaften handelt es sich? Gibt es einen Zusammenhang mit der Berliner ›Frequenzdroge‹?

aber vollauf (und sollte insbesondere in der Bundesrepublik aufmerksam zur Kenntnis genommen werden):

»Alle Pläne wurden (...) von der US-Regierung unter Geheimhaltung gestellt, und wir sind nicht befugt, genaue Details zu nennen. (...) Wir machen Aufnahmen [tapes] und CDs für die deutsche Regierung [!], sogar für Staaten der früheren Sowjetunion. Natürlich alles mit Genehmigung des US-Außenministeriums. (...) Das System wurde während der Operation ›Wüstensturm‹ recht erfolgreich eingesetzt.«[442]

Seit Oktober 1992 – also nach den ›erfolgreichen‹ Tests im Irak – ist Silent Sound in den Vereinigten Staaten ein offiziell eingetragener Markenname. Die US-Patentschrift trägt die Nummer 5,159,703, die patentierte Technologie firmiert dort unter der harmlos klingenden Bezeichnung ›Silent Subliminal Presentation System‹, was sich deutsch etwa als ›Geräuschloses subliminales Präsentationssystem‹ übersetzen ließe. Im zusammenfassenden Kurztext der Patentschrift wird Silent Sound beschrieben als:

»Geräuschloses Kommunikationssystem, bei dem nichthörbare Trägerwellen – im Bereich sehr niedriger oder sehr hoher Audio-Frequenzen oder im Bereich des benachbarten Ultraschall-Frequenzspektrums – mit einer gewünschten Information amplituden- oder frequenzmoduliert wird und auf akustischem Wege oder durch Vibrationen ins Gehirn induziert wird, typischerweise durch den Gebrauch von Lautsprechern, Ohrhörern oder piezoelektrischen Leitern. Die modulierten Wellen können direkt in Realzeit übertragen oder je nach Zweck zur zeitverzögerten oder wiederholten Übermittlung an den Hörer aufgenommen und auf mechanischen, magnetischen oder optischen Medien gespeichert werden.«[443]

Wie die Erprobung am Gegner während der Operation ›Wüstensturm‹ aussah, darüber läßt sich nur spekulieren. Judy WALL mutmaßt, Angehörige der berühmten 101. Luftlandedivision hätten spezielle ›Silent Sound‹-Megaphone benutzt, um irakische Soldaten mit subliminalen Aufforderungen zur Kapitulation zu ›überreden‹. Sie stieß auf Presseberichte, in denen von rund 100 Luftlandesoldaten die Rede war, die in »fließendem Arabisch« auf die gegnerischen Bodentruppen einredeten – und beeindrukkende Erfolge erzielten. An einigen Frontabschnitten ergaben sich die Iraker in hellen Scharen. Allerdings scheint die Anmerkung

[442] Ebd.

[443] Zit. nach: ebd.

angebracht, daß es dazu nicht unbedingt ausgefeilter Psycho-Waffen bedurfte.

Auch an der inneren Front sind Methoden der Prozeß- und Bewußtseinskontrolle ein ideales Instrument der Dominanz. Mit ihrer Hilfe lassen sich Stimmungen in der Bevölkerung kontrollieren und hervorrufen, ohne daß der Souverän auch nur ahnt, daß er manipuliert wird. Judy WALL erfuhr in einem Gespräch mit dem Informationsbüro des USAF Special Operations Command, die Anwendung subliminaler Programme gegen die Zivilbevölkerung sei in den Vereinigten Staaten vom Kongreß abgesegnet worden, mithin völlig legal. Im Fall innerer Unruhen hätten die US-Bundesstaaten auch das Recht, Maschinen des Typs EC-130 für den Psycho-Einsatz aus der Luft anzufordern.[444] In Großbritannien konnten unabhängige Forscher nachweisen, daß die »Polizei routinemäßig Mikrowellen benutzt, um ganze Stadtteile zu kontrollieren. Das geschieht offenbar mit Modulationen, die Aggressionen hemmen und müde machen. Als Trägerfrequenzen wurden 450, 900 und 1800 MHz gemessen, interessanterweise typische Mobilfunkfrequenzen.«[445] Ist die typische ›Innenstadtmüdigkeit‹ auf den beruhigenden Effekt dieser Strahlung zurückzuführen?

Zurück in die Bundesrepublik. Im Mai 2003 veranstaltete das Fraunhofer-Institut im baden-württembergischen Ettlingen ein internationales Symposium zum Thema ›Nichttödliche Waffen‹. Ausdrücklich wurde dort auch über deren Rolle in den ›asymmetrischen‹ Konflikten des 21. Jahrhunderts und ihre Verwendungsmöglichkeiten in städtischem Terrain sowie bei der Bekämpfung von ›Terror‹ und ›Aufständen‹ diskutiert.[446] Zumindest in Ansätzen scheint man auch hierzulande erkannt zu haben, daß die Gefahr akut ist.

---

[444] Judy WALL, »Aerial Mind-Control«, aaO.

[445] Johannes JÜRGENSON, »Elektronische Bewußtseinskontrolle. Was können Strahlenwaffen wirklich? Wie werden sie eingesetzt?« in: *Magazin 2000 plus*, Nr. 4/2003, S. 20 f.

[446] *Non-Lethal Weapons – New Options facing the Future. 2nd European Symposium on Non-Lethal Weapons organized by the Fraunhofer Institut ICT, May 13-14 2003*, http://www.ict.fhg.de/english/events/nlw.html

Eine Waffe namens ELF – getestet in Berlin?

Seit Jahren behaupten Tausende von Menschen in verschiedenen Gegenden Deutschlands, einen tiefen, störenden Brummton zu hören. Das Phänomen hat als ›das große Brummen‹ längst Eingang in die Leserbriefspalten und Wissenschaftsmagazine gefunden, aber eine offizielle Erklärung gibt es bis heute nicht. Der Ton läßt sich sogar messen, er liegt zwischen 75 und 85 Hertz und macht sich als leises, kaum hörbares Vibrieren bemerkbar. Aber Akustiker und Schallschutzexperten sind ratlos und können die Quelle des Signals nicht orten. Fest steht nur, daß es signifikante Häufungen der Wahrnehmung in Baden-Württemberg, in Berlin, Mecklenburg-Vorpommern, Hamburg und Niedersachsen gibt. Für die Betroffenen – inzwischen sind es Tausende, die das ›große Brummen‹ bestätigt haben – ist das bitter. Denn das Geräusch stört den Schlaf, verursacht Kopfschmerzen, Kreislaufprobleme und sogar Magen-Darm-Krankheiten.

Der Berliner Physiker Franz BLUDORF glaubt eine Erklärung gefunden zu haben.[447] Er hat im Jahre 2000 in der Nähe des Flughafens Tempelhof Messungen durchgeführt, Tonband- und Videoaufzeichnungen vorgenommen. Er kam dabei elektromagnetischer Strahlung auf die Spur, die vom Flughafengelände ausgeht. Die naheliegendste Annahme war zunächst, es handle sich um Wellen, die von der weithin sichtbaren, auf vier hohen Füßen stehenden ›Radarkugel‹ abgegeben werden, die seit den achtziger Jahren unweit des Columbiadamms auf dem Flughafengelände steht. Offiziell dient das Gebilde der weiträumigen Luftraumüberwachung.

Die von BLUDORF aufgefangenen Signale stammen aber nur zum Teil von ›normaler‹ Radarstrahlung. Tatsächlich strahlte die ›Radarkugel‹ Impulse in einem 12-Sekunden-Rhythmus ab, was auf ein rotierendes Radar im Inneren der Kugel schließen ließ, das sich einmal in zwölf Sekunden um seine Achse dreht. Beim Abspielen der Videoanalyse war dieses Signal auch als hoher Piepston hörbar, die elektromagnetische Frequenz des Senders hatte das Band magnetisiert.

Nicht als Radar-Welle zu erklären war dagegen ein regelmäßiger starker Impuls im extrem niederfrequenten (ELF-)Bereich, der offenbar unabhängig von dem 12 Sekunden-Signal gesendet

---

[447] Für das Folgende: Grazyna FOSAR u. Franz BLUDORF, »Codename ›Teddybär‹«, aaO.

wurde. Dieser ›Restimpuls‹ blieb übrig, wenn alle Hintergrund- und Straßengeräusche ausgefiltert wurden. Es handelte sich nicht um das übliche ›Netzbrummen‹, das auf dem Bildschirm normalerweise als gewöhnliche Sinuskurve zu erkennen ist, sondern eindeutig um ein moduliertes Signal, das an- und abschwillt. Der Hauptimpuls liegt bei etwa 80 Hertz. »Solche modulierten Signale dienen zur Informationsübertragung. Das Signal ist durchaus für das menschliche Ohr noch hörbar und ergibt einen sehr tiefen, impulsartigen Brummton.«[448]

ELF- oder Längstwellen-Signale können nicht von Apparaturen wie derjenigen in der ›Radarkugel‹ erzeugt werden. Zur Erzeugung von ELF-Impulsen bedarf es riesiger Anlagen, entweder eines ›Waldes‹ von gekreuzten Dipol-Antennen oder einer Schleifenantenne, die zweckmäßigerweise unterirdisch verlegt wird. Solche Anlagen gibt es; unterirdische ELF-Antennen existieren zum Beispiel in Clam Lake im US-Bundesstaat Wisconsin (mit einer Länge von 45 Kilometern!),[449] in England, Frankreich und auf dem Gebiet der ehemaligen UdSSR. Sie dienen unter anderem der Kommunikation unter erschwerten Bedingungen, wenn etwa dickere Erd-, Wasser oder Ozonschichten durchdrungen werden müssen. Bekannt ist, daß dabei kaum Übertragungsverluste auftreten. In den USA konnte die Navy mit Hilfe der Anlage in Clam Lake bereits in den achtziger Jahren nachweisen, daß auf diese Weise Kommunikation mit U-Booten möglich ist. Aber auch für Spionagezwecke sind Längstwellen ideal, zum Beispiel zum Aufspüren weit entfernter oder unterirdischer Anlagen.

Nach dem Abzug der Amerikaner vom Flughafen Tempelhof ist die dortige Radaranlage offiziell in die Zuständigkeit der Bundeswehr übergegangen. Sie sei, erfuhr BLUDORF, im Gegensatz zur Besatzungszeit heute nicht mehr geheim und werde zur weiträumigen Luftraumüberwachung im Bereich der neuen Bundesländer eingesetzt. Auch handle es sich bei der Anlage um ein normales Radargerät vom Typ AN/EPF-117 mit einer Reichweite von etwa 400 Kilometern. Allerdings: Die von BLUDORF gemutmaßte Längstwellen-Sendeanlage auf dem Gelände des Tempelhofer Flughafens wurde von den zuständigen Bundeswehr-Stellen rundweg bestritten, obwohl das Signal eindeutig meßbar und in voller Stärke nur am Columbiadamm nachweisbar war. Eine

---

[448] Ebd.

[449] Johannes JÜRGENSON, aaO., S. 19.

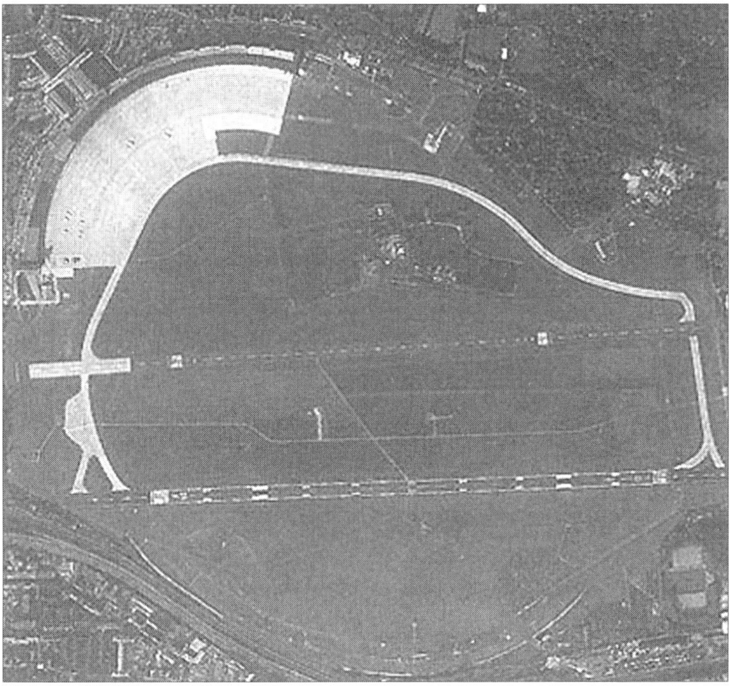

Luftaufnahme des Flughafens Berlin-Tempelhof. Vermutlich befindet sich unter dem Gelände eine weitläufige Ringantennen-Anlage.

andere Quelle des Impulses als das Flughafengelände kam nicht in Frage.

Während sich die Bundeswehr zugeknöpft gab, erhielt der Physiker unerwartete Unterstützung. Auf eines seiner Bücher hin meldete sich ein Leser, der sich als ehemaliger Mitarbeiter auf dem Flughafen Tempelhof zu erkennen gab. Der Mann berichtete BLUDORF, er habe in den achtziger Jahren eine private Sicherheitsfirma geleitet und sei in dieser Eigenschaft auch für die Installation und Instandhaltung der Sicherheits- und Überwachungsanlagen auf dem Flughafengelände zuständig gewesen. Im Rahmen dieser Arbeiten erhielt er Zugang zu einigen der weitläufigen Kellergeschosse unter dem Flughafen:

»Dort sah er eine rings um das gesamte Flughafengelände verlegte Anlage gewaltiger Kabel bzw. Hohlleiter, deren Verwendungszweck er sich nicht erklären konnte. Auf Nachfrage bei Flughafenmitarbeitern wurde ihm immer nur bestätigt, daß es sich um eine geheime militärische Anlage der 7350 Air Base

Group/LGC der US Air Force handle, wie der Flughafen Tempelhof im Sprachgebrauch der US Army damals hieß. Es sickerte durch, daß es sich dabei um eine sogenannte Längstwellenantenne handeln sollte, worauf schon die ungeheure Ausdehnung der unterirdischen Installation hinwies, die sich über mehrere Quadratkilometer erstreckte.«[450]

Für Bludorf schloß sich der Kreis. Aber das Ergebnis seiner Recherchen war alles andere als beruhigend. Er weist darauf hin, daß das in Tempelhof aufgefangene ELF-Signal fast identisch mit einem anderen Impuls ist, der Anfang der neunziger Jahre in der Kleinstadt Taos im US-Bundesstaat New Mexico Anfang dokumentiert werden konnte und für Unruhe sorgte, weil sich Tausende von Bürgern auch dort rund um die Uhr durch ein tiefes Brummsignal belästigt fühlten. Wie das ›große Brummen‹ in Deutschland ist auch das ›Taos-Summen‹ eindeutig belegt (und kann sogar im Internet angehört werden). Der Fall beschäftigte seinerzeit sogar das Pentagon, denn der Kongreßabgeordnete Bill Richardson aus New Mexico schrieb in der Angelegenheit nach Washington, allerdings ohne Erfolg.

Auch in Taos standen die Ärzte vor einem Rätsel. Denn die Betroffenen ›hörten‹ das Signal, das offenbar nicht über das Gehör transportiert wurde, direkt im Gehirn. Und: »Menschen, die das Taos-Hum hören konnten, litten unter zunehmend schwereren Gesundheitsstörungen wie Schlaflosigkeit, Kopfschmerzen, Kreislaufstörungen, Angstzuständen usw. Diese Beschwerden verschwanden nachweislich sofort, wenn die Betroffenen an einen anderen Ort umzogen.«[451]

Diese Symptome kamen Bludorf bekannt vor. Für ihn steht mittlerweile fest, daß durch die Anlage unter dem Flughafen Tempelhof modulierte Signale ausgestrahlt werden, d.h. Impulse mit einer bestimmten Information. Bludorf hält es für skandalös, daß die Impulse zwar zweifelsfrei nachgewiesen und analysiert werden können, von der Bundeswehr aber schlichtweg geleugnet werden, wobei er die Möglichkeit nicht ausschließt, daß die deutschen Stellen nach dem Abzug der US-Streitkräfte entweder nicht über die geheime Längstwellenantenne im Untergrund informiert wurden – oder einfach nicht die volle Befugnis über die Anlage erhielten, was den Vasallenstatus der Bundesrepublik einmal mehr im Detail unterstriche.

---

450 Grazyna Fozar u. Franz Bludorf, »Codename ›Teddybär‹«, aaO.
451 Ebd.

Über die ›Information‹, die über das Tempelhof-Signal an die Umgebung übermittelt wird, kann auch der Berliner Physiker nur spekulieren, weist aber in diesem Zusammenhang auf gewichtige Tatsachen hin – etwa, daß sich die im menschlichen Gehirn erzeugten elektromagnetischen Wellen ziemlich genau im Frequenzbereich künstlich generierter Längstwellen bewegen. Das bedeutet, daß das Gehirn im Einzugsbereich solcher ELF-Wellen nach einiger Zeit die aus der Umwelt ›angebotene Frequenz‹ übernimmt und sich darauf einschwingt. Konkret ist bekannt, daß die Strahlung im Bereich von Längstwellenantennen dem sogenannten ›Theta-Band‹ des Gehirnspektrums entspricht; das ist derjenige Frequenzbereich, in dem das Gehirn zum Beispiel im Traumschlaf, in Hypnose oder Trance tätig ist. Folge: Menschen, die sich längere Zeit in der Umgebung einer ELF-Antenne aufhalten, werden schläfrig. Bludorf geht so weit zu vermuten, daß künstlich erzeugte Längstwellenstrahlung in großstädtischen Ballungsräumen für das sogenannte ›chronische Müdigkeitssyndrom‹ (CFIDS) verantwortlich ist, eine Zivilisationskrankheit, unter der in Deutschland bereits mehr als zwei Millionen Menschen leiden. Auch in diesem Fall rätselt die Wissenschaft noch über die Ursachen und begnügt sich mit der diffusen Einsicht, das Syndrom sei eine Folge verschiedener ›Umweltfaktoren‹. CFIDS führt nicht nur zu Müdigkeit und Antriebslosigkeit, sondern auch zu Immunschwäche, häufigen Infekten und zahlreichen weiteren Störungen. Im Gefolge kann es zu AIDS, Krebs und zum Tod kommen.

Bludorf machte die Probe aufs Exempel. Direkt gegenüber der ›Radarkugel‹ am Columbiadamm liegt das Gebäude des Berliner Kraftverkehrsamtes. Der Krankenstand dieser Behörde ist überdurchschnittlich hoch. Die offizielle Begründung, dies hänge mit der »Belastung durch Publikumsverkehr« zusammen, hält der Steglitzer Wissenschaftler für nicht besonders stichhaltig. Er kann auf weitere Statistiken verweisen, denen zufolge die Berliner Verwaltung insgesamt durch einen deutlich höheren Krankenstand auffällt als diejenige anderer Städte im Bundesgebiet. Und: In Berlin leiden auch mehr Menschen an Schlaflosigkeit als andernorts in der Bundesrepublik.

Handelt es sich bei alledem um einen großangelegten militärischen Freilandversuch, von dem weder die Behörden noch die Bevölkerung etwas wissen? Welche Rolle spielen amerikanische Hintermänner? Auffällig ist, daß auch bei der ›Frequenzdroge‹, die der Berliner (!) Radiosender r.s.2 an Silvester 2001 ausstrahlte (siehe Seite 305 ff.), eine amerikanische ›Beratungsfirma‹ erwähnt wurde. Ist das Ganze ein Projekt im Rahmen ›Schwarzer Forschungen‹, die auch in den USA nur unter besonderer Geheimhaltung und mit verdeckter Finanzierung stattfinden können?

Indizien: Schon 1997 widmete das Nachrichtenmagazin *US News* dem Thema ›nichttödliche Waffensysteme‹ eine Titelgeschichte. Einer der zentralen Forschungszweige dabei beschäftigt sich mit ›gerichteter Energie‹ (directed energy), die auch im Zusammenhang mit der Bewaffnung künftiger Satellitensysteme und Nano-Waffen im All zur Diskussion steht. Das Magazin hatte in Erfahrung gebracht, daß hauptsächlich in drei Richtungen geforscht wird: Laserwaffen, Mikrowellen und ELF-Wellen. Ein verräterisches Detail liegt in dem Umstand, daß eine führende Rolle bei diesen Forschungen dem ›Directed Energy Directorate‹ auf dem Luftwaffenstützpunkt Kirtland in Albuquerque, New Mexico, zukommt, einer Einrichtung der Luftwaffe. Ausgerechnet die Kirtland Air Force Base war in den neunziger Jahren wegen des Taos-Summens ins Gerede gekommen.

Noch mehr Hinweise: *US News* zufolge beschäftigt sich die Air Force seit längerem auch mit den ›Bioeffekten‹ nichttödlicher Strahlenwaffen. Auch hierfür gibt es eine eigene Behörde, das ›Human Effectiveness Directorate‹ mit Zentrale auf der

Die ›Radarkugel‹ unweit des Columbiadamms auf dem Flughafen Tempelhof. Messungen ergaben regelmäßige Frequenzimpulse, die von der Radaranlage ausgestrahlt werden.

Wright Patterson Air Force Base in Dayton, Ohio, das unter anderem die Reaktion von Menschen auf ›Geräuschinformationen‹ und Radiofrequenzimpulse untersucht. Das Pentagon räumte die Existenz bzw. Entwicklung solcher ›akustischer‹ oder ›Soundwaffen‹ in einer Stellungnahme sogar offiziell ein. Ausdrücklich wurde unterstrichen, daß derartige Waffen das »Innere von Menschen in Vibration versetzen [können], um sie zu betäuben, Übelkeit auszulösen oder sogar den Darminhalt zu verflüssigen«.

Bereits Anfang der achtziger Jahre, fand *US News* weiter heraus, wurde am ›Armed Forces Radiobiology Research Institute‹ (deutsch: Radiobiologisches Forschungsinstitut der Streitkräfte) in Bethseda, Maryland, ein ELF-Soundwaffenprojekt durchgeführt. Projektleiter war ein gewisser Elron Byrd, der oben bereits in anderem Zusammenhang erwähnt wurde. Byrd hatte zunächst Studien über die Telemetrie von Gehirnströmen und die Psycho-Effekte von Längstwellen veröffentlicht, war in der ›US Psychotronic Association‹ (USPA) aktiv und eine Zeitlang am ›Büro für nichttödliche Waffen‹ des Naval Surface Weapons Center tätig. Im Juli 2000 legte er ein Papier zur 26. Jahresversammlung der USPA vor, in dem er über aktuelle Fortschritte bei der Entwicklung von ›Mind Control‹-Methoden referierte. Am Rande ließ er im privaten Gespräch die Mitteilung fallen, bei den Marines existierten bereits einsatzfähige Geräte zum Tele-Imaging, also zum künstlichen Erzeugen von Bildern im Gehirn.[452]

Auch Byrd erwähnte in seinem Referat übrigens – eher nebenbei –, mit welcher Skrupellosigkeit während des Kalten Krieges in den USA Versuche an amerikanischen Staatsbürgern unternommen worden seien, ohne daß die Betroffenen davon wußten. Byrd sprach von »Tausenden dokumentierter Fälle«.

Jedenfalls ist Elron Byrd jemand, der es wissen muß. Angesichts seiner Karriere in der Grauzone zwischen Wissenschaft und Militär wundert es nicht, daß Byrd auch als Forschungsleiter jenes ELF-Soundwaffenprojekts begegnet, das zwischen 1980 und 1983 in Bethseda stattfand. Dem Bericht in *US News* zufolge betrachtete Byrd die Experimente als »sehr erfolgreich«, denn es sei im Tierversuch gelungen, entweder die geballte Ausschüttung natürlicher Opiate (Endorphine) im Gehirn oder die verstärkte Produktion von Histamin auszulösen. Byrd: »Beim Menschen würde dies grippeähnliche Symptome auslösen und Übelkeit produzieren. Die Felder waren extrem schwach. Sie

[452] Arlene Tyner, aaO.

waren nicht nachweisbar. Die Effekte waren nicht tödlich und reversibel. Man konnte eine Person temporär ausschalten. Es wirkte wie ein Betäubungsgewehr.«[453]

Auch BYRD war deshalb nicht wenig erstaunt, als das Projekt 1983 vor Ablauf der geplanten Dauer, nämlich nach drei Jahren, gestoppt wurde – kurz vor der Erstellung waffenfähiger Systeme. Er selbst vermutet, daß es im geheimen weitergeführt wurde, im Rahmen eines ›schwarzen Projekts‹.

Franz BLUDORF zählt an diesem Punkt eins und eins zusammen und äußert einen schlimmen Verdacht: »Gerade zu dieser Zeit, Mitte der achtziger Jahre, wurde (...) dann die Radaranlage in Tempelhof gebaut. (...) Fand der ›Feldversuch‹ etwa in Berlin-Tempelhof im Rahmen eines schwarzen Projektes statt, und waren (bzw. sind) die Berliner ahnungslose Versuchsobjekte? Immerhin wäre ein solches Experiment praktisch risikolos. Die Anlage ist äußerlich nicht sichtbar, und die ausgelösten Symptome wie Schläfrigkeit, Schlafstörungen, Magen-Darm-Störungen, Fieber, grippeähnliche Beschwerden sind so vielfältig, daß kaum jemand zwischen ihnen einen Zusammenhang sehen noch derartige Krankheitsbilder gar auf eine militärtechnische Anlage zurückführen würde.«

Allein aus den hier referierten Fakten, Forschungen und Querverbindungen ergibt sich ein Bedrohungsszenario von beklemmenden Ausmaßen. Nach allem, was sich in Erfahrung bringen läßt, ist es mehr als plausibel, daß zumindest in den USA seit vielen Jahrzehnten an Methoden (›Waffen‹) zur gezielten Beeinflussung und Kontrolle von Menschen gearbeitet wird. Es ist ferner davon auszugehen, daß diese Forschungen um den Preis der Gesundheit und Unversehrtheit vieler Tausender Bürger vorangetrieben wurden, und dies augenscheinlich nicht nur in den USA selbst, sondern auch in zahlreichen anderen Ländern der Erde. Inzwischen, so viel scheint festzustehen, verfügen die Machtelite und ihr verlängerter Arm, das US-Militär, über ein umfangreiches, abgestuftes Arsenal psychoaktiver Waffen- und Kontrollsysteme, das sich für den Einsatz gegen interne Unruhestifter ebenso eignet wie zur Beeinflussung gegnerischer Streitkräfte, aber auch ganzer Regionen.

Am Horizont dieser Bemühungen wird ein unheimliches Fernziel sichtbar: totale Kontrolle, der Planet der Affen. Um zu die-

[453] Hier zit. nach: Grazyna FOSAR u. Franz BLUDORF, »Codename ›Teddybär‹«, aaO.

sem Schluß zu kommen, muß man nach dem im vorangegangenen Referierten kein Verschwörungstheoretiker mehr sein. Auch der Gang der Forschungs- und Entwicklungsarbeiten enthüllt im Rückblick sein immanentes Ziel. Der bereits zitierte Mikrowellenwaffen-Gegner und Gründer des International Committee on Offensive Microwave Weapons (ICOMW), Harlan GIRARD, glaubt einen apokalyptischen Fünf-Stufen-Plan zur totalen Weltherrschaft auszumachen:

»Zusätzlich zur Entwicklung von biologischen Prozeßkontrollwaffen (...) wurde in den Vereinigten Staaten in aller Stille im Rahmen der ›Schwarzen Projekte‹ ein mächtiges System zur Überwachung seiner Einwohner aufgebaut. In diesem elektronischen Gefängnis können die Betroffenen ähnlich wie in totalitären Regimen studiert werden, obwohl sie sich in einer virtuellen Freiheit befinden. (...) Die zweite Generation dieser Überwachungstechnologien wird zur Zeit in der Literatur diskutiert; sie kann einen Betroffenen an jedem Ort identifizieren und lokalisieren. In der dritten Generation wird der Überwachte am Betreten von bestimmten Plätzen, Orten oder Räumlichkeiten gehindert. Die vierte Generation macht die zu überwachende Person untauglich, sobald sie sich Warnungen widersetzt. In der fünften Generation wird der Betroffene drahtlos für unerwünschte Handlungen bestraft.«[454]

Mittlerweile ist der Abbau bürgerlicher Freiheitsrechte – nicht nur in den USA, sondern in allen angeblich ›demokratischen‹ Ländern des Westens – mit Händen zu greifen. Die Begründung der Öffentlichkeit gegenüber lieferte der 11. September 2001. Unter dem Deckmantel des ›Kampfes gegen den Terror‹ ist vieles plötzlich wieder möglich, was längst überwunden schien. Präventive Terrorbekämpfung wird großgeschrieben. Das schließt nicht nur den präventiven Einsatz von Atomwaffen ein, den Washington der restlichen Welt unverhohlen androht, sondern erst recht die Bekämpfung von ›Terror‹ dort, wo er entsteht: in den Gehirnen von Menschen. Wie zu zeigen war, existiert das technische Instrumentarium dazu inzwischen oder steht kurz vor der Praxisreife: Technologien zum Gedankenlesen einerseits, zur anonymen Manipulation des Denkens, der Psyche, des Gehirns andererseits. Am Beginn des 21. Jahrhunderts ist der Große Bruder viel weiter, als es sich George ORWELL jemals hätte träumen lassen. Dabei ist alles bisher Erreichte erst der Anfang.

---

[454] Harlan GIRARD, aaO., S. 247 f.

Das Vermächtnis des Nicola Tesla

Seit Mitte der neunziger Jahre sorgt ein Kürzel für Unruhe: HAARP. Es steht für eines der ehrgeizigsten Forschungsprojekte der Geschichte: High-frequency Active Auroral Research Program. In korrektes Deutsch läßt sich das sperrige Emblem kaum übersetzen. Folgt man der offiziellen Nomenklatur, geht es um ein Programm zur Erforschung des Nordlichts (Aurora) mittels Hochfrequenztechnologie. Im Mittelpunkt steht dabei ein riesiger Antennenpark auf einem Gelände des amerikanischen Verteidigungsministeriums im südlichen Alaska, unweit der Ortschaft Gakona in der Nähe von Anchorage. Beteiligt ist an dem Programm unter anderem die Universität von Alaska in Fairbanks. Die anderen Projektpartner sind die US Navy und die US Airforce. Am Maschendrahtzaun des Geländes, der mitten in den arktischen Wäldern ein Stück weit parallel zum Tok-Highway verläuft, befindet sich ein Schild, das auf ein militärisches Versuchsgelände hinweist.

Noch etwas deutet darauf hin, daß an diesem entlegenen Flekken Erde nicht nur die Universität von Alaska die Geheimnisse des Nordlichts erforscht. Anfang der neunziger Jahre war das High-Tech-Unternehmen APTI (ARCO Power Technologies Inc.) noch eine relativ kleine Firma mit einem Präsidenten in Los Angeles und etwa 25 Mitarbeitern in Washington. Das Jahresbudget belief sich auf rund fünf Millionen US-Dollar. APTI ist eine Tochtergesellschaft der Ölgesellschaft ARCO (Atlantic Richfield Oil Company), die Ölvorkommen im Norden Alaskas ausbeutet. Aber das Öl aus Alaska ist teuer, weil der Transport in die USA kostspielig ist. Für ARCO war es deshalb ein besonderer Glücksfall, als sich das Kommunikationsunternehmen E-Systems für APTI interessierte. E-Systems lebt zum Gutteil von Militäraufträgen und von Projekten für die CIA und die NSA. So wurde unter anderem das GPS-System bei E-Systems entwickelt. Der Jahresetat lag 1997 bei zwei Milliarden Dollar.

Damit kein Ende des Übernahmekrimis. 1995 wurde E-Systems von einem anderen Rüstungs-Tycoon geschluckt: Raytheon, eines der größten Unternehmen der Branche mit einem Budget von 20 Milliarden Dollar und 600 000 Mitarbeitern. 1995 befanden sich damit sowohl die Erdölvorkommen von ARCO im Norden Alaskas als auch die Blaupausen von APTI praktisch in der Hand der Rüstungsindustrie.[455]

---

[455] Nach: H. Lammer u. M. Lammer, *Verdeckte Operationen*, aaO., S. 334 f.

Der Antennenwald nahe Gakona in Alaska.
Die Anlage ist das Kernstück des umstrittenen HAARP-Projekts.

Für die eigenwillige Firmenkonfiguration gab es einen Grund. APTI befand sich nämlich im Besitz einiger Patente aus den achtziger und neunziger Jahren, die der Physiker Dr. Bernhard J. EASTLUND angemeldet hatte und die auf Forschungen des Elektrotechnik-Pioniers Nicola TESLA (1856–1943) beruhten. Die meisten davon versprachen einen Nutzen für das SDI-Projekt. Allerdings ging es dabei nicht um konventionelle Vorstellungen von einer satellitengestützten Raketenabwehr, sondern um neuartige Methoden zur Manipulation der Erd-Ionosphäre, oder anders gesagt: um geophysikalische Kriegführung.

Nicola TESLA, geboren in einem kleinen Dorf im österreich-ungarischen Kroatien, gilt als eine der umstrittensten Gestalten der Wissenschaftsgeschichte. Seine zahlreichen Erfindungen und Entdeckungen auf dem Gebiet der Elektrotechnik und Elektrophysik weisen ihm einen Spitzenplatz in der Technikgeschichte des 20. Jahrhunderts zu, allerdings wissen auch Kenner des Faches mit seinem Namen häufig nichts anzufangen. TESLA ist der typische Vertreter jener Sorte verrückter Genies, die ihren in konventionelleren Bahnen denkenden Zunftkollegen meist weit voraus sind und deshalb erst einmal ›vergessen‹ werden, bis die Zeit für ihre Visionen reif ist. Schon 1897 gelang TESLA die erste drahtlose Signalübertragung über eine Entfernung von 40 Kilometern, zwei Jahre später die Entwicklung des ›Magnifying‹-Transmitters, einer Anlage zur drahtlosen Energieübertragung.

Zur Jahrhundertwende machte er sich für ein Welt-Funksystem stark, in dessen Mittelpunkt ein leistungsstarker Nachrichten- und

Energiesender in Wardenclyffe auf Long Island stehen sollte. Der zentrale Sendeturm sollte 57 Meter hoch sein und an seiner Spitze einen pilzförmigen Aufsatz zum Sende- und Empfangsbetrieb tragen, nicht unähnlich den Konstruktionen moderner Fernsehtürme. »Das System sollte Programme für die allgemeine Öffentlichkeit senden wie auch der privaten Nachrichtenübermittlung dienen. Tesla war der erste, der die Versorgung der Öffentlichkeit mit Nachrichten und Unterhaltung auf dem Weg des Rundfunks anregte. (...) Das vollständig ausgebaute System sollte als drahtloses Mehrfrequenz-Übertragungssystem alle Telephon-, Telegraphen- und Fernschreibdienste auf der ganzen Welt übernehmen.«[456] Das Welt-Funksystem wurde - natürlich - nie errichtet, statt dessen kündigten Teslas Bankiers 1905 die Zusammenarbeit mit ihm auf.

Trotz dieses Rückschlages folgten weitere Pionierleistungen, deren Tragweite Forschern (und Militärs!) erst nach und nach bewußt wurde. So veröffentlichte Tesla noch vor dem Ersten Weltkrieg, 1912, eine Arbeit über die Wirkungsweise mechanischer Resonanzvibratoren. Daß es sich dabei um ein durchaus operables Prinzip handelte, demonstrierte er nach einer Vielzahl von Versuchen mit weckergroßen Vibratoren, mit denen er Gebäude und Brücken ins Wanken bringen konnte. Vor der Presse erklärte er, mit der Resonanztechnik die Erde spalten zu können.

Die Versuchsanlage Wardencliffe auf Long Island, eines der aufwendigsten Vorhaben Nicola Teslas. Der Turmaufbau sollte der weltweiten Rundfunkübertragung und der drahtlosen Übertragung elektrischer Energie dienen.

[456] Edition Freie Energie (Hg.), *Teslas verschollene Erfindungen. Geniale Techniken wiederentdeckt*, Wiesbaden 1994, S. 56 ff.

Eine andere seiner ›verrückten‹ Ideen stellte er 1934 vor, als er in einem Interview ›Todesstrahlen‹ aus kohärenten, elektrisch geladenen Teilchen erwähnte, die Lichtgeschwindigkeit erreichten und imstande seien, dickste Panzerungen zu durchschlagen. Dabei hatte TESLA nur eine Idee weiterentwickelt, die in ihm bereits während des Ersten Weltkrieges herangereift war. Schon 1917 hatte er dem US-Kriegsministerium eine Teilchenstrahlwaffe angeboten, war damit aber nicht ernstgenommen worden; eine Erfahrung, die er immer wieder machen mußte und mit der er im übrigen nicht allein stand. Die Gebrüder WRIGHT etwa, die 1903 das Patent ihres Flugapparates anmelden wollten, wurden mit der Begründung abgelehnt: »Es handelt sich hier um ein Gerät, das nicht funktionieren kann und nicht in der Lage ist, seine angebliche Funktion auszuführen.« Der Chef der Behörde, Charles H. DUELL, beharrte 1899 auf der Auffassung: »Alles, was erfunden werden kann, ist bereits erfunden.«[457]

Auch TESLA wurde kaltgestellt, von seinen finanziellen Quellen abgeschnitten und von der Presse als Scharlatan denunziert. Dahinter standen nicht nur die Vorbehalte der etablierten Technik-Gemeinde dem unkonventionellen Außenseiter gegenüber, sondern auch einschlägige wirtschaftliche Interessen. Als er dem Großbankier John P. MORGAN seine Pläne für die Billigenergieversorgung von Fabriken, Fahrzeugen und Häusern vorlegte, wehrte dieser entsetzt ab: »Um Himmels willen, dann verkaufen wir ja nur noch einige Kästen und Antennen und können unsere einträgliche schwere Technik abschreiben.«[458]

TESLA war zweifellos ein wissenschaftliches Genie und zeitweise sogar außerordentlich populär. Allein zwischen 1887 und 1891 beantragte und erhielt er 40 Patente. Er hielt Vorlesungen und beeindruckte die Mitwelt mit immer neuen Erfindungen. Eine ganze Reihe von Schlüsseltechnologien geht auf ihn zurück, so etwa auf dem Gebiet der künstlichen Beleuchtung, der Drehstrom-, Hochfrequenz- und Hochspannungstechnik, der Telekommunikation, der Turbinentechnik und der drahtlosen Energieübertragung. Zusammen mit Thomas Alva EDISON, dem Erfinder der Glühbirne, wurde ihm 1912 der Nobelpreis für Physik verliehen. Doch TESLA lehnte ab, zum einen, weil ihn der ungleich geschäftstüchtigere EDISON mehrmals um Patente und Rechte an seinen Entwicklungen betrogen hatte, zum anderen, weil er

[457] Zitate nach: Rho SIGMA, *Forschung in Fesseln*, Wiesbaden 1994, S. 333.

[458] Zit. nach: VAP-Verlag (Hg.), *Nicola Tesla. Das Genie unserer Zukunft*, Wiesbaden 1991, S. 28.

Edison als ›Nur-Erfinder‹ verachtete, während er sich selbst als Entdecker neuer Naturprinzipien verstand.

In der Öffentlichkeit konnte sich Tesla als ernst zu nehmender Konkurrent Edisons profilieren, indem er auf seinen Vorträgen eigene Lampen vorführte, die drahtlos mit Energie versorgt wurden und um ein Vielfaches heller leuchteten als die Edison-Glühbirne. Er experimentierte mit ferngesteuerten Fahrzeugen, neuen, zukunftsweisenden Funk-Technologien, konzipierte Radarsysteme, unbemannte Raketen, Eisenbahnzüge, die Geschwindigkeiten von 330 Stundenkilometern erreichen sollten, und noch vor der Jahrhundertwende äußerte er die Überzeugung, in Kürze mit dem Mars in Kommunikation treten zu können, nachdem er Spulen erfunden hatte, mit denen sich die Atmosphäre zu einem hervorragenden Leiter machen ließ. Dahinter stand das wissenschaftliche Postulat, daß das Weltall nicht ›leer‹, sondern von elektrisch geladenen Teilchen erfüllt ist. »Er träumte von den praktischen Auswirkungen seiner Erfindungen: nie mehr Hunger in der Welt; keine Mißernten oder Dürren mehr, problemlose weltweite Kommunikation; Kontrolle des Wetters; unerschöpfliche Energie; grenzenloses Licht; Kommunikation mit Lebensformen auf anderen Planeten.«[459]

Am 7. Januar 1943 starb Tesla im Alter von 86 Jahren in einem Hotelzimmer in New York.

Ein Großteil der Forschungsvorhaben Teslas stellte die Vorstellungskraft seiner Mitwelt auf harte Proben. Allerdings konnte Tesla immer wieder auf spektakuläre Weise demonstrieren, daß seine technischen Konzepte sehr wohl operabel waren, und das mitunter auf beunruhigende Weise. Als er einen seiner faustgroßen ›Oszillatoren‹ an einen Eisenträger in New York anschloß und einschaltete, geriet nicht nur der Träger, sondern auch das Gebäude und nach und nach der ganze Untergrund in Schwingung. Die Polizei rückte an. Den Reportern sagte Tesla, er könne mit seinem Apparat innerhalb weniger Minuten die Brooklyn-Brücke zum Einsturz bringen. Innerhalb weniger Wochen lasse sich die Erdkruste in derartige Schwingung versetzen, daß Flüsse aus ihren Betten träten, Gebäude zerstört und die Zivilisation vernichtet werden könne.[460] Natürlich trug Tesla mit solchen Verlautbarungen nicht gerade zur Beruhigung der Öffentlichkeit bei.

1899 verlegte er seine Arbeitsstätte vorübergehend nach Colorado Springs, wo ihm zu Forschungszwecken ein Areal außer-

[459] Ebd., S. 17.

[460] Nach: ebd., S. 18.

halb der Stadt zur Verfügung gestellt worden war. Hier errichtete er in 2000 Meter Höhe auf einer Scheune einen 23 Meter hohen Turm, von dem ein 40 Meter hoher Mast aufragte, auf dessen Spitze eine Kupferkugel von einem Meter Durchmesser befestigt war, ein Aufbau, wie er ihm wenige Jahre später für das Welt-Funknetz von Wardenclyffe vorschwebte. Tesla hat diesen Verstärkersender später einmal als seine größte Erfindung bezeichnet. Er war überzeugt, mit dieser Apparatur hundert Millionen Volt erzeugen zu können. Tatsächlich müssen die Versuchsreihen im Gebirge von Colorado Springs überaus beeindruckend gewesen sein. Tesla erzeugte dort künstliche Blitze und gigantische elektrische Feuerwerke. Und: Er entdeckte das Prinzip der ›stehenden Wellen‹. Diese entstehen durch die Wechselwirkung zwischen der Eigenfrequenz der Erde (etwa 10 Hertz) und Radiowellen der gleichen Länge, die beispielsweise durch Blitzschläge erzeugt werden. Beide Wellen verstärken sich gegenseitig und können über lange Zeit hinweg stabil und ortsfest sein.

Die praktische Bedeutung dieser Frequenzexperimente lag nicht nur für Tesla auf der Hand. Bei seinen Überlegungen für ein drahtloses Funksystem verfolgte er unter anderem die Idee, die natürlichen Schwingungen der Erde zu nutzen. Entsprechende Funkgeräte seien »mit angemessener Berücksichtigung der physikalischen Eigenschaften dieses Planeten und der auf und in ihm herrschenden Bedingungen zu konstruieren«.[461] Näheres publizierte Tesla 1919 in einem Aufsatz unter dem Titel *Der echte Rundfunk*. Er stellt darin dem bekannten Hertz-Sender, der Funkwellen in die Luft aussendet, viel Energie benötigt und einen geringen Wirkungsgrad aufweist, einen geerdeten Oszillator (Sender) gegenüber, der wenig Energie verbraucht und ungleich leistungsfähiger ist, weil er sich tiefe Frequenzen – insbesondere solche nahe der Resonanzfrequenz der Erde – zunutze macht. Im Gegensatz zu vielen anderen Ideen Teslas wurde dieses Prinzip während des Ersten Weltkrieges tatsächlich in die Praxis umgesetzt: James Harris Rogers konstruierte ein ›unterirdisches Radio‹, bei dem die Sende- und Empfangsantennen unterirdisch oder in Wasser angeordnet waren. Der Sendebetrieb erwies sich als wesentlich weniger störanfällig als die herkömmlichen oberirdischen Funkverfahren, und die Signalstärke soll 5000mal höher gewesen sein.

[461] Zit. nach: Edition Freie Energie (Hg.), *Teslas verschollene Erfindungen*, aaO., S. 66 f.

Sowohl um die näheren Umstände des Todes TESLAS im Januar 1943 als auch um den Verbleib seines Forschungsnachlasses ranken sich Gerüchte. Angeblich hätte der 86jährige Forscher am nächsten Tag von US-Präsident ROOSEVELT empfangen und zum Thema ›Energie‹ befragt werden sollen; es soll um eine mögliche Alternative zur Atombombe gegangen sein.[462] Tatsächlich führte TESLA, dessen Marotten bekannt waren, nicht das Leben eines verarmten Sonderlings, wie es die Legende will, auch wenn er mit der etablierten Welt – Bankhäusern, Regierungsstellen, Industriekonzernen – immer wieder schlechte Erfahrungen gemacht hatte. Ein Jahr nach seinem Tod, 1944, fällte der Oberste Amerikanische Gerichtshof ein Urteil, in dem er verbindlich bestätigte, daß TESLA der Erfinder des Radios gewesen sei, und nicht der Italiener Guglielmo MARCONI, der 1909 für seine Pionierleistungen auf dem Gebiet der Funktechnik ebenfalls den Nobelpreis erhalten hatte. In Wirklichkeit hatte MARCONI nur die ›Spaltprodukte‹ von 17 Patenten TESLAS verwertet. Auch der jugoslawische Staat ehrte in den dreißiger Jahren den großen Sohn, indem er ihm 1936 eine jährliche Rente in Höhe von 7200 US-Dollar aussetzte. Während des Krieges revanchierte sich TESLA, indem er den Partisanenkampf in seiner Heimat finanziell unterstützte.

Nicola TESLA vor einer spiralförmig gewickelten Resonanzspule zur Hochspannungserzeugung (Aufnahme aus dem Jahre 1898).

Sein Nachlaß verschwand gleich nach seinem Tod in den Geheimarchiven. Mit der Begründung, es könne sich um geheime Erfindungen handeln, die die nationale Sicherheit der Vereinigten Staaten gefährden könnten, beschlagnahmte das FBI sofort sämtliche Unterlagen. Mindestens zwei der militärischen Geheimdienste der USA durchforsteten TESLAS Hinterlassenschaft aufs penibelste, kopierten seine Aufzeichnungen und hielten die Originale weiter unter Verschluß. Als die Belgrader Regierung nach 30 Jahren Rechtsstreit den Nachlaß endlich ausgehändigt bekam, erhielt sie nur mehr oder weniger wertloses Material.

[462] Nach: Armin WITT, *Das Galilei-Syndrom. Unterdrückte Entdeckungen und Erfindungen*, München 1991, S. 267.

Ausweitung der Kampfzone: die Regenwaffe

Die Forschungen TESLAS hatten um diese Zeit längst begonnen, sich in den militärischen Entwicklungslabors zu verselbständigen. Ein besonders eklatantes Beispiel dafür bietet das von der Luftwaffe eingerichtete bodengestützte Notfall-Kommunikationssystem GWEN (Ground Wave Emergency Network) sowie das ELF-System der Marine. Beide basieren auf den herausragenden Funkeigenschaften von Tiefstfrequenzen und gehen, was auch ohne detektivisches Gespür zu erkennen ist, auf das ›Unterirdische Radio‹ von ROGERS bzw. TESLA zurück. Auch GWEN ist ein Niedrigfrequenz-Kommunikationssystem, das die Verbindung militärischer Dienststellen im Fall eines Atomkrieges aufrechterhalten soll und sich deshalb der von TESLA entdeckten unterirdischen Übertragungsmöglichkeiten bedient. »Das Netz umfaßt quer über den Kontinent eine Reihe von unterirdischen Kupferdrahtgeflechten mit einem Durchmesser von jeweils ca. 180 m, angeschlossen an Türme mit einer Höhe von ca. 90 m, ähnlich dem TESLAschen Turm in Wardencliff. Zu den Vorteilen des Systems zählt die Unempfindlichkeit gegen die Auswirkungen der elektrischen Impulse, die bei Kernexplosionen ausgesandt werden. (...) Es ist bezeichnend, daß die offiziellen Stellen für die Übermittlung der allerletzten Nachrichten im Fall eines Atomwaffeneinsatzes auf das von TESLA erfundene Untergrundradio zurückgreifen.«[463]

Es kam, was kommen mußte: TESLA hatte den Militärs ein Arsenal künftiger Waffensysteme an die Hand gegeben, das sich selbst die kühnsten Romanautoren nicht plastischer hätten ausmalen können. An der ›TESLA-Front‹ begann der unvermeidliche Rüstungswettlauf. Die Geschichte der Kriegführung auf der Erde trat damit in ihr apokalyptisches Zeitalter ein. Denn TESLAS Apparate und Entdeckungen waren das, wovon die Planer und Strategen der materialistischen Weltmächte bislang nur hatten träumen können: Instrumente der totalen Macht, der totalen Vernichtung. War schon der Bombenkrieg infernalisch, so bedeutete er dennoch eine Orgie der Verschwendung und der Ineffizienz, verglichen mit den neuen Zerstörungsmitteln, die jetzt ins Blickfeld rückten. Ein Knopfdruck, ein paar Einstellungen an technischen

---

[463] Ed. Freie Energie, *Teslas verschollene Erfindungen*, aaO., S. 70.

Apparaturen genügten fortan, um maximale Zerstörung zu bewirken. Die Atombombe, bezeichnenderweise zur gleichen Zeit entwickelt und erstmals eingesetzt, wies den Weg.

Schon kurz nach dem japanischen Angriff auf Pearl Harbor im Dezember 1941 kursierten in amerikanischen Planungsstäben Ideen, etwa durch ein künstliches Erdbeben eine Tsunami, eine riesige Flutwelle mit mehreren hundert Stundenkilometern Geschwindigkeit, auszulösen und so einen vernichtenden Vergeltungsschlag gegen die Küste des japanischen Mutterlandes auszuführen. Dazu kam es nicht. Der Krieg im Pazifik wurde durch die Atombombenabwürfe von Hiroshima und Nagasaki beendet. Die Blockkonfrontation begann, und die Deutschen und Japaner wurden übergangslos von den Sowjets als neuem Gegner abgelöst. Der Kalte Krieg begann, es war die Zeit immer neuer Atomtests, der ersten Freilandversuche mit biologischen Waffen, getestet an der amerikanischen Zivilbevölkerung, der ersten Versuche der Wettermanipulation zu militärischen Zwecken. Im Juli 1946 wurde im Labor der Firma General Electric die Entdeckung gemacht, daß Trockeneis (festes Kohlendioxid) in feuchter, unterkühlter Luft die Bildung von Schneeflocken auslöst. Vier Monate später folgte das erste Freiluftexperiment. Auch diese Errungenschaft ging sogleich in die Hände der Army über: »Da General Electric mögliche Klagen und Schadenersatzforderungen wegen eventuell durch die Trockeneisexperimente ausgelöster Schneestürme fürchtete, überließ die Firma der amerikanischen Armee das Feld. Diese führte die Versuche (...) als ›Projekt Cirrus‹ weiter.«[464]

Damit war die Wetterfront eröffnet. Im amerikanischen Präsidentenausschuß wurde 1954 eine Arbeitsgruppe ins Leben gerufen, die die Möglichkeiten der Wetterbeeinflussung untersuchen sollte. Schon unter Präsident EISENHOWER wurde die Direktive ausgegeben, Methoden zur Manipulation des Wetters über der Sowjetunion zu erkunden. Tatsächlich stellte ein Bericht der 1954 gegründeten Arbeitsgruppe drei Jahre später fest: »Aus dem Weltraum kann man das Wetter auf der Erde kontrollieren, Dürre und Überschwemmungen herbeiführen, Gezeiten beeinflussen und den Meeresspiegel erhöhen, die Temperatur der Atmosphäre senken.«[465]

---

[464] Roland RÖHL, *Natur als Waffe. Die Umwelt in der Planung der Militärstrategen*, München-Zürich 1985, S. 11.

[465] Zit. nach: Armin WITT, aaO., S. 260.

So sehen die Vorboten künftiger Wetterkriege aus: ein etwa fünf Kilometer breites Loch in der Wolkendecke, hervorgerufen durch rund sechs Kilogramm Trockeneiskörnchen, die von Flugzeugen zur Regenerzeugung abgeworfen wurden.

Auch die künstliche Wetterbeeinflussung rückte in den Rang einer nationalen Sicherheitsfrage auf. Moskau hielt in den ersten Jahren nach dem Krieg eine Reihe böser Überraschungen für die USA bereit. Schon 1949 fiel das amerikanische Atomwaffen-Monopol, und das, obwohl westliche Fachkreise fest damit gerechnet hatten, es werde mindestens 20 Jahre dauern, bis die Russen ihre erste Atombombe zünden würden. Dann folgte 1953 der noch größere Schock der sowjetischen Wasserstoff-Bombe, nur ein Jahr nach der ersten amerikanischen H-Bombe; dabei hatten die US-Techniker sechs Jahre zu ihrer Entwicklung gebraucht. Die ›Sputnik‹-Überraschung lag bereits in der Luft. Die Sowjets wurden zum Angstgegner. Um so wichtiger wurden die Nebenschauplätze des Rüstungswettlaufs. Sie konnten unversehens zu den entscheidenden Feldern der Auseinandersetzung werden – dann nämlich, wenn der sowjetischen Seite dort ebenso spektakuläre Überraschungen gelängen wie bei der Atomrüstung.)

1960 war auch die Wetterfront voll in das manichäische Konfliktszenario des Kalten Krieges integriert. Im Aufsatz eines hochrangigen Marineoffiziers, der bei der ersten Wasserstoffbombenzündung den Wettervorhersagedienst geleitet hatte, wurde die Bedeutung des Klimakrieges mit dramatischen Worten unterstrichen:

»Wetter und Klima sind niemals neutral. Sie sind entweder furchtbare Gegner oder mächtige Verbündete. Man stelle sich nur einmal die phantastischen Möglichkeiten einer Nation vor, die in der Lage ist, über weiten Gebieten oder vielleicht auf dem gesamten Erdball die Verteilung von Hitze und Kälte, Regen und

Sonnenschein, Überschwemmung und Dürre zum eigenen Vorteil und dem seiner Alliierten und zum Schaden seiner Feinde zu steuern. (...) Die Frage ist nicht länger: ›Wird die Menschheit imstande sein, das Wetter in großem Maßstab zu verändern und das Klima zu kontrollieren?‹ Die Frage ist vielmehr: ›Welche Wissenschaftler tun es zuerst, amerikanische oder russische?‹ (...) Ob man will oder nicht, die Vereinigten Staaten befinden sich bereits in einem wissenschaftlichen Wetterkontrollrennen mit den Sowjets. Der Vorsitzende von Präsident EISENHOWERS Beraterausschuß für Wetterkontrolle hat davor gewarnt, daß, falls eine unfreundlich gesinnte Nation vor den Vereinigten Staaten zu einer weitgehenden Kontrolle von Wetterabläufen in der Lage ist, das Ergebnis sogar noch verheerender sein könnte als ein Atomkrieg!«[466]

Als sich dem Pentagon wenige Jahre später die Gelegenheit bot, die Wetterwaffe erstmals unter Frontbedingungen einzusetzen, waren die Auswirkungen zwar – gemessen an den imaginären Möglichkeiten – vergleichsweise bescheiden. Gleichwohl bedeutete es einen Markstein in der Geschichte der militärischen Konflikte, als die CIA Anfang der sechziger Jahre dazu überging, es auf dem vietnamesischen Kriegsschauplatz ›unauffällig‹ regnen zu lassen, und damit auch das Wetter in den taktischen Kontext einbezog. Verbürgt sind mehrere Aktionen 1963 und 1964, über Hue im Norden Südvietnams und über Saigon. Man war in der Zwischenzeit von der Trockeneismethode abgekommen und verwendete statt der Eiskristalle jetzt Silberjodid, dessen Kristallstruktur fast zur Gänze mit der von Eis identisch ist. Anders als die Eiskristalle läßt sich Silberjodid aber auch vom Boden aus einsetzen, denn die Teilchen sind so leicht, daß sie durch Aufwinde von selbst in die Wolken getragen werden.

Im Kriegseinsatz blieb das Flugzeug allerdings unentbehrlich, denn die Einsatzräume der Regenwaffe lagen in der Regel weit hinter der Front. Das Pentagon selbst bestätigte, daß zwischen 1967 und 1972 insgesamt 2602 ›Regeneinsätze‹ geflogen wurden, wobei fast 50 000 Silberjodidpatronen ausgebracht wurden. Das ganze Programm kostete 21,6 Millionen Dollar und lief streng geheim ab. Auch die befreundeten Südvietnamesen wußten nichts vom Wetterkrieg ihrer amerikanischen Alliierten. Die Flüge wurden als Aufklärungsflüge getarnt, und die Maschinen starteten von einer Basis in Thailand aus. Der Codename des Pro-

---

[466] Zit. nach: Roland RÖHL, aaO., S. 12 ff.

gramms lautete ›Operation Pop Eye‹ und taucht in einer Empfehlung auf, die die Vereinigten Stabschefs Ende Februar 1967 an Präsident JOHNSON übermittelten. Dort wird auch einer der großen Pluspunkte des Wetterkrieges erwähnt: »Risiko der Bloßstellung minimal«.

Seitdem sich die Supermächte mit tödlichen Atomwaffen-Arsenalen gegenüberstanden und durch die Logik der ›wechselseitig gesicherten Vernichtung‹ an ihrem Einsatz gehindert wurden, lag darin ein nicht zu unterschätzender Vorteil. Im Schatten der Atombombe wurden nicht nur neue, unkonventionelle Waffen für die Militärs interessant, die es möglicherweise erlaubten, den Gegner an unerwarteter Stelle mit technologischen Neuerungen auszumanövrieren; auch die Randzonen der kriegerischen Auseinandersetzung - dort, wo Krieg und Frieden ineinander übergingen - erlangten plötzlich Bedeutung, denn im Vorteil war, wer den Gegner bereits unter Feuer nahm, während dieser noch nichts davon bemerkte. Auch in dem zitierten Beitrag von 1960 wird deshalb vor einem Vorsprung der sowjetischen Seite gewarnt: »Falls (...) zuerst sowjetische Wissenschaftler Wetterkontrolle erlangen, wird die freie Welt erst davon wissen, nachdem die ungeheuren Kräfte der Natur rasch zu ihrer Vernichtung vorrücken.«[467]

Das Merkmal des verdeckten Einsatzes ist seither Erbteil des Krieges der ›dritten Welle‹ geblieben, auch und gerade nach dem Ende der Ost-West-Konfrontation. Die Regenwaffe kann geradezu als Prototyp aller unkonventionellen Zerstörungssysteme der Postmoderne gelten, die seither in den Labors entwickelt wurden. Denn das Paradigma des permanenten Einsatzes gehört im 21. Jahrhundert unverändert zu den Faktoren militärischer Überlegenheit - auch im scheinbaren Frieden.

Der erste größere Feldversuch mit künstlicher Beregnung fand im Oktober 1966 über laotischem Territorium statt. 85 Prozent der mit Silberjodid bestäubten Wolken reagierten positiv, für die Militärs eine mehr als zufriedenstellende Quote. Das ›Wolkenbesäen‹ wurde als »wertvolle taktische Waffe« eingestuft, mit der sich Erdrutsche an Fahrbahnen auslösen, Flußübergänge unterspülen, Nachschubwege in grundlosen Morast verwandeln ließen, und das über Monate hinweg. Wegen des feuchten Monsunklimas war der Schauplatz des Vietnam-Krieges für den Einsatz der Regenwaffe geradezu prädestiniert. So wurden die Re-

[467] Ebd.

genflüge im Laufe der Jahre sowohl geographisch als auch unter taktischen Gesichtspunkten ausgedehnt. Auch zur Tarnung eigener Bewegungen eigneten sich künstliche Regenschleier hervorragend, ja selbst zum Sichtschutz eigener Flugzeuge, die mit ihrer Bombenlast über feindlichem Gebiet unterwegs waren. Beregnet wurden nach und nach fast alle Kampfschauplätze auf der Halbinsel, vom Ho-Tschi-Minh-Pfad in Laos über Kambodscha bis Nord- und Südvietnam.

Die Wirkung der Regenfälle ließ sich sogar noch steigern, wenn statt gewöhnlichen saurer Regen ausgelöst wurde. Dies wurde durch eine Zufallsentdeckung der Navy möglich. Der hohe Säuregrad des Niederschlags griff mechanisches Gerät an, weshalb die Chemikalie besonders über gegnerischen Flugabwehrstellungen und Radaranlagen verwendet wurde. Die Zusammensetzung des Substrats blieb geheim.

Während die Militärs wie üblich wenig Skrupel im Umgang mit der Wetterwaffe zeigten, regte sich in der Öffentlichkeit Widerspruch. Im Juni 1972 spekulierte das Wissenschaftsmagazin *Science* öffentlich über den geheimen Wetterkrieg der Streitkräfte, wenig später zog die *New York Times* mit einem Bericht auf der Titelseite nach. Im Außenministerium mehrten sich die Stimmen, die für einen Abbruch der künstlichen Beregnungen waren, während sich etwa der Sicherheitsberater des Präsidenten, Henry KISSINGER, persönlich für ihre Fortführung einsetzte. Nichtsdestotrotz startete am 5. Juli 1972 die letzte Maschine an der vietnamesischen Klimafront.

Generalprobe für den Wetterkrieg

Die amerikanischen Regenflüge über Südostasien, in deren Kontext auch die massierten Entlaubungsangriffe gehören, schufen einen Präzedenzfall, denn sie bezogen erstmals in der modernen Kriegsgeschichte die Natur ins taktische Kalkül ein. Dabei ließen die Einsatzplaner ebensowenig ethische oder ökologische Rücksichten zu wie 1945 bei den ersten Atombombenabwürfen. Das Tabu war längst gebrochen. Dabei steckte die Manipulation der natürlichen Umwelt zu Zwecken des Krieges noch in den Kinderschuhen. Die Bestäubung von Wolken mit Silberjodid war eine harmlose Spielerei, gemesssen an den potentiellen Möglichkeiten, die Nicola TESLA aufgezeigt hatte.

Offenbar hatte die sowjetische Seite in diesem Abschnitt des Rüstungswettlaufes tatsächlich die Nase vorn. Denn Ende der siebziger Jahre beschlich Dr. Andrew MICHROWSKI, der als technischer Mitarbeiter im kanadischen Außenministerium tätig war, ein schlimmer Verdacht. Er glaubte einer neuartigen Frequenztechnologie der Sowjets auf die Spur gekommen zu sein und sie auch nachweisen zu können. Diese Vermutung war nicht einmal so abwegig, denn schon 1976 berichtete Lowell PONTE, vormals Spezialist für Fragen der Wettermanipulation im Pentagon, in

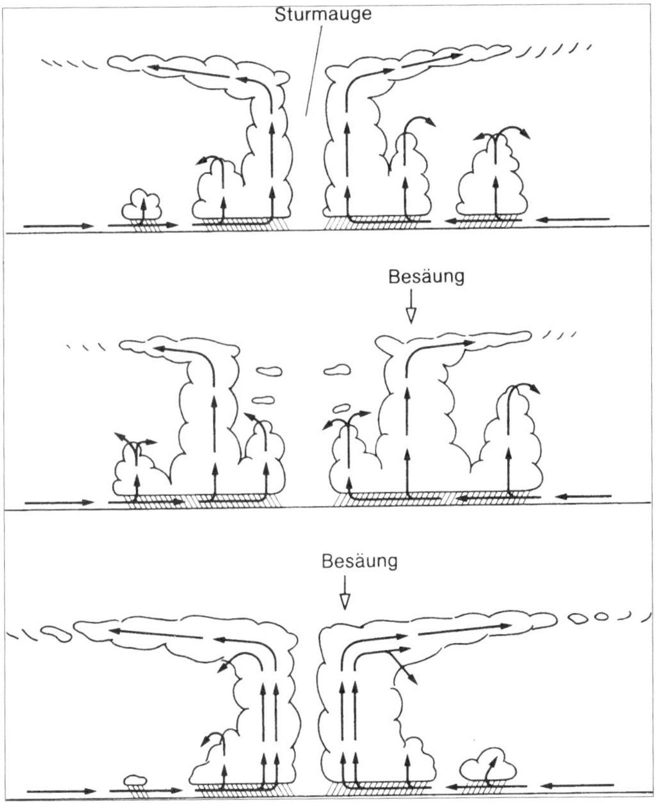

Nicht nur Niederschlagsgebiete, sondern auch Wirbelstürme lassen sich durch künstliches ›Besäen‹ von Wolken manipulieren. Durch Ausbringung von Silberjodid der äußeren Wolken (Mitte) wird dort die Wasserkondensation und damit der Aufwind verstärkt. Der Sogeffekt konzentriert sich infolgedessen auf diese äußere Wolkenstaffel, der ursprüngliche ›Augenrand‹ des Wirbelsturms verliert sich allmählich, und die Spitzengeschwindigkeit des Windes nimmt ab. Unten: Der umgekehrte Effekt läßt sich durch ›Besäen‹ des unmittelbaren Augenrandes erzielen. Die Wärmefreisetzung und damit auch die Aufwinde im zentralen Bereich des Zyklons nehmen zu.

seinem Buch *The Cooling* (›Abkühlung‹) über eine ganze Palette sowjetischer Vorhaben zur drastischen Veränderung der klimatischen Verhältnisse in der UdSSR. So sollte etwa der riesige sibirische Kältepanzer großflächig ›aufgetaut‹ werden, um den Abbau der gigantischen Erz-, Öl- und Gaslager zu erleichtern und die Agrarproduktion zu steigern.

Die ersten Anzeichen dafür, daß die Sowjets mit Frequenzen experimentierten, registrierten Funker und Satellitenexperten. Die US-Fachzeitschrift *Aviation Week and Space Technology* berichtete, daß es am 14. Oktober 1976 weltweit zu merkwürdigen Störungen des Funkverkehrs gekommen sei, die offenbar durch einen Störsender verursacht worden seien. Als Quelle der Signale wurde eine Sendestation auf dem Gebiet der UdSSR ausgemacht. Als die USA auf diplomatischem Wege intervenierten, entschuldigte sich die Sowjetführung und räumte ›Experimente‹ ein. Allerdings wurden diese nicht etwa eingestellt, sondern lediglich auf einen extrem niedrigen Frequenzbereich eingegrenzt, wo das Signal den internationalen Flugverkehr nicht mehr beeinträchtigen konnte. Auch Funkamateure konnten den Impuls, der jetzt ein regelmäßiges Muster ergab, auffangen. Wegen seiner charakteristischen ›Signatur‹ von 8 bis 14 Schlägen pro Sekunde machte er in der Funkerszene als ›Woodpecker‹ die Runde.[468]

Andrew MICHROWSKI vom kanadischen Außenministerium konnte weitere Beobachtungen beisteuern. Seinen Erkenntnissen zufolge gelang es den Sowjets im Winter 1976/77 erstmals, stabile und örtlich lokalisierte ELF-Magnetfelder zu erzeugen: die ›stehenden Wellen‹, die TESLA um die Jahrhundertwende bei seinen Versuchsreihen in Colorado Springs entdeckt hatte. MICHROWSKI vertrat die Auffassung, den sowjetischen Wissenschaftlern sei es damals gelungen, mit ihrer ›Frequenzwaffe‹ ein System stationärer Fronten an der Westküste der USA aufzubauen, das von Baja, Kalifornien, bis zur Küste Alaskas reichte und das sie zur Wetterblockade einsetzen konnten, indem sie die natürliche Luftbewegung manipulierten und Hoch- und Tiefdruckgebiete gleichsam festnagelten.

Seit TESLA dem Prinzip der Resonanzverstärkung auf die Spur gekommen war, war bekannt, daß sich auch ohne ausufernde Energiezufuhr auf künstlichem Wege riesige stabile Wellen›pakete‹ erzeugen lassen. Wellen im Bereich der erdeigenen Schwingungsfrequenz – um die 10 Hertz – verfügen über eine extrem große

[468] Nach: Franz BLUDORF u. Grazyna FOSAR, *Zaubergesang*, aaO., S. 37 f.

Wellenlänge von 38000 Kilometern. Werden diese Wellen durch Resonanz verstärkt, so kommt es zur Ausbildung gigantischer stationärer Wellenberge und -täler von etwa 19000 Kilometern Länge – beinahe die Distanz zwischen Nord- und Südpol. Wären diese stehenden Wellen sichtbar, würden sie wie riesige ovale Blasen aussehen, die auf der Erdoberfläche liegen. Ein Teil der Blase dringt tief in die Erde ein – das Prinzip des erwähnten ›unterirdischen Radios‹ basiert darauf –, während der obere Teil sich bis in die Ionosphäre (bis 500 Kilometer Höhe) und darüber hinaus in den erdnahen Weltraum erstreckt. Die Wirkung dieser ungeheuren ELF-Blasen ist unschwer nachzuvollziehen: Da es sich um magnetische Felder handelt, sind sie in der Lage, Luftbewegungen in der Atmosphäre wie den Jetstream abzulenken. Ganze klimatische Großsysteme können so manipuliert werden. Mehr noch: Das Wetter folgt bekanntlich der Logik der Chaostheorie, die sich mit dem Vergleich veranschaulichen läßt, wonach der Schlag eines Schmetterlingsflügels auf der anderen Seite des Globus einen Orkan auslösen kann. Anders ausgedrückt: Die Auswirkungen künstlicher Eingriffe in das Wettergeschehen entziehen sich der Vorausberechnung. Schon relativ kleine Eingriffe können verheerende Folgen haben.

Natürlich ist dies ein Argument, vor dem Technokraten und Materialisten die Augen verschließen. Allerdings sind sich in dieser Haltung westliche und östliche Wettermacher einig. Die Versuchung, das Klima zu mehr oder weniger eigennützigen Zwecken zu beeinflussen, ist erheblich: Erhöhung der Niederschlagsmenge in trockenen Gebieten, Erwärmung kalter Regionen, aber auch: Schädigung konkurrierender Mächte durch Herbeiführung von Wetterkatastrophen. Im einen wie im anderen Fall werden die unkalkulierbaren Auswirkungen auf das globale Klima nicht mitbedacht.

Andrew Michrowski behauptete jedenfalls schon Ende der siebziger Jahre, daß die Sowjets dazu übergegangen waren, in gigantischem Umfang das Wetter zu manipulieren. Sie hatten damit eine neue, unheimliche Front im Kalten Krieg eröffnet: »Im Falle des Winters 1977/78 hatten die zuständigen sowjetischen Wissenschaftler den klugen Einfall, eine Serie von stehenden, säulenartigen Wellen aufzustellen, die von der westlichen Spitze Alaskas bis ganz nach Valparaiso in Chile reichten. Diese säulenartige Wellenform wurde von einem Ort in der Nähe von Angarsk in Sibirien ausgestrahlt und verursachte eine weltweite Wetterveränderung, und zwar so, daß östlich von dieser Struktur das Wetter trockener und westlich das Wetter feuchter wurde. Da diese säulenartigen Wellen sich im Uhrzeigersinn drehten, wurden die westlichen Winde in entgegengesetzter Richtung hoch in die obere Atmosphäre geleitet, während von der oberen Atmosphäre auf der gegenüberliegenden Seite ein Sog Luft herunterdrückte.«[469]

Will man den Indizien glauben, dann waren die Frequenzexperimente der Sowjets erfolgreich – auf katastrophale Weise. Ende Januar 1982 machte MICHROWSKI darauf aufmerksam, daß die Frequenz des ›Woodpecker‹-Signals auf 31,5 Hertz gewechselt habe, was zu ausgedehnten ortsfesten Tiefdruckgebieten von Edmonton, Kanada, bis nach New Mexico sowie weiter östlich geführt habe. Auch der Jet-Strom, der sich normalerweise von West nach Ost bewegt, begann verrückt zu spielen. Natürlich bemerkte auch die Öffentlichkeit die Wetterkapriolen, und die Presse schaltete sich in die Diskussion ein. So meldeten am 27. Februar 1983 die *Buffalo News*: »Der Jet-Strom, eine Luftströmung in der oberen Atmosphäre, die dazu beiträgt, das meilenweit unter ihr liegende Wetter zu steuern, hat beschlossen, einen wilden Tanz aufzuführen. Einige der sich hieraus ergebenden beschwerlichen, manchmal tödlichen Folgen sind die im Nordosten kürzlich niedergegangenen Schneefälle von bis zu 50 Zentimetern, Rekorde brechende Regenfälle während der Trockenperiode in Südflorida, Schlammlawinen in Kalifornien, Überschwemmungen in Louisiana und sogar wolkenbruchartiger Regen in Ecuador. (...) Wir stehen vor einer Verlagerung, die die ganze Welt erfaßt und eine unregelmäßige Schicht von Extremen hervorgerufen hat, die von den kritischen Trockenperioden in Australien und Indien bis hin zu den gleichermaßen tragischen Überschwemmungen in Peru reichen. Der ungewöhnliche Kurs der Jet-Ströme, die die tiefsten Breiten erreicht haben, seitdem sie von Meteorologen gemessen werden, ist eine der Hauptursachen des nicht saisongemäßen Wetters.«[470]

Am einschneidendsten waren die Folgen der Wetteränderung jedoch für ›El Niño‹, eine Wettererscheinung, die normalerweise alle zehn Jahre die tropischen Regionen des Pazifik heimsucht, wenn auf der Südhalbkugel Sommer herrscht. In ›El Niño‹-Jahren kommt es aus bislang ungeklärten Gründen in der Mitte des Pazifik zu einem Wetterstau, mit der Folge, daß Südamerika von

[469] Zit. nach: VAP-Verlag (Hg.), *Nicola Tesla*, aaO., S. 10.
[470] Zit. nach: ebd.

starken Regenfällen und der westpazifische Raum von einer Trokkenperiode in Mitleidenschaft gezogen wird. In der Regel setzt ›El Niño‹ um die Weihnachtszeit ein und hält dann für einige Wochen an.

1982/83 war alles anders. ›El Niño‹ begann bereits im Juni 1982, also mitten im Winter auf der Südhalbkugel, und dauerte bis weit ins Jahr 1983 hinein. Außerdem waren seine Auswirkungen diesmal nicht nur in den Tropen, sondern nördlich bis Alaska und südlich bis nach Chile und Australien zu spüren. Besonders auffällig war, daß die Passatwinde ihre Richtung umkehrten. Fast überall auf der Erde waren gravierende Veränderungen des Wetters zu registrieren, die weitere Auswirkungen auf die Umwelt nach sich zogen. An der amerikanischen Ostküste machte sich eine Moskitoplage bemerkbar, hervorgerufen durch einen zu warmen und feuchten Frühling, und führte zu einer Enzephalitis-Epidemie. In New Mexico brach wegen der starken Vermehrung der Ratten die Beulenpest aus, im nördlichen Montana vermehrten sich die Mäuse und infolgedessen die Schlangen übermäßig, und in Oregon wurden durch das ungewöhnlich warme Wasser an der Küste plötzlich Haie angelockt. Auch die Wetterkapriolen waren beachtlich; sie reichten von Hurricanes auf Tahiti und Hawaii über Trockenperioden in weiten Teilen der Welt bis zu Überschwemmungen von Bolivien bis zu den Südstaaten der USA. Millionen von Menschen litten un-

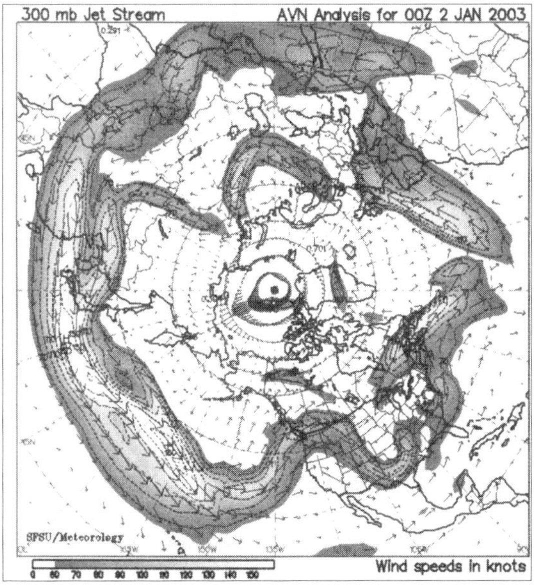

Verräterische Turbulenzen: der Verlauf des Jetstreams während des Höhepunkts der Regenfälle am 2. Januar 2003. Typisch sind die ungewöhnlichen Berg- und Talbahnen im Verlauf, die die sintflutartigen Regenfälle begleiteten.

ter den Launen der Natur, hungerten, froren oder verloren ihr Dach über dem Kopf. Amerikanische Behörden schätzten den wirtschaftlichen Schaden auf etwa 8,1 Milliarden US-Dollar. Zwischen 1300 und 2000 Menschen starben unmittelbar durch die Katastrophen.

Im Pazifik fand das Wetter seit 1982/83 nicht mehr zur Ruhe. ›El Niño‹ kommt seither viel häufiger und in unregelmäßigen Abständen, wenn auch nicht mit gleicher Heftigkeit. Noch 1994 registrierten Meeresforscher eine Warmwasserfront als Folge der Strömungsanomalien zwölf Jahre zuvor. Nur wenige Erdregionen blieben von den verheerenden Wettereignissen verschont. Eine davon war Rußland. Die Sowjetunion erlebte 1982/83 den wärmsten Winter des 20. Jahrhunderts. In Sibirien, das normalerweise unter einem dicken Kältepanzer liegt, lagen die Temperaturen durchschnittlich um 15 bis 20 Grad höher als gewöhnlich.

Waffen der Apokalypse – die Patente des Dr. Eastlund

Szenenwechsel. Im August 1987 begann der bereits erwähnte Physiker Dr. Bernhard Eastlund, ein ehemaliger Ingenieur der US-Navy, mit der Anmeldung einer Reihe von Patenten, die ihren geistigen Ahnherrn nicht verleugnen können. Eastlunds Forscherkarriere ist beachtlich. Er erwarb Abschlüsse am Massachusetts Institute of Technology (MIT) und an der Columbia University. Er arbeitete acht Jahre lang an Fusionsprogrammen der Atomic Energy Commission, der nationalen Atomenergiekommission der USA. Anfang der achtziger Jahre war er so weit, daß er einige neue Technologien ins Auge faßte, die für SDI, die Strategische Verteidigungsinitiative, nützlich sein konnten.

Teile dieser Forschungen fanden den Weg zur DARPA, der Zentrale für ausgefallene technische Vorhaben des amerikanischen Militärs (Defense Advanced Research Projects Agency), die sie unter dem Projekttitel ›Alaska North Slope Electric Missile Shield‹ weiterentwickeln ließ. Unabhängig davon meldete Eastlund zwischen 1987 und 1994 zwölf Patente an, die über die geschilderten Firmenübernahmen inzwischen allesamt im Besitz des Militärs bzw. des Rüstungskonzerns Raytheon sind. Eastlund selbst besteht darauf, daß es sich um reine Forschungsprojekte handelt, und das Militär behauptet sogar, daß man sich nicht weiter mit EASTLUNDS Ideen beschäftige. Aber: »Wenn man mit EASTLUND über seine Arbeit spricht, wird man irgendwann an einen Punkt gelangen, an dem er weitere Auskünfte verweigert mit der Begründung, daß er sich an eine Geheimhaltungspflicht zu halten habe. Das (...) widerspricht der Behauptung des Militärs, daß (...) alles offen zugeht und sich keine geheimen Machenschaften dahinter verbergen.«[471]

Worum es bei den EASTLUND-Patenten geht, wird schlagartig deutlich, wenn man sich die Patentschriften vor Augen hält. Sie sind für die Öffentlichkeit zugänglich und enthalten neben der Titelzeile, in der die angemeldete Entwicklung genannt wird, jeweils eine kurze Zusammenfassung (›abstract‹) über Art und Wirkungsweise der Erfindung.

Im einzelnen sind folgende US-Patentschriften von Interesse:

- **Nr. 4,686,605** (August 1987), ›Methode und Verfahren zur Veränderung einer Region der Erdatmosphäre, Ionosphäre und/oder Magnetosphäre‹. Sogenannte ›Ionosphären-Heizer‹ sind ihrer Wirkungsweise nach schon seit längerem bekannt. Allerdings dienten bisherige Verfahren der Forschung, weshalb der Energieaufwand vergleichsweise gering war. Auch wurde die Energie dabei kegelförmig abgestrahlt, ging es doch um die Untersuchung relativ großer Ausschnitte der Atmosphäre. Das ist bei EASTLUNDS Verfahren anders. Sein Ionosphären-Heizer fokussiert die Energie an einem bestimmten Punkt der Atmosphäre, und die zum Tragen kommende Energie ist mit einem Watt pro Kubikzentimenter rund eine Million mal so stark wie bei herkömmlichen Anlagen. Das bedeutet, daß die erzeugten Energien stark genug sind, um die Ionosphäre am ›beheizten‹ Punkt anzuheben und zu verändern. Dadurch läßt sich an bestimmten ›strategischen‹ Punkten der erdnahen Atmosphäre der Funkverkehr stören – der gegnerische jedenfalls –, während sich andererseits durch die bekannten Frequenzen der manipulierten Erdatmosphäre ein eigenes Kommunikationssystem aufrechterhalten läßt. Auch die Steuersysteme von Raketen und Flugzeugen sollen in den energetisch aufgeheizten Regionen der Ionosphäre zerstört werden können.

Und natürlich lassen sich großflächige Auswirkungen auf das Erdklima erzielen – siehe oben. Aus dieser Anwendungsmöglichkeit macht die Patentschrift kein Geheimnis. Wörtlich: »Wetter-

[471] (o. Verf.), »Angels don't play this HAARP«, http://mitglied.lycos.de/togahoga/angelsound.html

manipulation ist möglich, z.B. durch Veränderung von Windmustern in der oberen Atmosphäre oder durch Veränderung von solaren Absorptionsmustern.« In die gleiche Richtung weist auch

- **Nr. 5,041,834** (August 1991), ›Künstlicher, lenkbarer, aus Plasma geformter ionosphärischer Spiegel‹. Auch dieses Patent beschreibt ein Verfahren für großflächige Eingriffe in das irdische Klima, indem beispielsweise Zielregionen auf der Erde durch reflektierte Wärmeeinstrahlung aufgeheizt werden können. Der Herstellung künstlicher Ionen- oder Plasmawolken im erdnahen Raum sind noch zwei weitere Patentschriften gewidmet, nämlich **Nr. 4,712,155** vom Dezember 1987 (›Methode und Verfahren zur Schaffung einer künstlichen, durch Elektronen-Zyklotronenresonanz erhitzten Region aus Plasma‹) und **Nr. 4,999,637** vom März 1991 (›Schaffung künstlicher Ionenwolken über der Erde‹).

Man erinnert sich, daß von riesigen stationären Spiegeln im All auch in der umfangreichen Luftwaffen-Studie *2025* von 1996 die Rede ist. Die künstliche Beleuchtung und Erhitzung von Erdregionen wird dort ausdrücklich als militärische Anwendung beschrieben. Diese Idee taucht bei Eastlund unter Patent

- **Nr. 5,202,689** (April 1993) auf, die einen ›fokussierenden Leichtgewichtsreflektor zur Anwendung im Weltraum‹ zum Gegenstand hat.

- **Nr. 5,038,664** (August 1991) stellt eine ›Methode zur Herstellung einer Hülle relativistischer Partikel in einer (bestimmten) Höhe über der Erde‹ vor. Dabei geht es um die Auffüllung des natürlichen Strahlungsgürtels, der die Erde umgibt (Van-Allen-Gürtel) mit künstlich erzeugten Partikeln, so daß es zu einer bedeutsamen Erhöhung der Teilchendichte im erdnahen Raum kommt. Die Elektronenkonzentration würde im Zuge dieser Manipulation auf etwa eine Milliarde Teilchen pro Kubikzentimeter ansteigen und ein künstliches Energiefeld bilden, das durch die natürliche Dipolstruktur des Erdmagnetfeldes stabil bliebe. Ein solcher Teilchenschild wäre für anfliegende Interkontinentalraketen und Raumfahrzeuge eine undurchdringliche Barriere, weil die ›relativistischen‹ Teilchen ihre Energien an sie abgeben und dadurch ihre elektrischen Systeme zerstören würden. Allerdings könnte auch kein elektrisch gesteuertes System mehr die Erde verlassen.

Es ist bekannt, daß schon Tesla eine Entdeckung erwähnte, die jedes Land der Welt unangreifbar machen würde, einen »geladenen Partikelstrahl«, der angreifende Objekte auf Hunderte von

Meilen Entfernung vernichten könnte. Der Physiker und ehemalige US-Oberstleutnant Thomas E. BEARDEN berichtete 1981 in einem Aufsatz über diese weitreichende Entdeckung, die er als ›TESLA-Schild‹ bezeichnete und die in der Lage sei, eine »undurchdringliche Verteidigung zu schaffen«.[472] *Die New York Times* vom 22. September 1940 zitierte den 84jährigen TESLA mit den selbstbewußten Worten: »Ich stehe der Regierung zur Verfügung, diese in das Geheimnis meiner ›Teleforce‹ einzuweihen, mit der Flugzeugmotoren auf eine Distanz von 250 Meilen eingeschmolzen werden können. Eine unsichtbare Chinesische Mauer wird unser Land umgeben und schützen. (...) Mit einer enormen Spannung werden mikroskopisch kleine Partikel in ihre Mission der defensiven Zerstörung katapultiert.«[473]

Tatsächlich ließen sich durch einen künstlichen Teilchenschirm von extremer Dichte anfliegende Objekte sowohl außer Gefecht setzen als auch identifizieren, weil sie durch die spezifische Wechselwirkung ihrer eigenen elektrischen Ausstrahlung mit dem hochenergetischen Partikelschirm ihre individuelle ›Signatur‹ preisgäben. Es überrascht deshalb auch nicht, daß zwei der EASTLUND-Patente teilchengestützten Erkennungssystemen gewidmet sind:

- **Nr. 4,817,495** (April 1989), ›Defensivsystem zur Unterscheidung von Objekten im Weltraum‹, sowie **Nr. 4,954,709** (September 1990), ›Gerichteter, hochauflösender Gammastrahlen-Detektor‹. Die Energieleistungen für solche Partikel-Schutzschilde wären enorm und die Folgewirkungen für Klima und Umwelt völlig unkalkulierbar.

- **Nr. 5,068,669** (November 1991) und **Nr. 5,218,374** (Juni 1993) beschreiben ein ›Energiestrahlen-System‹ bzw. ein ›Energiestrahlen-System mit strahlenden, aus gedruckten Schaltkreiselementen bestehenden Resonanzhohlräumen‹. Diese Verfahren könnten für fortgeschrittene Antriebssysteme genutzt werden, die als ›Power Beaming Systems‹ (PBS) – zumindest theoretisch – bekannt sind. Das Prinzip besteht darin, daß Energiepotentiale durch elektromagnetische Wellen über weite Entfernungen hinweg übertragen werden, zum Beispiel in das Speicheraggregat eines Raumfahrzeuges.[474] Die Mitführung gigantischer Energie-

[472] Zit. nach: VAP-Verlag (Hg.), *Nicola Tesla*, aaO., S. 23.

[473] Zit. nach: »Angels don't play this HAARP«, aaO.

[474] Nach: Helmut LAMMER u. Marion LAMMER, *Verdeckte Operationen*, aaO., S. 328 f.

reserven würde dadurch überflüssig. Für TESLA war die drahtlose Energieübertragung über große Strecken eine ausgemachte Sache. Auch für ihn lag der praktische Vorteil solcher Verfahren auf der Hand: »Die vielleicht am meisten Nutzen bringende Anwendung der drahtlosen Energieübertragung wird der Antrieb von Flugmaschinen sein, da dann die Mitnahme von Treibstoff und alle Reichweitenbegrenzungen von Flugzeugen und Luftschiffen entfallen.«[475]

Von erheblicher Brisanz sind noch zwei weitere EASTLUND-Patente:

- **Nr. 4,873,928** (Oktober 1989), ›Strahlungsfreie Explosionen von nuklearen Ausmaßen‹, und

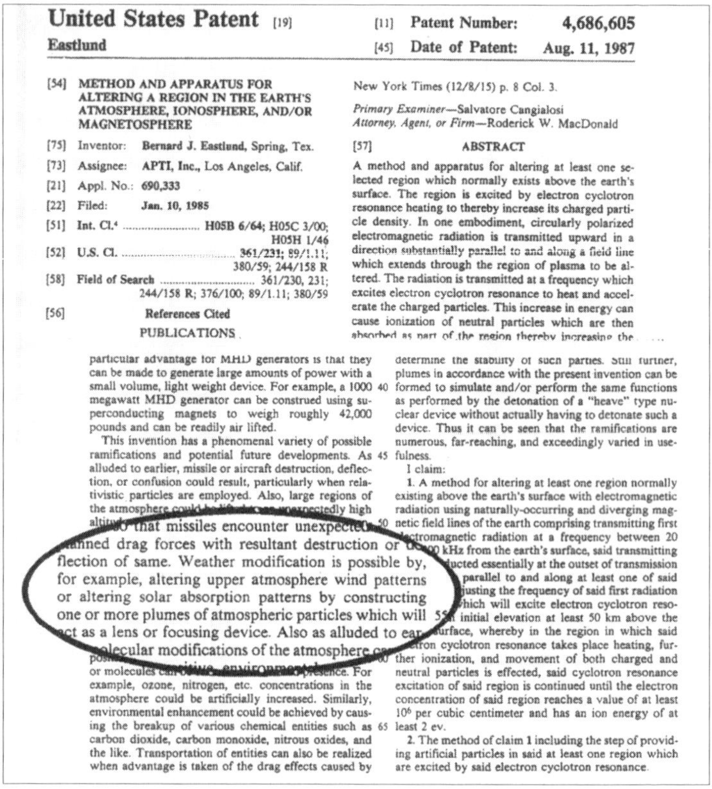

United States Patent [19] — **Eastlund**

[11] **Patent Number: 4,686,605**
[45] **Date of Patent: Aug. 11, 1987**

[54] **METHOD AND APPARATUS FOR ALTERING A REGION IN THE EARTH'S ATMOSPHERE, IONOSPHERE, AND/OR MAGNETOSPHERE**

[75] Inventor: **Bernard J. Eastlund**, Spring, Tex.
[73] Assignee: **APTI, Inc.**, Los Angeles, Calif.
[21] Appl. No.: **690,333**
[22] Filed: **Jan. 10, 1985**
[51] **Int. Cl.**⁴ **H05B 6/64; H05C 3/00; H05H 1/46**
[52] **U.S. Cl.** .... **361/231**; 89/1.11; 380/59; 244/158 R
[58] **Field of Search** .... 361/230, 231; 244/158 R; 376/100; 89/1.11; 380/59

[56] **References Cited**
PUBLICATIONS

New York Times (12/8/15) p. 8 Col. 3.

Primary Examiner—Salvatore Cangialosi
Attorney, Agent, or Firm—Roderick W. MacDonald

[57] **ABSTRACT**

A method and apparatus for altering at least one selected region which normally exists above the earth's surface. The region is excited by electron cyclotron resonance heating to thereby increase its charged particle density. In one embodiment, circularly polarized electromagnetic radiation is transmitted upward in a direction substantially parallel to and along a field line which extends through the region of plasma to be altered. The radiation is transmitted at a frequency which excites electron cyclotron resonance to heat and accelerate the charged particles. This increase in energy can cause ionization of neutral particles which are then absorbed as part of the region thereby increasing the . . . .

particular advantage for MHD generators is that they can be made to generate large amounts of power with a small volume, light weight device. For example, a 1000 megawatt MHD generator can be construed using superconducting magnets to weigh roughly 42,000 pounds and can be readily air lifted.

This invention has a phenomenal variety of possible ramifications and potential future developments. As alluded to earlier, missile or aircraft destruction, deflection, or confusion could result, particularly when relativistic particles are employed. Also, large regions of the atmosphere [illegible] high altitude [illegible] that missiles encounter unexpected [illegible]nned drag forces with resultant destruction or [illegible]flection of same. Weather modification is possible by, for example, altering upper atmosphere wind patterns or altering solar absorption patterns by constructing one or more plumes of atmospheric particles which will act as a lens or focusing device. Also as alluded to ear[illegible] molecular modifications of the atmosphere ca[illegible] pos[illegible] or molecules [illegible] presence. For example, ozone, nitrogen, etc. concentrations in the atmosphere could be artificially increased. Similarly, environmental enhancement could be achieved by causing the breakup of various chemical entities such as carbon dioxide, carbon monoxide, nitrous oxides, and the like. Transportation of entities can also be realized when advantage is taken of the drag effects caused by

determine the stability of such parties. Still further, plumes in accordance with the present invention can be formed to simulate and/or perform the same functions as performed by the detonation of a "heave" type nuclear device without actually having to detonate such a device. Thus it can be seen that the ramifications are numerous, far-reaching, and exceedingly varied in usefulness.

I claim:

1. A method for altering at least one region normally existing above the earth's surface with electromagnetic radiation using naturally-occurring and diverging magnetic field lines of the earth comprising transmitting first [illegible]ctromagnetic radiation at a frequency between 20 [illegible] kHz from the earth's surface, said transmitting [illegible]ducted essentially at the outset of transmission [illegible] parallel to and along at least one of said [illegible]justing the frequency of said first radiation [illegible]hich will excite electron cyclotron reso[illegible] initial elevation at least 50 km above the [illegible]urface, whereby in the region in which said [illegible]tron cyclotron resonance takes place heating, further ionization, and movement of both charged and neutral particles is effected, said cyclotron resonance excitation of said region is continued until the electron concentration of said region reaches a value of at least 10^6 per cubic centimeter and has an ion energy of at least 2 ev.

2. The method of claim 1 including the step of providing artificial particles in said at least one region which are excited by said electron cyclotron resonance.

Eines der sogenannten ›Eastlund‹-Patente, die dem Forschungsprojekt von Gakona zugrunde liegen. Das vorliegende Patent wurde 1987 für ›Methode und Verfahren zur Veränderung einer Region der Erdatmosphäre, Ionosphäre und/oder Magnetosphäre‹ erteilt.

[475] Zit. nach: Ed. Freie Energie, *Teslas verschollene Erfindungen*, aaO., S. 97.

- **Nr. 5,293,176** (März 1994), ›Gefaltetes Kreuzgitter-Dipolantennenelement‹.

Was das Verfahren zur Auslösung strahlungsfreier Explosionen betrifft, spricht vieles dafür, daß die technischen Details beiden Supermächten seit Jahrzehnten bekannt sind, zumal bereits TESLA sehr präzise von ›Feuerballwaffen‹ zur Zerstörung ganzer Armeen auf Entfernungen von Hunderten von Kilometern sprach. Es scheint, als habe es sich um eine Zufallsentdeckung am Rande seiner Versuche in Colorado Springs gehandelt: »Im Verlauf eines denkwürdigen Experiments mit dem Sender in Colorado Springs verschoß TESLA mit der Antennenkugel Blitze von über 40 m Länge; der Donner konnte noch in knapp 25 km Entfernung gehört werden. Dabei verbrauchte er so viel Strom, daß der städtische Stromgenerator durchbrannte.«[476]

Im April 1984 ereignete sich vor der nordjapanischen Küste eine gewaltige Explosion, bei der riesige Wassermengen kilometerhoch in die Atmosphäre geschleudert wurden. Was aussah wie eine unterseeische Nuklearexplosion, war keine, denn Untersuchungen ergaben keinerlei radioaktive Verstrahlung. Die Explosion wurde beizeiten mit sowjetischen ›Skalarwaffen‹-Tests und einer ominösen, 200 Kilometer langen (!) technischen Anlage der Sowjets auf Nowaja Semlja in Verbindung gebracht. Sogenannte Skalar-Haubitzen bzw. OTH-Radaranlagen machten Fachleute unter anderem in Saryshagan aus. Diese elektromagnetischen Waffensysteme sind ihrer technischen Auslegung nach prinzipiell in der Lage, im Umkreis von mehreren tausend Kilometern ›kalte‹ Explosionen auszulösen.[477]

Der Vorfall vor der japanischen Küste war kein Einzelfall. In Australien wurden in den neunziger Jahren immer wieder unerklärliche Detonationen beobachtet, meistens in Verbindung mit grell leuchtenden Feuerbällen. Am 28. Mai 1993 wurde über einem Gebiet von 250 Kilometern zwischen den Ortschaften Leonora und Laverton ein solcher Feuerball gesichtet, der nach Zeugenaussagen ein »pulsierendes, röhrendes Geräusch« verursachte. Direkt nach seinem Passieren erschütterte ein Erdbeben die Gegend, und eine langgezogene Explosion war zu hören. An der vermuteten Aufschlagstelle gab es keine Spur eines Kraters, dafür

---

[476] Ebd. S. 55.

[477] H.-P. THIETZ, Pressemitteilung 21/02/22.8.02: »Mehrjahrhundertflut – Folge militärischen Wahnsinns?«, http://www.politikerfilz.com/pneues016.htm

stieg eine gewaltige tiefrote Hemisphäre von Licht in die Luft auf, die noch in einer Entfernung von 50 Kilometern zu sehen war. Weitere Lichterscheinungen und ein Nachbeben wurden registriert.

Seit damals wurden weltweit über tausend Fälle von ähnlichen Explosionserscheinungen registriert, die Zahl der Augen- und Ohrenzeugen geht in die Zehntausende.[478] Den Weg in die etablierte Medienberichterstattung hat allenfalls ein Bruchteil dieser Beobachtungen gefunden.

Was steckt hinter alledem? Möglicherweise gibt das letztgenannte der EASTLUND-Patente Aufschluß, das auch zeitlich das letzte in der Reihe ist. Denn ein ganzer Wald von Kreuzgitter-Dipolantennen ist seither auf dem erwähnten Militärgelände bei Gakona in Alaska entstanden. HAARP, das Projekt zur angeblichen Erforschung des Polarlichts, ist damit Realität. Schon Ende der neunziger Jahre lag die Zahl der aufgestellten Antennenelemente nach Hunderten, hinzu kommen zusätzliche technische Einrichtungen, über deren Verwendungszweck die Öffentlichkeit nur scheibchenweise informiert wird.

Zweifellos dient die Anlage auch wissenschaftlichen Forschungszwecken. Das Prinzip des ›Ionosphären-Heizers‹ ist seit längerem bekannt und wurde zu wissenschaftlichen Zwecken auch schon von anderen Forschungsinstituten angewandt. Entsprechende Anlagen gab bzw. gibt es zum Beispiel in Arecibo/Puerto Rico, an verschiedenen Orten in der ehemaligen Sowjetunion und im norwegischen Tromsö, letztere betrieben von der Max-Planck-Gesellschaft für Aeronomie. Diese geht bei den Versuchen mit ihrem eigenen Ionosphären-Heizer der Frage nach, ob und welche Wechselwirkungen es zwischen der Ionosphäre und den darunterliegenden Luftschichten gibt. Die norwegische Anlage dient im Gegensatz zu der großflächigen Installation in Alaska rein zivilen Zwecken, betont Prof. Kristian SCHLEGEL von der Max-Planck-Gesellschaft; man habe vor Inbetriebnahme der amerikanischen Großanlage »intensiv« mit US-Wisenschaftlern kooperiert, Anfragen des US-Militärs aber abschlägig beantwortet.[479]

Im Jahre 1994 war HAARP so weit funktionsfähig, daß mit ersten Testläufen begonnen werden konnte. Im Dezember des Jahres wurden die ersten Funktionstests mit relativ kleinen Lei-

---

478 Nach: Ursula SEILER, aaO.

479 Nach: »Angels don't play this HAARP«, aaO.

stungen vorgenommen, im Frühjahr des folgenden Jahres wurden weitere ausgedehnte Testreihen der Gesamtanlage und einzelner technischer Komponenten vorgenommen. Der erste offizielle Test fand im März/April 1995 statt, seit Sommer 1996 laufen kontinuierlich die regulären Versuchs- und ›Forschungs‹programme, ohne daß Öffentlichkeit und Parlamente darüber Genaueres wissen. Seit November 2000, berichten Funkamateure, ist HAARP offenbar verstärkt aktiv, denn seit diesem Zeitpunkt traten vermehrt »exorbitant stark gepulste« Signale auf bestimmten Kurzwellenfrequenzen auf, und zwar ohne ausgeprägte Korrelation zu natürlichen elektromagnetischen Vorgängen in der Ionosphäre.[480]

Die militärischen Betreiber sind um Abwiegelung bemüht. Sie streiten rundweg ab, daß es Zusammenhänge zwischen HAARP und den EASTLUND-Patenten gibt. Nick BEGICH, Sohn eines US-Kongreßabgeordneten und mittlerweile einer der bestinformierten unabhängigen HAARP-Experten, wollte sich damit nicht zufriedengeben. In einem Interview gab er zu Protokoll: »Wir haben (...) mit EASTLUND gesprochen und von ihm die Bestätigung erhalten, daß HAARP exakt einem seiner Patente entspricht, nämlich der Fokussierung von per Radiowellen ausgestrahlter Energie. Der einzige Unterschied besteht in den Größenordnungen, denn EASTLUND hatte eine weitaus größere Anlage als HAARP im Sinn. Darin stimmen wir mit dem Militär überein: HAARP ist ein Prototyp, eine Vorstufe zu einer möglicherweise noch weitaus größeren Anlage.«

Aber schon jetzt sind die Dimensionen und die technische Leistungsfähigkeit des Antennenwaldes bei Gakona derart gigantisch dimensioniert, daß der Hinweis auf rein zivile Projekte zur Erforschung der Erdatmosphäre nicht einmal von den Betreibern ernstgenommen wird. Tatsache ist, daß HAARP die größte und leistungsfähigste Sendestation in der Technikgeschichte darstellt. Vor diesem Hintergrund wird auch der Zusammenhang zwischen den Erdölvorkommen der Atlantic Richfield Oil Company (ARCO) und den EASTLUND-Patenten verständlich, die sich ursprünglich im Besitz der Tochterfirma APTI befanden, ehe sie im Zuge der geschilderten Übernahmen an die Rüstungsindustrie fielen: HAARP ist der ideale Abnehmer für große Mengen des ARCO-Öls, denn der Betrieb der Anlage verschlingt unvorstellbare Energiemengen. Nach unveröffentlichten Informationen

[480] Ebd.

soll die vorgesehene Gesamtleistung im Endzustand des Ausbaus einmal bis zu 100 Gigawatt - 100 Milliarden Watt - betragen. Angesichts solcher Zahlen kann man es bestenfalls als Akt der Desinformation bezeichnen, wenn HAARP-Mitarbeiter betonen, die verwendeten Energien seien viel zu gering, um fühlbare Effekte auszulösen; nach einer Studie der Universität von Arkansas lägen sie nur bei einem Fünfzigstel der natürlichen Strahlung.

Nick Begich weiß es besser. Bei seinen Recherchen stieß er in einem für den internen Gebrauch bestimmten Memorandum auf eine »handschriftliche Anmerkung über die benötigten und angestrebten Leistungen des Systems. Nach diesem Dokument von 1991, das benutzt wurde, um die Projektbeschreibung zu erstellen, werden mindestens 10 Gigawatt effektiv abgestrahlter Leistung gebraucht, während die angestrebte Abstrahlungsleistung des vollen Systems bei 100 Gigawatt liegt.«[481]

Konsequenterweise räumen die Betreiber auf Anfragen von seiten der Öffentlichkeit immer nur einen Bruchteil der verfügbaren Informationen ein. Sozusagen als militärisches ›Abfallprodukt‹ ließen sich HAARP-Technologien zur Kommunikation mit getauchten U-Booten verwenden, heißt es auf der offiziellen Website, sowie für ein neuartiges Verfahren der ›Erdtomographie‹, mit dem es möglich sein werde, unterirdische Bunker und Atomanlagen aufzuspüren. Die Luftwaffe wiederum behauptet, »daß HAARP nur zum Studium der Erdatmosphäre dient. Für das Militär wären nur neue Erkenntnisse für die Ausbreitung von elektromagnetischen Wellen (...) interessant.«[482]

Eine Argumentation, die allein durch die Fakten hinfällig wird. Denn zu den beteiligten Stellen zählen nicht nur Navy, Air Force und hochkarätige Rüstungskonzerne wie Raytheon, sondern auch die Kirkland Air Force Base, eine Einrichtung, die schon traditionell eine zentrale Rolle bei zukunftsweisenden US-Rüstungsprojekten spielt. Auch an der Entwicklung der ›Strategic Defense Initiative‹ (SDI) war die Kirkland Air Force Base maßgeblich beteiligt.

---

[481] Zit. nach: Franz Bludorf u. Grazyna Fosar, *Zaubergesang*, aaO., S. 31.

[482] Helmut Lammer u. Marion Lammer, *Verdeckte Operationen*, aaO., S. 336.

HAARP und die Irren von Gakona

Nicht nur in ihrer Leistungsfähigkeit, sondern auch in ihrer technischen Konstruktion unterscheidet sich HAARP grundsätzlich von allen bekannten zivilen Forschungseinrichtungen. Anders als bei den konventionellen Forschungssendern, die in der Regel eine einzige Sendeantenne verwenden, besteht die Installation in Alaska aus einem riesigen Antennenwald, der sich über ein weites Areal erstreckt. Diese Anordnung erlaubt die gezielte Fokussierung der emittierten Strahlung auf eine nahezu beliebig kleine Fläche in der Ionosphäre. Wird dieser Strahl über mehrere Minuten aufrechterhalten, entstehen Löcher in der elektrischen Teilchenschicht, die die Erde wie eine magnetische Membran umgibt und unter anderem vor der starken Sonneneinstrahlung schützt.

Diese Anwendungsmöglichkeit ist nur eine von mehreren, die HAARP in einem besonderen Licht und die Versicherungen der Betreiber fragwürdig erscheinen läßt. Es war Nick Begich, den das Projekt seit den ersten Presseberichten nicht mehr ruhen ließ und der im Rahmen seiner Nachforschungen rasch auf die tödlichen militärischen Implikationen des Vorhabens stieß. Daß die Öffentlichkeit in Sachen HAARP inzwischen sensibilisiert ist, geht zum Gutteil auf sein in den USA erschienenes Buch *Angels don't play this HAARP – Advances in Tesla Technology* zurück (»Engel spielen nicht auf dieser Harfe [Wortspiel: ›harp‹ ist das englische Wort für Harfe] – Forschritte in der Tesla-Technologie«). Es erschien 1996 und später in mehreren deutschen Auflagen unter dem Titel *Löcher im Himmel – Der geheime Ökokrieg mit dem Ionosphärenheizer HAARP*. Mittlerweile ist das Buch vergriffen.

Begich hat eigenem Bekunden zufolge inzwischen mehr als 40 000 Seiten Informationen zum Thema HAARP zusammengetragen. Er ist heute mehr denn je davon überzeugt, daß die Antennenanlage weit mehr ist als ein wissenschaftliches Forschungsvorhaben. Tatsächlich trifft der deutsche Buchtitel *Löcher im Himmel* den Kern der Sache. Denn mit HAARP sind weitreichende Manipulationen der Atmosphäre, der Partikelhülle der Erde, des Jetstreams und damit des irdischen Klimas möglich. Und die Folgewirkungen sind – unter anderem von Tesla – zwar prinzipiell prognostiziert worden, in ihren konkreten Auswirkungen aber nicht entfernt abschätzbar. Was passiert, wenn beispielsweise die extrem langen Schumann-Wellen auf dem Wege des Resonanzprinzips und unter Einsatz gewaltiger Energien verstärkt werden, vermag niemand vorherzusagen. Daß sie sich als Kommunikationsmedium benutzen lassen, weiß man inzwischen. Wie sie reagieren, wenn sie künstlich stimuliert werden, ist reine Spekulation, zumal Eigenarten, Funktionsweise und Wechselwirkungen zwischen den verschiedenen Schichten der Erdatmosphäre noch längst nicht vollständig erforscht sind.

Erst 1999 wurde die bahnbrechende Beobachtung gemacht, daß starke Sonnenwinde für die Aussendung elektromagnetischer Partikel verantwortlich sind, die auf der Erde sowohl empfindliche Satelliten als auch die Stromversorgung gefährden können. Auch die Erkenntnis, daß Störungen der Magnetosphäre und Anomalien in der Ionosphäre geradezu zerstörerische Auswirkungen auf der Erde haben können, ist noch relativ jung. Vor diesem Hintergrund sind Experimente, die entweder ein ›Aufheizen‹ der Ionosphäre oder ›Löcher‹ im elektromagnetischen Schutzschild der Erde bewirken können, schlichtweg verantwortungslos.

Auch Nick BEGICH sieht diese Gefahren: »Es hängt alles davon ab, wie sie das System benutzen. Sie schießen Energie in ein System hinein und sagen, das ist wenig im Vergleich zu dem, was sowieso dort ist, doch dann treffen sie bestimmte Frequenzen, die die Freisetzung von Energie steuern. Dies wurde entdeckt, als sie VLF-Wellen (Wellen mit extrem niedriger Frequenz, Anm. d. Autoren) in die obere Atmosphäre und die untere Magnetosphäre geschossen haben. Dann wurde das Signal tausendfach verstärkt, denn es traf dort auf Energie, die schon vorhanden war. Was wir nun vermuten, ist, daß es weitere Frequenzfenster gibt, die sie nur zufällig noch nicht getroffen haben. Frequenzen, die Energie aus diesem hochenergetischen System freisetzen können. Das erzeugt Reaktionen, die niemand vorhersagen kann.«[483]

HAARP ist alles andere als eine harmlose Experimentierstation zum Studium atmosphärischer Erscheinungen. Schon jetzt wird mit Leistungsstärken operiert, die für sensible technische Geräte gefährlich ist. HAARP steht im Verdacht, Flugzeuge auf Entfernungen von mehreren hundert Kilometern in Schwierigkeiten zu bringen. Zwar gehört zur Ausstattung der Anlage auch ein Warnradar, das – in Friedenszeiten – eine Sicherheitsabschaltung der Sender veranlassen soll, wenn sich ein Flugzeug nähert. Die Sendeleistung von HAARP ist nämlich auch im Routinebetrieb

[483] Zit. nach: Franz BLUDORF u. Grazyna FOSAR, *Zaubergesang*, aaO., S. 32.

Schmelzende Gletscher einerseits, abnorme ›Jahrhundertfluten‹ andererseits sind Indizien dafür, daß sich das Weltklima verändert. HAARP bietet die technischen Möglichkeiten dafür, das Klima künstlich und zu militärischen Zwecken zu manipulieren.

bereits so stark, daß die elektromagnetische Härtung der Flugzeugelektronik nicht zur Abschirmung gegen die emittierte Strahlung ausreicht. Berichte über Anomalien und Fehlfunktionen von Autopilotensystemen sind längst dokumentiert – von Flugzeugen, die etwa 400 Meilen entfernt waren.[484]

Man kann es drehen und wenden, wie man will: HAARP ist eine Waffe. Das modernste, leistungsfähigste und flexibelste elektromagnetische Waffensystem, das jemals einer Militärmacht auf

[484] (o. Verf.), »Angels don't play this HAARP«, aaO.

der Erde zur Verfügung stand. An dieser Einschätzung besteht für Kritiker wie Nick Begich oder das Berliner Forscherpaar Bludorf/Fosar kein Zweifel, die der Anlage nur einen einzigen Hauptzweck bescheinigen: »Kriegführung unter Verwendung elektromagnetischer Wellen«. Sogar das Straßburger Europaparlament sah sich veranlaßt, auf den anschwellenden Strom kritischer Stimmen zu reagieren, setzte eine Experten-Anhörung an und verabschiedete daraufhin im Januar 1999 eine Resolution (A40005/99, »über Umwelt, Sicherheit und Außenpolitik«), die von allen im Bundestag vertretenen Parteien unterstützt wurde. Ausdrücklich wurde das HAARP-System darin wegen seiner weitreichenden Auswirkungen auf die Umwelt als eine »globale Angelegenheit« bezeichnet, die vor weiteren Testläufen von einer unabhängigen internationalen Institution untersucht werden müsse. Bedauert wurde außerdem die wenig kooperative Haltung der USA; das Europäische Parlament hatte zu seiner Anhörung ausdrücklich einen Vertreter der US-Regierung eingeladen, der die Parlamentarier informieren sollte – vergebens. So fiel die Resolution zwar für EP-Verhältnisse relativ deutlich aus, blieb im übrigen aber folgenlos. Das Parlament stellte fest:

»HAARP ist für viele Zwecke einsetzbar. Durch Manipulation der elektrischen Eigenschaften in der Atmosphäre lassen sich gewaltige Kräfte kontrollieren. Wird dies als militärische Waffe eingesetzt, können die Folgen für den Feind verhängnisvoll sein. Durch HAARP läßt sich ein fest umrissenes Gebiet millionenfach stärker mit Energie aufladen als mit irgendeiner anderen herkömmlichen Energiequelle. Die Energie läßt sich auch auf ein bewegliches Ziel ausrichten, u.a. auf feindliche Raketen. (...) Das Projekt ermöglicht auch eine bessere Kommunikation mit U-Booten und die Manipulation der globalen Wetterverhältnisse.«[485]

Das Europäische Parlament blieb mit seinen Warnungen nicht allein. Im August 2002 schloß sich auch die russische Duma an, deren Ausschuß für internationale Angelegenheiten und Verteidigung in einer Resolution ausdrücklich von einer neuen Qualität von Waffen spricht und vor dem Vollausbau der HAARP-Anlage im Jahre 2003 warnte. Wörtlich:

»Die Signifikanz dieses qualitativen Sprungs kann verglichen werden mt dem Übergang von Stichwaffen zu Feuerwaffen. Dieser neue Typ von Waffen unterscheidet sich von früheren Typen

---

[485] Hier wiedergegeben nach: Franz Bludorf u. Grazyna Fosar, *Zaubergesang*, aaO., S. 77.

darin, daß die erdnahe Atmosphäre sofort ein Objekt der direkten Beeinflussung wird.« Durch die Inbetriebnahme der kompletten HAARP-Konfiguration werde »eine geschlossene Konturlinie erzeugt mit einem wahrhaft phantastischen Potential des erdnahen Raumes«. Wenn es der internationalen Gemeinschaft, heißt es in der Entschließung weiter, nicht gelinge, die USA zur Zulassung unabhängiger Kontrollen zu veranlassen, seien die Vereinigten Staaten zum Bau von Waffen in der Lage, die imstande seien, »Radiokommunikationsleitungen und elektronische Geräte in Raumschiffen und Raketen zu unterbrechen, schwere Störfälle in nationalen Stromnetzen und Öl- und Gas-Pipelines zu provozieren und einen negativen Einfluß auf die mentale Gesundheit der Bevölkerung ganzer Regionen auszuüben.«[486] Die Parlamentarier forderten deshalb eine internationale Ächtung der amerikanischen HAARP-Experimente.

Deutlicher kann man es eigentlich nicht sagen. Die Bedrohung, die von HAARP ausgeht, läßt sich demzufolge in mehrere Kategorien unterscheiden: zum einen mehr ›konventionelle‹ Einsätze wie die Störung der gegnerischen Funkkommunikation, seiner Energieversorgung und die Aufrechterhaltung der eigenen Kommunikationsstruktur im Ernstfall; zum anderen aber eine Reihe unkonventioneller und in ihren Auswirkungen möglicherweise apokalyptischer Einsatzmöglichkeiten:

- Manipulation des Wetters und der Atmosphäre bis hin zur Schädigung und Beeinflussung des erdnahen Partikelstroms und der Ozonschicht sowie der gezielten Aufheizung und Bestrahlung ganzer Erdregionen;
- Globale Bewußtseinsmanipulation mittels ELF-Wellen;
- Herbeiführung künstlicher Erdbeben und ›kalter‹ Explosionen ohne radioaktive Strahlung.

HAARP ist das ultimative Waffensystem der globalen Herrschaft. Wer von der ›asymmetrischen‹ Bedrohung durch islamistische Flugzeugentführer mit Teppichmessern spricht, hat von HAARP offenbar noch nie etwas gehört. Der Antennenwald von Gakona ist in jeder Beziehung vergleichslos: sowohl was die Leistung angeht als auch in Sachen Energieverbrauch und laufende Kosten. Vor allem aber sind die USA nach allem, was inzwischen bekannt ist, mit HAARP in der Lage, jeden potentiellen Gegner auf dem Planeten mit ein paar Reglereinstellungen außer Ge-

[486] Zit. nach: ebd. S. 75 f.

fecht zu setzen, ohne daß irgendeine irdische Macht zu Gegenmaßnahmen fähig wäre. HAARP bietet erstmals in der Geschichte der Menschheit einem einzigen Land, einer einzigen Machtgruppe die Möglichkeit, die restliche Erdbevölkerung mit Hilfe einer konkurrenzlosen Supertechnologie zu beherrschen, zu vernichten, möglicherweise mittels Bewußtseinskontrolle zu versklaven. Ende der Geschichte.

Die Zukunft hat längst begonnen. Auch in diesem Fall kann niemand behaupten, er habe nichts gewußt. Schon die *2025*-Studie der US-Luftwaffe setzt sich detailliert mit den Möglichkeiten auseinander, das Wetter zu »besitzen« und mit seiner Hilfe die eigenen Kräfte auf dem Schlachtfeld zu vervielfältigen bzw. die des Gegners zu schwächen. Der Titel der entsprechenden Teilstudie lautet: *Weather as a Force Multiplier: Owning the Weather in 2025*, zu deutsch: »Das Wetter als Kräfte-Multiplikator – der Besitz des Wetters im Jahre 2025«. Dabei sind sich die Autoren der Risiken einer großräumigen Beeinflussung natürlicher Klima- und Atmosphären-Verhältnisse durchaus bewußt und vergleichen sie mit denen der Kernspaltung. Die Vereinigten Staaten dürften jedoch, wird argumentiert, auf die Möglichkeiten der Wetterwaffe nicht leichtfertig verzichten, nur weil bestimmte gesellschaftliche Gruppen (»some segments of society«) unwillig seien, kontroverse Themen zu diskutieren.[487]

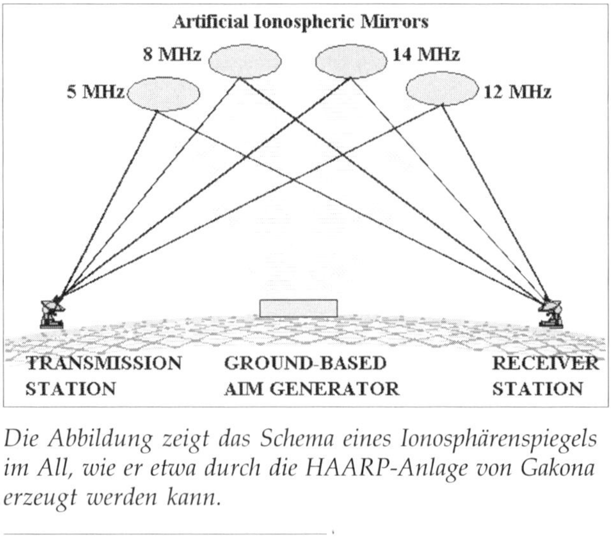

Auch die Luftwaffenstudie 2025 diskutiert die Möglichkeit der Wetterbeeinflussung zur militärischen Zwekken.

Die Abbildung zeigt das Schema eines Ionosphärenspiegels im All, wie er etwa durch die HAARP-Anlage von Gakona erzeugt werden kann.

[487] *Weather as a Force Multiplier: Owning the Weather in 2025*, http://www.au.af.mil/au/2025/volume3/chap15/v3c15-1.htm

Detailliert führt die Studie sodann auf, was »innerhalb der nächsten 30 Jahre« an militärischen Wetterveränderungen möglich sein wird: Künstlich erzeugte Stürme werden feindliche Operationen verhindern helfen, schlechtes Wetter wird sich negativ auf die Moral des Gegners auswirken, künstlich hervorgerufene Trockenheit wird den Feind in Wassermangel bringen, und durch die Entfernung natürlicher Wolken vom Himmel wird sich seine Verwundbarkeit aus der Luft erhöhen; außerdem werden sich durch die Beeinflussung des ›Weltraum-Wetters‹ gegnerisches Radar und gegnerische Weltraum-Einheiten beeinträchtigen lassen, während gleichzeitig durch die Nutzung der Ionosphäre die eigene Kommunikationsüberlegenheit sichergestellt werden kann. Alles in allem bewegt sich dieser Themenkatalog fast buchstäblich im Rahmen der von EASTLUND patentierten Möglichkeiten.

Auch ein realistisches Szenario zur Rolle des Wetterfaktors im Kriegsgeschehen des 21. Jahrhunderts liefert *2025*. Die Drohkulisse gibt diesmal ein erstarkendes Drogenkartell in Lateinamerika ab, das im Besitz moderner Flugzeuge aus russischer und chinesischer Produktion ist. Auch verfüge das Kartell über effiziente kommerzielle Aufklärungssatelliten. Die amerikanischen Wetterstrategen machen sich nun die Tatsache zunutze, daß es in der Region mit einer gewissen Regelmäßigkeit zu schweren Gewittern am Nachmittag kommt. Sie erhalten den Auftrag, die Zugrichtung der üblichen Gewitterfronten zu prognostizieren und Möglichkeiten zu erarbeiten, Gewitterzentren entweder künstlich über gegnerischen Einrichtungen zu erzeugen oder vorhandene Tiefdruckgebiete dorthin zu bugsieren. Damit ist ein handfester Vorteil für die amerikanische Luftwaffe verbunden, deren Jäger im Gegensatz zu den Flugzeugen des Kartells allwettertauglich sind. Unbemannte Raumgleiter steigen auf, die über dem Zielgebiet mit der ›Besamung‹ von Wolken beginnen, um den Ausbruch von Unwettern zu forcieren. Gleichzeitig wird mit der Mikrowellen-Erhitzung der Ionosphäre begonnen, um die Sichtfähigkeit der gegnerischen Satelliten zu stören. »Dieses Szenario«, resümieren die Autoren, »scheint weit hergeholt, wird aber im Jahre 2025 im Bereich des Möglichen liegen.«[488] Mit Blick auf den Antennenwald von Gakona wirkt diese Prognose wie eine glatte Untertreibung.

Autoren wie das Berliner Forscherpaar BLUDORF/FOSAR gehen noch weiter. Sie glauben herausgefunden zu haben, daß der

[488] Ebd.

Wetterkrieg mittels HAARP bereits stattfindet. Sie verglichen charakteristische Daten im Umfeld der großen Unwetterkatastrophen der letzten Jahre wie etwa die Intensität der natürlichen SCHUMANN-Wellen und die Aktivitäten des Jetstream und stellten bestürzende Zusammenhänge fest. Sie konnten nachweisen, daß sowohl im August 2002 als auch im Oktober 1998 (Hochwasserkatastrophe an Rhein und Neckar) und auch im August 1997 (Oder-Hochwasser) die SCHUMANN-Resonanzwellen kurzfristig – etwa für die Dauer von 15 Minuten – untypische Ausschläge aufwiesen, die um das Zehn- bis Fünfzigfache über dem Normalwert lagen. In allen Fällen setzte sich jeweils wenige Tage nach diesen ›Spikes‹ ein Arm des Jetstream in Richtung der betroffenen Gebiete in Bewegung und brachte das Wasserchaos.[489] Diese Anomalien muten noch auffälliger an, wenn man weiß, daß der Jetstream, der maßgeblich für die Steuerung von Tiefdruckgebieten in unseren Breiten verantwortlich ist, bis etwa 1993 ungefähr entlang des 60. Breitengrades verlief, also in der Polarregion. Auch auf dem Kartenbild nehmen sich seine atypischen Ausgriffe nach Mitteleuropa ausgesprochen gespenstisch aus.

Offizielle Stellen in den USA, unter anderem von der Universität Fairbanks in Alaska, reagierten auf die von BLUDORF/FOSAR registrierten Korrelationen mit der üblichen Mischung aus Abstreiten und Abwiegeln. Die Fassade, wonach HAARP nichts als ein ambitioniertes wissenschaftliches Forschungsprojekt ist, wird hartnäckig verteidigt. Das muß auch so sein, denn alles andere würde bedeuten, daß die USA die Existenz einer Waffe einräumen, die nachgerade eine Menschheitsbedrohung darstellt. Sie konterkariert nicht nur alle Bemühungen der UNO, der Manipulation des Klimas einen Riegel vorzuschieben, sie stellt auch einen unverhohlenen Angriff auf das Völkerrecht und die nationale Souveränität aller Staaten der Erde dar. Und sie erfüllt alle Kriterien einer Massenvernichtungswaffe.

Nichtsdestotrotz existiert HAARP und befindet sich nachweislich in Betrieb. Wieder einmal verschwimmen die Grenzen zwischen Krieg und Nicht-Krieg und in diesem Fall zwischen natürlichen Wetterphänomenen und vorsätzlich herbeigeführten Umweltkatastrophen. Natürlich läßt sich der letzte Beweis nicht führen, daß HAARP schuld ist, wenn das Wetter verrückt spielt oder ganze Bevölkerungen über Unwohlsein, Mattigkeit oder depressive Gefühle klagen. Aber es genügt zu wissen, daß die

---

[489] Nach: Franz BLUDORF u. Grazyna FOSAR, *Zaubergesang*, aaO., S. 66 ff.

technische Möglichkeit solcher Eingriffe besteht und daß sie sich in den Händen eines Landes befindet, das in seiner Geschichte niemals zu übertriebenen Skrupeln neigte. Und HAARP kann noch viel mehr, als Regenfronten zu erzeugen und die Gehirnströme von Millionen Menschen zu manipulieren. Allein dies ist ein Damoklesschwert, das über der Menschheit hängt. Niemand weiß, wozu die Irren in Alaska noch fähig sind. Man muß ihnen HAARP wegnehmen, solange es noch möglich ist.

Nachwort

Wie versenkt man die ›USS Enterprise‹?

Colonel WALDHAUSER sprach Klartext. »Wir müssen Gott für unsere Lufthoheit danken«, sagte WALDHAUSER, der während des anglo-amerikanischen Feldzugs gegen den Irak im Frühjahr 2003 Kommandeur des 15. US-Marinekorps war, einem CNN-Reporter. Dieser erzählte es am Telefon seiner Redaktion, das Gespräch wurde abgehört und gelangte so an die Öffentlichkeit.

Eingeständnisse wie die des Colonels häuften sich in den ersten Tagen des US-Feldzugs im Irak. Weitere Peinlichkeiten kamen hinzu, zum Beispiel jede Menge ›friendly fire‹. Dann der völlig unerwartete Widerstand der Iraker. Die alliierten Planer hatten ihn schlichtweg nicht einkalkuliert. Schließlich verhagelte ihnen auch noch ein ganz gewöhnlicher Sandsturm den Traum vom ganz schnellen Sieg. Allein bei der 3. motorisierten Infanteriedivision der Amerikaner, meldete der russische Informationsdienst IRAQWAR.RU am 25. März 2003,[490] seien infolge des Wetters nicht weniger als 100 Fahrzeuge ausgefallen.

Was hatten die Experten nicht alles prophezeit: den satellitengesteuerten High-Tech-Krieg, den ersten Krieg im Internet, die ›Enthauptung‹ des Gegners gleich zu Beginn der Angriffe. Im Dezember waren Mitglieder der irakischen Führung bis hinein in Offizierskreise gezielt von US-Geheimdiensten mit E-Mails bombardiert worden, in denen sie zum Aufgeben und zur Sabotage aufgefordert worden waren. Inzwischen weiß es die Welt besser: Der virtuelle Krieg zeitigte auch nur virtuelle Ergebnisse wie die gefälschte Befreiungsaktion um Jessica LYNCH. Die reale Entscheidung brachten relativ konventionelle Methoden. Den Ausschlag gaben weder Präzisionsbomben noch Appelle zum massenhaften Aufstand. Nach einer Woche Krieg war jedes der ausgewählten Ziele in der Hauptstadt Bagdad im Schnitt 3- bis 7mal getroffen worden. »Dies hatte jedoch beinahe keinen Effekt auf die Kampfbereitschaft der irakischen Armee«, stellte IRAQWAR.RU am 26. März fest. Und weiter:

»Es sieht so aus, als hätten die Irakis während der Vorbereitungen auf den Krieg Zeit gehabt, neue, gut geschützte Kommunikationslinien und Kontrollzentren aufzubauen. Es gibt eine Menge Aufklärungsinformationen, die darauf hindeuten, daß es

---

[490] http://www.iraqwar.ru/iraq-event_lenta_w.php?lang=en

dem US-Aufklärungsnetzwerk bisher nicht gelungen ist, das Kommunikationsnetzwerk des irakischen Kommandos zu lokalisieren und zu beschädigen, was auf ein technisch ausgefeiltes Netzwerk hindeutet.«[491]

In den Theoriebüchern für den postmodernen Krieg – etwa dem Klassiker *Überleben im 21. Jahrhundert* von Alvin und Heidi TOFFLER – wurde die mittlerweile gängige Theorie von den Kriegen und Armeen der ersten, zweiten und dritten Welle aufgestellt. Die irakische Armee war demzufolge eine typische Streitmacht der ›zweiten Welle‹, die auf das klassische militärische Instrumentarium wie Panzer, Flugzeuge und Artillerie setzte. Die US-Streitkräfte hatten demgegenüber bereits den Sprung in die ›dritte Welle‹ vollzogen: Sie sind weitgehend computerisiert, mit intelligenten Waffen und hochleistungsfähigen Datennetzen ausgestattet. Eigentlich war alles klar.

Aber nur auf dem Papier und in den Köpfen postmoderner Strategen, die die Feldzüge des 21. Jahrhunderts am liebsten nur noch vor dem Computerdisplay führen würden. Doch genau das hat sich im Irak – wie zuvor schon in Afghanistan – als Illusion erwiesen. Richtig ist nur, daß die amerikanische Seite in allen Phasen des Krieges im Besitz der unumschränkten Luftüberlegenheit, überlegener Feuerkraft und modernster computergestützter Logistik war. Sie war dadurch imstande, schneller als die Gegenseite richtige Entscheidungen zu treffen und die Initiative aufrechtzuerhalten. Doch Schnelligkeit und Initiative waren zu allen Zeiten der Kriegsgeschichte entscheidende Faktoren auf dem Schlachtfeld. Die Hauptstadt Bagdad schließlich fiel, weil eine Handvoll irakischer Kommandeure schlicht und einfach bestochen worden waren. Neu ist an alledem das wenigste. In vielerlei Hinsicht wirkt der erste größere Waffengang des 21. Jahrhunderts erstaunlich konventionell.

Jetzt sind die Analytiker am Zug. Denn einige der Erfahrungen, mit denen die mächtigste Kriegsmaschine der Welt im Frühjahr 2003 konfrontiert wurde, waren ausgesprochen ernüchternd und passen nicht ins Bild der imperialen Großplanung Washingtons:

- **Erstens:** Vieles spricht dafür, daß die Bedeutung der High-Tech-Komponente auf dem Schlachtfeld der Zukunft im militärischen Diskurs des letzten Jahrzehnts heillos überschätzt wurde. Zur Erinnerung: Während des Golfkrieges 1991 lag der Anteil ›intelligenter‹ Präzisionsgeschosse auf seiten der Alliierten bei

[491] Ebd.

rund 10 Prozent, im Afghanistan-Feldzug zehn Jahre später bereits bei 69 Prozent, im jüngsten Waffengang gegen den Irak ebenfalls zwischen 60 und 70 Prozent.

Die Auswirkungen auf dem Schlachtfeld hielten sich in Grenzen, ja nehmen sich auch im Licht des alliierten Sieges ausgesprochen bescheiden aus. Allen Ernstes hatte BUSHS Generalstabschef MYERS Anfang März verkündet, SADDAM Hussein werde schon in den ersten Stunden des Angriffs durch massive Luftbombardements zum Aufgeben gezwungen werden.[492]

Solche Hoffnungen zerplatzten rasch. Amerikanische Militärs wurden deutlich: »Die Verbrauchsrate dieser Waffen paßt nicht zu den erzielten Resultaten«, zitierte IRAQWAR.RU US-Generalstabschef MYERS. »Wir schmeißen buchstäblich Gold in den Dreck.« Das mußte auch General Stanley MCCRYSTAL einräumen:

»Es reichte, daß der Feind ein wenig Widerstand und etwas Kreativität zeigte, um unsere gesamte technische Überlegenheit bedeutungslos werden zu lassen. Unsere Ausgaben lassen sich nicht durch die erzielten Resultate rechtfertigen. Der Feind benutzt weitaus billigere Waffen, um dieselben Ziele zu erreichen, für die wir Milliarden ausgegeben haben, um die technischen Spielereien der Verteidigungsindustrie zu erwerben.«[493]

- **Zweitens:** Was der Pentagon-General ein »wenig Widerstand und etwas Kreativität« nannte, ist nichts anderes als das klassische Handwerk des Infanteristen. Für dessen Kampfauftrag ist das ebene, weithin deckungslose Gelände des Zweistromlandes ungünstig, während es weiträumige Panzervorstöße, flächiges Operieren in der Tiefe des Raumes und das Ausspielen massiver Luftüberlegenheit begünstigt. Unter diesen Umständen hat die irakische Armee mindestens zwei Wochen lang Hervorragendes geleistet – gegen einen Gegner, dessen technische wie materielle Übermacht nur als beispiellos zu bezeichnen ist.

Schon unter rein militärischen Gesichtspunkten haben die Nachrichten vom hinhaltenden Widerstand irakischer Einheiten bei Nadschaf, Nasirija und Umm Khasr den Nimbus der besten Armee der Welt nachhaltig beschädigt. Die High-Tech-Supermacht wurde vorgeführt nach Strich und Faden. Ohne Luftüberlegenheit, Präzisionswaffen und nennenswerte Artillerie. Am Ende reichte ein Sandsturm, um den Vormarsch der Alliierten zum Stehen zu bringen. »Empfindlichkeit«, orakelte die *Süddeut-*

---

492 »Sieg über Irak binnen Stunden«, in: *Münchner Merkur*, 6. 3. 2003.

493 http://www.iraqwar.ru/iraq-event_lenta_w.php?lang=en

sche Zeitung nach einer Woche Wüstenkrieg, »ist ein Gradmesser des Fortschritts. Die Fähigkeit des Sandes zur Lähmung und Sabotage ist mit dem technischen Fortschritt größer geworden, obwohl die Metapher vom Sand im Getriebe den Übertritt vom Maschinen- ins elektronische Zeitalter noch nicht vollzogen hat. Der Krieg dramatisiert die schon in Friedenszeiten unübersehbare Feindschaft zwischen Sand und elektronischer Technologie.«[494]

Amerikanische Panzer in Bagdad (April 2003). Auch im jüngsten Waffengang am Golf wurde die Entscheidung durch konventionelle Überlegenheit und taktische Initiative erzwungen.

Eine Erklärung für die irakischen Anfangserfolge bot Anthony CORDESMAN vom Center for Strategic and International Studies in der *Washington Post*: »Sie haben zwölf Jahre lang die amerikanische, russische, chinesische und jugoslawische Literatur über asymmetrische Kriegführung studiert.«[495] Lektüre, die sich offenbar gelohnt hat - und die sich erst recht mit Blick auf die wald- und hügelreichen Landschaften Eurasiens empfiehlt.

Wenn es eine Lehre aus dem Waffengang am Golf gibt, dann die: daß die asymmetrische, irrationale Überlegenheit des US-Militärgiganten ein Riese auf tönernen Füßen ist. Man kann ihn aus dem Tritt bringen. Man muß nicht wie das Kaninchen auf die Schlange starren. Man kann sich wehren, und das mit relativ

494 »Das unberechenbare Heer: Wenn der Wind den Marschbefehl gibt«, in: *Süddeutsche Zeitung*, 27. 3. 2003.

495 Daniel BRÖSSLER, »In der Planungsfalle«, in: *Süddeutsche Zeitung*, 28. 3. 2003.

einfachen Mitteln. Diese Lehre dürften nicht nur russische und chinesische Stäbe mit Interesse aufnehmen. Widerstand gegen Amerika ist machbar.

• **Drittens:** Der Stoßseufzer des Colonel Waldhauser über die amerikanische Luftüberlegenheit wurde schon zitiert. Tatsächlich liegt hier der Schlüssel zum erfolgreichen konventionellen Widerstand gegen die amerikanische Armee. Bleibt die nächsthöhere Ebene der Kampfführung außer Betracht – diejenige der weltraumgestützten Waffen- und Aufklärungssysteme –, dann bleibt in erster Linie die Luftüberlegenheit der US-Streitkräfte als kampfentscheidender Faktor. Ihr hat gegenwärtig keine andere Armee etwas entgegenzusetzen.

Die Herausforderung, die sich daraus ergibt, ist klar. Die Streitkräfte potentieller Gegner der Vereinigten Staaten brauchen so rasch wie möglich weitreichende, leichtbewegliche Luftabwehrwaffen zur Bekämpfung von Kampfbombern und -hubschraubern sowie möglichst auch der hochfliegenden B-52-Bomber. Der ›Apache‹-Hubschrauber bekämpft Ziele am Boden auf eine Entfernung von sechs Kilometern, von den Angriffsdistanzen der Kampfjets gar nicht zu reden. Gegen diese Bedrohung sind Bodentruppen derzeit weitgehend wehrlos.

Wie schnell sich die amerikanische High-Tech-Streitmacht durch halbwegs adäquate Ausstattung des Gegners aus dem Tritt bringen läßt, zeigt die Tatsache, daß die vielbeschworene Nachtkampffähigkeit der Army zu wiederholten Malen dadurch konterkariert wurde, daß irakische Einheiten bis auf Kompanieebene hinunter über eine ausreichende Anzahl von Nachtsichtgeräten verfügten und professionell mit ihnen umzugehen wußten.

Die meisten der Geräte, die den Alliierten in die Hände fielen, waren neueren Datums und stammen aus amerikanischer und japanischer Herstellung. (Auch dies im übrigen ein Beispiel dafür, wie die alliierte Aufklärung über Jahre hinweg versagte: Noch der militärische Informationsbericht RUMO für Februar 2003 hielt daran fest, daß die irakische Armee über fast keine Nachtsichtgeräte verfüge außer den auf Panzern installierten). Vergleichbares wird nun dringend für die Luftabwehr benötigt.

• **Viertens:** Noch eine Lehre läßt sich aus dem jüngsten Golfkrieg ziehen. Auch sie steht in eklatantem Widerspruch zu den Expertendiskussionen der letzten zehn Jahre. Anders als vielfach angenommen, wird der Krieg mit konventionellen Kampfsystemen und Taktiken auch im 21. Jahrhundert noch eine Zeitlang die Schlachtfelder beherrschen. Die Utopie vom reinen High-Tech-Krieg bleibt bis auf weiteres eine Utopie. Kriegsentscheidend werden auch weiterhin – sieht man vom Einsatz von Atomwaffen ab – massierte Panzervorstöße und Luftangriffe sein. Wie in der Vergangenheit wird das Gefecht der verbundenen Waffen auch in Zukunft charakteristisch für das Geschehen auf dem Schlachtfeld sein, und die Infanterie wird, etwas pathetisch gesprochen, weiterhin die ›Königin der Waffen‹ bleiben.

Diese Feststellung geht sogar so weit, daß auch im Zeitalter der Satellitenaufklärung ›falsche‹, unkonventionelle Entscheidungen auf dem Gefechtsfeld wie seit eh und je möglich, ja plausibel bleiben werden. Den schlagendsten Beweis dafür lieferte die jeder militärischen Vernunft hohnsprechende Entscheidung des amerikanischen Oberkommandos, Bagdad im Handstreich zu nehmen, und das nur mit Panzern plus Luftunterstützung. Es war vermutlich die wichtigste Entscheidung des ganzen Krieges – und die fehlende massive Gegenwehr der Iraker der entscheidende Schritt zur Niederlage (dies unbeschadet der Tatsache, daß stattliche Bestechungsgelder an die verantwortlichen Kommandeure der Republikanischen Garden flossen und dem militärischen Erfolg auf die Sprünge halfen).

Experten, zumal deutsche, hatten für den Kampf um Bagdad ein Desaster prophezeit und die 5 Millionen-Metropole für nachgerade ›uneinnehmbar‹ erklärt. Ein paar rücksichtslos um sich schießende US-Panzerkolonnen bewiesen das Gegenteil und unterstrichen die Richtigkeit der alten Maxime, daß Initiative, Feuer und Bewegung im Krieg alles sind. Das wußte im übrigen bereits die Wehrmacht.

- **Fünftens:** Wichtig ist auch eine politische Schlußfolgerung, die man aus dem Waffengang am Golf ziehen muß: Massenvernichtungswaffen sind angesichts der unverhohlenen Kriegserklärung Amerikas an den Rest der Welt nichts Verwerfliches, sondern geradezu ein Gebot des Überlebens. Der Irak, sofern er jemals welche besaß, lieferte die seinen bei der UNO ab – und wurde vom Washingtoner Regime liquidiert. Nordkorea besitzt mutmaßlich eine oder zwei Handvoll Atomsprengköpfe. Sie genügten bislang, BUSH und seine Meute auf Abstand zu halten.

Auch diese Lehre wird sich herumsprechen. Wer jetzt noch keine Atomwaffen besitzt, wird sie künftig brauchen, um Amerika, dem ›Großen Satan‹, auf gleicher Augenhöhe begegnen zu können. Uncle Sam, Zerrbild des globalen Hegemons, versteht nur die Sprache der Macht.

Es ist hier nicht der Ort, den politischen Ausgang des irakischen Abenteuers zu prognostizieren, das dank bewährter amerikanischer Methoden alle Chancen hat, eine Neuauflage des Vietnam-Desasters zu liefern: Das Land ist keineswegs unter militärischer Kontrolle, die Schwierigkeiten für die Besatzer werden größer, der irakische Widerstand aggressiver. Längst mußte das Pentagon einräumen, man habe es mit einem Guerillakrieg zu tun, und hauchte dem Tabu dadurch erst recht Leben ein. Die *FAZ* merkte an, daß sich die Wüste im Irak »in den Köpfen der Amerikaner in einen Sumpf verwandelt«, und zitierte Vize-Verteidigungsminister Wolfowitz mit dem Eingeständnis, »daß US-Truppen vielleicht zehn Jahre im Irak bleiben müssen und wohl feste Militärbasen einrichten würden. Zehn Jahre also. So lange hatte es damals auch dort gedauert, bis man sich, schwer verwundet, hatte befreien können aus dem, was man das ›Quagmire‹ nannte, den Sumpf, den Morast Vietnam.«[496]

Abseits der spezifischen Konstellation ist das irakische Exempel bedeutsam, weil Washington der Völkergemeinschaft noch viele Iraks angekündigt hat. Strauchelt Uncle Sam in diesem Fall, strauchelt er auch beim nächsten und übernächsten Mal. Das macht den Weg zur Welthegemonie länger, verlustreicher und unbequemer. Darin liegt ein Hoffnungsschimmer für die Welt.

Man muß Amerika nicht den Krieg erklären. Amerika hat sich um solche Formalien nie bekümmert. Aber der Krieg ist seit langem im Gange, Amerika hat ihn der Welt erklärt und muß sich nicht wundern, wenn Reaktionen kommen. Insofern ist Irak 2003 das gleiche Spiel wie Vietnam 1964/75, und militärische Plausibilitätsfragen müssen gestellt werden. Washingtons Krieg um die globale Vorherrschaft macht da keine Ausnahme, im Gegenteil. Wir sagten es schon: Die Militärmacht Nummer eins versteht, im Jahre 2003 mehr denn jemals zuvor, nur die Sprache der Macht, und jeder gefallene GI ist eine politische Botschaft. In Vietnam brauchte es 55000 davon. Hier liegt eine der Nahtstellen, an denen politische zu militärischen Fragen werden und umgekehrt.

Nationaler Behauptungswille ist im Weltbild der Pentagon-Strategen nicht vorgesehen. Nicht vorgesehen war, daß sich der Irak im Frühjahr 2003 überhaupt zur Wehr setzen würde. Der Widerstand war um so schmerzlicher für die ›Hypermacht‹ USA, als deren Militärdoktrinen keine eigenen Verluste vorsehen.

---

[496] Petra Steinberger, »Die Niederlage träumen«, in: *FAZ*, 5./6. 7. 2003.

US-Verluste im Irak: In der ökonomischen Dimension der Besatzungskosten liegt eine politische Zeitbombe für Washington.

Bislang – man denke an die praktisch verlustlosen US-Einsätze im Kosovo, in Afghanistan – ging das zynische Kalkül auf, bis Nasirija, Nadschaf und Umm Khasr im März 2003. Aus den ersten Widerstandsnestern mußten sich die Besatzer im Sommer schon wieder zurückziehen. Ein Fanal. Denn was sich in diesen Monaten im Irak ereignet, ist symptomatisch für alles, was im Zuge der nächsten amerikanischen Interventionskriege noch kommt, egal, wo. Der ›Krieg gegen den Terror‹ beschwört überall Gegenkräfte herauf. Die Gewißheit, daß die USA nicht unverwundbar sind, ist dabei für alle heutigen und künftigen Gegner der Vereinigten Staaten goldwert.

Mittlerweile machen sich, reichlich spät, in den etablierten Medien die ersten Stimmen bemerkbar, die dem amerikanischen Empire mit Blick auf das irakische Dilemma schlechte Noten ausstellen. Selbst das US-freundliche Blatt aus Frankfurt stellt die imperiale Qualifikation Amerikas neuerdings in Frage: »Es gebärdet sich manchmal wild und läßt sich heute ungern durch Bündnisse bändigen; aber ihm fehlt die geistige Grundausstattung und der Apparat, die für ein dauerhaftes ›Empire‹ unerläßlich sind. Amerika ist bestenfalls ein ungeduldiger Hegemon.«[497]

Das reicht freilich auch schon. Ein Amokläufer bleibt immer noch ein Amokläufer, der unschädlich gemacht werden muß.

[497] Klaus-Dieter Frankenberger, »Ungeduldiger Hegemon«, in: *Frankfurter Allgemeine Sonntagszeitung*, 27. 7. 2003.

Dazu reichen im Fall der amerikanischen Bedrohung Nadelstiche nicht hin. Aber sie sind geeignet, US-Truppen das Leben schwer zu machen und die Besatzungskosten in die Höhe zu treiben. Auch die Sprache des Geldes versteht Uncle Sam. Knapp vier Milliarden Dollar kostet jeder Monat US-Besatzung im Irak. Das macht allein bis 2007, bei optimistischer Annahme, 150 Milliarden Dollar.[498] Folgt man Insider Wolfowitz und seinem Zehn-Jahres-Szenario, läßt sich diese Summe getrost verdreifachen.

Über Amerikas neokolonialen Interventionsabenteuern schwebt das Damoklesschwert der gescheiterten Besatzungsmacht. Das liegt in der Natur der Sache, weil ›Befreiungs‹-Aktionen, die mit Bombenteppichen und Razzien einhergehen, nun einmal kein gutes Argument sind. Die asymmetrische Waffenungleichheit verfängt in diesem Fall nicht. Normalgebliebene Völker betrachten Besatzer als Besatzer und behandeln sie danach. Israel, engster Verbündeter der Vereinigten Staaten, kann ein Lied davon singen. 18 Jahre lang dauerte die israelische Besetzung des Südlibanon. 18 Jahre Partisanenkrieg, Bürgerkrieg, Krieg gegen Freischärler, Zivilisten, Frauen und Kinder. 1982 galt Israels Armee als unbesiegbar. Im Mai des Jahres 2000 wurde sie von der Hizbollah über die Grenze zurückgetrieben, besiegt, gedemütigt. Auch dies ist kein gutes Omen für weitere amerikanische Protektoratsvorhaben rund um den Globus.

Möglicherweise hat sich Washington bereits übernommen. Amerika begeht den gleichen Fehler, den alle Imperien begingen. Es unterschätzt die Kraft der nationalen, der ethnischen Gemeinschaft. Daran scheiterten Rom und Karl V., scheiterten Napoleon und Stalin. Die USA sind auf dem besten Wege, zur Kopie Roms zu werden – und seine Fehler buchstäblich zu imitieren: Überdehnung des beherrschbaren Raumes, Militarisierung der Außenpolitik, Unterschätzung der Gegner. Es ist der Stoff, aus dem Niederlagen sind.

Die Ostgrenze, der ewige Krieg mit dem Partherreich, brachte Rom schließlich den Tod, die Germanen besorgten nur den Rest. So gesehen, kann man es bloß als besonders bissigen Treppenwitz der Weltgeschichte ansehen, daß sich Amerika unter Bush ausgerechnet in die Ostprovinzen des Imperium Romanum verbeißt: Assyrien, Mesopotamien, Syrien. Weiter als bis zum Euphrat reichte Roms Arm nie. Ein Menetekel.

---

[498] Andreas Oldag, »Amerika sucht Geldgeber«, in: *Süddeutsche Zeitung*, 12. 8. 2003.

Auf die Frage, mit welchen Verlusten bei der Befreiung des Irak zu rechnen sei, gab der Vorsitzende der ›Patriotischen Allianz des Irak‹, Dschabbar AL KUBAYSI, in einem Interview mit der Linkspostille *junge Welt* zur Antwort: »Mit dem Anwachsen des Widerstandes wird das Okkupationsregime immer brutaler werden. Das Embargo hat uns zwei Millionen Menschenleben gekostet. Der Preis für den Hinauswurf der Amerikaner wird nicht niedriger sein. Obwohl uns jedes Menschenleben kostbar ist, wird dieser Krieg vielleicht bis zu zehn Jahre dauern. Aber wir werden ihn gewinnen.«[499]

Solche Zuversicht ist bemerkenswert, weil sie im Zusammenhang mit den zu Gebote stehenden militärischen Mitteln gesehen werden muß. Dabei wird ein ums andere Mal deutlich, daß die viel bemühte Theorie von der asymmetrischen Überlegenheit der einen oder anderen Seite eine Leerformel ist: Der amerikanischen High-Tech-Armee nützt sie im Kampf gegen Dritte-Welt-Freischärler kaum etwas, und umgekehrt werden auch noch so hochgerüstete, noch so kostspielige Militärapparate gegenüber der Taktik ›asymmetrischer‹ Nadelstiche immer verwundbar bleiben.

Die letzten Waffengänge ließen die Grenzen der technischen Allmacht bereits erkennen:

- Noch während der Kampfhandlungen im Frühjahr 2003 kam es zu einer amerikanisch-russischen Kontroverse, in deren Mittelpunkt angebliche russische Lieferungen von GPS-Störsendern an die Iraker standen. Der Wahrheitsgehalt der amerikanischen Behauptungen ist umstritten, der Chef der russischen Herstellerfirma Aviaconversia, ANTONOW, hält sie für eine »abermalige CIA-Operation« und argumentiert, die Amerikaner selbst hätten russische Störgeräte gekauft, um die Wirkung auf ihre Präzisionswaffen zu testen. Die Ergebnisse seien »beunruhigend« gewesen, weil die angeblichen Präzisionswaffen durch die Störsender aus dem Hause Aviaconversia ihrer Präzisionswirkung beraubt werden könnten.[500]

Tatsache ist, daß die russischen Störgeräte relativ preiswert sind und zumindest das zivile GPS-Positionierungssystem in einem Umkreis von bis zu 200 Kilometern empfindlich stören kön-

[499] »US-Besatzer in Bedrängnis: Wer leistet Widerstand im Irak?« in: *junge Welt*, 22. 7. 2003.

[500] Markus WEHNER, »Streit über russische Waffenlieferungen«, in: *FAZ*, 26. 3. 2003.

nen. Allein in der ersten Woche der Kampfhandlungen wollen amerikanische Truppen sechs Exemplare der russischen ›GPS-Jammer‹ aufgespürt und zerstört haben. Das Gerät ist kaum größer als ein Handy und kostet ein paar hundert Dollar pro Stück. Unter Fachleuten ist die Wirkung der russischen Störsender umstritten. Denn im Gegensatz zum zivilen GPS-Code läßt sich der militärische ›P‹-Code nicht so leicht stören, weshalb Störgeräte allenfalls im Umkreis weniger Kilometer wirksam wären. Außerdem verfügen amerikanische Präzisionswaffen neben der Satellitenortung noch über ein Trägheitsnavigationssystem (TNS), das auch dann zur Positionsbestimmung verfügbar bleibt, wenn das GPS-Signal gestört wird. Es ist allerdings ungenauer als GPS. Kein Störsender könne eine GPS-Lenkwaffe vollständig blenden, behauptet denn auch der Leiter des GPS-Programms, Oberst Douglas LOVERRO.[501] Aber schon eine Abweichung von wenigen Metern bedeutet für eine ›Präzisionswaffe‹ einen glatten Fehlschuß. Und Aviaconversia arbeitet sicher schon an effizienteren Nachfolgemodellen.

● Für die erwähnten Nachtsichtgeräte gilt das gleiche, ebenso für das tragbare russische Panzerabwehrraketen-System ›Kornett‹, das angeblich ebenfalls an den Irak verkauft wurde: Im einen wie im anderen Fall handelt es sich um klassische ›Waffen des kleinen Mannes‹, mit denen sich asymmetrische Vorteile auf dem Gefechtsfeld wirksam relativieren lassen. Kriege lassen sich damit zwar nicht gewinnen, sehr wohl aber computerfixierte High-Tech-Soldaten zur Verzweiflung und die Kriegskosten zu einem hervorragenden Preis-Leistungsverhältnis in die Höhe treiben. Genau das gleiche Spiel betrieben die USA selbst in den achtziger Jahren in Afghanistan, als sie den Taliban massenhaft tragbare ›Stinger‹-Flugabwehrraketen lieferten.

● Ein weiteres ›asymmetrisches‹ Szenario kündigt sich im Weltraum an, was besonders heikel ist, da der Weltraum von unzähligen Strategiepapieren amerikanischer ›think tanks‹ praktisch als US-Hoheitsgebiet reklamiert wird. Das ist verständlich, weil sowohl das militärisch hochsensible GPS-System als auch ein Großteil der militärischen und zivilen Kommunikation der westlichen Welt ›space-based‹, also weltraumgestützt ist. Amerikanische Sicherheitsexperten reagieren deshalb auf Konkurrenz im Weltraum ausgesprochen allergisch. Eine Meldung der chi-

[501] Ulrich JAEGER, »Davids Schleuder«, in: *Der Spiegel*, Nr. 14/2003.

nesischen Zeitung *Sing Tao* vom Januar 2001 hat vor diesem Hintergrund das Zeug zu einer echten Hiobsbotschaft. Das Blatt berichtete nämlich über ein chinesisches Anti-Satellitensystem (ASAT), das in naher Zukunft im Weltraum getestet werden könne. Das System wurde unter der Bezeichung ›Parasitensatellit‹ von Forschungsinstitut für kleine Satelliten der Chinesischen Akademie für Weltraumtechnik (CAST) entwickelt. Es ist Teil der vom chinesischen Militär mit Hochdruck vorangetriebenen »asymmetrischen Angriffskapazität«, mit der sich feindliche Weltraum-Waffensysteme zerstören oder lahmlegen lassen.[502]

Auch im Fall des chinesischen ›Parasitensatelliten‹ lägen die Kosten nur bei einem Bruchteil – nämlich bei 0,1 bis 1 Prozent – der Herstellungskosten für einen normalen Satelliten. Andererseits ließen sich dem Gegner allein durch Attacken auf seine Satelli-

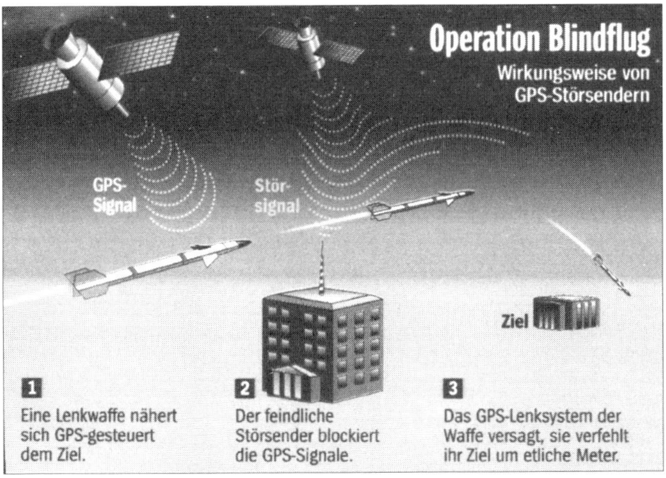

Nur zwei Waffen im Kampf gegen den amerikanischen Technologie-Giganten: GPS-Störsender (oben); *russische Panzerabwehrrakete ›Kornett‹* (rechts). *Es handelt sich um klassische ›Waffen des Kleinen Mannes‹, mit denen sich ›asymmetrische‹ Vorteile eines überlegenen Gegners relativieren lassen.*

[502] Nach: Florian RÖTZER, »Aufrüstung im Weltraum«, in: Goedart PALM / Florian RÖTZER, aaO., S. 269 f.

tenkommunikation gigantische Schäden zufügen. Man muß nicht eigens darauf hinweisen, daß sich China durch solche Pläne automatisch zum Schurkenstaat stempelt und mit ›präemptiven‹ Schlägen des Washingtoner Regimes rechnen muß.

- Ausgesprochen ›asymmetrisch‹, schwer zu kalkulieren und schwer abzuwehren sind auch Schläge, die über das Internet geführt werden. Digitale Terrorattacken sind längst keine Science-Fiction-Vision mehr, sondern beschäftigen ganze Planungsstäbe. Cyber-Attacken werden in großangelegten Stabsmanövern geübt, und das ›digitale Pearl Harbor‹ gehört zu den treibenden Schreckensvisionen des Donald RUMSFELD. Serbien, Afghanistan und der Irak stellten bislang keine ernst zu nehmenden Gegner an dieser Front des 21. Jahrhunderts dar. Mit Ländern wie China, Rußland oder Indonesien könnte sich das ändern. Die technologische Überlegenheit der westlichen Welt könnte dann rasch zur Achillesferse werden, denn an der Cyberfront ist derjenige um so verwundbarer, der sich stärker vom Internet und vernetzten Kommunikationsstrukturen abhängig macht. In Zeiten asymmetrischer Kriegführung bedeutet technische Überlegenheit nicht zwangsläufig einen Vorteil. Manchmal sind Glasfaserkabel der bessere Weg.

Noch einmal: low-budget-Kampfsysteme wie die hier erwähnten bieten keinerlei Handhabe dafür, die Weltmacht Nummer eins in die Knie zu zwingen. Wer Amerika auf gleicher militärischer Augenhöhe begegnen will, kommt um Hochrüstung und technologisch ausgefeilte Waffen nicht herum. Das kostet Unsummen und setzt Kapitalmittel voraus, die im Augenblick nur den USA zu Gebote stehen – allerdings auch nicht als Ertrag einer florierenden Volkswirtschaft, sondern in Form von internationalem Anlagevermögen, das nur so lange in die Vereinigten Staaten fließt, solange der Dollar ein vertrauenswürdiger Währungshafen bleibt. Das muß keineswegs so bleiben. Niemand kann ausschließen, daß dem US-Kapitalmarkt aufgrund unvorhersehbarer Ereignisse von einem Tag zum anderen die Luft ausgeht. Dann ist plötzlich auch für die amerikanische Hyperrüstung kein Geld mehr da.

Seit der Amtsübernahme von George W. BUSH explodiert das Leistungsbilanzdefizit der Vereinigten Staaten förmlich und entwickelt sich zum schwarzen Loch für die internationalen Kapitalströme. Es lag 1992 bei 50 Milliarden Dollar, 1998 bei 245 Milliarden und im letzten Jahr bei geschätzten 450 Milliarden Dollar. Im September 2001 summierte sich die Netto-Auslandsschuld der

USA auf knapp 3,5 Billionen US-Dollar – etwa 35 Prozent der jährlichen Wirtschaftsleistung. Zum Vergleich: Die DDR wurde im Herbst 1989 für bankrott erklärt, als ihre Auslandsschuld 16 Prozent ihrer jährlichen Wirtschaftsleistung betrug. Die Verschuldung der Vereinigten Staaten liegt heute höher als diejenige von zehn der früheren Ostblock-Volksrepubliken. Die Implosion des maroden Giganten ist eine Frage der Zeit.

»Allmählich«, resümiert Emmanuel TODD in einem Interview mit der *Neuen Zürcher Zeitung*, »ging es den Amerikanern wie den Spaniern im 16. und 17. Jahrhundert, als sie vom Gold aus der Neuen Welt überschwemmt und in die Unproduktivität getrieben wurden. Man schlemmte und praßte und geriet wirtschaftlich und technologisch immer mehr in den Rückstand. (...) 1990 noch hatten die USA für 35 Milliarden mehr Spitzentechnologie exportiert als importiert. Inzwischen ist ihre Handelsbilanz sogar bei diesen Topgütern negativ. Bei der Mobilkommunikation hinken die Amerikaner weit hinterher. Die finnische Nokia ist viermal so groß wie die amerikanische Motorola. Mehr als die Hälfte der Satelliten werden inzwischen mit europäischen Ariane-Raketen ins All geschossen. Airbus ist daran, Boeing zu überholen: Das wichtigste Transportmittel für den Personenverkehr in der globalisierten Welt wird also künftig in Europa hergestellt. Das sind die Dinge, auf die es wirklich ankommt. Das ist weit entscheidender als ein Krieg gegen den Irak.«[503]

Man geht nicht fehl, hier einen der Gründe zu suchen, warum die USA in den letzten fünfzehn Jahren zu einer der aggressivsten Mächte mutiert sind, die die Geschichte kennt. Der Wechsel der verschiedenen Administrationen war und ist dabei ein eher nebensächlicher Aspekt. Amerikanische Weltpolitik ist heute gleichbedeutend mit weltweiter Expansion, dem Streben nach weltweiter Kontrolle. Die in diesem Buch vorgestellten Rüstungsvorhaben und Waffensysteme, die dem US-Militär in den nächsten zehn bis dreißig Jahren zur Verfügung stehen sollen, sind paßgenau auf diese politische Globaldoktrin abgestimmt. Es handelt sich zum überwiegenden Teil um Angriffs-, Erstschlags- und Überlegenheitswaffen, darüber können alle offiziellen Verlautbarungen, die die gemeinsame Raketenabwehr und den Kampf gegen den ›Terror‹ beschwören, nicht hinwegtäuschen. Niemand, der sich einen Rest von Sachverstand bewahrt hat, kann nachvollziehen, welchen Verteidigungszwecken die Irr-

[503] »Das eingebildete Imperium«, in: *Neue Zürcher Zeitung*, 2. 2. 2003.

sinnsanlage in Alaska dienen soll, oder eine Flotte luftgestützter Laserbatterien, oder hyperschnelle Cruise Missiles, die binnen zweier Stunden an jedem Punkt der Erde einschlagen können.

Realismus gebietet es, zur Kenntnis zu nehmen, daß gegen solche Rüstungsvorhaben, gelingt dem Pentagon ihre Verwirklichung, kein Kraut gewachsen sein wird. Amerika wird dann wirklich jene ›tödliche Bedrohung‹ sein, die zu sein es anstrebt, von der es aber noch einige große Schritte entfernt ist. Auf dem Weg dorthin kann, ja muß noch viel passieren. Die vielbeschworene Staatengemeinschaft ist gut beraten, dem wildgewordenen Hegemon Steine in den Weg zu legen, wo immer dies möglich ist. *Daß* dies möglich ist, zeigt nicht nur das irakische Exempel. Zum Beispiel könnten sich Vasallen wie die Europäer und Japaner endlich aus wohlverstandenem Eigennutz dazu verstehen, den amerikanischen Wildwestkurs nicht länger mit Kapital und Investitionen zu unterstützen. Die Liste derer, die von Washington nichts Gutes erwarten und Vorkehrungen treffen, wird ohnehin immer länger. Sie umfaßt beileibe nicht nur technologische Habenichtse wie Afghanistan, Sudan und Somalia (aber selbst den Somalis gelang es, Uncle Sam wieder aus dem Land hinauszubefördern – mit Kalaschnikows, Handys und Steinen).

Auch der wehrtechnologische Konkurrenzkampf mit den Vereinigten Staaten muß aufrechterhalten werden. Dies um so mehr, wenn man weiß, daß der amerikanische Militärgigant ein Koloß auf tönernen ökonomischen Füßen ist. Zwar betreiben die USA auch auf diesem Sektor eine konsequente Verdrängungs- und Einkaufspolitik gegenüber der Konkurrenz, deren Folgen auch bundesdeutsche Firmen immer wieder empfindlich zu spüren bekommen. Kernsegmente der deutschen Rüstungsindustrie wie etwa der U-Boot-Bau (Howaldswerke) oder die Fertigung des Kampfpanzers ›Leopard‹ II befinden sich infolge politischer Unachtsamkeit und einer an Sabotage grenzenden Lizenzpolitik einiger NATO-Verbündeter mittlerweile im Zugriff der US-Branchenriesen.

Dennoch stellen eine Reihe von wehrtechnischen Spitzenprodukten aus europäischer und deutscher Fertigung echte Konkurrenzprodukte für die amerikanischen Anbieter dar. So attestieren Fachleute selbst dem ›Eurofighter‹ mit Blick auf die hochmoderne Luft-Luft-Rakete ›Meteor‹, die ab 2011 Primärwaffe des schon bei seiner Auslieferung in die Jahre gekommenen Flugzeugs sein soll, Konkurrenzfähigkeit zu amerikanischen Modellen.[504] Die bundesdeutsche Wehrindustrie jedenfalls sieht sich angesichts des weltweiten Anti-Terror-Krieges wieder auf Expansionskurs. Sie verweist trotz der deutsch-amerikanischen Spannungen im Vorfeld des Irak-Krieges auf steigende Auftragszahlen.[505] Daß es sich dabei um Umsätze handelt, die sich allenfalls im Bruchteilbereich amerikanischer Rüstungsfirmen bewegen, ist zwar richtig. Zusammen mit den Anstrengungen anderer High-Tech-Rüstungsproduzenten genügt es aber, den Technologiewettlauf mit den USA am Köcheln zu halten. Das ist es, was zählt.

Vor allem die russische Rüstungsindustrie hält vieles bereit, was Amerika – unterhalb der Schwelle von Nuklear- und Laserwaffen – künftig auf Distanz halten kann:[506]

- Russische Unternehmen sind führend in der Technologie aktiver Schutzsysteme für Panzer. So soll ein modernisierter T-72 der neuesten Generation mit schwerer Kontakt-5-Reaktivpanzerung den Beschuß mit M-829-Urankerngeschossen, den derzeit leistungsstärksten Geschossen überhaupt, überstehen. Dabei gehört der T-72 nicht zu den am stärksten gepanzerten Fahrzeugen aus russischer Produktion. Der T-90 verfügt über eine weit stärkere Panzerung.

- Als äußerst wirksam gelten in Fachkreisen die russischen Luft-Luft-Raketen R-73 und R-77. Die R-73-Kurzstreckenrakete (AA-11 ›Archer‹) fiel der NATO nach der Übernahme der NVA durch die Bundeswehr in die Hände und wurde ausgiebigen Tests unterzogen. Dabei stellte sich heraus, daß die Standard-Ausweichmanöver der NATO-Piloten gegen diese Waffe nutzlos waren. Ein eindeutiger Vorteil dieses Waffensystems liegt darin, daß der Pilot die Rakete mittels seiner in den Helm integrierten Visiereinrichtung auch auf stark manövrierende Ziele bis zu einem Winkel von 60 Grad zur Nullachse des eigenen Flugzeugs abfeuern kann. Die R-77-Langstrecken-Luft-Luft-Rakete (AA-12 ›Adder‹) entspricht in ihren Leistungsdaten ungefähr der modernen amerikanischen AIM-120 ›Amraam‹, ist ihr aber in puncto Reichweite klar überlegen.

---

[504] http://www.politikforum.de/ Siehe auch: »Lenkflugkörper für Eurofighter«, in: *Y. Magazin der Bundeswehr*, Special 2003.

[505] Christian Euler u. Bernd Johann, »Pralle Orderbücher«, in: *Focus*, Nr. 15/2003.

[506] Für das Folgende: http://www.politikforum.de/forum/archive/8/2002/06/3/1/17880

• Für Aufsehen auf der internationalen Waffenausstellung ›Idex-2003‹, die im Frühjahr 2003 in Abu Dhabi stattfand, sorgte auch das russische Flugabwehrsystem Buk-M1-2.[507] Sein besonderes Plus ist die Verwendbarkeit gegen ›unsichtbare‹ Stealth-Flugzeuge. Unter Experten ist es allerdings ein offenes Geheimnis, daß Methoden zum Aufspüren von Stealth-Flugzeugen im Ostblock schon vor der Wende der Jahre 1989/91 bekannt waren; ein derartiges Ortungssystem soll unter anderem die damalige CSSR entwickelt haben. Moderne russische Flugabwehrsysteme dürften serienmäßig über die Fähigkeit zum Aufspüren von Stealth-Maschinen verfügen.

• Auch im Panzersektor können sich die jüngeren russischen Produkte sehen lassen. Der Schützenpanzer BMP-3 gilt derzeit als Spitzenprodukt und wird als weltweit bestes Modell in dieser Kategorie gehandelt. Er ist ungewöhnlich stark bewaffnet, mit besonders effektiven Schutzvorrichtungen gegen verschiedenste Panzerabwehrsysteme ausgestattet und weist hervorragende Fahreigenschaften und ergonomische Werte auf. Das deutsche Vergleichsmodell, der über 30 Jahre alte SPz ›Marder‹, ist demgegenüber – trotz Nachrüstung mit verbessertem Minenschutz – hoffnungslos veraltet. Dabei arbeiten die russischen Produzenten bereits mit Hochdruck an der Entwicklung des Nachfolgemusters BMP-4 sowie eines schweren Schützenpanzers BTR-4 mit auswechselbarer Waffeneinheit.

• Obwohl noch nicht in Serienproduktion, gilt der Kampfpanzer ›Chiorny Oriol‹ in der Fachwelt schon jetzt als Prototyp des ›Panzers der Zukunft‹. Ihm wird ein Überlegenheitsfaktor von 14 bis 18 gegenüber den besten westlichen Mustern zugeschrieben. Als zusätzliche Leistungssteigerung verbuchen die Experten die neue 152 mm-Glattrohrkanone, die derzeit noch in Entwicklung ist, bei Serienreife aber Standardwaffe des hochmodernen Wunderpanzers sein soll. Der Überlegenheitsfaktor gegenüber den westlichen Konkurrenzmodellen dürfte sich dadurch noch einmal erhöhen.

• Schon jetzt sind moderne und modernisierte russische Kampfpanzer serienmäßig in der Lage, nicht nur Granaten, sondern auch Raketen aus dem Geschützrohr zu verschießen. Das Raketensystem ›Reflex‹, das speziell für die 125 mm-Panzer-

---

[507] Hier nach: Oleg NIKIFOROW, »Dick gepanzert«, in: *Moskauer Deutsche Zeitung*, Nr. 7/2003.

Prototyp eines futuristisch anmutenden Kampfschiffes mit Stealth-Eigenschaften. High-Tech-Überlegenheit allein ist jedoch auch im 21. Jahrhundert keine Garantie für politische Macht.

kanone entwickelt wurde, ist in seiner jüngsten Version leistungsstark genug, nahezu jeden gegnerischen Kampfpanzer einschließlich des deutschen ›Leopard‹ II und des amerikanischen M1-A2 ›Abrams‹ auf eine Entfernung von bis zu 6000 Metern wirksam zu bekämpfen. Infolge dieser Kampfwertsteigerung liegt die Erstschuß-Trefferwahrscheinlichkeit über 90 Prozent, die Erstschuß-Vernichtungswahrscheinlichkeit bei 80 Prozent.

- Auch bei den Kampfflugzeugen sind russische Modelle sehr wohl mit westlichen konkurrenzfähig (allerdings ist der russische Marktanteil heftig umkämpft, und potentielle Interessenten entscheiden sich aus naheliegenden politischen Gründen immer häufiger für die amerikanischen Konkurrenzprodukte; eines der jüngsten Beispiele lieferte das ehemalige Ostblockland Polen, demnächst EU-Mitglied, das sich als erstes Zeichen seiner europäischen Solidarität eine neue Luftwaffe kaufte - in den USA). Die Mig-29C wird in amerikanischen Militärkreisen mit der F-15 verglichen, obwohl die Mig-29 von ihren Konstrukteuren eher als Antwort auf die amerikanische F-16 gedacht war. Deren Leistungen sollen auch von der chinesischen J-8IIM erreicht werden, einer Weiterentwicklung der alten russischen Mig-21 mit zwei Triebwerken und seitlichen Lufteinlässen. Dabei ist die mit moderner Elektronik ausgestattete J-8IIM um ein Mehrfaches billiger als die F-16.

● Kopfzerbrechen bereitet westlichen Militärs auch eine andere Abstandswaffe aus russischer Produktion, die in NATO-Kreisen seit Ende der achtziger, Anfang der neunziger Jahre bekannt ist. Es handelt sich um den sogenannten ›Hyperkavitationstorpedo‹, der seit den siebziger Jahren entwickelt wurde und mittlerweile sogar in einer abgespeckten Exportversion zum Verkauf ins Ausland existiert, dem ›Shkval-E‹ (›Sturmböe‹). Er wurde 1999 in Abu Dhabi vorgestellt. Der Wundertorpedo bewegt sich dank seines Raketenantriebs innerhalb einer dünnen Gasblase durch das Wasser und wird deshalb nicht wie übliche Torpedos vom Wasser gebremst. So erreicht er die sagenhafte Geschwindigkeit von 500 und mehr Stundenkilometern und ist damit schnell genug, auch ohne Lenkfähigkeit die meisten der landläufigen Kampfschifftypen – insbesondere Flugzeugträger – zu treffen. In Marinekreisen wird bereits diskutiert, ob der ›Shkval‹ in absehbarer Zeit das Ende der Großkampfschiffe herbeiführen wird. Denn: »Mit taktischen Atomsprengköpfen ausgerüstete Raketentorpedos könnten (...) ganze US-Trägerkampfgruppen vernichten, ohne daß diesen Zeit zur Gegenwehr bliebe.«[508] Das britische Fachblatt *Jane's Intelligence Review* räumte ein, der ›Shkval‹ sei »eine der verheerendsten Unterwasserwaffen der letzten Jahre« – zumal davon auszugehen ist, daß nicht für den Export vorgesehene Versionen inzwischen noch schneller laufen als die vor wenigen Jahren erreichten 500 Stundenkilometer.

Abermals und um Mißverständnisse zu vermeiden: Rein militärisch gesehen, ist gegen die amerikanische Militärmaschine bis auf weiteres kein Kraut gewachsen. Die schiere finanzielle Überlegenheit der USA macht jeden Versuch, ernsthafte militärische Konkurrenz zu etablieren, von vornherein zu einem aussichtlosen Unterfangen. Selbst noch so ausgeklügelte Kampfsysteme künftiger Gegner werden in einem Waffengang mit dem selbsternannten Welthegemon nicht mehr als punktuelle, ja durchaus schmerzhafte Erfolge bewirken können. Die besten Panzer, die schnellsten Torpedos der Welt sind wenig hilfreich, wenn man sich nur eine Handvoll davon leisten kann und wenn das Geld fehlt, um die Bedienungsmannschaften auszubilden. Dennoch ist mit Blick auf einen Gegner Amerika jeder Abschreckungseffekt besser als keiner; die mutmaßlichen nordkoreanischen Atomwaffen sprechen eine beredte Sprache. Mit Ausnahme der beiden Weltkriege führ-

[508] http://www.spiegel.de/spiegel/0,1518,147414,00.html

ten die USA stets nur Kriege gegen unterlegene Kontrahenten. Der Verlust eines Flugzeugträgers mit mehreren tausend Mann Besatzung wäre ein Fanal, das sich mit der überheblichen Doktrin der Vermeidung eigener Verluste nicht gut vertrüge.

Noch etwas kommt hinzu, es ist vielleicht das Entscheidende. Während Amerika nichts verteidigt als eine hedonistische ›Freiheits‹-Ideologie nebst einem parasitären Wirtschaftssystem, verteidigen seine Gegner im Normalfall ihr Überleben, ihre Zukunft, ihre Identität. Das war in Korea so, es ist im Irak so, und so wird es überall sein, wo Amerika in den nächsten Jahrzehnten Unfrieden stiften wird. Der nationale Behauptungswille anderer existiert im amerikanischen Denken nicht. Das wird sich rächen, denn die letzte Trumpfkarte ist immer die überlegene Moral, und die befand sich noch nie im US-Lager. Die entscheidende Waffe des 21. Jahrhunderts werden deshalb weder bewaffnete Raumgleiter noch Hyperkavitationstorpedos sein, sondern Menschen.

Diese anthropologische Konstante ist es denn auch, die hinter alle Spekulationen um die Machtergreifung der Technokraten ein dickes Fragezeichen setzt. Im zweiten Teil dieses Buches war von den Prognosen des Computerpioniers Ray Kurzweil die Rede. Kurzweil prophezeit – und die Forschungsanstrengungen des US-Militärs scheinen ihm recht zu geben –, daß landläufige Menschen auf Kohlenstoffbasis ein evolutionäres Auslaufmodell sind und spätestens um das Jahr 2100 künstliche Intelligenz den Planeten beherrscht. Das mag man für plausibel halten oder auch nicht. Kurzweil selbst stellt eine Reihe von Mißerfolgsszenarien zur Diskussion, die die scheinbar unaufhaltsame Heraufkunft der Nanobots und Mensch-Maschinen vereiteln oder zumindest verlangsamen können: Softwarefehler, Sabotageakte, synthetische Killerorganismen, die außer Kontrolle geraten, ein Atomkrieg. So oder so wird der Ball noch ein paar Jahrzehnte in der menschlichen Hälfte bleiben. Diese Zeit gilt es zu nutzen.

Auch die Frage, ob das amerikanische Imperium und seine tödlichen Begleiterscheinungen zu verhindern ist, werden Menschen aus Fleisch und Blut beantworten müssen. Einstweilen ist das amerikanische Imperium nichts mehr als eine Arbeitshypothese, eine Bedrohung, vergleichbar den Mongolenstürmen des Mittelalters. Diese liefen sich am Ende von selbst tot. Das kann den amerikanischen Weltherrschaftsplänen schneller passieren, als viele denken. Es gibt viele Möglichkeiten, das zu befördern. Die militärische Karte ist nur die allerletzte. Die erste ist der politische Wille dazu.

Hier – und nur hier – liegt die Chance, Amerikas Griff nach der globalen, der totalen Macht zu vereiteln. Das wird Blut, Geld und Opferbereitschaft kosten, aber so war es immer in der Geschichte. Im übrigen ist der Krieg längst im Gange. Die Völker werden ihn gewinnen müssen, wenn sie überleben wollen.

Verzeichnis verwendeter englischsprachiger Abkürzungen

ABL	Airborne Laser (System)
AEF	Aerospace Expeditionary Force
AEHF	Advanced Extremely High Frequency
AEW	Air Expeditionary Wing
AFIWC	Air Force Information Warfare Center
AFR	Air Force Reserve
AGM	Air-to-Ground Missile
ANG	Air National Guard
ARPA	Advanced Research Project Agency
ASAT	Anti-Satellite
ATACMS	Army Tactical Missile System
ATT	Advanced Theatre Transport
AWACS	Airborne Warning and Control System
AWS	Advanced Wideband System
BRITE	Broadcast Request Imagery Technology Experiment
C2	Command and Control
CARGUS	Cargo Upper Stage
CFIDS	Chronic Fatigue and Immune Dysfunction Syndrome
CFR	Council on Foreign Relations
CIA	Central Intelligence Agency
CONUS	Continental United States
CUTLASS	Combat UAV Target Locate and Strike
DARPA	Defense Advanced Research Projects Agency
DE	Directed Energy
DIA	Defense Intelligence Agency
DSCS	Defense Satellite Communications System
EADS	European Aeronautic Defence and Space Company
EELD	Evidence Extraction and Link Discovery
EFA	European Fighter Aircraft
EHF	Extremely High Frequency
ELF	Extremely Low Frequency
EMP	Electro-Magnetic Pulse
ESA	European Space Agency
ESRO	European Space Research Organization
EW	Electronic Warfare
FBI	Federal Bureau of Investigation
FM	hier: Field Manual
FOFA	Follow-on-Forces Attack
FWE	Fighter Wing Equivalent
GBU	Guided Bomb Unit

GLASS	Global Area Strike System
GPS	Global Positioning System
GWEN	Ground Wave Emergency Network
HAARP	High-frequency Active Auroral Research Program
HELAS	High Energy Laser Attack Station
HOTO	Horizontal Take off and Landing
HSS	Hypersonic Sound System
IAO	Information Awareness Office
IAP	Islamic Association for Palestine
ICOMW	International Committee on Offensive Microwave Weapons
IOTC	Information Operations Technical Center
IPLD	Individual Position Locator Device
IW	Information Warfare
JC2WC	Joint Command and Control Warfare Center
JDAM	Joint Direct Attack Munition
JINSA	Jewish Institute of National Security Affairs
JIOC	Joint Information Operations Center
IIC	Information Integration Center
INS	Inertial Navigation System
JSF	Joint Strike Fighter
JTF-CND	Joint Task Force-Computer Network Defense
KFOR	Kosovo Force
LIC	Low Intensity Conflict
MAD	Mutual Assured Destruction
MEM	Microelectronic Machine
MHV	Miniature Homing System
MIT	Massachusetts Institute of Technology
MOC	Media Operation Centre
NRO	National Reconnaissance Office
NSA	National Security Agency
NSIRC	National Security Response Center
OGC	Office of Global Communications
ONI	Office of Naval Intelligence
OODA	Observe, orient, direct, act
OSI	Office for Strategic Influence
OSP	Orbital Space Plane
PBS	Power Beaming System
PGM	Precision Guided Munition
PGP	Pretty Good Privacy
PsyOps	Psychological Operations
RAF	Royal Air Force
RFC	Royal Flying Corps
RLV	Reusable Launch Vehicle
RMA	Revolution in Military Affairs
SARS	Severe Acute Respiratory Syndrom

SAINT	Satellite Interceptor
SAM	Surface-to-Air Missile System
SBIRIS	Space Based Infrared System
SCRAMJET	Supersonic Combustion Ramjet
SCREMAR	Space Control with A Reusable Military Aircraft
SDI	Strategic Defense Initiative
SEAD	Supression of Enemy Air Defense
SEOW	Solar Energy Optical Weapon
SHAAFT	Supersonic/Hypersonic Attack Aircraft
SHMAC	Standoff Hypersonic Missile with Attack Capabilities
SSI	Strategic Studies Institute
SSSS	Silent Sound Spread System
SSTO	Single Stage to Orbit
SSTOL	Super-short Take-off and Landing
TAV	Transatmospheric Orbiter
TIA	Total Information Awareness
TIAS	Terrorist/Total Information Awareness System
TIDES	Translingual Information Detection
TRADOC	(U.S. Army) Training And Doctrine Command
UAV	Unmanned Aerial Vehicle
UHF	Ultra High Frequency
UCAV	Unmanned Combat Aerial Vehicle
USAF	United States Air Force
USPA	US Psychotronic Association
WDM	Wavelength Division Multiplexing

Bibliographie

1. Bücher

BAMFORD, James, *NSA. Die Anatomie des mächtigsten Geheimdienstes der Welt*, München 2001.

BAÑOL, Fernando Salazar, *Die okkulte Seite des Rock*, München 1987.

BENOIST, Alain DE, *Die Wurzeln des Hasses. Ein Essay zu den Ursachen des globalen Terrorismus*, Berlin 2002.

Ders. (Hg.), *Die Welt nach dem 11. September. Der globale Terrorismus als Herausforderung des Westens*, Tübingen 2002.

BIEK, Volker, *Der Deutsche Weg. Unser nationaler Aufbruch ins 21. Jahrhundert*, Berg/Starnberger See 1999.

BRÖCKERS, Mathias, *Verschwörungen, Verschwörungstheorien und die Geheimnisse des 11.9.*, Frankfurt/Main [16]2002.

BRYANT, A. (Hg.), *Sieg im Westen. Aus den Kriegstagebüchern des Feldmarschalls Lord Alanbrooke, Chef des Empire-Generalstabes*, Düsseldorf 1960.

BÜHL, Hartmut (Hg.), *Strategiediskussion. NATO-Strategie im Wandel – alternative Sicherheitskonzepte – strategische Defensive*, Herford – Bonn 1987.

CLAUSEWITZ, Carl von, *Vom Kriege*. Ungekürzter Text, Augsburg 1990.

CLAVELL, James (Hg.), *Sunzi, Die Kunst des Krieges*, München 1988.

CREVELD, Martin van, *Die Zukunft des Krieges*, München [2]2001.

DORIN, Alexander, *In unseren Himmeln kreuzt der fremde Gott. Verheimlichte Fakten der Kriege in Ex-Jugoslawien (Kroatien, Bosnien und Kosovo)*, Freiburg (Breisgau) 2001.

Edition Freie Energie (Hg.), *Teslas verschollene Erfindungen. Geniale Techniken wiederentdeckt*, Wiesbaden 1994.

EGGERT, Wolfgang, *Out of the blue? Spuren des Terrors in Amerika*, München 2001.

FOSAR, Grazyna, u. Franz BLUDORF, *Zaubergesang. Frequenzen zur Wetter- und Gedankenkontrolle*, Marktoberdorf 2002.

FREY, Marc, *Geschichte des Vietnamkriegs. Die Tragödie in Asien und das Ende des amerikanischen Traums*, München 1998.

FRIEDRICH, Jörg, *Der Brand. Deutschland im Bombenkrieg 1940–1945*, München [6]2002.

FROMM, Erich, *Die Revolution der Hoffnung. Für eine humanisierte Technik*, Reinbek bei Hamburg [5]1979.

HART, Liddell, *Geschichte des Zweiten Weltkrieges*. Ungekürzte Sonderausgabe in einem Band, Wiesbaden [6]1985.

JÜNGER, Ernst, *Gläserne Bienen. Roman*, Reinbek bei Hamburg 1960.

KEEGAN, John, *Die Maske des Feldherrn. Alexander der Große, Wellington, Grant, Hitler*, Reinbek bei Hamburg 2000.

KEENEY, L. Douglas, u. Stephen I. SCHWARTZ, *Der Jüngste Tag. Das offizielle Atomkrieg-Szenario der US-Regierung*. Mit einem Vorwort von Thomas Kielinger, Sankt Augustin 2002.

KENNEDY, Paul, *Aufstieg und Fall der großen Mächte. Ökonomischer Wandel und militärischer Konflikt von 1500 bis 2000*, Frankfurt/Main 1994.

KHAN, Mansur, *Das Kosovo-Komplott. Vom Balkankrieg zur US-Weltherrschaft*, Tübingen 2000.

Ders., *Die geheime Geschichte der amerikanischen Kriege. Verschwörung und Krieg in der US-Außenpolitik*, Tübingen ²2001.

KURZWEIL, Ray, *Homo s@piens. Leben im 21. Jahrhundert. Was bleibt vom Menschen?* München ⁴2001.

LAMMER, Helmut, u. Marion, *Schwarze Forschungen. Geheime Versuche unter Ausschluß der Öffentlichkeit*, München 1999.

Dies., *Verdeckte Operationen. Militärische Verwicklungen in Ufo-Entführungen*, München 2000.

LANG, Gerhard, *Taschenbuch Militär-Jets. Geschichte, Typen, Technik*, München 2001.

LEM, Stanislaw, *Waffensysteme des 21. Jahrhunderts oder The Upside Down Evolution (Die verkehrte Evolution)*, Frankfurt/Main 1983.

LIPPISCH, Alexander, *Ein Dreieck fliegt. Die Entwicklung der Delta-Flugzeuge bis 1945*, Stuttgart 1976.

MEYSSAN, Thierry, *11. September 2001. Der inszenierte Terrorismus. Auftakt zum Weltenbrand?*, Kassel 2002.

MITTMANN, Beate, u. Peter PRISKIL, *Kriegsverbrechen der Amerikaner und ihrer Vasallen gegen den Irak und 6000 Jahre Menschheitsgeschichte*, Freiburg (Breisgau) 1992.

MOHLER, Armin, *Liberalenbeschimpfung. Drei politische Traktate*, Essen 1990.

OLIVER, David, u. Mike RYAN, *Geheimflugzeuge. Die Top Secret-Projekte der Luftfahrt*, Königswinter 2002.

OSTRANDER, Sheila, u. Lynn SCHROEDER, *PSI. Die Geheimformel für die wissenschaftliche Erforschung und praktische Nutzung übersinnlicher Kräfte des Geistes und der Seele*, Bern-München ²1985.

PALM, Goedart, u. Florian RÖTZER, (Hg.), *MedienTerrorKrieg. Zum neuen Kriegsparadigma des 21. Jahrhunderts*, Hannover 2002.

PATTON, George, *Krieg, wie ich ihn erlebte*, Bern 1950.

PILZ, Peter, *Mit Gott gegen alle. Amerikas Kampf um die Weltherrschaft*, Stuttgart-München 2003.

POST, Walter, *Die Ursachen des Zweiten Weltkrieges. Ein Grundriß der internationalen Politik von Versailles bis Pearl Harbor*, Tübingen 2003.

RÖHL, Roland, *Die Umwelt in der Planung der Militärstrategen*, München-Zürich 1985.

RHO Sigma, *Forschung in Fesseln*, Wiesbaden 1994.

SALEWKSI, Michael (Hg.), *Das Zeitalter der Bombe. Die Geschichte der atomaren Bedrohung von Hiroshima bis heute*, München 1995.

SCHMIDT-SCHEEDER, Georg, *Reporter der Hölle. Kriegsberichterstatter im 2. Weltkrieg*, Stuttgart 2003

SHEEHAN, Neil, *Die Große Lüge. John Paul Vann und Amerika in Vietnam*, Wien-München 1992.

SHEPHERD, Colston, *The Airforce of To-Day*, London-Glasgow 1939.

STEIN, Dieter (Hg.), *Die Tragödie des Westens. Beiträge und Interviews nach dem 11. September*, Berlin 2001.

Todd, Emmanuel, *Weltmacht USA. Ein Nachruf*, München [5]2003.
Toffler, Alvin, u. Heidi, *Überleben im 21. Jahrhundert*, Stuttgart 1994.
Uhle-Wettler, Franz, *Höhe- und Wendepunkte deutscher Militärgeschichte*, Hamburg–Berlin–Bonn 2000.
VAP-Verlag (Hg.), *Nicola Tesla. Das Genie unserer Zukunft*, Wiesbaden 1991.
Wagner, Wolfgang, *Die ersten Strahlflugzeuge der Welt*, Koblenz 1989.
Witt, Armin, *Das Galilei-Syndrom. Unterdrückte Entdeckungen und Erfindungen*, München 1991.
Wray, Timothy A., *Standing Fast: German Defensive Doctrine on the Russian Front During World War II. Prewar to March 1943*, Hrsg. Command & General Staff College, Fort Leavenworth, Kansas 1986, http://www-cgsc.army.mil/carl/resources/csi/Wray/wray.asp
Zentner, Christian, *Die Kriege der Nachkriegszeit. Eine illustrierte Geschichte militärischer Konflikte seit 1945*, München 1969.
Zischka, Anton, *War es ein Wunder? Zwei Jahrzehnte deutschen Wiederaufstiegs*, Hamburg 1966.

2. Aufsätze, Beiträge in Zeitungen und Zeitschriften

Adam, Armin, »Demokratie der Opfer«, in: *Frankfurter Allgemeine Zeitung*, 5. 2. 2003.
Bendrath, Ralf, »Informationskrieger wird neuer Generalstabsvorsitzender der USA«, http://www.heise.de/tp/deutsch/special/info/9397/1.html
Ders., »Militärpolitik, Informationstechnologie und die Virtualisierung des Krieges«, in: *Texte zur Sicherheitspolitik in der Informationsgesellschaft 1997–1999* (= FoG:IS-Arbeitspapier Nr. 1, Hg. Forschungsgruppe Informationsgesellschaft und Sicherheitspolitik), http://userpage.fug-berlin.de/~bendrath/fogis/fogis-ap1.rtf.
Ders., »Postmoderne Kriegsdiskurse. Die Informationsrevolution und ihre Rezeption im strategischen Denken der USA«, in: *Texte zur Sicherheitspolitik in der Informationsgesellschaft 1997–1999* (wie voriger Titel)
Ders., »Der Kosovo-Krieg im Cyberspace«, in: *Texte zur Sicherheitspolitik in der Informationsgesellschaft 1997–1999* (wie voriger Titel)
Ders., »Krieger in den Datennetzen. Die US-Streitkräfte erobern den Cyberspace«, http://www.heise.de/tp/deutsch/html/result.xhtml?url=/tp/deutsch/special/info/7892/1.html
Böckenförde, Stephan, »Militärische Gewalt als Mittel künftiger amerikanischer Außenpolitik«, *in: Politik und Gesellschaft Online – International Politics and Society* 4/2001, http://fesportal.fes.de/pls/portal30/docs/FOLDER/IPG4_2001/ARTBOECKENFOERDE.HTM
Boog, Horst, »Kolossalgemälde des Schreckens«, in: *Junge Freiheit*, 6. 12. 2002.
Brand, Jobst-Ulrich, »Killer-Kollektiv«, in: *Focus*, Nr. 49/2002.
Brössler, Daniel, »In der Planungsfalle«, in: *Süddeutsche Zeitung*, 28. 3. 2003.
Bruce, Ian, »Spy satellites scanning targets every two hours«, http://www.theherald.co.uk/news/archive/11-11-19102-0-4-6.html

BUSSE, Nikolaus, »Der klassische Krieg stirbt aus«, in: *Frankfurter Allgemeine Zeitung*, 27. 12. 2000.
Ders., »Die Bush-Doktrin«, in: *Frankfurter Allgemeine Zeitung*, 26. 9. 2003.
CAMERON, Heather, »Private Eyes, Public Eyes. Fotografie und Überwachungsgesellschaft«, http://www.nachdemfilm.de/no3/cam01dts.html
CHOSSUDOWSKY, Michael, »Hilfe für die Wall Street. Die Bomben auf Bagdad kurbelten die Börse kräftig an«, in: *junge Welt*, 23. 2. 2001, http://uuhome.de/global/deutsch/irak01.html
CLASSEN, Elvi, »Konstruktion von Medienrealität im Kosovo-Krieg«, in: *Texte zur Sicherheitspolitik in der Informationsgesellschaft 1997–1999* (= FoG:IS-Arbeitspapier Nr. 1, Hg. Forschungsgruppe Informationsgesellschaft und Sicherheitspolitik), http://userpage.fug-berlin.de/~bendrath/fogis/fogis-ap1.rtf.
Dies., »Am Anfang stand die Lüge«, http://www.telepolis.de/deutsch/special/irak/14271/1.html
DELBROUCK, Dirk, »US-Geheimdienste nutzen Infrastruktursoftware gegen Terror«, http://news.zdnet.de/story/0,,t101-s2127829,00.html
DEYOUNG, Karen, »Bush to Create Formal Office To Shape U.S. Image Abroad«, in: *Washington Post*, 30. 7. 2002.
DUDNEY, Robert S., »The US Air Force at War«, in: *Air Force Magazine*, Nr. 5 (2003), http://www.afa.org/magazine/may2003/0503edit.asp
Ders., »The Gulf War II Air Campaign, by the Numbers«, in: *Air Force Magazine*, Nr. 7 (2003), http://www.afa.org/magazine/july2003/
ECKERT, Dirk, »US-Streitkräftereform und Infowar. Bushs Neudefinition des Krieges«, http://www.dirk-eckert.de/texte.php?id=233
Ders., »Italien will bei Galileo nicht klein beigeben«, http://www.heise.de/tp/deutsch/special/raum/13943/1.html
Ders., »Theorie und Praxis der Information Warfare in den USA« (= *Kölner Arbeitspapiere zur internationalen Politik*, Nr. 1), Köln 2001.
EGERT, Philipp, »Strategie der Vernichtung von Wirtschaft und Moral«, in: *Junge Freiheit*, 13. 12. 2002.
ENSOR, David, WEDEMAN, Ben, »NATO stealth missions continue after crash«, cnn.com, 28. 3. 1999, http://www.cnn.com/WORLD/europe/9903/28/downed.plane.03/
ETTER, Delores M., »Science and Technology for Directed Energy Weapons«, http://www.lexingtoninstitute.org/defense/energyforum_etter.htm
EULER, Christian; JOHANN, Bernd, »Pralle Orderbücher«, in: *Focus*, Nr. 15/2003.
FOSAR, Grazyna u. Franz BLUDORF, »Impuls ›Happy Holiday‹. Berliner Radiosender strahlte eine Frequenzdroge aus«, http://www.acolina.de/content/secret/happyholiday.htm
Dies., »Der ›Sex-Brummton‹. Stuttgarter Radiosender überträgt tieffrequentes Stimulationssignal«, http://www.buergerwelle.de/d/doc/aktuell/sex-puls.htm
Dies., »Codename ›Teddybär‹. Geheime militärische Anlage in Ber-

lin-Tempelhof gefährdet die Gesundheit der Berliner«, http://www.fosar-bludorf.com/Tempelhof/index.htm

Frankenberger, Klaus-Dieter, »Ungeduldiger Hegemon«, in: *Frankfurter Allgemeine Sonntagszeitung*, 27. 7. 2003.

Freiburghouse, Andrew, »The Mems Microcosm: Military«, http://www.forbes.com/asap/2001/0402/052.html

Fröhlich, Stefan, »Hegemonialer Internationalismus«, in: *Frankfurter Allgemeine Zeitung*, 10. 4. 2003.

Goebel, Peter, »Die amerikanischen Streitkräfte als Mittel der Außen-, Sicherheits- und Militärpolitik der USA. Sachstand, Tendenzen und Perspektiven«, in: *Soldat und Technik* 9 (2000), http://www.soldat-und-technik.de/

Hagman, Bertil, »Ernst Jünger, the Technological Revolution and Titanism«, http://www.juenger.org/mailarchive/5_2001/mgs00006.php

Hammel, Klaus, »Martin van Creveld«, in: *Sezession*, Nr. 1/2003, S. 2–7.

Hebert, Adam J., »The Baghdad Strikes«, in: *Air Force Magazine*, Nr. 7 (2003), http://www.afa.org/magazine/july2003/0703strikes.asp

Heuzeroth, Thomas, »›Galileo‹ kommt – Houston hat ein Problem«, in: *Welt am Sonntag*, 6. 4. 2003.

Hobsbawm, Eric, »›Die USA wollen die Weltherrschaft‹«, in: *Der Spiegel*, Nr. 12/2002, S. 142–149.

Hostettler, John N., »Directed Energy and the Future of Security«, http://www.lexingtoninstitute.org/defense/energyforum-hostettler.htm

Hujer, Marc, »Bush fordert 48 Milliarden Dollar zusätzlich für das Militär«, in: *Süddeutsche Zeitung*, 25. 1. 2002.

Ders., »Choreographie made in Hollywood«, in: *Süddeutsche Zeitung*, 3. 6. 2003.

Illinger, Patrick, »Fischen im Daten-Ozean«, in: *Süddeutsche Zeitung*, 14. 11. 2002.

Ders., »Auch ›schlaue Bomben‹ können irren«, in: *Süddeutsche Zeitung*, 24. 3. 2003.

Ilsemann, Siegesmund von, »Umfassende Vorherrschaft«, in: *Der Spiegel*, Nr. 34/2001, S. 120–122.

Ders., »Tödliches Auge«, in: *Der Spiegel*, Nr. 46/2002.

Jaeger, Ulrich, »Davids Schleuder«, in: *Der Spiegel*, Nr. 14/2003

Johanson, Anatol, »Bomber im All und Spray gegen Satelliten«, in: *Die Welt*, 4. 10. 2001.

Ders., »Was kommt nach den Spaceshuttles von heute?« http://www.welt.de/data/2003/02/03/38432.html

Jones, Michael E., »Sex, Revolution & Political Control«, in: *The Barnes Review* Nr. 6/2002, S. 9 – 17

Jüngling, Thomas, »Nano-Kleidung macht unsichtbar«, in: *Welt am Sonntag*, 7. 4. 2002.

Ders., »Werbung direkt ins Ohr gelenkt«, in: *Welt am Sonntag*, 20. 10. 2002.

Jürgenson, Johannes, »Elektronische Bewußtseinskontrolle. Was können Strahlenwaffen wirklich? Wie werden sie eingesetzt?«, *Magazin 2000 plus*, Nr. 4/2003, S. 17–21.

KELLEY, Jack, »U.S. units intensify hunt for Saddam Hussein Mission: To chase him out, or kill him«, http://www.usatoday.com/usatonline/20030120/4792390s.htm

Ders., »Saddam an expert at playing hide-and-seek. Iraqi leader has eluded USA's most advanced technology«, http://www.usatoday.com/usatonline/20030120/4792448s.htm

KLARE, Michael T., »Schneller, höher, weiter«, in: *Le Monde diplomatique*, 13. 7. 2001.

KÖGEL, Annette, »Dem Brummen auf der Spur«, in: *Tagesspiegel* (Berlin), 5. 3. 2001.

KOKHAVIV, Avram, »SARS. Eine Waffe im Krieg gegen Asien«, http://www.kokhavivpublications.com/2003/newcatch/avram_kokhaviv/20030401_125.html

KOYDL, Wolfgang, »Bombe im Pentagon-Etat«, in: *Süddeutsche Zeitung*, 22. 5. 2003

KREKELER, Stefan, »Die US-Atomstreitkräfte (US Nuclear Forces)«, http://www.globaldefence.net/deutsch/nordamerika/usa/strategisch.htm

KREMPL, Stefan, »Nano - die elementare Revolution«, https://tor.at/resources/focus/telepolis/container/heise.de/tp/deutsch/inhalt/co/7273/1.html

KROKER, Holger, »Ferngesteuerte Ratten zur Minensuche«, in: *Die Welt*, 2. 5. 2002.

KRÜGER, Jens, »Späher überm Schlachtfeld«, in: *Welt am Sonntag*, 27. 7. 2003.

KUJAT, Harald, »NATO-Strategie im Übergang«, in: Hartmut BÜHL (Hg.), *Strategiediskussion. NATO-Strategie im Wandel - alternative Sicherheitskonzepte - strategische Defensive*, Herford-Bonn 1987, S. 117-132.

LANG, Michael, »Big Brothers großer Bruder«, in: *Süddeutsche Zeitung*, 17. 6. 2003.

LAUTZ, Andreas, »Pentagon beglückt Rüstungsfirma«, in: *tageszeitung*, 29. 10. 2001.

LÄUBLI, Rudolf, »Die vierte Generation der Jet-Jagdflugzeuge«, in: *Allgemeine Schweizerische Militärzeitschrift* 12 (2001), http://www.asmz.ch/dbif/Artikel.html?Heft=200112&Path=2001/12&Seite=16

LEYENDECKER, Hans, »Waschlappen. Wiesel. Wurm«, in: *Süddeutsche Zeitung*, 12. 3. 2003.

Ders., »Erkaufte Kapitulation«, in: *Süddeutsche Zeitung*, 28./29. 5. 2003.

LEOPOLD, George, »Military Invests In Microelectronic Machine Technology«, in: *Times*, 21. 3. 1998, http://www.techweb.com/wire/story/TWB19980321S0001

LIEBIG, Christian, »›Eine tolle Story‹«, in: *Focus*, Nr. 12/2003.

LUMPKIN, John J., »U.S. Losing Its Dominance On Spies In The Heavens As Other Nations, Companies Have Own Pictures«, http://www.space.com/news/us_spy_satellites_020408.html

MALZAHN, Claus Christian, »Im Camp der Irrtümer«, in: *Der Spiegel*, Nr. 13/2003.

MEJIAS, Jordan, »Sie wollen uns erzählen«, in: *Frankfurter Allgemeine Zeitung*, 18. 12. 2002.

MEYER, Howard R., Jr., »Air Force Directed Energy Research and Development«, http://www.lexingtoninstitute.org/defense/energyforum_meyer.htm

MOHLER, Armin, »Sex und Politik«, in: ders., *Liberalenbeschimpfung. Drei politische Traktate*, Essen 1990, S. 7–78.

NAUMANN, Klaus, »Europas doppelte Lücke«, in: *Frankfurter Allgemeine Zeitung*, 11. 3. 2002.

NIENHUYSEN, Frank, »Luftangriffe ohne Piloten«, in: *Süddeutsche Zeitung*, 5. 12. 2001.

Ders., »Militärische Kontinentaldrift«, in: *Süddeutsche Zeitung*, 9./10. 2. 2003.

NIKIFOROW, Oleg, »Dick gepanzert«, in: *Moskauer Deutsche Zeitung* Nr. 7/2003.

OLDAG, Andreas, »Amerika sucht Geldgeber«, in: *Süddeutsche Zeitung*, 12. 8. 2003.

OWERMAN, Catherine, »Der lange Marsch zur Macht«, in: *Junge Freiheit*, 17. 4. 2003.

PALM, Goedart, »Das Orakel der DARPA«, http://www.heise.de/tp/deutsch/inhalt/te/13074/1.html

Ders., »Zur Aufrüstung der Wahrheit«, http://www.heise.de/tp/deutsch/special/auf/11099/1.html

PATCH, Kimberley; SMALLEY, Eric, »Rocket chips to propel small satellites«, http://www.trnmag.com/Stories/2002/013002/Rocket_chips_to_propel_small_satellites_013002.html

PAUL, Rainer, »Mann über Bord«, in: *Der Spiegel*, Nr. 12/2001, S. 280–282.

PAWLIKOWSKI, Ellen, »Remarks on Directed Energy Weapons«, http://www.lexingtoninstitute.org/defense/energyforum_pawlikowski.htm

PETERS, Ralph, »Hitler war wenigstens ehrlich«, in: *Frankfurter Allgemeine Zeitung*, 15. 5. 2003.

PFOH, Bernhard (Hg.), »Verteidigungspolitische Konzepte«, http://www.geopowers.com/Konzepte/vtd_zept/vtd_zept.html

PIEPER, Gerd, »Der Waffeneinsatz im Kosovo-Krieg«, http://userpage.fu-berlin.de/~ami/ausgaben/1999/7-99_7.htm

PIRKER, Werner, »US-Besatzer in Bedrängnis: Wer leistet Widerstand im Irak?«, in: *junge Welt*, 22. 7. 2003.

REMKE, Michael; HOLLSTEIN, Miriam, »Die Macht der Propaganda«, in: *Welt am Sonntag*, 12. 1. 2003.

RICKS, Thomas E., »Space Is Playing Field For Newest War Game«, in: *Washington Post*, 29. 1. 2001

RIEDLBERGER, Peter, »Terrorismus und Transkription«, http://www.heise.de/tp/deutsch/inhalt/co/13961/1.html

RÖTGER, Antonia, »Die Qual der Wahl: Wie finde ich den richtigen Partner fürs Leben«, in: *Die Welt*, 6. 7. 2000.

RÖTZER, Florian, »Wahrheit und Lüge«, in: Goedart PALM, Florian RÖTZER (Hg.), *MedienTerrorKrieg. Zum neuen Kriegsparadigma des 21. Jahrhunderts*, Hannover 2002, S. 140–155.

Ders., »Aufrüstung im Weltraum«, in: Goedart Palm, Florian Rötzer, (wie voriger Titel), S. 266–278.
Ders., »Freier Fluß persönlicher Daten zwischen Europol und US-Behörden vereinbart«, http://www.heise.de/tp/deutsch/inhalt/te/13831/1.html
Ders., »Das DARPA-Überwachungsprojekt soll an die Leine gelegt werden«, http://www.heise.de/tp/deutsch/inhalt/te/14031/1.html
Ders., »Totale Überwachung«, http://www.heise.de/tp/deutsch/inhalt/te/13831/1.html
Ders., »Aufklärung über die Aufklärer«, http://www.heise.de/tp/deutsch/inhalt/te/13840/1.html
Ders., »Bush hat jetzt seine eigene Propaganda-Abteilung«, http://www.heise.de/tp/deutsch/inhalt/co/14013/1.html
Ders., »Das Pentagon will für bessere Propaganda sorgen«, http://www.heise.de/tp/deutsch/special/info/11882/1.html
Ders., »Aus für die Propaganda-Abteilung des Pentagon«, http://www.heise.de/tp/deutsch/special/info/11952/1.html
Ders., »E-mails an irakische Regierungsangehörige und Militärs«, http://www.heise.de/tp/deutsch/special/irak/13945/1.html
Ders., »Angeblich harmlose, aber weitreichende Strahlenwaffe«, http://www.heise.de/tp/deutsch/inhalt/co/7052/1.html
Rohrer, Jessica, »Aus heiterem Himmel. Durch Luftmacht zur Weltmacht: der Aufstieg der USA im 20. Jahrhundert«, in: Dieter Stein (Hrsg.), *Die Tragödie des Westens. Beiträge und Interviews nach dem 11. September*, Berlin 2001, S. 33–36.
Rüb, Matthias, »Freiheit und Gerechtigkeit für alle«, in: *Frankfurter Allgemeine Zeitung*, 23. 9. 2002.
Ders., »Zweifel an Rettung von Jessica Lynch«, in: *Frankfurter Allgemeine Zeitung*, 18. 6. 2003
Rühl, Lothar, »Flugzeugträger versus Übersee-Basen«, in: *Frankfurter Allgemeine Zeitung*, 16. 1. 2001.
Ders., »Amerikas Streben nach strategischer Autonomie«, in: *Neue Zürcher Zeitung*, 18. 2. 2002.
Schaaf, Stefan, »Krieg im Jahr 2017«, in: *tageszeitung*, 2. 2. 2001.
Schmidt, Artur, P., »Raumtransporter X-33. Der potentielle Nachfolger des Space Shuttle«, http://www.heise.de/tp/deutsch/special/raum/6307/1.html
Schrader, Christopher, »Europa sucht neue Orientierung«, in: *Süddeutsche Zeitung*, 6. 4. 2001.
Schwägerl, Christian, »Eine biologische Festplatte«, in: *Frankfurter Allgemeine Zeitung*, 10. 1. 2003.
Ders., »Abrakadabra«, in: *Frankfurter Allgemeine Zeitung*, 2. 6. 2003.
Schwarz, Axel, »Die United States Air Force. Expeditions- und Weltraumstreitkraft«, in: *Soldat und Technik* 2 (2001), S. 10–19, http://www.soldat-und-technik.de/
Schweizer, Eva, »›Prinz der Finsternis‹ tritt zurück«, in: *Berliner Zeitung*, 29. 3. 2003.
Seiler, Ursula, »Die Mikrowelle – eine Waffe mit Zukunft«, http://members.fortunecity.de/buntefarbe/x/mikrowellen_bk_mc.html

STEINBERGER, Petra, »Die Niederlage träumen«, in: *Frankfurter Allgemeine Zeitung*, 5./6. 7. 2003.

STEER, Ian, »Threat Assessment I: High-Altitude Nuclear Explosion Would Kill Satellites«, http://www.nti.org/d_newswire/issues/newswires/2002_10_21.html#5

STIELE, Kurt W., »Waffensysteme und Kriegsmethoden im 21. Jahrhundert. Technische Entwicklungen für künftige Auseinandersetzungen«, in: Alain DE BENOIST (Hg.), *Die Welt nach dem 11. September. Der globale Terrorismus als Herausforderung des Westens*, Tübingen 2002, S. 183–203.

STRAUCH, Günter, »Drohnen«, in: *Focus*, Nr. 4/2003.

SWEETING, Martin, »Micro/NanoSatellites – A Brave New World«, in: *Guardian Unlimited*, 10. 10. 2002, http://www.guardian.co.uk/Archive/Article/0,4273,4274597,00.html

SZUKALA, Andrea, »Medien und öffentliche Meinung im Irakkrieg«, in: *Aus Politik und Zeitgeschichte*, 10. 6. 2003, S. 25–34.

THIETZ, H.-P., Pressemitteilung 21/02/22.8.02: »Mehrjahrhundertflut – Folge militärischen Wahnsinns?«, http://www.politikerfilz.com/pneues016.htm

THOMPSEN, Loren B., »The Air Force Rethinks Global Strategy«. Issue Brief, 16. 11. 2002, http://www.lexingtoninstitute.org/defense/globalstrategy.htm

Dies., »The Emerging Promise (and Danger) of Directed-Energy Weapons«, http://www.lexingtoninstitute.org/defense/energyforum_thompson.htm

TIRPAK, John A., »The Squeeze on Air Mobility«, in: *Air Force Magazine*, Nr. 7 (2003), http://www.afa.org/magazine/july2003/0703mobility.asp

TUSCHHOFF, Christian, »Strategiepoker: Massive Vergeltung – flexible Antwort«, in: Michael SALEWKSI (Hg.), *Das Zeitalter der Bombe. Die Geschichte der atomaren Bedrohung von Hiroshima bis heute*, München 1995, S. 167–188.

TYNER, Arlene, »High-Tech Crimes and Electromagnetic Madness«, http://www.raven1.net/arlene4.htm#N_24_

UHLE-WETTLER, Franz, »Die vergebliche Suche nach dem Frieden«, in: Alain DE BENOIST (Hg.), *Der globale Terrorismus als Herausforderung des Westens*, Tübingen 2002, S. 141–182.

ULBER, Peter, »Information Awareness Office – nur noch wenige Jahre bis zum Überwachungsstaat«, http://www.dergrossebruder.net/main.php?id=100211iao

ULFKOTTE, Udo, »Durchblick verloren«, in: *Frankfurter Allgemeine Zeitung*, 20. 7. 2000.

Ders., »CIA-Agenten anonym im Netz«, in: *Frankfurter Allgemeine Zeitung*, 14. 2. 2001.

Ders., »Ende eines Monopols«, in: *Frankfurter Allgemeine Zeitung*, 7./8. 4. 2001.

VIELHABER, Jost, »Ehrgeizige europäische Weltraumpläne«, in: *loyal. Das deutsche Wehrmagazin*, Nr. 4/2003, S. 28–30.

WALL, Judy, »Aerial-Mind Control: A Threat to Civil Liberties«, in: *Nexus magazine*, Oktober/November 1999, http://www.raven1.net/commsolo.htm

Dies., »Military Use of MindControl Weapons«, http://www.raven1.net/silsoun2.htm
Weckbach-Mara, F., »So zieht der US-Soldat in den Krieg«, in: *Welt am Sonntag*, 26. 1. 2003.
Wehner, Markus, »Streit über russische Waffenlieferungen«, in: *Frankfurter Allgemeine Zeitung*, 26. 3. 2003.
Wilm, Julius, »Die erste ›Befreiung‹«, in: *junge Welt*, 17. 7. 2003.
Woznicki, Krystian, »Zeitweilige Okkupation«, http://www01.heise.de/tp/deutsch/inhalt/co/14998/1.html
(o. Verf.), »Eugen Sänger und die Raumtransporter von übermorgen«, http://people.wiesbaden.netsurf.de/~sgmr/an/an/raumfahr/singer.htm
(o. Verf.), »Das europäische Raumfahrtprogramm«, http://www.raumfahrt-info.de/
(o. Verf.), »Orbitale Kampfführung. Satelliten als Rückgrat der Verteidigung«, http://www.wehrtechnik.net/wehrtechnik/orbitale_kampfführung.html
(o. Verf.), »Scientia est Potentia – ›Wissen ist Macht‹. Die Pläne der DARPA-Behörde«, http://mlists.in-berlin.de/pipermail/ds-news/msg00827.html
(o. Verf.), »Charlotte Beers«, http://www.disinfopedia.org/wiki.phtml?title=Charlotte_Beers
(o. Verf.), »Angels don´t play this HAARP«, http://mitglied.lycos.de/togahoga/angelsound.html

3. Primärquellen, Dokumente

2025, http://www.au.af.mil/au/2025/
Metz, Steven u. James Kievit, *The Revolution in Military Affairs and Conflict Short of War*, US Army War College, Strategic Studies Institute, SSI, 1994; http://www.datafilter.com/mc/rmaWarCollege.html
Report of the Commission to Assess U.S. National Security Space Management and Organization, http://www.defenselink.mil/pubs/space20010111.html.

4. TV-Dokumentationen

Aktenzeichen 11.9. ungelöst. Lügen und Wahrheiten zum 11. September 2001, WDR, 20. 6. 2003, 23.00 Uhr
Allmacht Amerika, Teil 1, *Die Welt im Griff*, ZDF, 27. 8. 2003, 23.00 Uhr

Personenverzeichnis